周志永

著

近代政治转型中
谭延闿的
人际关系研究

社会科学文献出版社
SSAP
SOCIAL SCIENCES ACADEMIC PRESS (CHINA)

目 录
CONTENTS

序

中国历来是一个人情社会，注重人际关系，政治人物尤其如此。政治人物的政治活动很大程度上是协调和处理各种人际关系。周志永的《近代政治转型中谭延闿的人际关系研究》一书，将谭延闿的政治活动与人际关系结合起来研究，分析了谭延闿在近代政治转型中的角色与地位。该书由他的博士学位论文修订而成，现付梓在即，作为他博士学位论文的指导老师，我与有荣焉。

该书的选题，与志永本人的学术背景有一定关系。志永硕士阶段的学术旨趣，偏重社会文化史，博士阶段转向中国近代政治人物研究，故而在学术上尝试将社会史与政治史相结合。这与当前学术界倡导的"新革命史""情感史"颇有相合之处。该书以谭延闿的人际关系为切入点，探讨了谭延闿在近代中国政局变动中的心路历程及其扮演的政治角色，也在一定程度上反映了清末民国政治人物、政治制度和政治文化的转型。

传统文人出身的谭延闿，历经清末新政、辛亥风云、南方革命、国共北伐和南京开府等一系列重大事件，由立宪转向共和，从追随孙中山到拥护蒋介石，终成国民党元老，步入国民政府的权力中枢，被誉为"不倒翁"和"药中甘草"。在近代政局的变动中，他能够顺应潮流，明辨大势，由立宪转向共和，由改良转向革命，追随孙中山，拥护蒋介石，有政治实力而无过分的野心，从而能与最高权力者保持密切关系。他性格温和、处事中庸，既有明哲保身的智慧，又有传统士人为国为民的情怀，良好的人际关系使其为各方势力所倚重，成为国民党政治斗争中的"不倒翁"。

对谭延闿这样的政治人物进行深入研究，不仅需要学术勇气，更需要一定的学术功底。志永通过近 10 年的研究，的确已将谭延闿研究推向了一个新高度。首先，在史料运用方面，以往对谭延闿的研究，主要使用报刊文献、回忆录、文史资料等，较少使用档案和《谭延闿日记》。志永充分利用了台北"中研院"近代史所档案馆藏的《谭延闿日记》、"国史馆"藏的谭延闿档案、斯坦福大学胡佛研究所档案馆藏的《蒋介石日记》等第一手史料，在资料上取得了重大的突破。

其次，志永对谭延闿政治活动和人际关系进行了系统梳理和论述。从清末到北洋，再至国民政府时期，该书论述了谭延闿从清末士绅转变为民国元老的过程；分析了谭延闿在近代中国政局变动中的政治思想和政治活动；梳理了谭延闿与不同政治人物之间的关系，包括谭延闿眼中其他政要的形象、"他者"眼中的谭延闿形象；分析了谭延闿人际关系与近代中国政局之间的互相影响。该书在一定程度上丰富和深化了民国政治史和民国人物的研究。

最后，该书对谭延闿的性格特征、为人处世和政治角色都有较为客观的分析和评论。如对谭延闿"调和"性格的分析，跳出了"和事佬"定位，通过梳理谭延闿在不同政局中的人际关系，认为谭延闿在处理人际关系时坚持了有限政治妥协的理念，在不同时期的政治活动中，有坚持，有妥协，"调和"的性格恰是其成功的重要原因。对于谭延闿的政治角色，该书通过梳理谭延闿与近代中国政局之间的关系，认为谭延闿在国民政府中一直占据重要地位，从广州到武汉，从武汉到南京，谭延闿始终处于国民党权力中央，在历次政局变动中扮演了重要角色，最终与蒋介石形成"谭内蒋外"的合作机制。

当然，谭延闿的研究还有很大的空间，远未到穷尽的地步。如谭延闿与近代其他政治人物的关系、谭延闿与中共的关系、谭延闿与湘军的关系、谭延闿的社交文化等领域，都还有研究的空间。期盼志永不断拓展，努力耕耘，取得新成就。

肖如平

2024 年 6 月

绪　论

一　选题缘起

钱穆在《中国历史研究法》中言："故研究历史，首先要懂得人，尤其需要懂得少数的历史人物。如其不懂得人，不懂得历史人物，亦即无法研究历史。"[①] 近代是中国从传统走向现代的重要时期，其间种种变动和转折使人始料未及。如何应对这种变化，是中国有志之士苦苦思索的问题。时过境迁，如何理解那个时代的人和事，则是现今历史研究者的课题之一。从考察近代中国"少数历史人物"来切入研究，应是合适的视角之一。谭延闿（1880—1930）政治生涯跨越了清末君主专制、北洋军阀混战和南京国民政府三个阶段，而每个阶段的转变均伴随着中国政治的巨大变迁。其间，内忧和外患充斥其中，在危险与机遇中，无数士人为寻求救国之道而奔走呼吁。为改变国家命运和民族前途，各种政治力量设计或尝试了不同的解决方案。国家政治的转型便是对这些救国方案的检验。

谭延闿出身于官宦之家，不仅有传统的科举功名，而且还填补了湖南在清代科考中无会元的空白。清末新政期间，他在湘积极创办新学和争夺路权。在立宪运动中，谭被选举为湖南谘议局议长，并踊跃参与速开国会与反对成立皇族内阁的请愿运动。清朝被推翻后，他曾三次督湘，在南北各势力之间纵横捭阖，并力求使湖南超然于南北政府之外。第三次督湘失败后，谭延闿避居沪上，并在1923年初选择南下广州追随孙中山。此后，谭便正式进入国民党高层。孙中山去世后，国民党党内留下一个别人难以填补的真空，出现群龙无首的局面。围

[①]　钱穆：《中国历史研究法》，生活·读书·新知三联书店，2013，第90—91页。

绕着领袖权的继承问题，各派政治势力反反复复经过多次冲突①，然而在一波波的政治风浪中谭延闿的仕途却稳中有升，官至国民政府主席，可谓"政坛不倒翁"②。谭延闿自清末新政步入政坛，此后不断与时俱变，长期活跃在中国政治舞台的前列。在时代发展与政局变革的同时，谭延闿的政治思想也在不断地演进。因此，以谭延闿个人转型为视角做一微观的个案研究，可以丰富单一理论或范式难以揭示的历史复杂性。

谭延闿被贴上"药中甘草""水晶球""活冯道"等标签，足见其在为人处世方面确有独到之处。近代各种救国理念的背后，是提出这些思想和付诸行动的人，而中国政治近代化成功与否的关键问题之一，便是能否协调好不同政治利益者之间的关系，其归根结底仍是协调人际关系。谭延闿是善于交际、八面玲珑的老练政客。他在政坛上多践行中庸之道，其思想观念可谓"不新不旧"，又可以说"有新有旧"。谭延闿生前名位鼎隆，去世后也是备极哀荣，国民党以国葬之礼让他长眠于中山陵之侧，墓葬的规模也仅次于中山陵。然而，目前学术界关于他的研究，却与他的历史地位极不相称。截至 2018 年，中国知网上仅有两篇博士学位论文是以谭延闿为中心展开的，且时间段局限在清末民初，研究的地域也仅限于湖南。③ 关于谭延闿的学术性专著和高质量论文亦是凤毛麟角。有鉴于此，笔者决定以谭延闿人际关系和近代中国政局变革为研究方向，着重探讨谭延闿在不同历史阶段对不同群体或个人的情感倾向，并考察谭延闿在近代中国政局变动中的参与程度及影响，同时以谭延闿的各种政治实践④为个案，以期动态地

① 金以林：《国民党高层的派系政治——蒋介石"最高领袖"地位是如何确立的》，社会科学文献出版社，2009，第 2 页。

② 许顺富：《谭延闿：政坛不倒翁》，广西师范大学出版社，2007。

③ 黄俊军：《清末湖南立宪派研究》，湖南师范大学博士学位论文，2009 年；贺永田：《谭延闿三主湘政与清末民初政局》，湖南师范大学博士学位论文，2012 年。

④ 政治实践作为政治哲学的核心内容之一，是指政治主体为了实现自身政治利益而运用政治中介能动改造政治关系的活动。它是构成人类社会政治生活的本原存在。参考刘吉发《政治实践论——基于马克思主义的广义视角》，人民出版社，2010，第 10 页。

观察近代中国政治从决策到实践的过程。

从类型学视角出发，谭延闿在不同历史阶段所代表的群体亦有不同。在清末新政中，他与地方士绅、立宪派联系较为紧密，张謇、汤化龙等人的政治主张均与之较为接近。在北洋时期，谭延闿作为地方大员，为统治湘省而游离于南北之间，这与山西阎锡山等采取的策略相似。在国民政府中，朱培德虽在地位上与谭有所差别，但两人在政府中的交往策略却有异曲同工之妙，均无固化的派系意识。因此，对谭延闿的研究，可以反映出那个时代不同阶段政治人物的选择与局限，并可深入探寻他们在具体事件中的挣扎与无奈。

台北"国史馆"有关谭延闿的档案和"中央研究院"近代史研究所档案馆藏的手稿本《谭延闿日记》等史料，为本研究提供了重要的基础资料。《谭延闿日记》时间跨度为1895—1930年，其中1895年、1904年、1908年和1911年是间断性的、不完整的记录，1913年后至谭去世前夕的日记不仅非常连贯，而且保存得较为完整。这些史料不仅记载了谭延闿大量的政治活动，而且包含了很多谭延闿在日常生活中的人际交往及情感活动。目前，学界对《谭延闿日记》的利用程度尚不高，未利用《谭延闿日记》的研究成果，多是展现了"他者"眼中的谭延闿形象。运用第一手史料，可对近代中国政局变革中谭的心路历程有更深刻的认知。此外，斯坦福大学胡佛档案馆藏蒋介石日记、黄郛档案、宋子文档案等对本研究亦有一定的支撑作用。再结合相关地方档案、人物日记、回忆录及报刊等史料，便使本书的研究在资料上有了可行性。

二　文献评述

中国传统史学历来重视对特定历史情境中人的行为及其影响的研究，因此人物研究一直是历史学界关注的重点之一。目前人物研究在中国近代史中也是最有成果的一个领域，关于重要政治人物的行为考证及其思想分析的个案研究更是数不胜数。本书涉及谭延闿和相关政治人物的交往，在下文的论述中亦分两个主题，对相关主要著作和论文做简要评述。

（一）谭延闿与近代政局

在清末新政中地方士绅具有重要的地位，作为湖南新式士绅的代表，谭延闿亦是学者关注的重点。阳信生的《湖南近代绅士阶层研究（1895—1912）》以谭延闿为研究的个案之一，认为谭延闿对清廷失望后，虽然开始转向革命，但是这种转向是出于对自身利益的考量，故谭"转向革命不彻底、反封建思想不明确、民主共和思想未真正形成"[①]。黄俊军的《湖南立宪派研究》在其博士学位论文《清末湖南立宪派研究》的基础上完成，他论述了谭延闿在谘议局的各项活动，尤其对谭入京反对成立皇族内阁进行了详细的分析。黄俊军认为，辛亥革命期间谭延闿作为湖南立宪派的代表，与革命派的关系比较融洽，中间虽发生了焦达峰等革命党人被杀的事件，但并未使立宪派与革命派的关系破裂。[②] 蔡浩明的《清末湖南咨议局研究》以湖南谘议局为考察视角，对谭延闿在任谘议局议长时的各种政治活动进行了详细的论述，并认为在谭延闿夺取湘省政权后，政权革命的性质没有改变，"不过是从资产阶级左手转到了右手"[③]。杨宇勃的《1901—1911 年湖南士绅与湖南政治》亦是从士绅的视角叙述谭延闿在清末由士绅涉政的过程，并认为谭延闿与革命派"在一定程度上保持着脆弱的共识"[④]。以上集中于清末政局的研究，对谭延闿多是从士绅视角切入，且只是将谭延闿作为其研究的一部分，并非对谭延闿的专题研究。

辛亥革命在湖北爆发后，临近的湖南首先受到影响，革命党人在 1911 年 10 月 22 日在湖南举行起义，并推举焦达峰、陈作新为军政府正副都督。后焦、陈两人被杀，谭延闿被推为都督。关于这一事件，刘泱泱在《论焦、陈被杀与谭延闿上台》一文中认为焦、陈二人是被

---

① 阳信生：《湖南近代绅士阶层研究（1895—1912）》，湖南师范大学博士学位论文，2003 年，第 210 页。

② 黄俊军：《湖南立宪派研究》，国防科技大学出版社，2009，第 3 页。

③ 蔡浩明：《清末湖南咨议局研究》，中国政法大学博士学位论文，2011 年，第 178 页。

④ 杨宇勃：《1901—1911 年湖南士绅与湖南政治》，湘潭大学硕士学位论文，2017 年，第 77 页。

立宪派有预谋地杀害了，同时文章基于对谭延闿政权的组成及政策的分析，指出此时的谭延闿政权具有双重性，一方面是革命性，另一方面是封建性及妥协性，这注定了谭延闿政权的临时性与过渡性。[①] 成晓军的《论焦、陈罹难后至"二次革命"爆发前谭延闿的基本政治倾向问题》一文对谭延闿在民初是反动军阀政客的观点进行了反驳，成晓军认为谭延闿并未首鼠两端，暗中联络清政府，而是明确表示要颠覆清廷，建立共和民国。从谭延闿任湘督后实施的政策分析，政治上，谭在湘积极实行资产阶级的一些民主政策；经济上，谭延闿倡导实业，鼓励资本主义经济发展；文化上，谭延闿重视教育，而且允许人民言论自由。谭延闿的这些行为均是其任湘督时的功绩，而其不当之处是对袁世凯持观望的态度，因为谭认为法律与政治制度可以限制袁世凯的野心。成晓军在分析了谭延闿的一系列活动后，认为谭延闿在自任湘督至"二次革命"爆发前具有政治上的进步性，而对袁世凯的态度不仅占次要地位，而且事出有因。[②] 杨鹏程的《试析辛亥革命时期的谭延闿政权》一文不仅分析了辛亥革命时期谭延闿政权结构中省政府与各州县政府成分的变化，还考察了谭延闿督湘后的政治态度与 1912 年 9 月后的改组情况，及谭延闿所实施的经济措施；最后杨鹏程认为虽然谭延闿政权与革命党人的政权相比有很多局限性，但是它"某种程度上反映了整个资产阶级渴求从政治上、经济上取代封建地主阶级的夙愿"[③]。许顺富的《改造的革命与革命的改造——辛亥革命时期谭延闿政权论析》认为在谭延闿取代焦达峰任湘省都督后，湖南军政府仍然是以反清为主的革命政权，但在"文明革命"的口号下，谭在湘省的政权"带有较为浓厚的改造的革命与革命的改造的历史痕迹"[④]。

　　谭延闿在湘省掌握政权后，一批革命党的下层分子由于不满意资

---

① 刘泱泱：《论焦、陈被杀与谭延闿上台》，《求索》1987 年第 4 期。
② 成晓军：《论焦、陈罹难后至"二次革命"爆发前谭延闿的基本政治倾向问题》，《湘潭大学学报》1987 年第 3 期。
③ 杨鹏程：《试析辛亥革命时期的谭延闿政权》，《近代史研究》1985 年第 2 期，第 292 页。
④ 许顺富：《改造的革命与革命的改造——辛亥革命时期谭延闿政权论析》，《衡阳师范学院学报》2015 年第 1 期，第 108 页。

产阶级与封建保守势力的妥协，为追求民主共和的理想及自身社会境况的改善，不断掀起反抗斗争的风潮。程为坤的《民初湖南下层革命党人反对谭延闿政权的斗争》以湖南下层革命党人在 1912 年 7 月至 1913 年 6 月发动的"三次革命"与"五次革命"为考察中心，认为这些旨在推翻谭延闿政权的运动是辛亥革命在湖南的继续发展和深化，这些活动没有成功主要因为同盟会上层对谭延闿的支持及下层革命党人力量的薄弱。① 关于辛亥革命中的谭延闿政权，石彦陶认为谭之所以能在焦、陈被杀后任职于湖南都督与其家世及个人之前的成就分不开，焦、陈被杀只是为谭上台提供了一个"因利乘便"的机会；"焦、谭两任政府的交替，不是什么反革命政变性质；谭政权是一个由立宪派与革命派两派联合并吸收了少量有影响的中间人士组成的政权，推行的基本上是革命党的政策；谭延闿在辛亥前后主要政治倾向是进步的，其大节无可厚非，主要作为应该肯定"②。杨新明、谭少兵则指出谭延闿在湖南光复以前便与革命党人保持联系，在辛亥革命中又和革命派合作共同推翻了旧政权，而焦、陈的被杀则是谭延闿与革命派中激进分子产生矛盾的表现；谭延闿对革命派之所以采取骑墙策略，一方面由时局动荡、形式复杂的历史环境造成，另一方面则是由谭代表资产阶级上层的利益所决定。③

美国学者麦科德（Ed. McCord）认为辛亥革命后谭延闿在湖南的裁军应该得到充分肯定，因为"谭的裁军是为了解除革命胜利后的湘军对于革命政权在政治和经济上所构成的严重威胁。裁军的结果不仅减少了湘省内乱的潜伏因素，避免了军人干政的危险；而且也把湖南的军费支出减少到辛亥以前的水准，减轻了湖南的财政负担"④。刘建

---

① 程为坤：《民初湖南下层革命党人反对谭延闿政权的斗争》，《求索》1989 年第 5 期。
② 石彦陶：《辛亥谭延闿"因利乘便"督湘初探》，《史学月刊》1993 年第 6 期，第 60 页。
③ 杨新明、谭少兵：《试论辛亥革命时期谭延闿与革命派的关系》，《湘潭师范学院学报》1997 年第 1 期。
④ 〔美〕麦科德：《谭延闿湖南裁军新说》，周秋光译，《湖南师范大学社会科学学报》1995 年第 3 期，第 104 页。

强、刘梦茹的《论"二次革命"中的谭延闿》认为谭延闿在"二次革命"中的消极思想，是受了南方革命势力内部涣散和军事力量薄弱的影响，而谭延闿在这一时期的具体行为仍有积极的作用。① 江楠对谭延闿三次督湘的贡献予以肯定，指出谭延闿在湘有七大功绩，分别是坚持民主共和、实行民主政治、提倡湘人自治、裁减军队、振兴实业经济、实行财政改革、推进教育发展。② 贺永田的博士学位论文《谭延闿三主湘政与清末民初政局》通过详细分析谭延闿三次督湘的各种活动，认为在谭延闿督湘期间，始终坚持民主共和，坚持发展湖南经济和改善民生，其成效不仅对湘省有影响，对全国亦有重大影响。③ 丁德昌的《民初湖南省宪自治研究》认为谭延闿是民国初期湘省自治的发起者之一，其发起的原因则是维护自身统治。④ 然而，此文却并未对谭的政治理念做深入的探讨。刘建强则认为虽然谭延闿是湖南自治的首倡者，但这只不过是其排除异己进行地方割据的手段。⑤

　　由于谭延闿受赵恒惕等人的排挤，其第三次督湘失败并退居上海。在国民党的拉拢下，谭延闿转而南下广州投奔孙中山。许顺富对离湘后的谭延闿有深入的研究，他在《论广州国民政府时期的谭延闿》一文中认为，广州国民政府时期是谭延闿一生中又一重大的转折时期，因为这一时期的谭延闿开始由地方军阀转向热心国民革命的国民党左派，而此时期谭的主要功绩则是坚持孙中山"联俄、联共、扶助农工"的三大政策，打击蒋介石专制独裁的气焰。⑥ 许顺富认为，在国民政府迁至武汉后，谭延闿开始逐渐背离孙中山的三大政策，此时地主资产阶级的名利观成了谭延闿的行事准则，他为了夺取国家政权建立地主资产阶级的统治秩序可以翻手为云、覆手为雨，许认为这充分

①　刘建强、刘梦茹：《论"二次革命"中的谭延闿》，《湘潭大学学报》2011 年第 2 期。
②　江楠：《谭延闿三次督湘评析》，《益阳师专学报》2001 年第 2 期。
③　贺永田：《谭延闿三主湘政与清末民初政局》，湖南师范大学博士学位论文，2012 年。
④　丁德昌：《民初湖南省宪自治研究》，华东政法大学博士学位论文，2011 年，第 22 页。
⑤　刘建强：《谭延闿与湖南自治运动》，《湘潭大学学报》2009 年第 1 期。
⑥　许顺富：《论广州国民政府时期的谭延闿》，《求索》1994 年第 5 期。

反映出谭延闿作为军阀的独占欲和政客的多变性。[①] 从许顺富的分析中可以看出当时历史研究中阶级矛盾分析的意识还很浓厚。唐有武的《谭延闿与第一次国共合作》一文对谭延闿在国共合作初期的表现予以了肯定，但唐有武又认为在蒋介石公开反共后谭沦落为一个投机分子。[②] 相比之下，宋娟、刘建强虽然也认为在武汉国民政府建立初期，谭延闿积极倡导国共两党合作，并与国民党右派进行了斗争，但他们不认为在宁汉分裂后，谭延闿为宁汉合流做出的努力是投机行为，而是从谭内在的政治立场出发，认为谭延闿开始"从左派逐渐转向右派"[③]。宁汉合流后，南京国民政府成为国民党唯一合法的中央政府，周小城通过考察谭延闿与南京国民政府的关系，认为谭延闿对南京国民政府的建立厥功至伟，在此过程中，谭延闿不仅帮助蒋介石进行独裁统治，而且其自身的政治地位也不断地上升。[④] 学界多认为谭延闿是一个不坚定的国民党左派，但到武汉国民政府时期，谭延闿则经历了由附和革命到反对革命的转变。

张丰清在《民国政府六大主席》一书中不仅分析了谭延闿的政治活动，还阐述了谭延闿的日常生活与爱好，尤其是对谭的饭局、书法进行了叙述，并认为谭延闿在南京国民政府中只是蒋介石独裁政权的"伴食宰相"[⑤]。与《民国政府六大主席》同一系列的《民国政府五院院长》对谭延闿亦有叙述，两者虽有很多相同之处，但相较而言，后者更注重谭的交际能力，并认为谭是民国早期政坛上颇有特色的大员，"一生轶闻颇多，口碑良好，获得孙中山、蒋介石、毛泽东的一致赞誉"[⑥]。以上两本著作只是简要介绍谭延闿的一生，并未做详细阐述。

---

① 许顺富：《论武汉国民政府时期的谭延闿》，《史学月刊》1996 年第 4 期。
② 唐有武：《谭延闿与第一次国共合作》，湘潭大学硕士学位论文，2011 年。
③ 宋娟、刘建强：《谭延闿与武汉国民政府》，《湖南工程学院学报》2014 年第 2 期，第 66 页。
④ 周小城：《谭延闿与南京国民政府——以〈谭延闿日记〉为核心资料的研究》，湘潭大学硕士学位论文，2016 年。
⑤ 张丰清编著《民国政府六大主席》，台海出版社，2013，第 133 页。
⑥ 哈战涌编著《民国政府五院院长》，台海出版社，2013，第 3 页。

成晓军的《谭延闿评传》① 详细分析了谭延闿的一生，此书采用了报刊、档案和回忆录等史料，进行了翔实的论证，不仅填补了谭延闿传记的空白，而且有一定的学术价值，它的主要特色是结合历史背景来研究谭延闿的思想与活动。许顺富的《谭延闿：政坛不倒翁》不仅注重对谭延闿政治思想的叙述，对谭的日常生活亦有一定记述。此书最大的特色是附录了谭延闿的年谱，为厘清谭延闿的活动提供了线索。刘建强的《谭延闿大传》② 相对于上面两部著作引用的史料原文更多，而且相对较为规范，对谭延闿也进行了符合史实的公允评价。卢立菊的《从晚清权贵到民国元首：谭延闿》③ 除了叙述谭延闿一生的政治活动外，还对谭延闿参与孙中山的奉安大典和谭延闿墓陵的修建与维护进行了详细论述。以上著作虽然是对谭延闿一生活动的阐述，但大多是普及性的通俗读物，故而在内容上偏向叙述而少论述。

（二）谭延闿的人际关系

人物研究不应该只研究孤立的个体，而应通过他们的人际交往及与他人的互动关系，在对比中使人物形象更加鲜明、生动。政治人物的社交是最为复杂的人际交往之一，而这种人际交往有时不仅是个人情感问题，更可能影响一个政治党派的存亡，甚至一个国家的兴衰。因此，政治人物的人际关系研究常常是史学研究者的关注点之一。

谭延闿素善交际，民国时期便有"水晶球"之号，形容其八面玲珑、平和圆滑，但是关于谭延闿人际关系的研究却为数不多。吴东峰的《"水晶球"谭延闿》一文虽文学色彩较重，但它不仅简要地介绍了谭延闿的一生，还将他为人处世的圆滑展现得一览无遗。④ 史公对谭延闿与黄兴从 1903 年至 1916 年的关系进行了考察，并认为两人历经辛亥革命、"二次革命"、护国战争等事件，尽管有时有不同的政

---

① 成晓军：《谭延闿评传》，岳麓书社，1993。
② 刘建强：《谭延闿大传》，九州出版社，2011。
③ 卢立菊：《从晚清权贵到民国元首：谭延闿》，南京出版社，2012。
④ 吴东峰：《"水晶球"谭延闿》，《同舟共进》2014 年第 2 期。

见，但从未出现过龃龉，相反，两人之间"浓厚的人情味与强烈的政治倾向搅拌在一起，妥协得体，交情甚笃"①。刘建强的《谭延闿追随孙中山动因辨析》一文指出，虽然开始谭延闿在政治立场上与孙中山之间存在着一定的差异，但因为湖南赵恒惕对谭延闿的排挤及孙中山对其拉拢，他决定跟随孙中山，并在政治思想上向孙靠拢。② 刘建强还认为谭延闿与孙中山的合作，经历了较长时期的曲折变化，是一个逐渐相互了解、不断深化的过程。③

　　谭延闿曾支持国共合作，且湘省亦有较多的共产党人，因此亦有学者对谭延闿与共产党人的关系进行研究。刘建强、谭逻松的《论谭延闿与毛泽东的关系》一文指出，谭延闿与毛泽东都曾主张湖南自治，但两人一个是官治派的代表，一个是民治派的代表。在第一次国共合作时期，谭延闿积极奉行"三大政策"，成为共产党人的朋友，因而曾与毛泽东合作、共事。大革命后期，谭延闿渐次右转，最后附蒋分共，成了以毛泽东为代表的中国共产党人领导的中国革命的对象。④ 顾亚欣的《"驱张运动"前后毛泽东与谭延闿的交往》认为在驱逐张敬尧的过程中，毛泽东与谭延闿的诉求是一致的，并在具体活动中有所配合。然而，在张敬尧被从湖南驱逐之后，湖南掀起了普遍的省宪自治运动，在此运动中谭延闿与毛泽东便有了不同的主张。⑤ 许顺富认为谭延闿对在广州的鲍罗廷有重要的支持作用，尤其是在"中山舰事件"后，作为政治委员会主席的谭延闿默许了鲍罗廷的多数政治主张，使苏联和中国共产党的势力有了一定程度的恢复。⑥ 蔡雅雯的硕士学位论文较为详细地考察了谭延闿与鲍罗廷关系的演变，认为孙中

① 史公：《"没有妥协 人们怎能进行政治活动"——黄兴与谭延闿两次督湘》，《益阳师专学报》1993年第4期。
② 刘建强：《谭延闿追随孙中山动因辨析》，《光明日报》2009年12月8日，第12版。
③ 刘建强：《论谭延闿与孙中山的关系》，《湖南工程学院学报》2010年第1期。
④ 刘建强、谭逻松：《论谭延闿与毛泽东的关系》，《毛泽东思想研究》2014年第6期。
⑤ 顾亚欣：《"驱张运动"前后毛泽东与谭延闿的交往》，《炎黄春秋》2018年第10期。
⑥ 许顺富：《谭延闿：政坛不倒翁》，第154—155页。

山去世后，谭延闿与鲍罗廷共同促成了广州国民政府的成立，一起反对"西山会议派"并调和"中山舰事件"的解决等，但是在国民政府迁都之后，谭延闿的政治主张逐渐向右派靠近，鲍罗廷也采取了妥协的政策，因此国共合作破裂的局面便无可挽回。①

谭延闿与国民党的政要有密切往来，因此学界对谭延闿与蒋介石、胡汉民等人的关系亦较为关注。周小城、刘建强的《论谭延闿与蒋介石的关系》一文中指出谭延闿追随孙中山的过程也是与蒋介石深交的过程，两人在广州军政府时期合作紧密，而在广州国民政府时期则多是调节蒋介石与周边人物的矛盾，宁汉合流时谭延闿才由党内的调停逐渐偏向蒋介石。② 吴志宪主编的《蒋介石的文臣武将与对手》叙述了谭延闿在政坛的种种逸闻趣事，并用"混"与"滚"两字形容了谭延闿与蒋介石的关系。③ 蔡雅雯、刘建强的《谭延闿与胡汉民关系述论》分析了谭延闿与胡汉民关系的演变，认为谭与胡在反对袁世凯和支持孙中山革命事业的过程中，出现过分歧与隔阂，却始终存在着牢固的友谊。④ 许顺富还对谭延闿与宋美龄的关系进行了介绍，并详细叙述了两人的相识及后来谭对蒋宋婚姻的帮助，及宋美龄对谭延闿之女谭祥的照顾。⑤

注重一个孤立政治人物的思想及行为，就如同对一个点的研究，研究两个政治人物的关系则是将点连成了线，线的两个端点可以进行互动与印证，从而使研究变得更加生动。若将两个人的关系上升为三个人甚至更多，便不再是一条线，而将构成面和人际关系的网络。事实也正是如此，一个人的交友与活动应该是网状的、多面的，而从人际网络的视角去分析政治人物的关系或许会得出更加全面客观的结论。

---

① 蔡雅雯：《论谭延闿与鲍罗廷关系——基于〈谭延闿日记〉的研究》，湘潭大学硕士学位论文，2018 年。
② 周小城、刘建强：《论谭延闿与蒋介石的关系》，《湖南工程学院学报》2016 年第 1 期。
③ 吴志宪主编《蒋介石的文臣武将与对手》，中国文史出版社，2013，第 1—11 页。
④ 蔡雅雯、刘建强：《谭延闿与胡汉民关系述论》，《湖南工程学院学报》2018 年第 1 期。
⑤ 许顺富：《谭延闿与宋美龄的不解之缘》，《文史春秋》2009 年第 12 期。

因此，对于与谭延闿交往密切的孙中山、蒋介石、胡汉民和汪精卫等的人际关系研究，亦有必要进行概述。

孙中山作为国民党的主要缔造者与三民主义的倡导者，他的人际交往早已成为学界关注的重点，尤其是其与蒋介石的关系。在中华人民共和国成立后的一段时间内，人们多将孙中山与蒋介石的关系看作领袖与投机者之间的关系，然而人是会随着客观环境变化而不断变化的。基于这样的理念，王东方认为蒋介石也有一个变化的过程，不能因为其后来的行为，而将他早年跟随孙中山革命的历史统称为"投机"，将孙中山对蒋的赏识及信任说成"受蒙骗"；王东方还认为"孙中山生前与蒋介石的关系，可以肯定是资产阶级革命队伍中一个领袖与一个革命者、一个助手的关系"①。娄振洲利用《孙中山全集》中孙与蒋之间的函电探讨了两者之间的关系，并认为"孙中山在世期间对蒋介石有批评、规劝、教育、但更多的是宽恕、信任和重用，这与当时形势有关"②。赖海泉在分析了蒋介石1918年至1924年辞职的动机后，认为这是蒋介石在孙中山面前采取的以退为进策略，而蒋之所以能屡获成功，是因为孙中山决心武力推翻封建王朝而其自身又缺少武装力量，无奈之中才重用蒋介石。③虞宝棠通过对护法战争、粤桂战争、永丰舰战斗及讨伐陈炯明等事件的详细分析，认为蒋介石在这些事件中对孙中山有一定作用，并主张应该公允看待历史，"不能因为蒋介石后来背离孙中山的事业而将他早年追随孙中山，致力于革命的活动斥之为投机"④。季云飞通过分析孙中山与蒋介石的关系，指出"蒋介石以后的发迹原因绝不是孙中山对蒋的信任和重用，而是孙中山北上后尤其是孙中山逝世后，汪精卫、胡汉民、谭延闿等国民党要员们对他的重用和支持"⑤。吴珍美通过分析蒋介石与孙中山所受的教育及后来思想观念的形成，认为"蒋介石当时追随孙中山有一定的思想基

①　王东方：《试论蒋介石与孙中山》，《史学集刊》1986年第3期，第54页。
②　娄振洲：《孙中山致蒋介石函电评析》，《史学月刊》1987年第4期，第67页。
③　赖海泉：《浅谈蒋介石受到孙中山信任的历史原因》，《历史教学》1989年第4期。
④　虞宝棠：《蒋介石与孙中山》，《民国档案》1990年第4期，第74—83页。
⑤　季云飞：《孙中山与蒋介石关系述论》，《江海学刊》1994年第6期，第138页。

础，并非心血来潮，更不是投机，而是那个时代主张暴力革命拯救中
国的爱国青年选择的必然之路"①。在中国国民党党史，甚至整个中华
民国史的研究中，孙中山与蒋介石均是至关重要的人物，他们之间的
关系无疑是中国近代史研究中的重要课题。以上研究多认为孙中山的
"受骗说"及蒋介石的"投机说"失之偏颇，相关研究还有很多，②限
于篇幅便不逐一列举，这些研究大多沿用阶级矛盾的分析方法，而从
思想渊源、个人成长及历史环境分析的还比较少。

　　除孙中山与蒋介石的人际关系受学者关注外，孙中山与汪精卫、
孙中山与胡汉民的关系也令学者们深感兴趣。赵矢元、田毅鹏在《辛
亥革命时期的孙中山和汪精卫》一文中指出汪精卫在不同历史阶段的
表现均是历史的存在，不能互相抵消，在评论历史人物时应该分段评
说，摒弃简单化、一刀切的评价倾向，出于这样的理念，他们在评述
辛亥革命时期孙中山与汪精卫的关系时，对汪精卫进行了肯定。③谢
晓鹏的《从亲信到叛徒：汪精卫与孙中山关系透视》一文指出汪精卫
与孙中山交往长达20年，两人之间已经形成了领袖与亲信、导师与高
足的关系，谢晓鹏认为这种关系在孙中山去世后为汪精卫的政治活动
提供了便利，但同时"孙依靠一派军阀打败另一派军阀的做法，寄望
于日本的'大亚洲主义'思想等，也对汪产生了一些消极影响"④。目
前关于孙中山与胡汉民的关系论著尚少，董剑平、赵矢元在《孙中山
与胡汉民关系述评》一文中指出在孙中山改组国民党、联俄、联共等
重大问题上，胡汉民均采取支持的态度，"在当时历史的转折关头，胡

---

①　吴珍美：《试析蒋介石追随孙中山的思想渊源》，《中国人民大学学报》1997年
　　第6期，第49页。

②　李秀艳：《从孙中山与蒋介石的交往看蒋介石的政治道路》，《大连大学学报》
　　1997年第5期；季鹏：《论辛亥前后的孙中山与蒋介石》，《学海》1999年第6
　　期；桂湘黎：《浅析大革命前孙中山与蒋介石的关系》，《琼州学院学报》2007
　　年第S1期等。

③　赵矢元、田毅鹏：《辛亥革命时期的孙中山和汪精卫》，《社会科学战线》1986
　　年第4期。

④　谢晓鹏：《从亲信到叛徒：汪精卫与孙中山关系透视》，《郑州大学学报》2006
　　年第4期，第91页。

汉民仍就发挥了孙中山的助手作用"①。

孙中山逝世后，以各个重要政治人物为代表的国民党各派系为争夺党内最高领导权展开了激烈的角逐。蒋介石与汪精卫便是角逐国民党最高领袖斗争中最典型的政治人物。在纷繁复杂的国际环境、国共关系及国民党内各派系的关系旋涡中，在地方军阀割据与反对割据势力的斗争中，在日本侵华与抗日战争中，蒋介石与汪精卫上演了种种的分分合合。

冯春明的《关于1927年4月蒋介石汪精卫上海会谈》通过分析蒋介石与汪精卫1927年在上海举行的会谈，认为蒋、汪并没有达成共同反共的协议，而"汪精卫之所以不同意蒋的主张而坚决要到武汉，是他要利用在武汉的国民党中央和国民政府的正统地位，凭借国民党左派和共产党人的支持，进而与蒋争夺权位"②。王关兴则通过分析蒋介石与汪精卫从1925年至1939年合作与分裂的原因及性质，指出蒋汪的斗争不应该被看成"狗咬狗"，两人之间除了权力的争斗之外，还有联共与分共、抗日与降日等政治理念的差异。③陈木杉的《从函电史料观抗战时期的蒋汪关系》利用台湾地区所藏的《汪伪资料档案史料》，并进一步分析了蒋汪在抗战时期的上百封往来函电，就两人对抗战时期的国民参政、对日宣战、国际宣传、焦土抗战、福建事变、国际联盟、共产党人等问题加以阐述，进而对蒋汪在抗战时期分合的原因、经过及性质做一探究。最后作者还希望海峡两岸共同开放有关蒋汪的档案史料，以供国人详细研究。④

张生、柴林的《蒋介石对汪精卫投敌迟未公开定性与表态之原因探析》一文以1938年汪精卫发表"艳电"公开投靠日本为中

---

①　董剑平、赵矢元：《孙中山与胡汉民关系述评》，《社会科学辑刊》1986年第5期，第58页。

②　冯春明：《关于1927年4月蒋介石汪精卫上海会谈》，《历史档案》1983年第3期，第123页。

③　王关兴：《蒋介石、汪精卫五次离合的缘由和性质》，《上海师范大学学报》1989年第1期。

④　陈木杉：《从函电史料观抗战时期的蒋汪关系》，台湾学生书局，1997。

心，详细分析了蒋介石所采取克制的三大原因，即保持国民党内部的团结，争取地方实力派及避免出现不利的国际环境；通过蒋、汪两人一系列政治的活动，说明蒋的政治技艺与见识要远高于汪。① 孙彩霞的《蒋介石对汪精卫叛国投敌之处置》一文利用蒋介石等人的日记，不仅对汪精卫出走河内后蒋介石的处置进行了深入探讨，还认为在南京伪政权建立的过程中，蒋介石揭露了日本灭亡中国的野心和汪精卫的卖国政策；自此汪精卫"失去了曾被寄予的号召力和权威性。这期间，蒋还接应日本的和谈，使日本的蒋汪共组政权的计划落空"②。刘文楠的《蒋介石和汪精卫在新生活运动发轫期的分歧》一文，以蒋介石 1934 年在南昌掀起的新生活运动为中心，来探讨两人不同的政治思想。刘文楠认为，蒋介石在新生活运动中提倡生活军事化、恢复传统道德并依赖国家机器进行推广，而汪则主张先动员知识分子通过自身影响社会。无论是新生活运动的纲领目标、组织结构，还是在推行方式上，蒋汪之间均存在着较大分歧，而这种分歧背后是"汪精卫对蒋介石权力扩张的遏制作用，以及汪偏重社会建设而蒋偏重国家集权的不同执政理念"③ 间的冲突。段智峰对蒋介石与汪精卫的关系可谓有深入研究，他的硕博学位论文均是围绕着此主题来展开，并已发表了多篇相关研究。段智峰认为在 1931—1938 年的蒋汪关系中，九一八事变是两人合作的契机，1932 年，在汪精卫与张学良发生不和时，蒋介石"弃汪保张"，使蒋汪合作遭遇顿挫，而 1933 年蒋汪之间又取得共识，合作不断加深，1935 年汪精卫辞职后蒋汪关系动摇，至西安事变爆发为两人埋下了最终决裂的种子。段智峰不仅对蒋汪关系进行了大致的梳理，更是从中窥探了蒋介石走向

① 张生、柴林：《蒋介石对汪精卫投敌迟未公开定性与表态之原因探析》，《抗日战争研究》2003 年第 2 期；两人的相关研究还有《汪精卫投敌后蒋介石的策略及其影响》，《南京邮电学院学报》2005 年第 3 期。

② 孙彩霞：《蒋介石对汪精卫叛国投敌之处置》，《近代史研究》2010 年第 4 期，第 84 页。

③ 刘文楠：《蒋介石和汪精卫在新生活运动发轫期的分歧》，《近代史研究》2011 年第 5 期，第 88 页。

独裁的过程。①

（三）对现有研究的反思

纵观有关谭延闿的研究，尽管学术界已取得相当数量的研究成果，但是依旧存在着一些不足之处。

首先，从研究的深度来讲，对谭延闿等民国政治人物的研究不能仅停留在人物本身，若能反映其历史背后的某种政治环境或体制则更为完善。二十世纪八九十年代，中国思想界、学术界迎来了一股新的思潮，对民国政要多反对盲目批判，力求客观地给历史上的政治人物以评价成了史学界的主流。政治人物有不同于一般人的特性，他们可以影响一个政党的发展，甚至国家的存亡。他们在一定程度上是政党与国家制度的建立者和践行者，因此，研究政治人物可以考察他们所处的历史背景，从中分析社会体制的变迁。

其次，从史料的整理和利用方面来看，对谭延闿的研究多数还停留在回忆录、报刊等史料，而对《谭延闿日记》和相关档案的利用尚有不足。由于《谭延闿日记》的手稿本在台湾，且在 2018 年前还未被整理出版，因此能看到的研究者相对较少。此外，台北"国史馆"等机构也藏有大量有关谭延闿的档案，但是目前学界的利用尚显不足。这就不可避免地影响对谭延闿心路历程的研究，进而影响对谭延闿的整体性评价和论述。

再次，从研究方法上讲，以往的研究多是从革命史观来分析谭延闿，而对其他学科的方法或理论借鉴不多。在历史人物的研究中需要借鉴社会学、政治学、心理学等多学科的研究方法。随着日记、档案等新史料的开放或出版，对政治人物的研究将更加翔实。因此，对谭延闿的研究，也应该建立在分析《谭延闿日记》等史料的基础上，综

---

① 段智峰有关蒋汪关系的研究有：《蒋介石与汪精卫在二次合作格局下的斗争与合作——以 1932 年汪张交恶为中心的考察》，浙江大学硕士学位论文，2009 年；《1935 年汪精卫辞职事件与蒋介石善后》，《历史教学》2011 年第 4 期；《蒋汪合作格局下的另一种局面——以 1934 年顾案为中心》，《民国档案》2011 年第 1 期；《蒋汪合作研究（1931—1938）》，浙江大学博士学位论文，2012 年；《关内外通车通邮交涉期间的蒋汪互动》，《历史教学》2013 年第 5 期。

合利用社会学、政治学等学科的方法或理论来进行研究。

最后，从研究的广度上讲，对谭延闿的人际关系、政治观念、思想情感、个人性格及日常生活等方面，均有待进一步开发。目前史学界对谭延闿研究的范围较为狭窄，多集中在他对近代中国政治的影响。然而，谭延闿其人不仅身居高位、喜欢交际，更是写得一手好字，其一生好吃且是组庵湘菜创始人。这便为学者从社会史的视角切入研究提供了便利，可惜史学界对此尚重视不足，目前还未取得较好的研究成果。

综上所述，目前对谭延闿的研究深度及广度还不够，缺少学术性的专著，在研究过程中，应该在分析原始史料的基础上，借鉴其他学科的方法，注重对其在政治事件以外的社会文化史层面的研究，尤其是在人际网络方面的研究。

三　研究思路

在近代中国政局动荡背景下，谭延闿完成了由清末士绅到民国元老的转变。作为政治要人的谭延闿，如何在具体实践中推行其政治主张？本书拟以谭延闿人际关系为切入点，对谭延闿如何在政治实践中处理人际关系，又如何有效运用人际关系来推进其政治实践进行深入研究。在研究中，本书注重以下几个方面。

首先，从现代化与政治发展的视角来研究谭延闿，将谭延闿放在历史进程中进行动态的考察。现代化是从传统到现代的变迁过程，"在这个过程中，传统的社会或前技术的社会逐渐消失，转变成为另一个社会"。[①] 政治发展理论在 20 世纪 50 年代后由西方政治学者首先提出，其中有很多流派，但都认为政治发展的标志是政治体系渐趋民主化与制度化。谭延闿一生的政治理念是不断发生变化的，从国会请愿到湘人治湘，从联省自治到三民主义等，谭始终反对国家实行专制体制，并力求维护国家统一。历史进程是曲折的，受客观环境和现实条件的

① 〔美〕西里尔·E. 布莱克编《比较现代化》，杨豫等译，上海译文出版社，1996，第 19 页。

影响，谭延闿不断地转换政治理念，故而采用现代化与政治发展的视角考察谭延闿会更为客观。

其次，结合现代政治学中政治妥协的理论，探究谭延闿处理人际关系的内在逻辑。妥协精神不仅是民主政治的必要条件，还是一种解决政治冲突的基本手段。"政治妥协是自由不得不付出的代价，妥协精神是民主政治的前提。"① 政治妥协是对政治生活中零和博弈的否定。谭延闿在清末主张君主立宪，是对清廷帝制的有限妥协。在南北议和中，赞成袁世凯定都北京，是对共和的有限妥协。此外，谭延闿在处理与胡汉民、汪精卫、蒋介石、李宗仁等政要的关系时，均体现出了有限政治妥协的精神。故而，结合政治学的相关理论，才更容易理解谭延闿的人际关系。

再次，将微观的个案研究与宏观的国家政治变迁相结合。谭延闿研究是微观的个案，但他的政治生涯跨越了清末、北洋及南京国民政府三个时期，在不同时期谭延闿的个人政治观念均是不同群体的代表。通过考察谭延闿个人的政治思想与活动，可以了解当时中国政治思潮的一个侧面。同时，通过分析谭延闿人际关系变化背后的历史背景，亦可发现影响中国政治变迁的诸多因素。因此，将谭延闿放入政治的社交群体中，个案的影响才会扩大，相应的，类型便更加突出，才能更好地对谭延闿的政治思想与活动进行客观评析。

最后，讲求实证，注重原始史料，并运用多学科进行综合性研究。历史研究者最注重搜集第一手的史料，如各种政要日记、政府档案等。在此基础上的实证研究，更是历史研究者推崇的方法之一。以往对谭延闿的研究对其日记利用多有不足。谭延闿的日记连贯性强、记述内容较多，有很高的史料价值。此外，本书还注重对《蒋介石日记》（手稿本）的利用，并搜集了台北"国史馆"中的档案以进行印证。这些均有利于本研究更为深入和客观。同时，因为人际关系还涉及社会学、政治学，且谭延闿在日记中记载了其利用饭局、诗歌及书法等

---

① 龙太江：《论政治妥协——以价值为中心的分析》，华中科技大学出版社，2004，第4页。

手段来维护社交，所以除了利用历史学的方法外，还要进行多学科的综合研究，以期更为客观地分析谭延闿在政治变幻中的心路历程。

基于上述考虑，并结合本研究的实际情况，本书分为以下章节。

第一章"新旧分野：清末新政中谭延闿与新士绅的养成"。谭延闿以士绅身份步入政坛，面对中国内忧外患的危局，谭延闿与清末众多士绅一起进行反对专制皇权的活动。本章分为三部分：一是阐述谭延闿与湘省士绅的互动，并分析谭积极创办新学和争夺粤汉铁路湖南段筑路权的过程；二是论述谭延闿担任谘议局议长后与湖南地方政府间的关系；三是分析谭延闿在清末立宪中的活动及其与湘省外立宪派代表的交往。

第二章"追求共和：辛亥革命前后的谭延闿与革命派"。本章着重对谭延闿与黄兴、焦达峰、周震鳞等革命党人的关系进行考察与梳理，分为三部分：一是阐述在谭延闿任湘督前与革命党人的关系，以及谭延闿在长沙起义中的作用；二是分析谭延闿首任湘督后的各项措施，以及其对湘省以外革命活动的影响；三是分析南北议和中谭延闿的态度，以及影响其态度变化的因素。

第三章"从游离到服膺：谭延闿对孙中山的认知与转变"。孙中山无论在政治思想上，还是在革命事业中对谭延闿均有重要影响，谭延闿对孙中山认知的改变，使其从原来的湖南一隅走向全国。本章分为五部分：一是分析谭延闿从"二次革命"到"护国运动"中的行为，及其对孙中山政治理念徘徊不决的原因；二是考察谭延闿"联省自治"政治观念的形成过程，以及这种政治观念影响下的谭孙关系；三是分析谭延闿在第三次督湘失败后与孙中山的交往，以及谭在政治观念上的转变；四是考察谭延闿追随孙中山后，从讨伐赵恒惕到东征陈炯明之间的各种思想与活动；五是分析谭延闿对孙中山镇压商团的支持，以及谭延闿在危难之际受命出征的困境。

第四章"左右逢源：从军政府到'特委会'的人际关系"。孙中山去世后，国民党内部权力之争致使高层矛盾频发，廖仲恺被刺、胡汉民出走，新桂系加入后使矛盾更加复杂。然而，在这种变幻莫测的政治环境下，谭延闿的仕途却能稳中有升，其协调国民党内部各方矛盾的能力也日渐突出。本章分为四部分：一是考察谭延闿与胡汉民在北伐中的合作，以及在平定杨希闵、刘震寰叛乱中谭、胡的关系；二是通过分析建立广州国民政府、沙基惨案、廖仲恺遇刺等事件，阐述谭延闿合作的对象由胡汉民转变为汪精卫的过程；三是分析谭延闿与汪精卫在两广统一中的关系及其影响；四是通过分析南京特别委员会建立的背景及其影响，阐述谭延闿与新桂系之间的关系。

第五章"从同僚到属僚：谭延闿与蒋介石关系演变"。蒋介石在"中山舰事件"后军事与政治地位快速上升，并逐渐成为国民党内最有实权者，谭延闿与蒋介石的关系不仅对双方有至关重要的影响，对当时中国政局亦产生了不容忽视的作用。本章分为三部分：一是通过对广州国民政府首次北伐中诸事件的分析，如"中山舰事件""整理党务案"等，考察谭延闿对蒋介石走向权力中枢的支持与抗争，并进一步说明谭延闿与蒋介石此阶段政治理念的异同；二是通过分析二次北伐中国民政府对"济南惨案"的处理过程，考察谭延闿与蒋介石在应对重大事件时的关系，从而说明"谭内蒋外"这种合作机制的初步形成；三是通过考察新桂系在湖南的政治活动，如推翻程潜、鲁涤平等人在湘的统治，分析谭延闿与蒋介石关系中新桂系的作用，并通过对蒋桂战争、中原大战的考察，阐述谭延闿与蒋介石在此期间的政治思想与具体活动，且进一步说明"谭内蒋外"这种合作机制的成熟运行。

第六章"人情与权力：谭延闿社交中的政治文化"。谭延闿的社交活动往往与其政治目的紧密相连。谭延闿日常生活中的人情往来不仅是政治文化的组成部分，也是政治权力再生产的过程。本章分为三个部分：一是分析谭延闿的饭局与权力运作。参加各种政要间的宴饮，是谭延闿展示权力、观察对手和运作权力的重要平台，因此谭延闿的饭局不仅具有社交属性，更具有政治属性。二是探讨谭延闿与民国政要间的诗歌酬唱。谭延闿与政要间的诗歌酬唱多带有一定的政治隐喻，对政治性的诗文进行分析，可更深入地了解当时的政治生态和人物关系。三是考察谭延闿书法作品的流动与人情的往来。谭延闿是民国重要的书法家，尤其善于楷书；向谭求书者众多，谭如何分配书法作品便又是人情世故和政治权力的考量。

第一章

新旧分野：清末新政中谭延闿与新士绅的养成

　　20 世纪初，面对一系列的内忧外患，清政府决定进行政治、经济、文化教育和社会生活等各个领域的改革。其目的固然是维护其统治，然而，在客观上这种改革亦有利于中国政治从专制走向民主，有利于中国社会从传统到现代的转向。

　　清末新政中国家权力结构开始转型，其影响因素既有清廷的顶层设计，亦有地方力量的积极参与。地方政府囿于自身力量的局限性，而不得不依靠地方士绅推行新政。这不仅导致新旧士绅分流，地方绅权扩张，且深刻影响了清末新政的最终走向。随着区域社会史的不断发展，学者对清末民初士绅的研究，既有从宏观层面对制度演变和社会变迁的分析，又有通过微观个案对传统士绅向新式地方精英转变的探讨。① 其中新式地方精英多为新式士绅②，他们积极参与新政，兴办新学、倡导工商、追求宪政，希望借此达到民富国强。学者多将清末

---

① 宏观层面的研究有王先明《近代绅士——一个封建阶层的历史命运》，天津人民出版社，1997；徐茂明《江南士绅与江南社会（1368—1911 年）》，商务印书馆，2004；张朋园《立宪派与辛亥革命》，吉林出版集团有限责任公司，2007；王先明《绅董与晚清基层社会治理机制的历史变动》，《中国社会科学》2019 年第 6 期；等等。微观个案的研究有〔美〕柯文《在传统与现代性之间：王韬与晚清改革》，雷颐、罗检秋译，江苏人民出版社，1994；李志茗《清末民初社会转型中的东南精英——以汤寿潜、赵凤昌私人函电为中心》，《福建论坛》2021 年第 8 期；等等。

② 美国学者周锡瑞也持有相似观点，他将清末湖南士绅分为"新""旧"两派。不过周锡瑞将参与清末新政教育、政治等领域改良，并在改良中成长的"新派"，称为"城市改良派"。参见〔美〕周锡瑞《改良与革命：辛亥革命在两湖》，杨慎之译，江苏人民出版社，2007，第 80 页。

新政中养成的新式士绅归于立宪派。① 然而，新式士绅如何转化为立宪派，地方权力在新政中如何递变，仍需要深入探究。

第一节　分流之源：改制学堂中的政治意识差异

一　湘省地方学堂的改革

在清末新政中，教育改革关乎人才选拔、开启民智和国家自强，故而教育领域开改革先河。1901 年，清廷颁发诏书，"着各省所有书院，于省城均改设大学堂，各府及直隶州均改设中学堂，各州县均改设小学堂，并多设蒙养学堂"②。对书院改制的诏令，湖南士绅表现出不同的态度，以王先谦、叶德辉为代表的士绅相对保守，不赞成禁书院以兴学堂；而以胡元倓、谭延闿为代表的湘绅较为包容，主张改制学堂。王先谦曾上书时任湖南巡抚俞廉三，直言"建立学堂，苟不得其统宗，鲜不为所瞀惑"③，虽有谕旨振兴学校，但"入学肄业者，忽而经史辞章，忽而洋文西语，不特程课纷繁，茫无头绪，而其间聪颖之士，终心涉两歧，无所专注"④。1902 年，偏向保守的俞廉三虽迫于谕旨改制书院、办中小学堂，并将求实书院改为省城大学堂以勉应诏书，但仍保留了旧士绅掌控的岳麓、城南、求忠、校经、孝廉等书院，其中岳麓、城南两书院的山长便曾由王先谦担任。1903 年，俞廉三卸任湖南巡抚，锐意兴办学堂的赵尔巽继之，谭延闿等士绅方有了革新办学的环境。

赵尔巽到任之初，便不顾王先谦等士绅的反对，禁书院，改学堂。赵认为学堂改制乃大势所趋，学堂是当时人才日出之所，旧士绅"不

① 如纪欣《清末"新绅士——立宪派"略论》，《江汉大学学报》2008 年第 2 期；邹小站《预备立宪时期立宪派的立宪国民程度论述》，《广东社会科学》2020 年第 6 期；等等。

② 朱寿朋编《光绪朝东华录》（四），中华书局，1958，第 4719 页。

③ 王先谦：《与俞中丞》，《葵园四种》，岳麓书社，1986，第 894 页。

④ 王先谦：《与俞中丞》，《葵园四种》，第 895 页。

于此时讲求有用实学，一旦改章，失其所恃，后悔何及！"① 故而赵尔巽上奏朝廷将湖南长沙的书院改设为学堂。② 在赵尔巽鼓励兴办学堂的背景下，1903 年，胡元倓、龙璋、龙绂瑞等士绅共同创办明德学堂，为湘省首所私立中学，实际校务由胡元倓负责。③ 为减少办学阻力，明德学堂推举龙绂瑞之父、"在籍刑部右侍郎龙绅湛霖为总理，主持全学，以楷多士"④。同年，为扩大明德学堂影响和筹措办学经费，胡元倓请谭延闿到校参观。当时，谭对胡言："吾昔意轻学校，今见明德规模，吾诚服子。"⑤ 于是胡便趁机邀请谭共同主办明德学堂，谭欣然接受，并表示愿意助明德学堂筹措经费。由此，谭延闿步入创办新学堂之路。

谭延闿对湖南新学堂建设主要有三方面贡献。其一，谭延闿凭借其家世和自身功名声望，担当了私立学堂与官绅沟通的桥梁，协助新学堂开办。因担心明德学堂被旧士绅破坏，1903 年谭延闿和龙绂瑞增建经正学堂，以作为对明德学堂的补充。1904 年，谭延闿先夺得会元，后高中进士，授翰林院庶吉士。加之谭延闿之父谭钟麟历任河南按察使、浙江巡抚、陕甘总督、闽浙总督及两广总督等职，不仅在任多有政绩，且在乡有盛名，故获得进士功名的谭延闿在地方上的声望日益高涨。1905 年龙湛霖病逝，谭延闿继任明德学堂总理，对校内事务的管理逐渐增多，并利用家世和自身声望，为创办新学提供了保障。同年，谭延闿被聘为湖南学务处议绅，得以更好地参与湘省教育大政。其二，协助筹措办学经费，维护新学堂的内部运行。清廷对私人筹办新学堂，有政策上的鼓励，但少有实际经费支持，多靠士绅自行筹措。因此，办学经费短缺始终是困扰谭延闿、胡元倓等士绅的难题。胡元

---

① 湖南省教育史志编纂委员会编《湖南近现代名校史料》（一），湖南教育出版社，2012，第 188 页。

② 赵尔巽：《奏为整顿书院分别改为学堂校士折》，中国第一历史档案馆编《光绪朝朱批奏折》第 105 辑，中华书局，1996，第 609—610 页。

③ 谭仲池主编《长沙通史·近代卷》，湖南教育出版社，2013，第 570 页。

④ 胡元倓：《明德学堂开办呈文》，周喜兰主编《胡元倓集》，湖南师范大学出版社，2013，第 50 页。

⑤ 胡元倓：《慈卫先生五十寿言》，周喜兰主编《胡元倓集》，第 55 页。

佽在四处筹款毫无着落时，曾有以身殉学之念，幸得谭延闿等人的开导帮助才消除此心。① 谭为经费之事亦备尝艰难，不仅举债数万元，还为此不惜变卖其夫人的陪嫁首饰。② 其三，谭延闿创办的新学堂不仅推广新知识，且允许政治上的新思想传播。新知识主要指西方的理、化和博物等学科，这是当时新学堂教授的主流。然而，包容政治新思想却为当时学堂所少有，这种新思想主要指政治上的自由、平等、民权等有革命倾向的观念。明德学堂聘请的教员中，宣传革命思想者便有黄兴、周震鳞、苏曼殊、张继、王正廷等，这亦是旧士绅攻击明德学堂的主要理由。

二　新旧学堂的政治差异

在改制学堂中，湖南旧士绅并非一味守旧，亦有趋新之处。新政伊始，王先谦便函呈湘抚俞廉三、按察使蔡伯浩请求开办工艺学堂，并阐明"今日中国急宜举行，惟在工艺之学"③。1902 年，在俞廉三支持下，王先谦开办了农务工艺学堂。次年，为推行中、小学堂教育，湖南设立师范馆，王先谦担任馆长。可见，王先谦虽主张保留书院，但不反对教育改革，并积极参与其中，只是参与程度、领域和改革理念与新式士绅有别。王先谦等旧士绅认为，教育可改，西方工艺可学，但制度为文化载体，不能轻易变更。湘省士绅新旧之分的根本，在于对待西方制度的差异。

西方政治制度常以"平等""民权"为号，王先谦则认为"其言平等，则西国并不平等；言民权，则西主实自持权"④。故而，在向日本学习时，王先谦尤为谨慎，声光化电可学，但反对学习日本教科书中的政治、伦理、教育等社会科学。深受儒家文化影响的旧士绅，看到"平等"之词不免想到父子之别，听到"民权"之说不由思君臣之

---

① 　胡元佽：《慈卫先生五十寿言》，周喜兰主编《胡元佽集》，第 55 页。

② 　周震鳞：《谭延闿统治湖南始末》，中国人民政治协商会议湖南省委员会文史资料研究委员会编《湖南文史资料选辑》第 2 辑，湖南人民出版社，1961，第 1—2 页。

③ 　王先谦：《与倓方伯》，《葵园四种》，第 889 页。

④ 　王先谦：《复吴生学颔》，《葵园四种》，第 864 页。

道。为此，王先谦多次请湘抚赵尔巽惩处学堂中有革命倾向的学生。在赵不顾王先谦之建议后，王便开除了数名学堂学生，但这些学生很快便为新式士绅所办的私立学堂所接纳。①

谭延闿支持的明德学堂对革命思想不仅包容，更有暗中保护行为。有革命倾向的教员经常向学生灌输革命思想，使明德学堂学生有数十人加入华兴会、同盟会。② 张继在明德学堂讲世界历史时，"开张即讲法兰西革命"③。而曹亚伯讲授数学时，则直接以清军入关时对江南人士的屠戮来命题。④ 黄兴亦曾言，在明德和经正两学堂任教时，"未专任何种教科，不过借教地以发抒革命学说，激发学者之爱国热忱"。辛亥革命爆发后"两校中同学颇不乏人"⑤。

因黄兴等革命党人以明德学堂为依托，宣扬革命思想及从事革命活动，湖南旧士绅致书湘抚，直言胡元倓、黄兴和周震鳞三人为宣传革命思想之首，并请湘抚"速即拿问，分别审讯，明正典刑"⑥。胡元倓知此事后便与谭延闿、龙绂瑞相商，后经龙湛霖致书湘抚，此事方才化解。1904 年，黄兴欲在湘举行起义，却因泄密遭清政府通缉，在龙绂瑞、谭延闿、胡元倓等新式士绅的帮助下方逃出长沙。据谭延闿年谱载："黄克强（兴）任明德学堂教员，先已秘设华兴公司，秘结同志，密谋革命，时已多传言。而王葵园（先谦），攻之尤

---

① 王先谦在自编年谱中言："新抚赵尔巽至，锐意兴举学堂，而于士子多所宽假。湖南自梁启超主讲后，人心不靖，至是邪说朋兴，排满革命之谈充塞庠序，赵弗顾也。余与之议，不叶；屡辞，不听，革退劣生四名。"载王先谦《葵园自订年谱》，沈云龙主编《近代中国史料丛刊》第 51 辑，（台北）文海出版社，1973，第 357 页。王先谦致缪荃孙函云："若敝省风气，实为各省所无，学生动辄具禀监督、教习，任情诬控，而官长为之调停其间，监督、教习多顾体面，撤亦辞，不撤亦辞。或将学生开去数人，则有民立学堂收之。省城诸堂联为一气，动以全散为胁制之计。官长爱惜声名，惧其登报，率皆优容敷衍。"载缪荃孙《艺风堂友朋书札》，上海古籍出版社，1980，第 37 页。

② 谭仲池主编《长沙通史·近代卷》，第 655 页。

③ 张继：《回忆录》，丘权政、杜春和等选编《辛亥革命史料选辑（续编）》，湖南人民出版社，1983，第 280 页。

④ 曹亚伯：《自叙》，《武昌革命真史（上）》，上海书店，1982，第 2 页。

⑤ 《在湖南学界欢迎会上的演说》（1912 年 11 月 8 日），刘泱泱编《黄兴集》（二），湖南人民出版社，2008，第 556 页。

⑥ 《胡元倓跋》，湖南省社会科学院编《黄兴集》，中华书局，1981，第 409 页。

力。"① 此时，明德与经正学堂俨然已成为新旧士绅交锋的场所之一。

对旧士绅而言，他们并不反对新政中的教育改革，甚至赞同废除科举，但这种自旧趋新须有度，其底线是教育改革不能影响国家的政治制度。王先谦认为自夏朝以后，"君与民，各据其私而私之，局大定"，"今以中国自私之心，而行西人自治之政，其不能相合决矣"②。王先谦认为，在以自治行自私之实的文化背景下，自治不仅不能带来"大治"，反而会生出"大乱"，故其对学堂中的"民权""平等"之说深恶痛绝。

然而，谭延闿、胡元倓等新式士绅则对学堂中的政治意识较为包容，他们虽无革命之志，但默许革命思想传播并结交革命同志，同情革命行动。新式士绅对政治意识的包容，亦符合清末新政改革政体的大势，谭延闿有此政治意识方能从学界走向政界。在改制学堂中，谭延闿不断成长，地位日渐提高，先后任长沙中路师范监督、长沙中路学堂监督，并因在湘办学劳绩，免于参加翰林院散馆考试，这为后来谭更深入地参与新政奠定了基础。而湖南新旧士绅在清末新政中分流的源头，便可追溯至最初的改制学堂。

第二节　初涉政坛：修筑铁路与新式士绅的成长

一　铁路与新式士绅的群体意识

19 世纪末，清廷决定修筑粤汉铁路，其里程在湘省最长，引起了湖南士绅的强烈关注。修路耗资巨大，但清廷财政拮据，不得不采取对外借款的措施。1898 年 4 月清政府和美国合兴公司签订了《粤汉铁路借款合同》，1900 年 7 月又签订了《粤汉铁路借款续约》。通过这些条约，美国公司便掌握了粤汉铁路的筑路权，铁路建成后其将代为经

---

① 谭伯羽：《茶陵谭公年谱》，沈云龙主编《近代中国史料丛刊》第 68 辑，（台北）文海出版社，1973，第 28 页。
② 王先谦：《复岑中丞》，《葵园四种》，第 933 页。

营以抵筑路之款。然而，合兴公司并未如期完成铁路建设，并违约将粤汉铁路的股权转卖给比利时人。对此，湘省士绅甚为不满，龙湛霖、王先谦等人于 1904 年以美国公司违约为由上书清廷，请求废除与美签订的筑路之约。当时，比利时亲俄，而俄国又有修筑中东铁路之权，张之洞"恐三国合成一气，议废美约，废约虑损邦交，改为赎路"①。1905 年 5 月，湖南铁路筹款购地公司在长沙正式成立，龙湛霖、王先谦任总理，龙绂瑞任会办，谭延闿、孔宪教、叶德辉等人为总议。同年 8 月，美国合兴公司与清政府签订赎路条约，粤汉铁路改由鄂、湘、粤三省共修，路款由各省绅民集股，各筹各款，各修本省之路。在官绅合作努力之下，粤汉铁路收归自办，为加深合作尽快开工，张之洞提出了处理官绅关系的基本原则："绅民办事全赖地方官相助为理，似须责成本省督抚督饬司道及地方官吏暨绅士商民，因地制宜，设法筹办，庶情形不致隔膜，工程亦免延搁。"② 然而，官与绅利益诉求不尽相同，且自办中各省官绅又存在一定分歧，故官与绅在合作的同时又存在着对抗的张力。双方的合作是新式士绅成长的重要基础，而与政府的对抗则促进了新式士绅主体意识的增强和活动方式的多样。

　　在筹建铁路的机制选择中，以谭延闿为代表的新式士绅的民权意识明显增强。清末铁路筹建的机制分为官办、商办、官督商办和官商合办等形式。官督商办的政策在洋务运动时期便多采用，在其政策下商人虽持资入股但无实质管理权，故引起商民的普遍不满。时人认为："官办则徒以纪律束缚，用财不如人民之节省，治事不如人民之周密，彼此交付不如人民之亲切。"③ 对此，曾赴日专攻铁路管理学的湘人曾鲲化亦有深刻认知，其言："官办事件，无一不腐败，无一不糊涂，何也，以其督办、会办、总办、提调等名目，动辄至十余人，事权不一，

---

① 谭伯羽：《茶陵谭公年谱》，沈云龙主编《近代中国史料丛刊》第 68 辑，第 64—65 页。

② 《收回粤汉铁路沥陈办理情形折》（光绪三十一年十二月二十七日），苑书义、孙华峰、李秉新主编《张之洞全集》第 3 册，河北人民出版社，1998，第 1694 页。

③ 《铁路官办民办平议》，《申报》1906 年 2 月 13 日，第 2 版。

政出多门。"① 湖南总商会曾上奏请将粤汉铁路湖南段由商人集资办理，清廷以事关国家要政，仍主张官督商办。此决议遭到了湘省士绅的强烈抵制，为调和官绅分歧，奉命督办粤汉铁路的张之洞主张官绅合办，并认为此法可使"官权不损分毫，商民同享路利"②。湖南士绅对此仍有不甘，1908 年，谭延闿等人作为湘省代表入京商议修筑铁路事宜时，又多次向张之洞争取归于商办，但都被张严词拒绝。谭延闿等人也只能无奈接受。③ 此时的官商合办体制介于官督商办和后来的铁路国有之间，它在承认商民巨大作用的同时，又限制了商民权力，避免其独揽路政，使官绅之间形成了一个短暂的平衡。然而，随着立宪运动不断深入，商民权力日益增长，清廷却采取了铁路国有的政策，这种政治上提升新式士绅地位、经济上排挤的行为，势必引起他们采取某些激进的行为。

二　路线选择与地方士绅的权益

在修建铁路的路线选择中，以谭延闿为代表的新士绅地方意识表现较强。粤汉铁路湖南段的路线争议较大处为株昭铁路（株洲至昭山），分歧的焦点是铁路要不要经过湘潭。株洲、湘潭、昭山三地，位置上大致呈三角状，若以铁路修建的费用和株洲至昭山的运行成本计，则株昭铁路可不必绕过湘潭，两地取直线为佳。然而，若绕开湘潭，则势必造成湘潭地区的衰落。时湘潭为湖南较为繁盛的商业城市，故湘省士绅为本省利益计，力主株昭铁路采取弧线。为照顾湘人利益，张之洞、邮传部等拟株昭段取直线的同时，再修一段支线将湘潭并入株昭干线。然而，湘省士绅对此仍表示反对。

---

① 鲲化：《社论：论蜀湘赣铁路公司多数总理之谬误》，《时报》1908 年 6 月 23 日，第 2 版。

② 《湘鄂两省铁路请永远官商合办折》，苑书义、孙华峰、李秉新主编《张之洞全集》第 3 册，第 1832 页。

③ 《谭延闿日记》（手稿本），1908 年 8 月 23 日，（台北）"中央研究院"近代史研究所藏。以下不再标明藏所。

1908 年 4 月，王先谦、余肇康、席汇湘和谭延闿等士绅，联名致电邮传部，阐明株昭段选择弧线的必要。他们的理由大致可分为三点。首先，粤汉铁路与美国合兴公司签订合同时，株昭段便确定了弧线的方针，况且湘潭是当时湖南第一码头，"干路稍迁以保大埠，各国亦往往有此办法"①。其次，在粤汉铁路湖南段资金来源中，湘潭商民出资至关重要，故其利益诉求应当被重视；湘省士绅认为若株昭铁路修直线，即使再加修支线，亦会影响湘潭商埠的地位，"今乃由大部并修直线，则弧线虽修何用？尚有何人肯行潭路，潭埠势必永远成废。数百年祖宗营业，一旦归于无何有之乡，万众能不寒心？"② 最后，湘省士绅认为绕经湘潭修弧线，带来的成本并不会很高，尤其是在萍乡煤矿所产运至长沙的费用上，亦在承受的范围之内。士绅们"窃思萍煤多行五十里，所损甚微"③，且修路集资仍较为困难，经过湘潭则更能激励绅商解囊集股。为了进一步表明湘省士绅的态度，1908 年 5 月 14日，王先谦、余肇康、席汇湘和谭延闿等再次上书，请求停止株昭铁路直线的修筑，并重点阐述了湘潭民情的诉求。

> 今工甫开而利已失，其谁谅之？今日潭人刊布传单，情词激切，当经公司面属缄告。现已据情电呈大部，必能俯体商情，准罢前议，自应静候部复，不必如此惶急。目下潭人时来问讯，省城绅商亦责诘公司何不向大部力请。此中难处，非口笔所能尽达。除面陈抚院并电达督院外，谨再迫请大部速赐复，收回成命。一邀俯允，公司立即督催潭商赶速缴款，迅即开工，绝不敢稍事延缓。④

---

① 《与王先谦等为请暂缓展筑株昭铁路事致北京邮传部电》（1908 年 4 月 24 日），周秋光主编《谭延闿集》第 1 册，湖南人民出版社，2013，第 283 页。

② 《与王先谦等为请暂缓展筑株昭铁路事致北京邮传部电》（1908 年 4 月 24 日），周秋光主编《谭延闿集》第 1 册，第 283 页。

③ 《与王先谦等为请暂缓展筑株昭铁路事致北京邮传部电》（1908 年 4 月 24 日），周秋光主编《谭延闿集》第 1 册，第 283 页。

④ 《与王先谦等为请停筑株昭铁路事致邮传部电》（1908 年 5 月 14 日），周秋光主编《谭延闿集》第 1 册，第 284 页。

1908 年 7 月 28 日，谭延闿抵达北京，29 日便打探拜访张之洞的时机，虽被告知"南皮（张之洞）明日不见客"①，但次日谭仍至张住处"投刺而去"②。8 月 1 日，谭又去拜访张之洞，等待良久后方见到张。张问谭延闿筑路款目事甚详，当谭言及粤汉铁路株洲至昭山段事务时，张之洞则让其与邮传部相商。对此谭延闿则以奉命而来，不敢面邮传部争对之，并力陈请将筑路之事归于商办，而"南皮作色云不愿听"③，且历数湘人在争夺筑路权中的种种过错。见此情况，谭延闿只得辞出。为使张之洞有所改变，谭还冒雨去为张拜寿。④ 由此可看出谭延闿为争筑路之权尽心尽力、不辞辛劳。8 月 18 日，谭延闿又带修筑铁路的地图拜访张之洞，并为株洲至昭山段铁路事陈述良久，张"乃云俟见邮部人再说"⑤。至 8 月 23 日，张对谭言，"株昭不必争，将以全路归官商合办"⑥。对此，谭延闿只能无奈感叹。⑦

三　铁路与地方士绅的内部整合

铁路筹办的过程也是湖南士绅内部整合的历程。粤汉铁路湖南段修筑之关键在于筹款，而筹款关键在于湘绅内部关系。1906 年，湖南铁路公司成立，该公司聘请谭延闿为谘议官，同年 9 月，王先谦、谭延闿、龙绂瑞等人联名，为催借路款事致电广东宝华中约商办铁路公司。⑧ 虽然湖南士绅在向外省借款方面曾做出努力，但湘省士绅自身筹款并不多。筹款期间，由于内部斗争，湖南铁路公司经理又数次易人，致使筑路之事进展更为缓慢。对此，日本驻汉口领事水野幸吉曾言："湖南方面原归绅办，但湖南绅士徒多议论，经费筹集则毫无头

---

① 《谭延闿日记》（手稿本），1908 年 7 月 29 日。
② 《谭延闿日记》（手稿本），1908 年 7 月 30 日。
③ 《谭延闿日记》（手稿本），1908 年 8 月 1 日。
④ 《谭延闿日记》（手稿本），1908 年 8 月 3 日。
⑤ 《谭延闿日记》（手稿本），1908 年 8 月 18 日。
⑥ 《谭延闿日记》（手稿本），1908 年 8 月 23 日。
⑦ 《谭延闿日记》（手稿本），1908 年 8 月 23 日。
⑧ 《与王先谦等为催借路款事致广东宝华中约商办铁路公司电》，刘建强编著《谭延闿文集·论稿（上）》，湘潭大学出版社，2014，第 19 页。

绪。此实为粤汉铁路腹心之患。"① 湖南筹措经费之所以难，关键在于湘绅考虑利益问题太多且内部矛盾复杂。

湖南传统士绅如王先谦、叶德辉、余肇康等虽然积极参与铁路的修建，自身却多不愿大量投资铁路。他们利用担任铁路公司重要职务的便利，任人唯亲，为己谋私，延误铁路建设，遭到社会舆论的批判。时人曾问王先谦与余肇康可曾入股铁路公司，"王余答曰，吾为总办当坐分红利，何须入股"②。时评进一步指出，王、余二人"所引用者萧荣爵、孔宪教、黄自元、叶德辉、冯习（锡）仁等皆是也，叶最狡猾，冯亦阴贼，而贪鄙略同。叶以湘矿私售洋人，冯则垄断西路诸矿，均获利致富，叶与冯近为王、余供奔走，又思染指于铁路，冯多方运动，昨又经湘抚奏派为矿务公司总办矣。以顽钝无耻之小人而握路矿之大权，又合力破坏学务，巧为挠阻，于是湖南乃暗无天日矣。铁路至今未刊印股票，又无息折，商会收股二百余万，仅给收条，以故各处愿入股者多观望不前"③。更有人以亲身经历撰文指出，湖南铁路公司在王先谦等人把持之下，"材料不购也，工人不招也，路线不勘定也，基地不预筹也。而每岁股分之所入，绅士辄瓜分而用之"④。可知，对王先谦等传统士绅在修筑铁路中的表现，社会舆论多为负面。1907 年末，为了协调修筑粤汉铁路中出现的各种矛盾，张之洞决定召集邮传部和鄂、湘、粤三省督抚及任事官绅入京开会，湖南省有关修筑铁路的各方商绅公推谭延闿为湘省代表，入京商议修筑之事。⑤ 由此，新式士绅在铁路修建中的影响力渐趋增强。

1909 年 3 月，德国的德华银行以低息贷款为诱，与张之洞商议粤汉铁路借款办法，英、法、美见有利可图，也相继加入对清廷的贷款

---

① 《日本驻汉口总领事水野幸吉致日本驻华使馆报告书》（1906 年 6 月 27 日），宓汝成编《中国近代铁路史资料（1863—1911）》第 3 册，中华书局，1963，第 1022 页。

② 《湖南铁路近状汇志》，《申报》1907 年 4 月 3 日，第 3—4 版。

③ 《湖南铁路近状汇志》，《申报》1907 年 4 月 3 日，第 4 版。

④ 《论说：论湖南铁路》，《申报》1907 年 7 月 11 日，第 2 版。

⑤ 谭伯羽：《茶陵谭公年谱》，沈云龙主编《近代中国史料丛刊》第 68 辑，第 65 页。

队伍。6月，张之洞与这些国家签订借款条约，即《湖广铁路借款草约》，此条约不仅将路权交给外国，还将湖南、湖北两省的厘金和盐税作为抵押，因此湘省又掀起了以"拒债""集股""请归商办"为主题的大规模保路运动。① 为抵制举借外债，谭延闿和龙璋等人还建立了湖南铁路股东共济会，以求募集筑路股款。湖南铁路股东共济会非常注重对外宣传。10月，他们创立了《湘路新志》月刊，并请礼部为湘省召开粤汉铁路股东大会事，在京各报连登20天，以便广而告之。② 在谭延闿等湘省士绅的努力下，"在鄂湘人亦闻风响应，于10月25日在武昌湖南会馆发起旅鄂湘路商办筹款协会大会"③。为吸引湘人入股，11月，谭延闿、龙璋、陈文玮等人，又在长沙南铁道学堂发行《湘路周报》，借以宣传集股拒债思想。④ 其后，谭延闿等人又多方努力，但均收效甚微。

第三节　绅权扩张：谘议局成立与地方权力嬗变

1906年，清政府迫于国内外压力，宣布预备立宪。次年，清廷在中央筹设资政院，在地方各省则准备设立谘议局。此举立刻引起地方新式士绅的强烈回应，以谭延闿为代表的湘省新式士绅发起了组织公会、联名请愿、集会选举等活动，使湖南的立宪运动进行得如火如荼。1907年10月谭延闿和杨度在长沙组织了宪政讲习会湖南分会，12月又改名为湖南宪政公会。⑤ 同年，谭延闿、杨度、刘人熙、陈文玮等人联名呈函"恳请开设民选议院以实行预备立宪⑥"，不断将改良推向更深处。

---

①　谭仲池主编《长沙通史·近代卷》，第753页。

②　《为余肇康为请将湖南粤汉铁路股东开会广告在京登报事致曹参议电》，刘建强编著《谭延闿文集·论稿（上）》，第25页。

③　《旅鄂湘人对于路事之热心》，《湘路新志》第3期，1909年，第39页。

④　《湖南近百年大事纪述》，湖南省志编纂委员会编《湖南省志》第1卷，湖南人民出版社，1962，第309页。

⑤　谭仲池主编《长沙通史·近代卷》，第727页。

⑥　杨度：《湖南全体人民民选议院请愿书》，戴逸主编，方学尧编译《清末立宪运动文选》，巴蜀书社，2011，第115页。

一　谭延闿出任谘议局议长

1908 年，清政府宣布"谘议局为采取舆论之所，并为资政院预储议员之阶，议院基础即肇于此，事体重大"，"即着各督抚迅速举办"。① 同年，长沙设立湘省谘议局筹备处，并以陆钟琦、吴庆坻、庄赓良为总办，以王先谦、谭延闿、赵启霖等人为会办，主持相关事务。1909 年 8 月，谘议局进行正副议长选举，议长由议员中互选，用单号投票法选举，以得票过半数当选②，谭延闿当选为正议长，而冯锡仁、曾熙则被选为副议长。③ 谭延闿之所以当选为谘议局议长可从以下方面分析。

首先，从个人能力分析，谭延闿在湘积极创办新学，力争湘省路权④，进一步提高了声望，展现了魅力。1907 年，张之洞奉命督办粤汉铁路，为协调筑路中的各种矛盾，张之洞决定召集邮传部和鄂、湘、粤三省督抚及任事官绅入京开会，湖南有关筑路各方公推谭延闿为湘省代表，入京商议修筑之事。其间，谭延闿为保湘路不辞劳苦、据理力争，虽无实效，但在湘影响日深。其次，从性格上观察，谭延闿善于言谈，注重维护人际关系，利于其竞选。在谭延闿日记中，每页醒目处特有"交际"一栏，以便于记录日常生活中与何人、在何地交往。⑤ 这种广泛结交朋友之举，也为其赢得谘议局议长选举夯实了基础。最后，从谭延闿以外的士绅分析，一些具有资历的湘省士绅，或是不明白议员的作用，或是对议员有轻视之态，并未真正参与议员竞选。

王先谦按照资历足以任谘议局议长之职，但王政治思想保守，认

---

① 孟森、杜亚泉：《各省谘议局章程笺释》，商务印书馆，2015，第 7 页。
② 谭伯羽：《茶陵谭公年谱》，沈云龙主编《近代中国史料丛刊》第 68 辑，第 67 页。
③ 《湖南咨议局议事录》（一），杨鹏程主编《湖南咨议局文献汇编》，湖南人民出版社，2010，第 68 页。
④ 谭伯羽：《茶陵谭公年谱》，沈云龙主编《近代中国史料丛刊》第 68 辑，第 65 页。
⑤ 参见《谭延闿日记》（手稿本），1908 年 1 月、7—12 月。

为"近岁师法西人，不得要领，民生已大困矣。又欲淆乱其耳目，扰惑其心志，而有宪法自治之举，诚非预筹补救之策"①。在筹备谘议局时，王先谦则言："旧疾积久不平，奔走职务，恐非所堪，如蒙鉴谅，许得挂名籍末，以时效纳。"② 无独有偶，当时的王闿运对立宪运动亦持批评态度，他曾言："宪法备于本朝，何容求之海外"，"且立宪救亡之说，满、汉分党之疑，平地生波，漫天作瘴。"③ 王先谦、王闿运、张祖同和叶德辉，如果真的想当选的话，都具备足够的权力和威信当选，④ 然而，这些在地方颇有影响的士绅却在立宪运动中选择了旁观。

1909 年 9 月，湖南谘议局在长沙召开成立大会，时任湘抚岑春蓂与会发表演说，他指出："我国内与外隔阂，官与民隔阂，士农工贾不知结团体，不知谋公益，则人民与人民又隔阂。及今不图，缓将不治。谘议局者，于官与民之间为之枢纽者也。"⑤ 可见，岑春蓂希望湘省谘议局发挥传统士绅沟通官民的作用，借以缓和尖锐的内外矛盾，这是地方政府给谘议局的定位。谭延闿作为议长，对岑春蓂的演讲进行了回应。谭指出谘议局成立之时便是"湖南人民参与政治发端之日"，阐明谘议局应与地方官员"和衷共济""化除畛域""言行相顾"，且官员和议员均可提议案，两者可相互监督，以维护民之利益。谭的演讲重点在公众参与政治之益，"公"不仅"可以去私""医隔"，还可以"化除畛域"⑥。谭延闿认为将政务公之于众，是解决清末政治危机的良好途径，但其看法显然此与湘抚岑春蓂的政治观念相差甚远。

二　谘议局初创后的权力运行

谭延闿以湘省谘议局议长之职，率谘议局积极参与清末政务，以

---

① 王先谦：《复岑中丞》，《葵园四种》，第 933 页。
② 王先谦：《葵园自订年谱》，沈云龙主编《近代中国史料丛刊》第 51 辑，第 404 页。
③ 王闿运：《湘绮楼日记》，岳麓书社，1997，第 2848 页。
④ 〔美〕周锡瑞：《改良与革命：辛亥革命在两湖》，第 113 页。
⑤ 《湖南谘议局议事录》（二），杨鹏程主编《湖南谘议局文献汇编》，第 83 页。
⑥ 《湖南谘议局议事录》（二），杨鹏程主编《湖南谘议局文献汇编》，第 84—85 页。

求打破原来的专制体制，使其与湘省地方官员的矛盾不断加深。清廷虽以律法规定谘议局有决议本省预算、决算、税法、公债等权力，但同时又规定督抚有裁夺谘议局议案能否实施之权。清政府立宪的原则是大权出于君上，庶政方可让民众参与，[①] 故谘议局实际权力十分有限。然而，谭延闿并未气馁，仍积极领导谘议局参与湘省事务，甚至有与湘抚据理力争之时。

1909 年 9 月，湖南谘议局第一届年会召开，因谘议局初创"所有应议事宜尚多，势难如期就绪。照章应请延长会期"[②] 以讨论议案。在会议中，湘省抚部院提交议案 20 件，通过 19 件，否决 1 件；谘议局提出议案 39 件，通过 26 件，否决 1 件，未提议 7 件，撤回 1 件，未决 4 件。[③] 其间，湘抚所议案绝大多数被谘议局通过，仅抽收房铺捐作警费提案未被通过，虽然有少数议员认为"人民果得保护，宜有负担，房铺捐亦未始不可施行"[④]。然而，更多议员却认为"警务经费现提税契二分，各州县警务大半有名无实，今又抽收房捐作警费，而官吏未能切实改良，恐人民未便担荷"[⑤]，故议案不应通过。后经湖南谘议局表决，谭延闿宣布此案不予通过，并将谘议局所议结果呈报抚院部。从此议案决议过程可以发现，湘省谘议局在议决提案时确实采取了民主讨论的运行机制，而拒绝通过警费案的议员亦是从官和民两方面权衡后做出的决定。可见，此时的湖南谘议局对官员仍有一定的监督、限制作用，对人民切身利益有一定维护。

在表决各提案时，谘议局体现了作为地方政治参与机构的民主特征，其决策过程坚持了集体表决制。这是谭延闿参与清末立宪运动的重要成就之一。这些通过的议案，还须呈报巡抚，在实施前还须经过复议、复核等过程，谘议局与地方官员在就某一提案相互达成一致意见后，方能将议案公布实施。所以，这种议案的生成过程不可避免地

① 孟森、杜亚泉：《各省谘议局章程笺释》，第 56 页。
② 《湖南咨议局第一届报告书》，杨鹏程主编《湖南咨议局文献汇编》，第 569 页。
③ 《湖南咨议局议事录》（一），杨鹏程主编《湖南咨议局文献汇编》，第 69—71 页。
④ 《湖南咨议局议事录》（二），杨鹏程主编《湖南咨议局文献汇编》，第 105 页。
⑤ 《湖南咨议局议事录》（二），杨鹏程主编《湖南咨议局文献汇编》，第 105 页。

会导致谘议局议员与政府官员间的冲突。

随着谘议局参政加深，与官员的关系亦变得愈加紧张。议员发现地方官员的不当行为，便进行弹劾，更加大了谘议局议员与地方官员的裂痕。1910 年 4 月，谘议局根据士绅蒋定诩举报，查知湖南安福县前县令赵协莘曾加收税捐各款，且有诸多侵蚀；而现任县令胡廷枢不减捐税，反而变本加厉，勒索百姓。对此，谘议局"呈请抚部院严切查究，并请通饬各州县引为鉴戒"①。在谘议局压力之下，岑春蓂"将赵、胡两令分别撤任，听候查办，并通饬各属一体知悉"②。此举对湖南地方官员震动极大，显示出湘省谘议局监督之责的重要。此时，湖南巡抚尚配合谘议局对下层官员进行惩治，但随着社会矛盾的日益尖锐，谘议局与湖南巡抚的积怨日深，终致双方彻底走向对立。

第四节　弹劾地方：长沙抢米风潮中的官绅对立

一　抢米风潮与地方士绅的态度

湖南多水旱灾害，1909 年尤甚，致使粮食严重减产。地方官员未采取有效调控，仍使食粮大量外运，加之劣绅囤积居奇，导致社会矛盾加剧。关于湖南灾情，谘议局曾通过《积谷清查及增加案》《岳常澧水灾后案》《安集荒民案》等提案。③ 同时，谘议局亦致电巡抚岑春蓂，借以表达禁止湘省食粮外运之请，电称："现在省垣米谷空虚"，"如颗粒不使外溢，尚能勉强支持。今省垣空乏已形，而各府州县濒河仓户专顾重利贩运四处，漫无限制，缺乏可知"，"湘与他省窎远，转运极难，如遇缓不济急之时，滋生事变，虽予惩处，元气已伤"④。然而，谘议局的提案与建议，湘省官员并未落到实处。1910 年 4 月，长沙爆发民变，民众不仅攻击了湘省巡抚衙门，而且捣毁了长沙的教堂、

---

① 《湖南谘议局为民除害》，《申报》1910 年 4 月 3 日，第 1 张（后幅）第 2 版。
② 《湖南谘议局为民除害》，《申报》1910 年 4 月 3 日，第 1 张（后幅）第 2 版。
③ 《湖南咨议局议事录》（一），杨鹏程主编《湖南咨议局文献汇编》，第 70 页。
④ 《致抚部院》，杨鹏程主编《湖南咨议局文献汇编》，第 587 页。

学堂、洋行等建筑。民变发生后，不仅以王先谦为代表的旧式士绅上书表达对地方官员不满，以谭延闿为首的新式士绅亦纷纷上书，指出湘省官员的种种不当行为。

以聂缉椝、王先谦、叶德辉等为代表的湘省旧士绅，致电湖广总督瑞澂阐明原委。谭延闿和龙璋等人则以湖南谘议局之名致电军机处，其言：

> 湘省民食翔贵，早现荒象，绅商迭请岑抚筹备，斥为张皇，搁置不理。昨，饥民因乏食在南门外滋闹，并不设法平粜，遽饬警道拿办，致激众愤，群向抚署要求释放。岑既不出示开导，传齐僚属至署，并将常备军、巡防营全数调署自卫，各处教堂、学堂、租界、洋行遂无一官一兵保护，听其焚毁。及抚署被毁焚，皇遽无措，悬牌捏称病故，以关防交藩司，用署巡抚名义出示安抚饥民，始渐解散。岑遂潜避桌署，置大局于不顾。①

谭延闿等人上书不久，清政府便以杨文鼎代替岑春蓂之职，但同时也对湘省士绅的行为表示了不满，并对王先谦、叶德辉等旧士绅进行斥责。瑞澂指出湘省"议劝绅捐，先办义粜，湘绅王先谦首先梗议，事遂迁延。变起之后，复归咎抚臣激变，电请易人，殊属不知大体"②，且认为王先谦、叶德辉等旧士绅挟私酿乱，随后瑞澂上奏朝廷呈请对王先谦等人进行惩罚。接到瑞澂上奏后，清廷认为"湘绅意欲卸罪于湘抚，外人咸抱不平。湘抚及地方各官虽有应得之咎，然祸首实系湘绅。中政府应治该绅等以相当之罪"③。故清廷下令将"前国子监祭酒王先谦、分省补用道孔宪教，均著交部严加议处。吏部主事叶德辉、候选道杨巩，均着即行革职，交地方官严加管束"④。虽然王先

---

① 《关于湘省饥民抢米风潮与湖南商会总理电》，刘建强编著《谭延闿文集·论稿（上）》，第 27 页。
② 《谕内阁王先谦等挟私酿乱均着分别惩儆》，郭汉民、杨鹏程主编《湖南辛亥革命史料》（一），湖南人民出版社，2011，第 353 页。
③ 《枢发署鄂督电》，郭汉民、杨鹏程主编《湖南辛亥革命史料》（一），第 348 页。
④ 《谕内阁王先谦等挟私酿乱均着分别惩儆》，郭汉民、杨鹏程主编《湖南辛亥革命史料》（一），第 353 页。

谦等士绅对宪政持反对态度，但清廷对其惩处仍使认为罪在湘抚的新式士绅深为不满，为此谭延闿再次上书军机处，请旨复查。①

按照谘议局章程规定，湖南谘议局发现巡抚有违法之事，应呈请资政院核查，而不能越制致电军机处。随后军机处致电湘抚杨文鼎，令其对谭延闿等人进行痛斥和调查。② 谘议局为湘省士绅进行辩护，不仅未取得预期效果，反而遭到清廷驳斥。面对军机处对谘议局的痛斥，谭延闿等人又上书反驳："伏思中国自预备立宪以来，屡奉明诏，及读馆章，均有'庶政公诸舆论'等语。夫所谓'庶政'，自系指凡百政事而言；所谓'舆论'，自系指人民公论而言。不识其中有何限制，何者始可公诸舆论，何者始可由谘议局代表。"③ 谭延闿等从"庶政公诸舆论"的角度切入进行反驳，说明湘省谘议局并无逾越之举，借以表明其对参政之追求不仅是辅助地方官员，更是获取政治上的发言权，监督地方，追求宪政。

二　对外赔偿与地方官绅的决裂

因长沙民变破坏了外国教堂、洋行等设施，外国公使便要求赔偿。清廷认为，民变罪在湘省士绅，"所损外产亦应责令绅等赔偿"④。对此，不仅在湘士绅表示激愤，旅奉、宁、浙、鄂、汴、粤、皖等地湘人亦致书湘省谘议局，以示愤慨。谭延闿等认为，谘议局本应"旁采舆论，切按事情，既不敢违法律而妄事要求，又不敢拂舆情而自安缄默"⑤，为此，谘议局总结了不进行赔偿的四大理由。

首先，湘省缺粮的人为因素是未及时禁止湘粮外运，其罪在地方督抚。"湖南米谷，不独津沪赖其灌输，武汉尤视为生命。是以鄂省电

---

① 《湖南咨议局议长谭延闿等致枢电》，郭汉民、杨鹏程主编《湖南辛亥革命史料》（一），第 356 页。
② 《枢发署湘抚电》，饶怀民等编《长沙抢米风潮资料汇编》，岳麓书社，2001，第 85 页。
③ 《湘谘议局议长不甘申斥》，《申报》1910 年 6 月 28 日，第 1 张第 5 版。
④ 《枢发署鄂督电》，郭汉民、杨鹏程主编《湖南辛亥革命史料》（一），第 348 页。
⑤ 《呈报灾变损失湘省不任赔偿文》，杨鹏程主编《湖南咨议局文献汇编》，第 459 页。

告外交部，谓武汉若无湘米接济，立召变乱。"① 故以此而言，长沙民变乃是代鄂受祸。其次，谘议局早已将民变前的灾情呈报湘省巡抚，但岑春蓂未采取有效措施，"明知民食为艰，乃仅以空文塞责"，"令弱者僵卧于家，狂夫铤而走险"②，最终导致长沙民变，因此湘省官员应对灾情引发民变负主要责任。再次，民变发生后，巡抚不仅起初全无防备，临事又仓皇失措，"贼非劲寇，胡束手而无谋！势已燎原，竟腼颜而欲遁。朝廷以方面寄抚臣，抚臣乃以溺职贻国祸"③。正是如此不作为，致使民变激化扩大。最后，湖南官员对外国人的保护有名无实，"果使域中兵队分布各区域外，师船扼要驻扎，匪党本无寸铁，岂能任意横行？"④，这种保护不力的行为，无疑是纵匪行凶。

此外，谘议局还阐明无力赔偿的客观情况。湘省连年水患，人民本就生活艰难，"若因此次赔偿加重人民负担，是则医疮剜肉，立见元气消亡。诚恐火热水深，更非国家幸福"⑤。而经历民变的长沙，需要时间处理创伤。此次民变时间虽短，但对经济破坏尤深，"商界恐慌，金融紧逼，除公私财产烧毁破坏有价可稽者外，民间无形之损失尤不可以亿计"⑥。因此，处于休养生息中的湘省，难有财力赔偿外国损失。

谭延闿等人的上书，并未使清廷有所改变，对外赔款仍归湘省。当时，湘省财政匮乏已久，"应解京饷、赔款及一切新政新项要需，并常德各灾赈粜，各营日支饷需，均属急如星火"⑦。面对时艰，巡抚杨

① 《呈报灾变损失湘省不任赔偿文》，杨鹏程主编《湖南咨议局文献汇编》，第459页。
② 《呈报灾变损失湘省不任赔偿文》，杨鹏程主编《湖南咨议局文献汇编》，第460页。
③ 《呈报灾变损失湘省不任赔偿文》，杨鹏程主编《湖南咨议局文献汇编》，第460页。
④ 《呈报灾变损失湘省不任赔偿文》，杨鹏程主编《湖南咨议局文献汇编》，第460页。
⑤ 《呈报灾变损失湘省不任赔偿文》，杨鹏程主编《湖南咨议局文献汇编》，第461页。
⑥ 《呈报灾变损失湘省不任赔偿文》，杨鹏程主编《湖南咨议局文献汇编》，第461页。
⑦ 《户部折——议复湖南巡抚杨文鼎试办公债票》，中国人民银行总行参事室编《中国清代外债史资料（1853—1911）》，中国金融出版社，1991，第751页。

文鼎上奏清廷希望能效仿皖、鄂等省发行公债。清廷虽担心滥发公债造成地方财政不能量入为出，但湘省"兵荒之后，财政万分匮竭，势处其难，不得不姑允所请"①。此外，清廷还强调"嗣后各省若非兴办实业，概不得援以为例以重财政，而杜虚糜"②。可见，此次湘省能发行公债实属不易。然而，在程序上湘省巡抚杨文鼎却执行不当，发行公债须先提交湖南谘议局进行讨论、审议，通过后方能上奏朝廷定夺，杨文鼎未经谘议局直接上奏，令谭延闿等人深为不满。

据谘议局章程第二十一条第四项规定，谘议局有"议决本省税法及公债事件"③之权，"此煌煌局章，疆吏竟视若无睹"，谭延闿等"特将湘抚侵权违法等情，呈请资政院核办"④。资政院由此向军机处提出抗议，而后者却认为公债之事既经奏准便应遵前旨办理。对军机处的强权，资政院便以闭会相要挟，"因纠举无效，不肯开议，务请枢臣来院答复，大有纷扰之势"⑤。相关军机大臣并未到资政院接受质问，而后资政院便又提出弹劾军机的奏章。"资政院要求维护章程，力行宪政；军机处要遵卫国体，严守纲常，双方闹得水火不容。"⑥其间，谭延闿亦以辞职相抗争，并表示"如若蹂躏居章，决心辞职，愤慨万状"⑦，经"议员全体挽留"，且"因尚有多数审查未决重要议案"⑧等事，谭才辞职未果。湘抚杨文鼎鉴于情势，亦上奏清廷请求辞职。⑨清廷虽未准辞，但准许其养病休假一月。鉴于湘抚上奏请罪，

① 《户部折——议复湖南巡抚杨文鼎试办公债票》，《中国清代外债史资料（1853—1911）》，第752页。
② 《户部折——议复湖南巡抚杨文鼎试办公债票》，《中国清代外债史资料（1853—1911）》，第752页。
③ 孟森、杜亚泉：《各省咨议局章程笺释》，第60页。
④ 《湘省谘议局纠举湘抚擅行奏办公债之违法》，《国风报》第1卷第25期，1910年，第105页。
⑤ 《资政院对于湘抚举办公债违法之抗议》，《国风报》第1卷第27期，1910年，第109页。
⑥ 谭仲池编《长沙通史·近代卷》，第743页。
⑦ 《关于募集湖南公债问题咨议局与巡抚之间的争论》，《中国清代外债史资料（1853—1911）》，第755页。
⑧ 马鸿谟编《民呼、民吁、民立报选辑》，河南人民出版社，1982，第548页。
⑨ 《关于募集湖南公债问题咨议局与巡抚之间的争论》，《中国清代外债史资料（1853—1911）》，第755页。

及湖南财政状况，谭延闿等人亦知募集公债，乃补救湘省财政的被迫之举，若执意与巡抚对抗只会令湘省损失更重，故对公债之事稍有缓和。不久，湘省公债便被谘议局列入宣统三年预算案的岁入部分。[1]

由上可知，士绅与官员在长沙民变中已走向对立，无论是以王先谦为代表的旧士绅，还是以谭延闿为首的谘议局均对湘省官员的行为深表不满。然而，清廷对待新旧士绅的态度却大为不同，王先谦等旧士绅被处以不同程度的惩罚，反观谭延闿等新式士绅却未受实质性的处罚。对于清政府的驳斥，谭延闿等人据理力争，继续为湘省辩护。发行公债时，谘议局与湘抚发生冲突的实质，并非湘省公债本身，而是湘抚行事的程序问题。此事最后令湘抚上奏请罪便已少见，使资政院弹劾军机更是稀有。谭延闿等人之所以与旧士绅不同，敢于为宪政弹劾巡抚、对抗清廷，究其原因，可从以下方面分析。

首先，以谭延闿为首的新式士绅多有一定的政治理想和追求，他们参与反对地方官员的斗争主要是为湘省人民及地方公利。旧士绅如叶德辉则被清廷指责为"当米贵时，积谷万余石，不肯减价出售，实属为富不仁"[2]，亦并非毫无道理。似叶德辉的情况，在谭延闿为首的新式士绅中却极少出现。因此清政府在面对谘议局议员时，既无主观为难之意，又难以在客观上找到惩处新式士绅的理由。

其次，无论面对地方官员还是清廷，事关湘省，湖南谘议局均有权进行议决，此乃议员参政、议政之权。长沙民变后，谘议局在询问湘省巡抚赔款数目及如何拨还借款时，还特意将相应法律章程书于呈文之中。书文言："本局钦遵谕旨，以指陈通省利病、筹计地方治安为宗旨，定章第二十一条'本省担任义务之增加及权利之存废'均为本局所应议决事件，第二十六条'谘议局于本省行政事件及会议厅议决事件，如有疑问，得呈请督抚批答'等语。"[3] 可见，谘议局在向湘抚

---

① 《湖南试办宣统三年预算复定增减总册》，杨鹏程主编《湖南谘议局文献汇编》，第 749 页。

② 《谕内阁王先谦等挟私酿乱均著分别惩儆》，郭汉民、杨鹏程主编《湖南辛亥革命史料》（一），第 353 页。

③ 《呈请将此次赔款数目及将来如何拨还借款乞详细札复文》，杨鹏程主编《湖南谘议局文献汇编》，第 462 页。

询问时，有相应的律法为后盾。

最后，谘议局议员的人身安全有相应律法保障，使其免受地方官员的侵害。谘议局章程中，第三十九条规定："凡议员于咨议局议事范围内所发言论，不受局外之诘责。"① 第四十条规定："凡议员除现行犯罪外，于会期内非得咨议局承诺，不得逮捕。"② 议员的安危是宪政能否实施的重要环节，因此在维护议员人身安全方面，谘议局显得格外重视，这也是议员敢于和政府官员斗争的关键保障。

第五节　抗拒清廷：请愿运动中立宪派的转向

1908 年 8 月，清廷在《钦定宪法大纲》中宣布预备立宪以 9 年为期，这对追求宪政的地方谘议局而言，未免太过于缓慢。1909 年 10 月，除新疆等少数省份外，谘议局已在绝大多数省份成立，这便为追求宪政的士绅提供了活动的平台。慈禧和光绪去世不久，摄政王载沣为了巩固统治，虽多次重申立宪宗旨，但其实质仍是维护清廷的统治，此举渐使主张立宪的谭延闿等人由希望转为失望。

一　速开国会请愿

为了缩短预备立宪的期限，1909 年 11 月，江苏谘议局议长张謇通电各省谘议局，称"外侮益剧，部臣失策，国势日危，民不聊生，救亡要举，惟在速开国会，组织责任内阁"③，并希望联合各省谘议局发动请愿运动。对此，作为湖南谘议局议长的谭延闿积极响应，并派议员 3 人赴上海，参加"国会请愿同志会"。

从 1910 年 1 月至 10 月，各省谘议局先后共同发起了三次速开国会的请愿运动。其间湘省还经历了长沙抢米风潮的民变，江苏谘议局因担心此事会影响国会请愿运动，特意致电询问，在谭延闿的支持下

①　孟森、杜亚泉：《各省咨议局章程笺释》，第 77 页。
②　孟森、杜亚泉：《各省咨议局章程笺释》，第 78 页。
③　吴铁峰：《清末大事编年（1894~1911）》，湖南大学出版社，1996，第 223 页。

湘省谘议局很快复电，表示仍会参与请愿运动，为了安定人心，湘省谘议局又致电北京国会请愿代表团，言："敝省以乱事甫平，百端待理，正在购米平粜及开临时会预备善后之策。教育会开幕之始，尤为汲汲不遑。既奉函催，自当召集各团体公举代表，举定即行出发，务于先期到京，以便面商进行办法。"① 在这些请愿运动的压力下，清廷被迫在第三次请愿运动后，将预备立宪的期限从 9 年缩短至 5 年，改为宣统三年成立责任内阁、宣统五年召开国会。至此，江浙谘议局代表便认为"和平之办法能收效如是，已非始愿所及"②，因此他们主张不再进行请愿。然而，谭延闿和湖北的汤化龙、四川的蒲殿俊等人仍坚持速开国会之议，谋求进行第四次请愿活动，最终因势单力薄第四次请愿活动亦不了了之，但由此可知谭延闿等人在种种困难中追求民主宪政的决心。

二　反对皇族内阁

1911 年 5 月，载沣宣布废除军机处，组织了新内阁，并任命了内阁总理大臣及相应的主管大臣。然而令谭延闿等人失望的是，在内阁13 位成员中，汉人仅占 4 位（协理大臣徐世昌、外务大臣梁敦彦、学部大臣唐景崇、邮传大臣盛宣怀），蒙古人占 1 位，其余 8 位均为满人，而此 8 人中皇室成员又占了 5 位。③ 当时，直隶省谘议局议员联合会第二届会议即将在北京召开，谭延闿等人亦赴北京准备参会，清廷敷衍塞责的组阁做法引起了议员普遍的不满，因此反对皇族内阁遂成为本次会议商讨的重点。5 月 12 日会议正式开幕，"先后有 62 人出席，其中各省咨议局议长 11 人，副议长 11 人，资政院议员 18 人，各省咨议局骨干议员 22 人"④，谭延闿携湘省代表周煦埏、罗杰、易宗夔、黎尚雯参加了此次会议，据谭言："联合会今日成立也。投票举主

① 《致北京国会请愿代表团事务所》，杨鹏程主编《湖南咨议局文献汇编》，第591 页。
② 徐梁伯、蒋顺兴主编《江苏通史·晚清卷》，凤凰出版社，2012，第 430 页。
③ 李剑农：《中国近百年政治史》，商务印书馆，2011，第 271—272 页。
④ 肖建东：《汤化龙宪政思想及其实践研究》，华中师范大学博士学位论文，2018年，第 83 页。

席，而吾乃当选，力辞不得。"① 可见，谭延闿在此次会议中，亦拥有一定的影响力。

1911 年 5 月 13 日下午举行第二次谈话会，湖北议员胡瑞霖指出："现在一切政治之中心，在于内阁。须由此处着手，若不以推倒内阁为先决问题，则其余皆无讨论之价值。"② 在谭延闿的主持下，推倒皇族内阁遂成为当日会议的主要议题。而后谭延闿又提出了三个重要问题交付大会讨论：第一，议案是否仅言皇族不可充内阁总理，抑或论及皇族不可任内阁成员？第二，议案通过后，怎样上呈清廷，手续应如何办理？第三，是否当日便推举起草议案之人员？③ 经会议讨论后，"决议递呈察院辨正阁制，以皇室不能充当内阁，而况庆邸（奕劻——引者注）立言，全体赞成，举汤化龙起草"④。同月 14 日，谭延闿还与汤化龙一起去"琉璃厂买书，查亲王不充军机谕旨"⑤。15 日，会议对汤化龙起草的反对皇族内阁议案稿进行了讨论，"反对者甚多，皆主言法理不擢庆，辩论极烈。及决议，反对者得胜利，遂交审查"⑥。

为了减少阻力，22 日上午大会又提出了"运动亲贵办法"⑦ 的决议，议员们欲私下接触清朝"亲贵"使其放弃组织皇族内阁。后来，议员们又将运动的对象扩大到非亲贵的范畴。26 日，谭延闿、汤化龙与山东省谘议局副议长王景禧等人先后去拜访七位政府高官，然而仅见到曹汝霖、世伯轩两位。⑧ 对于谭延闿等人提出的皇族不可充当内阁一事，曹汝霖先云恐事实上难以做到，后经谭延闿、汤化龙等人辩论，方才同意以次官资格代为转达。"至于世中堂，亦云此次内阁，本

① 《谭延闿日记》（手稿本），1911 年 5 月 12 日。
② 《联合会第二届第二次会员记事录》，邱涛点校《直省谘议局议员联合会报告书汇录》，北京师范大学出版社，2013，第 149 页。
③ 《联合会第二届第二次会员记事录》，邱涛点校《直省谘议局议员联合会报告书汇录》，第 149 页。
④ 《谭延闿日记》（手稿本），1911 年 5 月 13 日。
⑤ 《谭延闿日记》（手稿本），1911 年 5 月 14 日。
⑥ 《谭延闿日记》（手稿本），1911 年 5 月 15 日。
⑦ 《谭延闿日记》（手稿本），1911 年 5 月 22 日。
⑧ 《谭延闿日记》（手稿本），1911 年 5 月 26 日。

系试办，并非正式内阁。后同人略为驳辩，伊亦允以个人资格代为转达。"① 28 日，谭延闿又"自雇一车谒诸贝勒，惟涛（载涛——引者注）处候最久，以将做生不见。见肃邸（肃亲王善耆——引者注），口头文明敷衍半天"②。可见，对于谭延闿等人的抗议，清廷亲贵们不是回避不见，便是敷衍，毫无重新改组内阁之意。鉴于要求皇族不任内阁成员的阻力太大，谭延闿等人经过商议后，决定改为争取皇族不得担任内阁总理之职，使清廷另选大臣代替奕劻作为内阁总理，重新进行组阁，进而间接达到反对现任内阁的目的。

在此背景下，汤化龙起草了《皇族不宜充内阁总理请另简大员组织内阁文》，并在谭延闿的主持下，获得了大会的通过。③ 文中指出：

> 立宪国家重内阁之组织，尤重总理大臣之任命，其最要之公例，在不令组织内阁之总理归于亲贵尊严之皇族，此非薄待皇族，谓其无组织内阁之能力，实皇族内阁与君主立宪政体有不能相容之性质，势不得不然也。谈君主立宪政体者，类无不知君主神圣不可侵犯之语。君主立于神圣不可侵犯之地位，密隶君主之皇族，亦即立于特别不可动摇之地位。内阁之地位则可动摇而更新者也，立于君主之下以受议会之监督，有政策之冲突，即发生推倒之事实。组织内阁之总理大臣于君主无亲族之关系，倒一内阁不过倒一某总理内阁，君主毫不受其影响。组织内阁之总理大臣为密隶于君主之皇族，倒一内阁，即为倒一皇族内阁，皇族缘内阁而推倒，使臣民之心理忘皇族之尊严，君主之神圣，必有不能永保之虑。④

从以上内容可以看出，谭延闿、汤化龙等人在劝说清廷放弃皇族内阁时，非常讲究相关策略，文中从维护皇权的角度出发，指出成立

---

① 《联合会第二届第十一次会员记事录》，邱涛点校《直省谘议局议员联合会报告书汇录》，第 171—172 页。

② 《谭延闿日记》（手稿本），1911 年 5 月 28 日。

③ 《谭延闿日记》（手稿本），1911 年 6 月 2 日。

④ 《皇族不宜充内阁总理请另简大员组织内阁文》，吴剑杰主编《湖北咨议局文献资料汇编》，武汉大学出版社，1991，第 666 页。

皇族内阁对皇权有弊无利，而建立真正的责任内阁，不仅可以保皇权永固，还可使国富民强。为此"伏愿皇上为国家计久远，鉴立宪之通例，守祖宗之经制，俯念阁制为国本所系，取消暂行章程，于皇族外另简大臣充当组织内阁之总理，责任明而政本以立，皇室固而国祚益昌，天下幸甚。议员等愚忠所发，不敢不言，用敢合词具呈，伏乞代奏"①。此文于 6 月 6 日递交给都察院，清廷对此却留中不发。② 6 月 12 日为原定直省谘议局议员联合会第二届会议的闭会日期，而至此清廷对呈文仍无回音。经过大会决议，议员代表暂停离京，以备再次向清廷上书。然而，直至 25 日大会闭幕，反对皇族内阁的提议仍未达到效果。

概而述之，在会议召开期间，谭延闿与各省议员为使清朝放弃皇族内阁主要采取了三种方法。

首先，直接向清廷上书，以委婉的语气向清廷说明皇族内阁有违立宪之性质。除了上文提及的呈文外，会议还于 6 月 18 日通过了《请明降谕旨另简大臣组织内阁文》，并递交都察院请其转为代奏。该文在注重语气委婉的同时，并对前奏留中不发且毫无回应进行了质问："以前次议员等呈请代奏，未奉明谕，实为误会之大因，且既设内阁而奏尚留中，即为内阁辅弼之无状。盖内阁责任缘署名而生，署名则责在大臣，留中则内阁大臣均处于消极之地位。"③ 在大会闭幕的前一天，又通过了《陈请提议实行内阁官制另简大臣组织责任内阁案》，并重申了皇族内阁有违立宪精神，而亲王任内阁总理尤为不可，"中国第一次内阁发布以庆亲王充总理，无论各国务大臣是否为庆亲王所组织，而既以亲王为组织之主体，实以皇族当政治之中枢，与立宪国内阁之形神两相矛盾"④。鉴于前两次由都察院代奏的结果不理想，此呈文则

---

① 《皇族不宜充内阁总理请另简大员组织内阁文》，吴剑杰主编《湖北咨议局文献资料汇编》，第 668 页。
② 《北京专电》，《时报》1911 年 6 月 12 日（宣统三年五月十六），第 2 版。
③ 《直省谘议局联合会请明降谕旨另简大臣组织内阁呈都察院代奏稿》，《时事新报月刊》1911 年第 2 期，第 35 页。
④ 《陈请提议实行内阁官制另简大臣组织责任内阁案》，吴剑杰主编《湖北咨议局文献资料汇编》，第 672 页。

由会议递交给了资政院。

其次，谭延闿等议员积极拜访清廷各亲贵及在京官员，欲当面劝说，使其放弃或反对皇族内阁的成立。"劝庆王（奕劻——引者注）自己辞职，并请诸亲贵，劝其辞职"① 的提议，无疑是与虎谋皮的行为，但在议员们多方无奈之中，仍得到了很多人的响应，谭延闿则是此决议的主要执行者之一。除了上文提及的被拜访者，谭延闿还于 6 月 6 日，同福建谘议局议长高登鲤等一起拜访了奕劻，众人与奕劻坐谈良久，然"皆笼统敷衍之词"②。6 月 25 日在大会闭会后，谭延闿并未立即返回湖南，而是积极联络在京众官员，以寻求应对之策。为此，7 月 23 日，谭延闿赴湖南馆赴会，与同乡京官商议应对之策，"到者十余人，最名者黄次如（昌年——引者注）、龚枚初，会中惟道胦多发言"③。此外，谭延闿还多次拜见了被任命为内阁协理大臣的徐世昌和被任命为邮传大臣的盛宣怀，在谭延闿日记中类"见徐相，谈甚久"④ 之语，有多处记载。当时内阁之下设有制造局、统计局、印铸局等机构，徐世昌对谭延闿青睐有加，欲使其任其中一局局长，而谭延闿"婉谢而荐黄瑞麒（筍胦）为印铸局副局长"⑤。相对于徐世昌，谭延闿对盛宣怀的印象显然不太好，此次进京谭延闿初次见到盛宣怀时便言"其人盖极奸猾"⑥。不久，谭延闿又至盛宣怀住处拜访，见"盛居为西式屋，华丽精洁，有喷水如瀑布，石山环之。苏装妇女哗笑往来，不绝于耳"，便言"信乎其为龟也"⑦。此后，谭又多次称盛宣怀为"盛大乌龟"⑧。谭延闿虽然在北京拜访了如此多的清廷亲贵，但满族亲贵无不对之敷衍了事，毫无反对皇族内阁之诚心，而汉族大臣

---

① 《联合会第二届第二次会员记事录》，邱涛点校《直省谘议局议员联合会报告书汇录》，第 149 页。
② 《谭延闿日记》（手稿本），1911 年 6 月 6 日。
③ 《谭延闿日记》（手稿本），1911 年 7 月 23 日。
④ 《谭延闿日记》（手稿本），1911 年 5 月 21 日、5 月 28 日、7 月 24 日、9 月 7 日。
⑤ 谭伯羽：《茶陵谭公年谱》，沈云龙主编《近代中国史料丛刊》第 68 辑，第 71 页。
⑥ 《谭延闿日记》（手稿本），1911 年 5 月 13 日。
⑦ 《谭延闿日记》（手稿本），1911 年 8 月 14 日。
⑧ 《谭延闿日记》（手稿本），1911 年 8 月 27 日、10 月 2 日。

又势力不足，因此"运动权贵"之法亦收效甚微。关于谭延闿等人的行为，《时报》亦言："公举代表遍谒亲贵，请勿以亲贵充当国务大臣，颇近与虎谋皮，甚为老于政界之人所不韪焉。"① 谭延闿等人并非不知去劝说亲贵难有成效，但他们依旧前往，可见这是其在对立宪政体抱有希望之下的无奈之举。

最后，谭延闿等人还通过办报等方式积极向民众宣传，呼吁更多的人向清廷施压，令其改变皇族内阁的体制。湖北代表胡瑞霖在会议上便曾提出，若劝说众清廷亲贵无果，则"开商务、教育、谘议局三联合会，将其罪状布告天下"②。其中谘议局联合会还积极维护《国民公报》的发行，使其成为对外宣传谘议局主张的重要传媒。会议期间《国民公报》因债务问题一度陷于停刊境地，为了维护如此重要的宣传媒介，在谭延闿的主持下大会通过了"一面认款，一面销报办法"③。后谭延闿又向大会报告《国民公报》的欠款大致凑齐，并委托直隶谘议局议员孙洪伊物色人选接办，"以不将此报倒闭转卖为限"④。在几次上书无果后，更有议员提出唤起舆论的重要性，如陕西代表李良材认为"有舆论方能有事实，我们造成舆论，即是效果"⑤。为此，大会在闭幕的前一天还通过了《直省谘议局议员联合会报告书》及后来的《为内阁制案续行请愿通告各团体书》，均意欲呼吁全国民众反对清廷所组织的皇族内阁。

三　对立宪的失望

谭延闿等人深知此次向清廷请愿使其放弃皇族内阁一事的重要，

---

① 《谘议局联合会之作用》，《时报》1911 年 6 月 12 日（宣统三年五月十六），第 2 版。
② 《联合会第二届第二次会员记事录》，邱涛点校《直省谘议局议员联合会报告书汇录》，第 149 页。
③ 《联合会第二届第八次会员记事录》，邱涛点校《直省谘议局议员联合会报告书汇录》，第 163 页。
④ 《联合会第二届第十八次会员记事录》，邱涛点校《直省谘议局议员联合会报告书汇录》，第 199 页。
⑤ 《联合会第二届第二十三次会员记事录》，邱涛点校《直省谘议局议员联合会报告书汇录》第 215 页。

在此次会议刚召开不久，谭延闿便言："连日人心愤激，今日各界开会，到者万人。抚院宣示代奏，抗争始散。乞即会商同乡京官联名再奏，如难挽回，恐不堪设想。"① 可见，谭延闿已预想到，若此次请愿失败，后果将十分严重。然而，当都察院在 7 月上旬第二次代奏谭延闿等人上呈的《请明降谕旨另简大臣组织内阁文》后，却遭到了清廷严厉的斥责。清廷发布的上谕言：

> 上谕都察院代奏直省谘议局议员，呈请另行组织内阁一折，黜陟百司，系君上大权，载在先朝钦定宪法大纲，并注明议员不得干预。当兹预备立宪之时，凡我君民上下，何得稍出乎大纲范围之外，乃该议员等一再陈请，议论渐近嚣张，若不亟为申明，日久恐滋流弊。朝廷用人，审时度势，一秉大公，尔臣民等均当懔遵《钦定宪法大纲》，不得率行干请，以符君主立宪之本旨。②

在经历过种种努力之后，清廷仍坚持保存皇族内阁，这令谭延闿对清廷满是失望。在会议的闭幕仪式上，谭延闿不禁感慨道："此次大家抱绝大目的而来，上奏之后，毫无实效，殊负故乡父老之嘱托。"③ 不仅谭延闿对清廷有此种失望的情绪，众多议员亦抱有相似的情感，这在《直省咨议局议员联合会报告书》和《为内阁制案续行请愿通告各团体书》中体现得淋漓尽致。在《直省咨议局议员联合会报告书》中议员们便直言："议员等学识浅薄，谬以故乡父老选与议席，比年以来，代抒言论，靡补大局，内疚兹深"④，在表达了有负地方父老之托的内疚后，此文还指出"议员等窃以为，诸父老所希望者，欲得良美政治，以救国家危亡。本此心理，以生希望，新内阁成立，新政策发生，则转危为安，转亡为存，可以翘首俟也。乃观于近日之新

---

① 《谭延闿日记》（手稿本），1911 年 5 月 14 日。
② 《谕旨》，《政治官报》第 1322 期，1911 年，第 2 页。
③ 《联合会第二届第二十三次会员记事录》，邱涛点校《直省谘议局议员联合会报告书汇录》，第 213 页。
④ 《直省咨议局议员联合会报告书》，吴剑杰主编《湖北咨议局文献资料汇编》，第 678 页。

政策，则适与所希望者相左"①。由此可见议员们对新内阁由希望转
为失望的巨大心理落差。《为内阁制案续行请愿通告各团体书》发表
于会议结束之后，特为反驳清廷痛斥议员们的上谕而发，对此文书
直言：

> 伏查谕旨经内阁大臣之署名，即应归内阁大臣负其责任。此
> 次内阁大臣署名之谕旨，舍皇族应否组织内阁而不言，惟以《宪
> 法大纲》君上大权自为藏身之地，其所引之《宪法大纲》君上大
> 权，又与议员等之所请求毫不相涉，则我内阁大臣之蒙蔽宸聪，
> 辅弼无状，议员等所不敢不详为辨析也。②

文书先对议员们反对皇族内阁与干涉任免官员之间的不同进行辨
析，谭延闿等人认为"黜陟百司之权，操诸君上，此自臣民所同认。
惟议员等请不以皇族组织内阁，乃立法原理之问题，机关组织之原则
问题，非用人问题也"③。在谭延闿等人看来，只有建立在法律之上的
机构组织，其人事任免才能用得上"黜陟"二字，似皇族内阁这样与
立宪精神相违背的机构，便无所谓"黜陟"，因此议员们对清廷重新
组织内阁的请愿，并未违反《宪法大纲》。接着谭延闿等议员又对上
谕中"朝廷用人，审时度势，一秉大公"之语进行了回应，其言"朝
廷用人之必秉大公，为天下臣民所希望，审时度势，亦进退人才之妙
用。然无论时势，如何于绝对不能通融者，即皇族之充当内阁大臣是
也"④。在此辩驳了清廷的上谕之后，文书还言：

> 先朝之确定立宪政体，人民之希望立宪政治，自有现内

---

① 《直省咨议局议员联合会报告书》，吴剑杰主编《湖北咨议局文献资料汇编》，第
　679 页。
② 《直省谘议局联合会为阁制案续行请愿通告各团体书》，《国风报》第 2 卷第 16
　期，1911 年，第 80 页。
③ 《直省谘议局联合会为阁制案续行请愿通告各团体书》，《国风报》第 2 卷第 16
　期，1911 年，第 81 页。
④ 《直省谘议局联合会为阁制案续行请愿通告各团体书》，《国风报》第 2 卷第 16
　期，1911 年，第 82—83 页。

阁而破坏断绝尽矣。此可为太息痛哭者也。自今以往，内阁因皇族而益固，于世界立宪国外，树一不可动摇之内阁，任政治之腐败，民生之困厄，我人民惟当俯首帖耳，而不能一指摘一攻击，指摘内阁，即指摘皇族也，攻击内阁，即攻击皇族也。指摘攻击皇族，即嫌于指摘攻击皇上也。自今以往，我人民无复可谈政治改良之一日，谈及政治改良，即冒触内阁，直接冒触皇上，是皇上之神圣尊严，与我臣民之言论自由，同载于《宪法大纲》者，其势且两不相容。日日言立宪，宪政重要机关之内阁，首与宪政之原则背道而驰，呜呼！其何望矣？议员等自愧能力薄弱，愚诚未至，不足以动天听。然欲得健全之政府，以改良政治，救中国之危局，区区之隐，始终罔间。①

由上可知，《为内阁制案续行请愿通告各团体书》不仅表达了谭延闿等人对清廷成立皇族内阁劝说无果后的极度失望之情，更间接地向广大民众宣布了清政府违背立宪准则的罪状。谭延闿怀着此种心情回到了湖南，这为他在不久之后倒向革命奠定了情感基础。虽然此次谭延闿赴北京参加谘议局联合会议并未达到反对皇族内阁的目的，但却产生了与以往请愿不同的影响。

首先，在第二次直省谘议局议员联合会举行期间，谭延闿等人组织了具有政党性质的宪友会，使各省谘议局可以更好地联系在一起，并由此形成了新的政治力量。虽然成立宪友会的提议可追溯到1910年冬，但真正实施却是在召开此次会议期间。1911年5月17日，谭延闿至国民公报馆，"议组织政党事，到者十三人"②。可见，谭延闿在此次组党过程中仍发挥着较为核心的作用。23日，谭延闿又"赴松筠庵，组织政党开会也，到者数十人。雷奋、孟昭常互相辩论，至三时

① 《直省谘议局联合会为阁制案续行请愿通告各团体书》，《国风报》第2卷第16期，1911年，第85页。
② 《谭延闿日记》（手稿本），1911年5月17日。

乃散，毫无结果"①。此后，谭延闿又在日记中多次记载其参加宪友会
组织政党之事。② 各省旅京倡议组织宪友会的志士在多次讨论后，于5
月30日宣告宪友会正式成立，"该会以发展民权完成宪政为宗旨"③。
对此，《时报》亦进行了相关的宣传报道，其中一篇名为《论我国政
党之前途》的文章便言：

> 宪政施行，内阁成立，民权发展，政党以兴，此自然之公
> 例。……其时社会之情状如何，即发见如何之政党。故不独国与国异
> 也，即一国之中前后情势变迁，政党自不可强而同之。我国今日预
> 备立宪，内阁组立其制度之细者且弗论，而皇族充任阁总仅对君主
> 负责，循是以往不完全之立宪，害更甚于专制。于是有志之士遂议
> 组织政党，以为趣进宪政之具。而旅京人士有宪友会之宣布矣。夫
> 宪友会之主旨，表现于章程者，以发展民权为完成宪政之前提，故
> 宪友会为国民之政党。④

此后谭延闿还被推举为湖南省支部发起人，⑤ 后因其留京协调联
合会闭会后的相关事务，湘人便推举龙璋为宪友会湘省支部临时主席。
此外，谭延闿还是湖南支部章程起草人之一，成立大会亦等到谭延闿
回湘后再举办。⑥ 宪友会此时与温和的立宪改良群体之间已渐有分离
之势，它在全国20多个省建有支部，对此《时报》则言："总会支会
相联合以发表政策，足为谘议局之后援，又能鼓吹国民政治思想。此
为中国中等社会跃起之一特征。果能布置得法，盖于诸团体中之最有
进步之希望者也。"⑦ 宪友会的政治纲领"专注重民生及地方分权处，

---

① 《谭延闿日记》（手稿本），1911年5月23日。
② 《谭延闿日记》（手稿本），1911年5月24日、25日等。
③ 《宪友会组织成立》，《时事新报月刊》第1期，1911年，第46页。
④ 灰：《论我国政党之前途》，《时报》1911年6月12日（宣统三年五月十六），
　　第1版。
⑤ 《宪友会开会纪盛》，《时报》1911年6月11日（宣统三年五月十五），第1版。
⑥ 《湘省组织宪友会详情》，《时报》1911年7月13日（宣统三年六月十八），
　　第2版。
⑦ 《谘议局联合会之作用》，《时报》1911年6月12日（宣统三年五月十六），
　　第2版。

最多不甚涉及中央政策，盖对于时势有一种紧急自卫之意"①。当时的宪友会属于清末立宪团体中的激进派，其中还有许多革命派分子，"其成员对清廷的施政素极不满，故易与革命派合流"②。因此，谭延闿参加此政党，也为其在辛亥革命中倒向革命派奠定了一定的组织基础。

其次，在联合会议中，以谭延闿为首的湖南谘议局还提出有关筹办民团的提案，后合并入《增练备补兵为征兵豫（预）备上奏案》之中，虽然该案未及实施，但对加强地方的军备意识有一定作用。原来的乡里虽有团练，但"团练之旧规，原以保乡里、清盗贼为目的，与民兵之性质，究有不同"，且"历来办团之弊，类以无知之绅首，招无业之游民，操不可用之器械，为无意识之集合，教练无术，统系无属，人民徒增多数之负担，而实质仍成无用之具"③。而谭延闿等人提出的筹办民团与以往不同，其性质定位为常备兵之补充，并非松散的团练可比，有相应的纪律、粮饷、装备及驻地等。谭延闿等人在上奏清廷的文书中还提出了办预备兵的四项益处：

> 今就地练兵，而晓之以国家大义，则爱国之思想可生，而人民对于当兵乃视为应行之义务，而非为月饷权利而来，则兵乃始尽可用，而何有于逃匿，而何有于滋扰，其利一也。军制以国民皆兵为最优，则实行征兵又安可缓？今不为实行征兵之议者，则尤以国势濒危，迫不及待为一大原因。诚增练备补兵，以六个月为期，而可补充常备，而可列为续备及后备。以三年训练原期计之，所练兵数可增六倍。以直省各厅州县统计之，所增兵数殆相千万。以最短之时期，得最多之兵额，无招募之烦，而收民兵之用，其利二也。练军必筹费，故各镇难遽成立。今练备补兵，而用续备饷制，但提常备军裁旷银两及议裁备补兵饷银外，稍有添筹，即敷挹注。以一镇练兵之费可练无数倍之兵，其利三也。迄

---

① 《谘议局联合会之作用》，《时报》1911年6月12日（宣统三年五月十六），第2版。
② 张玉法：《清季的立宪团体》，北京大学出版社，2011，第341页。
③ 《第二届直省谘议局议员联合会审查报告》，邱涛点校《直省谘议局议员联合会报告书汇录》，第142页。

者腹内边徼，时虞不靖，外人借词恫喝，调兵调舰，辄不崇朝而集，我国兵备既单，各省大吏明知防营之不足恃，不得不留此形式之兵勇，以为镇慑守卫之资。而地方筹划者又主复团练乡勇之旧，夫团练乡勇昔日本以之中兴，而或虑其滋弊者，则以无军事上之纪律而少实力之教练，防营无用而不可裁，又虚糜此浩大之款。今练备补兵，一方面为国防，一方面为留守，取乡团之义，而得多数预备之兵。将来兵实渐充，防营可以次第裁抑，移兹巨款扩充军备，计无有善于此者，其利四也。①

谭延闿等人提出的让地方筹备预备兵的提案，其实质乃是从军事上增强地方的自卫能力。当时，清廷不能保证地方的利益，地方军事力量的发展，不仅能抗击外来侵略，而且可以使清廷更重视地方利益，不至肆意将地方利益出让给外国，激起如湘省、川省等地的保路运动等民变。对此，《时报》亦有云："此次谘议局联合会有一最可注意之事实，则其态度与去年大变，绝不重视谘议局、资政院议案之准备是也。盖经历次失败，民党已深知谘议局、资政院之不足恃，故咸趋重于自卫之途。其所拟提出之议案有所谓商量国民军之办法及民立炮兵工厂云云。"② 而谭延闿等人有关建立地方预备兵的提案，则是为保护地方权益和为立宪政治做军事方面的准备。

最后，这次反对皇族内阁的请愿，不仅使立宪群体有了自卫的激进想法，而且多次的上书与舆论宣传，也使广大人民提高了政治觉悟，降低了清廷在士人中的威信。清廷面对谭延闿等人的多次上书，仍拒不实行真正的责任内阁，反而痛斥请愿的士绅。这些事实通过报纸等媒介的传播，使清廷专制的本质暴露无遗。当时的议员非常重视舆论宣传和借重人民造势，在谘议局联合会议中，便有议员言"议会以政党为后援，政党即以国民势力为中坚"，"政府心目中不晓得中国尚有百姓，故我们

① 《增练备补兵为征兵预备文》，吴剑杰主编《湖北谘议局文献资料汇编》，第691页。
② 《谘议局联合会之作用》，《时报》1911 年 6 月 12 日（宣统三年五月十六），第 2 版。

百姓宜养成发言之资格，与政府对峙。要政府晓得政府中几个顽固之外，尚有百姓在也"①。在《直省咨议局议员联合会报告书》中亦有言：

> 人民希望宪政之心益高，政府所持之政策乃日见其不可恃。昔日政府不可恃，犹以不负责任为巧避攻击之地，今日之内阁规定其责任矣，而政策仍不可恃。呜呼！吾人民欲得良美政治以救国亡，幸而睹新内阁；而新内阁若此，吾人民之希望绝矣。议员等一再呼号请命而不得，而救亡之策穷矣。②

这充分表现了谭延闿等议员对清廷立宪的绝望之情，不久，谭延闿等议员又向全国发表了《直省谘议局联合会为阁制案续行请愿通告各团体书》，此文言：

> 议员等膺父老之付托，开联合会于京师，以国势贴危，非改良政治不足以图存，非改良政府即无改良政治之希望。盖今日种种之恶政治，皆我政府之所铸造，我父老思之，迩年以来，朘削我民之脂膏，以戮我民之生命者，谁之咎？割让我国之土地，以饱外国之馋吻者，谁之咎？委弃海外之侨商，任屠戮呼吁而不顾者，谁之咎？盖举吾国民无老无幼、无男无妇，无不举首戮额于我政府，而我迩年之政府，则世界各立宪国未有之皇族政府也，则我国初祖制所未有之皇族政府也。惟为皇族政府，其地位足以蔽塞圣聪，其势力足以左右内外臣工，我民即有至苦至痛之隐情，不能叩九阍而诉之，故皇族政府之阶级不废，无所谓改良政府，亦即无立宪之可言。③

在此文中，议员们将国民生命未得到保护的过错、将割让中国领土

---

① 《谘议局联合会之作用》，《时报》1911 年 6 月 12 日（宣统三年五月十六），第 2 版。
② 《直省咨议局议员联合会报告书》，吴剑杰主编《湖北咨议局文献资料汇编》，第 684 页。
③ 《直省谘议局联合会为阁制案续行请愿通告各团体书》，《国风报》第 2 卷第 16 期，1911 年，第 79 页。

的行为、将无力保护侨商的过失，统统归咎于清廷的孱弱无能。这些言论在一定程度上削弱了清政府的统治基础，不仅使民众了解了谭延闿等人在立宪方面的努力，也使士人在反对清政府时有了一定的思想基础。

综上所述，谭延闿等议员多主张以改良的方法来挽救晚清以来的各方危机，而君主立宪制则是其认为较好的改良途径。谭延闿等人多认为，较为温和的变革不仅可以使中国快速地富强，还可以最大限度地减少对中国的破坏。对于当时的许多谘议局的议员来说，"宪政主义已经成为医治中国各种疾病的灵丹妙药"①。因此，谭延闿等人对清政府能否实行宪政格外关注。他们一再地请愿，使清廷缩短了立宪的周期。然而，当清廷真正组建内阁时，却出现了代表皇权的皇族内阁。这固然令议员们大失所望，但更令他们失望的是，他们再三请求改变皇族内阁，却被清廷痛斥。这便为谭延闿等人向革命派靠拢奠定了基础。同时，应该认识到，人们可以直接宣传革命思想而促成革命的爆发，也可在不直接鼓吹革命思想的情况下，间接地促成革命。② 谭延闿等人在向清廷请愿的同时，亦在潜移默化中为反清做了组织上、军事上及思想上的准备，尽管有些准备并未真正得到实施，但这种意识已与保守的士绅截然不同。

---

① 〔美〕周锡瑞：《改良与革命：辛亥革命在两湖》，第 155 页。
② Crane Briton, *The Anatomy of Revolution*, New York: Vintage Books, 1965, p. 119.

第二章

追求共和：辛亥革命前后的谭延闿与革命派

面对清末危局，革命派主张推翻清廷以振兴国家。辛亥革命之前，谭延闿便与黄兴、周震鳞等革命党人相识，并对他们的革命行为抱以同情的态度。武昌起义爆发后，对清廷极度失望的谭延闿，亦积极加入推翻清廷统治的队伍。在长沙起义中，谭延闿不仅帮助革命党人推翻清廷在湖南的统治，而且对稳定湖南政局也起到了积极的作用。当然，不能否认谭延闿与焦达峰等革命者存在着一定的权力之争，但其共同目的仍是推翻清廷的君主专制。焦达峰等人遇刺后，谭延闿继任湘督，他不仅继续派兵驰援湖北的革命活动，还利用自身的威望联络故旧，号召更多省份反正，以反对清廷专制。在南北议和时，谭延闿出于对袁世凯的不信任，反对议和迁延，但清帝退位后，谭便认为中国大局已定，于是在定都之争中便选择靠近袁世凯而疏远孙中山等革命者。

第一节　督湘前谭延闿与在湘革命党人

在督湘之前，谭延闿便与革命党人有密切往来。谭对革命党人在辛亥革命之前仅抱有同情的态度。至长沙起义，谭的态度方有所改变，从同情变为与革命党人一起反对清廷专制。焦达峰任湘督时，谭虽主张限制督权，但与革命党人的关系并未破裂。

一　抱之同情：辛亥前谭延闿与革命党人

1903 年黄兴从日本归国，此时明德学堂刚刚创立，正遍请有名望者担任教员，创办人之一的胡元倓，与黄兴在日本弘文学院有同窗之谊，因此当胡元倓得知黄兴归国后，便邀请其至长沙担任明德学堂的教员，面对胡的邀请，黄亦"欣然允诺"①。明德学堂第一期速成师范班，便由黄兴主持，此后张继又至明德学堂担任历史教员，而且如吴禄贞、周震鳞等革命党人皆与明德学堂有一定的来往。

　　黄兴、张继等人在任教员期间，将明德学堂作为其在湖南从事革命活动的基地。他们不仅商谈革命事务，筹建革命组织，还常常利用教学之便向学生灌输革命思想。在历史课堂上，黄兴对中国传统的"民贵君轻"思想进行阐释，进而引申出西方的民权思想；在博物课中，黄兴从解剖鲤鱼的实验，讲到鲤鱼跃龙门的故事，再进一步抨击封建专制，宣传西方的人权自由思想。② 张继在讲授世界历史课程时，"开张即讲法兰西革命"③。而曹亚伯在明德学堂教数学时，则直接以清廷入关时对江南人士的屠戮来命题，其言："吴三桂引清兵入关时，大杀汉人，在扬州十日，杀八十万人，在嘉定屠城三次，杀二十五万人，其余汉人因不肯蓄辫投降者，即杀无赦，又杀十八省同胞几三百万人，共杀汉人若干？"④ 这些课程宣扬了民主革命思想，传播了反对满清政府的意识，从而使明德学堂的青年学生在潜移默化中向革命靠拢，因而"明德师生中便有数十人参加了华兴会、同盟会，成为革命的骨干力量"⑤。

　　此外，黄兴还以明德学堂为依托，积极向社会宣传革命思想，秘密展开反清运动。他大量印刷具有革命思想的《警世钟》《猛回头》等书刊，向湘省的军、商、学界散发，以此获得湖南社会各界对革命的同情与支持。黄兴还示意其在明德的学生宁调元在学生之中联络人员，并成立秘密团体"大成会"，其意为反清革命大业很快便会大功

---

① 《胡元倓跋》，《黄兴集》，第408页。

② 谭仲池主编《长沙通史·近代卷》，第655页。

③ 张继：《回忆录》，丘权政、杜春和选编《辛亥革命史料选辑（续编）》，第280页。

④ 曹亚伯：《自叙》，《武昌革命真史（上）》，第2页。

⑤ 谭仲池主编《长沙通史·近代卷》，第655页。

告成。① 1904 年 2 月 15 日，"华兴会筹备会以除夕聚宴为名，在明德学堂校董龙璋西园寓所召开正式成立大会。到会者除参与筹备会议的 12 人外，尚有陈天华、杨毓麟、刘道一、陈方度、苏玄瑛、萧翼鲲、彭邦栋等百余人"②。

黄兴等革命派人士在长沙活动初期，对谭延闿采取了保密措施。当时从事革命的周震鳞便言："湖南学堂之多，学生之众，为各省冠。国内外革命同志来到湖南参观的，莫不惊异赞赏；而且借参观的机会，进行革命联系，彼此互通声气。当时的谭延闿，不过是一个热心教育的绅士而已，关于这些革命活动，我们对他是严守秘密的。"③ 然而，在黄兴等人大范围地宣传革命后，其革命活动对谭延闿终是无法隐瞒。对黄兴的革命活动，谭抱以同情但不参与的态度，但当黄兴等革命党人遇到困难时，谭延闿仍会积极地给予帮助。

黄兴等革命党人以明德学堂为依托，宣扬革命思想及从事革命活动的行为，被反对新学的湖南旧式士绅致书湘抚告密，直言胡元倓、黄兴和周震鳞三人为宣传革命思想之首，并请湘抚"速即拿问，分别审讯，明正典刑"④，胡元倓知此事后便与谭延闿、龙绂瑞相商，后经龙湛霖致书湘抚，此事方才化解。不久，黄兴准备在长沙起义时，与之相关的同志却被清廷捕获，黄兴侥幸藏于龙绂瑞家，但有出去自首不忍舍下同志而独生之语，时龙绂瑞、胡元倓和谭延闿亦在龙宅，并"共劝慰之"⑤。后来黄兴在谭延闿的帮助下，才幸免于难，关于此事谭延闿之子为其编的年谱中亦有记载：

> 黄克强（兴）任明德学堂教员，先已秘设华兴公司（会——引者注），秘结同志，密谋革命，时已多传言。而王葵园（先

① 萧致治：《黄兴评传》，南京大学出版社，2001，第 76 页。
② 饶怀民、霍修勇：《辛亥革命时期湘籍志士的组织发动》，《史学月刊》2011 年第 9 期，第 32 页。
③ 周震鳞：《谭延闿统治湖南始末》，《湖南文史资料选辑》第 2 辑，第 2 页。
④ 《胡元倓跋》，《黄兴集》，第 409 页。
⑤ 龙绂瑞：《黄克强先生甲辰避难西园事略》，田伏隆主编《忆黄兴》，岳麓书社，1997，第 207 页。

谦），攻之尤力。会有同志被捕者，词连涉黄，巡抚陆远鼎密令捕之。张筱浦（鹤龄）时莅提学使，山阴俞寿丞（明颐）时总督练处，二公与公（谭延闿——引者注）雅故，而俞交尤笃。均以公故，故少缓之，（黄——引者注）遂得脱。①

黄兴在明德学堂之初，并未向谭延闿等人透露其在长沙的种种革命活动，但在其走投无路时，却想到了向谭延闿等开明士绅求助。谭延闿等人在无意中为黄兴等革命派提供了从事革命活动的平台，当他们知道黄兴的革命行为后，还及时为黄兴提供庇护。由此可知，谭延闿虽然此时并未参加革命，但对革命却抱有一定的同情之心，这也为其以后在湘获得黄兴的支持奠定了基础。

二　协助革命：谭延闿与长沙起义

1911 年 10 月，辛亥革命的枪声首先在武昌响起，因为通信不便等原因，湘省革命党人在武昌起义发生后的第三天才获得消息。而在此之前两湖革命人士便有约定，武汉或长沙若有一地先进行反清起义，则另一方应在十日内予以响应。② 所以当湘省革命派人士知道武昌起义发生后，焦达峰、陈作新等人便积极联络各方势力，以求尽早在长沙发动革命，从而在实际行动上支持武昌起义。当时的长沙各界充满了对清廷的负面情绪，"恐怕再也没有一个地方像长沙那样，成了滋生革命最肥沃的土壤"③。以谭延闿为代表的立宪派群体，在经历了对清廷多次请愿活动的失败后，已经明白革命之势在所难免。为了能在革命后占有一席之地，立宪群体的士绅对于革命党人的活动不仅没有反对，反而暗中给予支持。因此，两派在革命爆发前夕已渐趋形成联合反对清政府的局面。

1911 年 10 月 13、14 日，革命群体代表焦达峰等人与立宪派左学

---

① 谭伯羽：《茶陵谭公年谱》，沈云龙主编《近代中国史料丛刊》第 68 辑，第 28—29 页。

② 湖南省地方志编纂委员会编《湖南通鉴（上）》，湖南人民出版社，2007，第 394 页。

③ 〔美〕周锡瑞：《改良与革命：辛亥革命在两湖》，第 250 页。

谦等人连续商议反对清廷的办法，决议在 18 日发动起义，但因为湘省官员防范森严计划落空。① 与革命党人相比，武昌起义当天湘省巡抚便通过电报得知起义情况。刚刚上任的湖南巡抚余诚格，为了防范湘省爆发革命，便立即采取了相关措施。余诚格在大肆搜铺革命党人的同时，还将他认为有革命倾向的新军，从驻地长沙调至各县，分散驻扎，这样即使新军有反抗清廷的行为，亦容易被制服。同时，余认为驻防在各县的巡防营较为可靠，便将十多个巡防营调守长沙。在军械方面，余诚格将新军的子弹收缴归库，巡防营反留少量的子弹，以防止军队哗变。② 这些行为虽使革命起义稍有延缓，但也使原本就人心惶惶的时局变得更为紧张。在革命党人起义前夕，湖南民众还盛传巡抚署大堂陈列有机关炮，为此谭延闿等议员还受民众之请，前往巡抚署与余诚格会晤。据曾任湖南谘议局副议长的粟戡时言：

> （武昌起义后——引者注）忽传抚署大堂已陈列机关枪炮，拟与革命党决战。于是人心惶惶，公请谘议局设法，请其撤去，以免长沙毁灭等语。谭议长等不得已，同议员及副议长数人往晤余抚。余言："外面谣言，切不可信，适来诸君见大堂上有机关枪炮否？等一会诸君还可过细查看，甚望以目睹实在情形转告湘中父老，不要轻听谣言，自相惊扰。"③

在湘省独立前夕，余诚格还曾收到一份从事革命活动者的名单，而粟戡时、焦达峰、陈作新等人均在其内，余将要按名单抓人时，却被谭延闿阻止，谭言："是不可，是不可，是激变也"。④ 听了谭延闿之言，余才未派人抓捕粟戡时等革命派人士。关于此事谭延闿亦曾向粟戡时讲述：

---

① 《湖南近百年大事纪述》，《湖南省志》第 1 卷，第 290 页。
② 《湖南近百年大事纪述》，《湖南省志》第 1 卷，第 289 页。
③ 粟戡时：《湖南反正追记》，湖南人民出版社，1981，第 8 页。
④ 子虚子：《湘事记》，郭汉民、杨鹏程主编《湖南辛亥革命史料》（一），第 469 页。

（余诚格——引者注）桌上置一名单，约三、四十人，汝（粟戡时——引者注）列第一名，阎鸿飞第二名，文经纬第三名，若焦、陈二人名字，均在十数名之后；单上字迹不一，不是一人所书，似系数人集合，各举所知，仓猝所书者。无何，余抚至，寒暄毕，即指名单问予曰："这班人你有认识的吗？"，我答以我认识一半多。又问："这班人到底何如？"答以都是一班好议论者。又曰："他们都要革命呀！"答以他们能干甚事！命是容易革的吗？余抚云："是啊！你见了他们，随时劝解劝解，要他们不要瞎闹生事呀！"①

谭延闿不仅给予革命者以保护，还积极拉拢清廷官员，反对清政府。黄忠浩在 1911 年 10 月被余诚格任命为巡防营统领，成为余在湘省的主要军事倚仗。因为黄忠浩曾与谭延闿、龙璋等士绅一起争取湘省铁路自办，1911 年 7 月又参加了谭延闿等人组织的宪友会湖南支部，② 所以谭延闿、龙璋等人欲凭借与黄忠浩的私交，说服黄忠浩反对清廷。然而，黄忠浩却认为用武力反抗清廷不能取得成功，因而并未同意谭延闿等人的劝说。此外，谭延闿还凭借自身的威望向新军宣传文明革命的思想。

谭延闿为人天资高，明于利害，故持重；然见事势已极，亦引大义以言于众曰："文明革命与革窃异，当与巨家世族、军界长官同心努力而后可。"延闿故世家子，咨议局议长，物望之所归也。兵卒闻延闿言，则群与欢曰：谭翰林且言之，大事可行。由一传十，而百而千，不数日而新军巡防不啻如响斯应矣。③

1911 年 10 月 22 日，焦达峰、陈作新等革命者联合新军发动了反抗清廷的军事行动。巡抚余诚格几乎未做抵抗便放弃了长沙。在起义

---

① 粟戡时：《湖南反正追记》，第 16 页。
② 郭汉民主编《湖南辛亥革命人物传略》，湖南人民出版社，2011，第 531—532 页。
③ 子虚子：《湘事记》，郭汉民、杨鹏程主编《湖南辛亥革命史料》（一），第 470 页。

军攻打巡抚衙门时余便潜逃了，而巡防营统领黄忠浩则在起义中被杀。当日革命军顺利占领了长沙，谭延闿亦发表演说，言："今日我湖南革命成功，是一桩大大的喜事；但革命是要打战的，延闿是个文人，关于打战的事，自愧不懂，但今日是要维持秩序，保全治安。"① 谭延闿素来不主张过于激烈的社会变革。23 日，因黄忠浩被杀，长沙谣传黄的部下或兄弟将集合士兵数百人为其报仇，并图谋占领长沙。黄忠浩之弟诚斋函告谭延闿言："黄被杀，家人呈散，逃避不及，惨凄万状！谁能复仇？且又向谁人复甚么仇？"② 谭延闿将此函发表，于是相关谣言方才停止。此后谭延闿还一再强调"吾辈但取政权，不杀官吏"，"杀机不可逞"③。谭延闿的这些言论和行为有助于长沙在起义中免于大肆劫掠和屠杀的情况，对起义后长沙秩序的稳定有着重要作用。

在长沙起义过程中，湖南的上层士绅和官员多认为谭延闿将在起义后担任湘省都督，因此有官员在见到谭延闿时便称其为"新都督"，且还有士绅以谭延闿之名起草告示张贴于辕门，上书"中华民国军政府都督谭"④。长沙起义成功后，"似乎是按照传统的不屑公开猎求高官厚禄的礼节办事，谭延闿……等着一个新军部队的代表来延请他出任新的军政府的领导。可是没有人走上门来"⑤。相较而言，革命党人则非常直接，1911 年 10 月 22 日晚在谘议局召开的各方会议上，焦达峰直言："吾在湘谋革命多年，当为正都督；陈作新运动新军巡防，功亦大，当为副都督。"⑥ 焦达峰此意明显指出，"是他，而不是谭延闿，经过长期而艰苦的奋斗，创造了湖南的革命形势"⑦。与谭延闿相比，焦达峰不仅年轻（当时焦尚不满 25 岁）、资历较浅，而且不懂得圆通，在长沙的威望亦不如谭延闿。因此，焦达峰自任湖南都督引起了谭延

① 粟戡时：《湖南反正追记》，第 14 页。
② 粟戡时：《湖南反正追记》，第 18 页。
③ 子虚子：《湘事记》，郭汉民、杨鹏程主编《湖南辛亥革命史料》（一），第 473 页。
④ 粟戡时：《湖南反正追记》，第 15—16 页。
⑤ 〔美〕周锡瑞：《改良与革命：辛亥革命在两湖》，第 256 页。
⑥ 子虚子：《湘事记》，郭汉民、杨鹏程主编《湖南辛亥革命史料》（一），第 471 页。
⑦ 〔美〕周锡瑞：《改良与革命：辛亥革命在两湖》，第 256 页。

闿众多支持者的不满。当时陆军小学校长夏国桢，率全校师生至谘议局，抗议焦达峰出任湘督，在军队中亦有附和者，并几乎酿成哗变。面对如此情况，谭延闿则对众人言："今非争都督时也，民军方在萌芽，天下之大，举义旗者仅一二省，且改革政治以谋幸福。焦都督既举定，自以合力进行谋建国家为前提，某当与公等竭力维持秩序，保全治安而已。"[1] 在谭此番劝说之后，众军民心中的不平才有所平息。

　　长沙起义获得胜利后，军政府便通电告知湘省各地方州县宣布湘省独立，并饬令地方一切照常办事，不通电的州县则派专差前往。[2] 不久，宝庆、岳州、常德、衡州等地，均表示服从湘省军政府的命令，仅永靖等地方官员仍负隅顽抗，表示忠于清廷，直至 1912 年 1 月初，湘省才完全取得独立。在此过程中，谭延闿等人不仅在事前同情革命，而且在长沙起义中与革命党人一起站在了反对清廷的立场上。他主张文明革命，反对大肆杀戮，这不仅减少了长沙起义中遇到的阻力，还降低了长沙被破坏的程度，有利于社会秩序的稳定。

三　限制督权：谭延闿与湘督焦达峰

　　长沙起义后，虽然湘省的正、副都督均为革命党人，但是新成立的湖南政府却并非为革命党人所掌控。此时的湘省政府是以革命党和立宪派为主体，以反清为目标的联合政府。虽然长沙反清起义取得了成功，但这也使谭延闿等立宪群体与焦达峰等革命派的矛盾，在经历了短暂联合之后变得日渐突出。

　　1911 年 10 月 23 日，焦达峰、陈作新分别就任湘督正、副职。同时湘省立宪派为了限制湘督的权力，便迫使焦达峰同意仿照英国立宪精神成立参议院，并推举谭延闿担任院长，其议员由左学谦、吴作霖、陈炳焕、龙璋、常治等 20 余人组成，其中多为立宪派士绅。湘省参议院限制革命派的用意十分明显，这点从《中华民国湖南都督府参议院规则》中便可得知。其具体内容如下：

---

① 子虚子：《湘事记》，郭汉民、杨鹏程主编《湖南辛亥革命史料》（一），第472 页。
② 《湖南近百年大事纪述》，《湖南省志》第 1 卷，第 298 页。

总 纲

第一条 参议院规划民军全局、行政用人一切事宜。

权 限

第二条 都督府之命令，必经本院决定，加盖戳印，请都督盖印，由本院发交各部执行。

本院认为不可行事件而都督以为可行者，得述明理由交本院再议，但本院以为不可行时，都督不得再行交议。

第三条 参议员有见为急需举办事宜，得自提出议案，议决后请都督认可盖印；其发行手续，适用前条之规定。

前项请都督认可事件，而都督不认可时，要说明理由交院再议；但本院参议员半数以上到会之议决仍以为可行时，都督即不得拒绝。

组 织

第四条 参议员无定额，其任期暂不规定。

第五条 参议院须增加议员时，必经本院之认可。

会 议

第六条 参议员之会议，得随时开之，但非十人以上之到会时，不得开议。

第七条 参议员之议事，以到会议员之过半数决之。

办事处

第八条 参议院办事处，另以规则定之。

附 则

第九条 本规则有未尽事宜，得以全院参议员过半数之同意，增删修改之。①

此外，在湘督之下还设有民政、军政两部，谭延闿担任民政部长。民政部下设有六司，分别主管财政、司法、教育、交通、外交等事务，这些职务的担任者多为原来的湘省谘议局议员或长沙较有名望的士绅。

① 《湖南近百年大事纪述》，《湖南省志》第1卷，第303—304页。

因此，除湘督外，湘省政府的其他部门负责人多与谭延闿"性之所近"①。故而，事实上湖南政权已经被谭延闿为首的立宪群体掌握。

面对参议院对自己的种种限制，焦达峰左右便"有主张对于参议院及在职人员大兴杀戮者"②，他们列了一份约有二三十人的名单，并以言语刺激焦达峰。焦果然有所动，大有除去名单所列之人的行动。后焦达峰又听人言："我辈革命，必须网罗人才，共策进行，方可成就大事，今单上所列，皆为湖南知名之士，若被杀戮，何以收服人心，将来更有何人敢同我们革命者？此事决不可做。"③ 听闻此话后，焦达峰才放弃除去参议院众人的想法。长沙光复后，焦达峰便提拔了很多与之关系密切的会党中人和巡防营中的革命党人，这在无形中引起了其他新军将领的不满。当时焦达峰因与会党接触较多，身上不可避免地带有一种会党的江湖义气，他为湘督后"日必委任十数人至数十人"④。焦还大力招兵，以扩大湖南的军事力量，"一时城中庙宇、公所、客栈，无不高悬招兵旗帜，车轿担役，流氓、乞丐，皆相率投营当兵矣"⑤。如此多素质不良者参军，必然有一定的负面影响，在湘潭有一会党领袖名为冯廉直，曾被关在狱中，长沙起义后便被释放，并被焦达峰任命为标统。冯召集了一支 300 人左右的队伍，寻杀以前的仇家。湘潭知事以危害地方治安为由，将此事上报，谭延闿知道后，便以此质问焦达峰，焦不承认曾委任冯廉直职务，并否认应对冯廉直的行为负责。于是谭便下令将冯处决。⑥ 由此可知，无论是在行政事务方面，还是在军事管理上，年轻的焦达峰均不如谭延闿成熟和稳重。同时，这反映出焦达峰在任湘督之职时尚需依靠谭延闿等有名望的士

①　刘泱泱主编《湖南通史·近代卷》，第 783 页。

②　粟戡时：《湖南反正追记》，第 20 页。

③　粟戡时：《湖南反正追记》，第 20 页。

④　子虚子：《湘事记》，郭汉民、杨鹏程主编《湖南辛亥革命史料》（一），第 472 页。

⑤　子虚子：《湘事记》，郭汉民、杨鹏程主编《湖南辛亥革命史料》（一），第 472 页。

⑥　子虚子：《湘事记》，郭汉民、杨鹏程主编《湖南辛亥革命史料》（一），第 472 页。

绅。正因如此，焦达峰才在湘省事务中对谭延闿等人步步退让。

1911 年 10 月 26 日，同盟会成员谭人凤回到湖南，他看到焦达峰处处受参议院中士绅的制约，乃为"一笼中之鸟而已"①。面对"长沙积弊绅擅权，三老五更悉趋炎。都督府中参事会，气焰直冲天"② 的情况，谭人凤以事权不一，必致败亡为由，"建议取消参议院、军政部，另订章程，凡军事、行政、理财、司法，悉由都督掌之"③。这样便使革命派和立宪派的权力之争更加激烈，焦达峰任湘督后两派表面上的合作在此背景下亦将破裂。同年 10 月 30 日，谭人凤的建议在军、政、商、学各界联合会议中获得通过，处世善于变通的谭延闿不想通过流血来解决两派争端，故"当即表示辞退参议院院长诸职"④。然而，谭的辞职，不仅未使两派的矛盾得以缓和，反而更加激化了立宪派士绅对焦达峰等人的不满。翌日，在立宪派士绅的支持下，对焦、陈心存不满的新军第五十标第二营管带梅馨发动兵变，焦达峰和陈作新遇难后，谭延闿被梅馨等人推上湘督之位。⑤

此次兵变固然与立宪派有关，"谭延闿即未与杀焦谋，焦实因延闿而死"⑥，不过焦达峰等革命派自身的问题亦不容忽视。首先，焦、陈二人均尚年轻，在长沙起义前又多从事秘密工作，故在长沙知之者甚少，其威望远不如立宪派的士绅，这便决定了其在任湘督时，不能服众，不得不对立宪派处处退让。在与立宪派争夺权力时又多犹豫不决，重用会党之人又缺乏变通之道，被立宪派以"滥发私人委任状"⑦ 为

①　谭人凤：《石叟牌词》，甘肃人民出版社，1983，第 113 页。
②　谭人凤：《石叟牌词》，第 112 页。
③　子虚子：《湘事记》，郭汉民、杨鹏程主编《湖南辛亥革命史料》（一），第 475 页。
④　《湖南近百年大事纪述》，《湖南省志》第 1 卷，第 307 页。
⑤　对于此次兵变有很多学者进行了研究，如傅志明、成晓军《焦达峰、陈作新被杀一案析疑》，《历史研究》1985 年第 6 期；刘泱泱《论焦、陈被杀与谭延闿上台》，《求索》1987 年第 4 期；石彦陶《辛亥谭延闿"因利乘便"督湘初探》，《史学月刊》1993 年第 6 期；杨新明、谭少兵《试论辛亥革命时期谭延闿与革命派的关系》，《湘潭师范学院学报》1997 年第 1 期。学者们大多认为，谭延闿即使未直接参与兵变的谋划，亦在事前对兵变有所了解，从而默许了兵变的发生。
⑥　谭人凤：《石叟牌词》，第 114 页。
⑦　谭人凤：《石叟牌词》，第 113 页。

借口，架空了湘督之职。其次，同盟会本身组织便不是特别严密，政治纲领较为简单，包含的成员阶层极为复杂，在人数较少时尚能管理妥当，然而"一旦负起拥有三千万人大省的全部责任，自不能尽如人意"①。最后，革命党人不仅未能拉拢新军将领和长沙士绅，其内部反而横生枝节、矛盾重重。谭人凤作为同盟会在湘的领导人之一，其对陈作新的行为极为不满，谭人凤认为"副都督陈作新本一无赖子，种种悖谬行为，实足扰害安宁秩序"②。他还曾和谭延闿商议除掉陈作新，谭延闿以陈作新与军界互有往来为由拒绝了提议。谭人凤亦考虑到需要援助湖北等地的革命，"亦故忍之"③。更令人吃惊的是在焦、陈被杀后，作为同盟会机关刊物的《民立报》，竟然直接将焦达峰、陈作新排除在革命党人之外，其言：

> 查焦、陈二人并非革党，乃系会匪头目……此次得充正副都督，不免故智复萌，仍谋私结党舆，利用新军，以遂其号召会匪、点坛开山之志愿，并不知所谓恢复汉族为何事。不过隐忍未发，特借此项新名词以为掩饰绅学各界及新军人等耳目之计。久之渐不自安，乃私召其会匪党羽，暗中相助。其都督署中漫无规则，有呼之为焦大哥者。至初二、三等日，革党先后来湘，均啧啧称怪，谓党中并无此二人，即本省绅士军人亦颇疑之。④

可见，由于焦达峰、陈作新在湘与会党的联系较为紧密，致使同盟会内部都对他们缺乏认同感，这在一定程度上减损了焦在湘督之职时的威信和同盟会的全力支持。因此，从革命党的角度分析，同盟会内部缺乏团结，也使梅馨等人有了可乘之机。

对谭延闿而言，其虽然一直对革命行为抱有同情，并在长沙起义中与革命党人共同推翻了清廷在湘的统治，但谭与革命党人的政治理

---

① 邓介松：《辛亥革命在湖南所见录》，文史资料研究委员会等编《辛亥革命回忆录》第 2 集，文史资料出版社，1962，第 206 页。
② 谭人凤：《石叟牌词》，第 113 页。
③ 谭人凤：《石叟牌词》，第 113 页。
④ 《湖南革命之别报》，《民立报》，1911 年 11 月 17 日，第 2 版。

念仍有较大差别。他主张渐进的社会变革，而革命党人不仅主张武力革命，且焦达峰还与会党关系紧密，这自然会令提倡"文明革命"的谭感到不安。因此，在长沙光复后，谭延闿一方面主张与革命派合作，避免两派失和，进而引起长沙秩序的动荡；另一方面却又在积极地限制革命党人的权力，甚至默许杀害湘督焦达峰。

第二节　初任湘督：谭延闿维护革命的举措

焦达峰和陈作新两都督被杀后，在湘省士绅的支持下，在军、商、学各界的附和声中，谭延闿在形式上做勉从众意的表态后，便正式任职湘督。此后谭不仅积极地稳定湘局，驰援湖北革命，而且还利用个人威望和乡缘来扩大革命阵营的势力。

一　稳定湘局：修复与革命派关系

当时长沙笼罩在兵变后的紧张和混乱之中，梅馨等人还趁机四处散播焦、陈的各种"罪状"，一时间谣言四起，或说革命者要为焦、陈报仇，或说梅馨等人仍欲寻找焦、陈部署，这些传言使人心更加不稳。谭延闿初任湘督，便极力缓和立宪派与革命党人的矛盾。谭延闿之所以如此，乃是受制于一系列的主客观条件。

从客观事实上可分为两方面，一方面，长沙刚刚光复，不仅省城之内人心惶惶，整个湘省亦未完全响应革命，尚有湘西等地处于清廷控制范围之内。反对清廷的进攻、稳定湘省的安定是立宪派与革命党人共同的需要。另一方面，革命党人的华兴会、同盟会等团体，在湘经营多年拥有较强的革命力量，这些客观存在的革命势力，使谭延闿不能轻易与之决裂，在焦、陈遇难后，便有革命者"声言放火屠城，不且攻扑督署，锄元恶"①，这更加使谭延闿急于修复与革命党人的关

---

① 刘约真：《醴陵革命人物纪要》，湖南文献委员会编《湖南文献汇编》，湖南人民出版社，2008，第247页。

系。从主观意愿和性格方面分析，在政治意愿上，谭延闿内心反对清廷的专制制度，且早已对清廷失望之极，主张"文明革命"，在主观上有与革命派联合推翻清廷的意愿。在性格上，谭延闿为人处世较为圆通，他不仅与黄兴、谭心休、宋教仁、刘揆一等革命党人早有交往，而且在光复长沙时亦庇护了一些革命党人，使之免受清廷迫害，所以谭延闿有与革命党人和解的情感基础。

因此，谭延闿从大局出发，不仅立即制止梅馨等人诋毁焦、陈的行为，还宣布对焦、陈进行厚葬，并亲自"跪倒在焦达峰灵前大哭一阵，哀痛动人"①。此外还下令政府机构一律降半旗致哀，同时谭延闿还宣称将要为焦、陈两人铸造纪念铜像。② 此外，谭延闿对焦达峰在任时安排的官员并无太大调整，地方官员亦未急于进行改组，大多保留原有行政系统。时人评价谭延闿的用人方针为"所用之人，不拘党派及籍贯，大率效忠革命，或夙著声望者，受命之人，亦以清廉忠勤为主旨，努力从事。虽其中或有叫嚣粗暴之习，然仍力求进步，相与团结"③。对于焦、陈所新招募的军队，谭延闿则言："兵卒无赖遍城市，抚驭稍疏，哗变立见，全城糜烂矣。"④ 但谭延闿并未将其遣散，而是"严号令，查伍籍"，使其"听候编制"⑤。谭延闿任湘督后，没有改变焦达峰时期立宪派、革命派及新军军官群体联合执政的性质。谭延闿的这些行为不仅缓和了革命人的敌视心理，而且更有助于湖南局势的稳定。

与此同时，黄兴亦发函给在湘的革命党人周震鳞和谭人凤等，要求他们协助谭延闿维持湖南安定，其大致内容如下：

　　　　为了稳定全局，湖南局面不能再乱，如果再乱，湖北将会支

---

① 邓介松：《辛亥革命在湖南所见录》，《辛亥革命回忆录》第 2 集，第 208 页。
② 《湖南近百年大事纪述》，《湖南省志》第 1 卷，第 309 页。
③ 王啸苏：《长沙光复亲历记》，中国人民政治协商会议湖南省委员会文史资料研究委员会编《湖南文史》第 43 辑，湖南文史杂志社，1991，第 19 页。
④ 子虚子：《湘事记》，郭汉民、杨鹏程主编《湖南辛亥革命史料》（一），第 476 页。
⑤ 子虚子：《湘事记》，郭汉民、杨鹏程主编《湖南辛亥革命史料》（一），第 476 页。

持不住，其他各省响应亦恐发生迟疑观望，我们再不能失去这次两湖光复千载一时的机会；既然谭延闿已经被推举为都督，就应权且维持他的威信，共同安定湖南。①

此时，黄兴最关心的乃是湖南能够保持反清立场、早日安定，并派兵支援湖北抵抗清兵的进攻。因为黄兴与谭延闿有过交往，对谭有一定了解，相信谭能坚持反清且支援鄂省，故而才会让周震鳞在湘全力维持谭的威信。在此背景下，周震鳞和谭人凤才多方疏通，使湘省的革命党人暂时承认谭延闿的湘督之位。为此，周震鳞曾召集新旧军队开会演讲，周言：

> 现在清朝皇帝还没有退位，敌人的兵力还很强大，因此，摆在我们面前的斗争任务非常严重。大家都是爱国者，革命者，新旧两军决不容许互相歧视，互相排斥；而应该严守纪律，听候黄总司令编调援鄂北伐，共同奋斗。至于湖南的局面，谭延闿既然做了民国的都督，就得革命；既然革命，我们就得维持他的威信。值此革命紧要关头，必须目光远大，顾全大局，才能得到全国各省的响应和支持。②

在革命党人的支持下，谭延闿在湖南的统治渐趋稳定，在湘革命者又与谭延闿走上了合作反清的道路。当时湘西等地尚未光复，尤其是一些地方官员还持观望态度。在焦达峰任湘督期间，湘西的地方官朱益濬便认为长沙将会大乱，欲占据湘西而独立，他设立官卡，防备森严。湘省军政府亦因朱益濬为内患而深忧，后谭延闿任湘督，革命党人亦对之较为配合，所以长沙便以粮食和资金等来换取湘西军队对革命政府的支持，对此朱益濬乃致函军政府表示辞职。随后，谭延闿便派龙璋为巡按使赴湘西进行招抚，这才使湘西得以平定。③谭延闿还任命革命党人谭心休为宝靖安抚使，并让后者携兵两营前往宝靖，

---

① 周震鳞：《谭延闿统治湖南始末》，《湖南文史资料选辑》第2辑，第3页。
② 周震鳞：《谭延闿统治湖南始末》，《湖南文史资料选辑》第2辑，第4页。
③ 粟戡时：《湖南反正追记》，第22页。

此举使宝靖一带的秩序迅速好转。在谭延闿与革命派的合作下，湘省不仅全境很快得以光复，而且还对湖北的反清革命进行了支持。

二　驰援湖北：两湖地区协力抗清

武昌起义爆发后，清廷便立即派兵进行镇压。1911 年 10 月 28 日黄兴到达武昌，并临危受命主持军事，后担任民军战时总司令一职，黄兴的到来极大地鼓舞了反清部队的士气。然而，由于新军秩序混乱，军官素质较低，且军队装备较差，在对清军作战中处于不利地位。同年 11 月 2 日，黄兴在军事会议上详细分析了革命军存在的种种问题，其情况大致如下：

一、兄弟前日来鄂，即往汉口督队，意欲反攻，恢复汉口。不料各队新兵最多，秩序不整，颇难指挥。

二、军官程度太低，均不上前指挥。至战时因与兵士穿一样服装，辨别不清，亦极复杂。

三、各队战斗日久，伤亡过多，官与兵均已疲劳太甚，毫无勇气，且一闻机关枪声，即往后退。

四、兵士中在武汉附近所招者甚多，一到夜间，即潜回其家，以致战斗员减少。各军官因仓卒招募，亦无从查实。

五、民军军火，全在步枪，无机关枪，一与敌接近，即较敌人损伤较重。民军炮队，又系山炮，子弹射出，又不开花，且射出距离太近，不及满军管退炮效力之远。[①]

在总结失败的原因之后，黄兴还认为"汉口若无湘军来援，恐难保守"，"俟湘军到后，再图恢复"[②]。由此可见，湘军的支援对湖北革命党人的重要。其实在焦达峰任职湘督时，便派四十九标王隆中部北上援鄂，但王尚未到达湖北境内便听闻焦、陈遇难，于是王隆中便驻

---

① 《黄兴在军政府紧急会议上的讲话》，辛亥革命武昌起义纪念馆、政协湖北省委员会文史资料研究委员会合编《湖北军政府文献资料汇编》，武汉大学出版社，1986，第 348 页。

② 《黄兴在军政府紧急会议上的讲话》，《湖北军政府文献资料汇编》，第 348 页。

兵于岳阳静观长沙之变动。谭延闿在稳定湘督之职后，明确表示"北虏未灭，亟待攻讨"①，各省应不分畛域，反抗清廷。此后，谭迅速执行两湖革命党人迫切希望的支援湖北政策，并命令王隆中火速赴鄂支援。王于 1911 年 11 月 4 日到达湖北，随后黄兴和黎元洪检阅了王隆中率领的首批援鄂军队，因为四十九标军容较好且训练有素，还得到了黎元洪的夸奖，增强了其抵抗清廷的信心。② 随后，谭延闿又陆续派遣甘兴典、刘玉堂两协及刘耀武独立标驰援湖北。"黄总司令得到这大批的增援军队，士气更加振奋"③，当时黄兴曾言："敌人已占汉口租界之刘家庙，依租界设立炮兵阵地，相持数日不下，至昨日风起，汉镇房屋中炮火起，全市被焚。我军退守汉阳，尽力防御。兵卒多系新招，不能久战，今已疲乏。幸有湘军大队来援。"④ 可见，这些湘军对在鄂反清的革命党人来说无疑是雪中送炭。

在援鄂湘军到达之后，黄兴便于 1911 年 11 月 16 日反攻汉口，然而由于甘兴典部乃"临时编凑的，新兵极多"⑤，军纪亦较差，故在 17 日与清军作战时，"甘兴典部带头溃退，黄兴见军队后退，力图阻止，喝令后退者斩，并当场砍伤数人。无奈兵败如山倒，无法挽回，只得下令撤退"⑥。谭延闿知道此事后，便致电黎元洪阐明对甘兴典的惩处。谭言："湘军第四协甘兴典，率师援鄂，临时退缩，贻误军机，溃逃后纪律不严，沿途骚扰，现已调回，立正军法。请宣布罪状以谢鄂省军民。"⑦ 当然，湘军作战英勇者亦不在少数，在汉阳保卫战中，湘军四十九标二营管带杨万桂组织敢死队，"直攻美娘山险要据点。清军用机关枪扫射，敢死队仍冒死攀登山顶，把山上清军全部消灭，夺得

---

① 朱玖莹等：《谭延闿先生的生平》，"中华民国史料研究中心"编《中国现代史专题研究报告》第 9 辑，（台北）"中华民国史料研究中心"，1979，第 297 页。

② 余韶：《湖南光复及四十九标援鄂》，《辛亥革命回忆录》第 2 集，第 170 页。

③ 覃振：《辛亥武汉起义真相》，丘权政、杜春和选编《辛亥革命史料选辑（续编）》，第 154 页。

④ 黄兴著，文明国编《黄兴自述（1874—1916）》，人民日报出版社，2011，第 70 页。

⑤ 余韶：《湖南光复及四十九标援鄂》，《辛亥革命回忆录》第 2 集，第 171 页。

⑥ 萧致治：《黄兴评传》，第 199 页。

⑦ 《谭都督来电》，《湖北军政府文献资料汇编》，第 450 页。

标旗一面，机关枪两挺，杀死清指挥官一名"①。湘军将领刘玉堂亦身先士卒，带头冲锋，与敌勇战，直至阵亡。在援鄂各军中，湘军不仅抵达最早，而且人数最多，对此黎元洪在致谭延闿的电文中言："自起义以来，清廷以全力注重武汉，来援之师，首推贵省。"② 当时亦有人认为："阳夏之战（汉口、汉阳保卫战），将及月余，民军中之援鄂者，以湘军为最得力"，"非湘军冒死力御，汉阳即已不守"③。虽然阳夏保卫战最终未取得胜利，但是此次战役吸引了清军的主要兵力，致使清廷在南方各省的兵力减少，为南方各省的独立创造了有利条件。

在阳夏保卫战后期，虽有湘军相助，但在强大的清军围攻之下黎元洪与黄兴不得不放弃汉口与汉阳，退保武昌。此时，黎元洪作为湖北都督急忙致电谭延闿等各省都督，请求火速支援，或在其他地区牵制清军。黎言：

> 连日汉阳剧战，因我军力单薄，半系新募之兵，不能支持，只得退保武昌。武汉关系中国全局，武汉危，即全局难保。元洪当督率将士，誓以死守，以维大局。惟敌人以全力争武汉，我同胞必以全力援助，方能取胜。务恳大都督迅速调拨老练之兵，携带枪弹并机关枪、新式快炮，星夜来鄂援助；或另分兵他出，以牵敌势。统希裁夺施行，并祈示复。祷切盼切。④

谭延闿接到黎元洪的电文后，当即回电为黎元洪谋划对策，并表示"汉阳不利，当调集兵力舰力扼长江上下，武昌乃可固守"⑤。为使黎元洪安心，谭延闿又言：

---

① 萧致治：《黄兴评传》，第 202 页。
② 《黎元洪关于正法甘兴典事复长沙谭都督电》，《湖北军政府文献资料汇编》，第 450 页。
③ 郭孝成：《湖南光复纪事》，中国史学会主编《中国近代史资料丛刊·辛亥革命》（六），上海人民出版社，1957，第 143 页。
④ 《黎元洪关于退保武昌请兵援鄂致各军政府都督电》，《湖北军政府文献资料汇编》，第 407 页。
⑤ 《长沙谭都督通电》，《湖北军政府文献资料汇编》，第 408 页。

　　　　鄂、湘一家，安危同系。现在桂军已于初七日在永州出发，
　　兼程赴敌。敝处已电请广州胡都督、福州孙都督，整顿海军，连
　　合吴淞军舰，直攻天津，以击敌兵之尾。并请孙都督拣派精兵，
　　由海道来援。又电请贵州杨都督出兵铜仁，与我军会合，取荆襄，
　　出沙洋，以击敌兵之腰。更电请桂林沈、王都督、南宁陆都督，
　　加派老练之兵，与敝省会师，克期赴援。尚望坚守武昌，以图合
　　剿，决不稍存畛域，贻误中华大局。①

　　正如上述所言，在实际行动上，谭延闿不仅派兵支援武汉，还派
王正雅率部配合湖北军政府会攻荆州，以牵制清兵。荆州与湖南岳州
可成掎角之势，为湘之外户，且当时清廷在荆州的驻军较为薄弱，正
是革命军夺取荆州的良好时机。谭延闿亦深知荆州对湘、鄂、川等省
的重要性，其曾言："荆襄据武汉上游，为湘蜀门户，军事计划，在所
必争。"② 在两湖军队的共同协作之下，1911 年 12 月初，襄阳、荆州
相继光复，"从此克复蜀、湘、鄂，联络一气北伐，无左顾之忧矣"③。
其结果不仅为革命军开辟了川、鄂、湘的军事通道，还使其与江西的
革命军相互呼应，共同减轻了武昌革命军的压力。在此次战役中，湘
军将领王正雅带伤上阵，孙中山闻之称其 "奋勇能战"④。后来，黎元
洪再请湘军支援时，特向谭延闿借王正雅部以抵御清军，黎言："荆州
光复，王统领正雅之军，著有勋劳"，"武汉虽为我有，保安尚须兵
力。即请速饬王军到鄂，以资协助，无任感盼"⑤。谭延闿接到电文
后，即电催王正雅赴鄂，并复电黎元洪言："（王）当即赴钧召也"。⑥
　　除直接派兵至武汉共同抵御清兵外，谭延闿还为湖北提供了大量

① 《谭都督来电》，《湖北军政府文献资料汇编》，第 410—411 页。
② 《湘军都督谭延闿通电》，"中华民国开国五十年文献编纂委员会" 编《中华民国
　　开国五十年文献》第 2 编第 3 册，（台北）正中书局，1976，第 33 页。
③ 《湘军都督谭延闿通电》，《中华民国开国五十年文献》第 2 编第 3 册，第 33 页。
④ 子虚子：《湘事记》，郭汉民、杨鹏程主编《湖南辛亥革命史料》（一），第
　　483 页。
⑤ 《黎元洪为请饬王正雅军到汉致谭都督电》，《湖北军政府文献资料汇编》，
　　第 534 页。
⑥ 《谭都督来电》，《湖北军政府文献资料汇编》，第 535 页。

的军事装备和粮款。在军事器械方面，不仅有大量的子弹，还有当时革命军较为缺乏的机关枪和机关炮；在粮款方面，据不完全统计，谭延闿先后运送了大米数千石、面粉 500 袋、油 380 篓等物资，并至少接济鄂省现款 50 万元。① 此外，黎元洪还曾致电谭延闿表示，湖北需用头号油煤甚巨，请谭速运 50 吨油煤来鄂，以济军需。虽然湘省当时运输上较为困难，但谭延闿仍旧表示"急图接济"②，并努力寻找运输船只以便速运油煤。谭延闿的行为，极大地支持了湖北作为首义地区的保卫战。对此，时人曾评价道："谭都督对湖北，如同对湖南事情一样，不分彼此。"③ 这充分说明谭延闿初任湘督时，对革命不遗余力的支持。

三　联络故旧：策动他省革命

武昌起义后，湖南因同盟会等革命党人聚集较多，且立宪群体的士绅早已对清廷失去了信心，故而首先响应革命，但当时多数省份对革命仍持观望态度。为增强反清力量，更为避免湘军援鄂后而遭受邻省攻击，便有人建议谭延闿利用其社会关系和声望策动他省响应革命。曾任湖南参议院议员的唐乾一便对谭言："同盟会势力虽大，然必不能使各省同时并举。公既出，事无中止，当飞书知旧，乘时响应。现势宣注意者广西、江西、贵州三省，而广西尤要。广西苟不应，湘军援鄂，必为后顾之忧。江西握手，则联络之，不则以武力相见。贵州即不反正，道路修阻，暂不能为我害也。"④ 谭延闿对唐的建议甚为认同，"于是分电各省，派员运动"⑤。

在各省之中，广西是谭延闿策动的重点，而且因其境内多有湘人

---

① 黄俊军：《湖南立宪派研究》，第 209—210 页。
② 《黎元洪为请速运头号油煤济鄂军需致长沙谭都督电》，《湖北军政府文献资料汇编》，第 486—487 页。
③ 李春萱：《辛亥首义记事本末》，《辛亥首义回忆录》第 2 辑，第 19 页。
④ 子虚子：《湘事记》，郭汉民、杨鹏程主编《湖南辛亥革命史料》（一），第 479 页。
⑤ 子虚子：《湘事记》，郭汉民、杨鹏程主编《湖南辛亥革命史料》（一），第 479 页。

为官，故最有可能使其倾向革命。时任广西巡抚的沈秉坤为湖南善化（今长沙市）人；而广西的新军协统赵恒惕则是湖南衡山人；广西的布政使为王芝祥，且兼中路巡防队统领，可谓握有实权，其态度对广西政局有着重要的影响，王虽为直隶通州（今北京通州）人，但其姐夫刘人熙为湖南浏阳人，曾任湖南民政司长。在王芝祥的成长中，刘对其不仅有教导之情，还有提携之恩，因此王芝祥对刘甚是敬重。谭延闿与刘人熙情谊甚笃，于是谭便请刘劝说王芝祥进行革命，"蔚庐（刘人熙——引者注）出，既佐祖安（谭延闿——引者注）坐镇长沙，更电属铁珊（王芝祥——引者注）促广西反正"①。此外，谭延闿还派罗松涛等人兼程赶往广西，劝说沈秉坤等人响应革命。在刘人熙多次劝说之下，1911年11月4日王芝祥方同意革命，并致电刘言："浏阳刘蔚庐夫子函丈：千里一堂，并告组庵。"② 沈秉坤面对谭的劝说初始尚持保守态度，但因王芝祥的缘故亦同意革命，于是广西在同年11月17日宣布独立，沈秉坤和王芝祥分别担任正、副都督。广西响应革命谭延闿功不可没，故时人曾言："然则广西反正，为湘人之原动力可也。"③ 此后，湘省和广西在谭延闿督湘期间始终保持着紧密的联系，为支援湖北的革命军，桂军还从湘省过境开赴鄂省，且桂军与湘军组成湘桂联军共同抗清，这些均与谭策动广西革命有一定关系。

　　孙道仁为湖南慈利人，经彭寿松介绍加入同盟会，1911年被清廷任命为福建水师提督，其部下亦多湘人。谭延闿任湘督后，福建并未立即响应革命，而是持观望态度，当时的孙道仁"力有可为，不遽发"④。孙身为同盟会会员，明明有实力进行革命却犹豫不决的态度，令谭延闿极为不满。于是谭多次致电促孙革命，在电文中甚至有"湘

① 周震鳞：《近代湘贤手札跋》，湖南文献委员会编，湖南人民出版社，2008，第139页。
② 子虚子：《湘事记》，郭汉民、杨鹏程主编《湖南辛亥革命史料》（一），第479—480页。
③ 子虚子：《湘事记》，郭汉民、杨鹏程主编《湖南辛亥革命史料》（一），第480页。
④ 子虚子：《湘事记》，郭汉民、杨鹏程主编《湖南辛亥革命史料》（一），第480页。

人以公若再不回首，当庐尔居，墟尔祖墓"① 之语。孙接到电文之后，很快便宣布福建独立，这其中固然有众多因素，但谭延闿对孙的数电催促亦是其中之一。

在此期间，谭延闿还派庞志光率兵赶赴四川，支援川人革命。此外，"黄越、向燊等起义于甘肃，称秦州都督；郭人漳起义于广东廉州，称钦廉都督；龚子沛谋反正于寿州，皆为谭延闿响应也"②。其中值得注意的是黄越等人在甘肃的革命。黄越，字幼蟾，为湖南宁乡人，1906 年由黄兴介绍加入同盟会，1910 年黄越赴甘肃边陲历练，因受陕甘总督赏识，黄越任职于甘肃督练公所。1911 年 10 月 22 日，在张凤翔等革命党人的领导下陕西得以光复。不久，黄越便受命率部赴陕西阻击革命军，然而当黄越行至秦州（今天水市）时，便联合向燊（湖南衡山人）宣布革命，并成立甘肃临时军政府。对于此事，谭延闿给予了黄越种种帮助。在秦州革命之前，谭便与黄互通电文，且谭深信黄越素志革命；其后，谭延闿还以湘督之名，"委派江楚帆、黄锡斌、罗韬、胡定武、廖汉勋、洪名魁、廖凯南、汤镇安八人为湖南专员，去甘肃秦州与黄越进行联络，共襄反正事业"③。谭还致电陕西都督张凤翔，请其接济秦州以军械，而此批军械可由湘省解还。黄越于秦州顺利革命后，谭延闿即致电黄越等人表示祝贺，谭言："闻光复功成，具见勇力宏猷，有造民国，从此恢复秩序，建设新业，必能与民咸享幸福，闿等无限欣企。"④ 当黄越在甘肃被排挤时，谭延闿对黄进行劝解，告之以宽宏大度，争取协商解决问题，避免造成反清势力的削弱，后谭又直言："现大局已定，更非少数人及偏隅省份所能动摇，两公（黄越、向燊）宏伟强毅，素所敬钦，万不宜牺牲还器，望从速引身

---

① 子虚子：《湘事记》，郭汉民、杨鹏程主编《湖南辛亥革命史料》（一），第 480 页。
② 子虚子：《湘事记》，郭汉民、杨鹏程主编《湖南辛亥革命史料》（一），第 480 页。
③ 黄祖同：《谭延闿都督事迹拾贝》，中国人民政治协商会议茶陵县委员会文史资料研究委员会等编《茶陵文史》第 10 辑，中国人民政治协商会议茶陵县委员会文史资料研究委员会，1998，第 140 页。
④ 黄祖同：《谭延闿都督事迹拾贝》，《茶陵文史》第 10 辑，第 141 页。

回湘。"① 在谭的劝说下，黄弃职归湘，并将其在秦州的电文、章程、书信等资料汇编为《陇石光复记》，谭延闿不仅为此书题写书名，还为黄在秦州的行为向政府请功。② 由上可知，黄越在秦州的革命行为对整个甘肃的独立和保卫陕西的革命均有重要影响，而谭延闿则在黄越的秦州反正中起到了一定作用。当然，总体而言，以上各地革命的成功主要还是依靠当地的革命党人或其他群体的努力，谭延闿的影响并非主导因素，但谭对各省革命不遗余力的支持，则在实际上促进了这些地区的独立。从以上谭的行为中，亦可发现谭对革命的热情与主动。

在辛亥革命中，湖南不仅是首先响应之省，更因其地理位置是兵家必争之地，对其他省的政治抉择有重要影响。湘省"处长江南岸各省之中枢，洞庭控其北，五岭障其南，东接豫章，西通川黔，与鄂、赣如辅车相依，与粤、黔则如咽喉相扼"③。谭延闿欲使湘省安定，必使周边的鄂、桂、赣等省在政治立场上与其保持一致，鄂省首倡革命，湘省继之，在此情况下谭延闿须保证在湖北革命不倒的情况下，迅速促进桂、赣等省独立，方能避免邻省的侵袭，保证其自身的安全。谭延闿作为湘督不仅能迅速稳定湘局，还能充分利用其社交网络和声望，借助湘情乡缘的助力，联络在外省任职的湘籍将领、官员，促使他们快速响应革命。与之相比，焦达峰等人仅能做到有限地支援湖北革命，而对牵制湖北以外的清军，却难以促进他省革命。正是在谭延闿的灵活应对之下，湘省才在辛亥革命中发挥了更为重要的作用，因此有湘人认为，在南京临时政府成立之初，"中央财源枯竭，湘省协款百万为各省倡，顾瞻大局，不竞私权。临时政府之成立，不舍我湖南缔造之也"④。可见，谭延闿对革命的态度及行为，为湖南在民国初年赢得了极大的声誉。

① 黄祖同：《谭延闿都督事迹拾贝》，《茶陵文史》第10辑，第141页。
② 黄祖同：《谭延闿都督事迹拾贝》，《茶陵文史》第10辑，第141页。
③ 罗家伦主编《革命文献·辛亥革命史料》第4辑，（台湾）中央文物供应社，1953，第72页。
④ 黄季陆主编《革命文献·二次革命史料》第44辑，（台湾）中央文物供应社，1968，第331页。

第三节　南北之间：议和前后谭对共和的追求

湖北军政府成立后，面对革命的浪潮清廷不得不起用袁世凯，先任命其为湖广总督，不久又任命其为钦差大臣节制各军，最后乃任命其为内阁总理大臣。袁世凯在对革命力量和清廷兵力权衡之后，认为："在此潮流转变之下，民心思动，已非一朝，不是单靠兵力所能平定，主张剿抚兼施。"[①] 正是基于此种认知，袁世凯对南方革命各省便采取以剿迫和、以抚助剿的策略，并最终促成了南北议和的局面。

一　议和前夕的南北双方

早在 1911 年 10 月下旬，革命军与清军在汉口激战时，袁世凯便派刘承恩办理招抚事宜。刘凭借其与黎同乡与故交的关系，曾多次致书黎元洪，劝其接受招抚。鉴于革命党人对清廷的不满，在同年 11 月 1 日刘承恩又致黎书言：

> 顷奉项城（袁世凯——引者注）宫保论开，刻下朝廷有旨，（一）、下罪己之诏，（二）、实行立宪，（三）、赦开党禁，（四）、皇族不问国政等因。似此则国政尚可有挽回振兴之期也。遵即转达台端，务宜设法和平了结，早息一日兵事，地方百姓，早安静一日。否则势必兵连祸结，胜负未见，则不但涂毒生灵，糜费巨款，迨至日久息事，则我国已成不可收拾之国矣。……今因项城出山，以劝抚为然，政府亦有悔心之意，即此情理，亦未尝非阁下暨诸英雄出此种善道之功也。依弟愚见，不如趁此机会，暂且和平了结，且看政府行为如何，可则竭力整顿，否则再行策以谋之，未为不可。果以弟见为是，或另有要求之处，弟即行转达项城宫保，再上达办理。至诸公皆大才楩楠，不独不

---

① 张国淦编《辛亥革命史料》，（台北）大东图书公司，1980，第 269 页。

咎既往，尚可定必重用，相助办理朝政也。①

刘承恩在信中所言议和条件仍是在保留清廷帝制的基础之上，实行君主立宪，这无疑是打着和平的旗号让革命军归降。革命党人追求的是结束清朝君主制度，实行民主共和制，故而刘承恩这样的招抚自然会被革命党人拒绝。黎元洪在回复刘的书信中鲜明地指出，清廷自戊戌变法后，不断宣称要改革专制、预备立宪、缩短国会期限，然而这些均是在国民志士的铁血中逼出来的。这些数次声称要改变专制的伪论调，仅是为了安抚国内民众的不满情绪，其实质仍是实行清朝的君主专制制度。② 因此，革命军唯有推翻清朝统治方能使中国结束专制，实行民主共和政体。

在招抚革命军期间，袁世凯亦曾亲自致书黎元洪，后者在回复时，不仅指出了袁氏欲在清廷和革命之间坐收渔翁之利的意图，还劝其早日响应革命、倒向共和，黎言：

> 吾人不畏危难，首举大义，其所以然之故，今日吾国三尺之童，亦能了了明言之矣。度公且将莫逆于心，相视而笑矣。顾何以徘徊中道，惘惘若痴，讫于今兹，犹不能早自引决，既不为汉，又不为满，讵非甚可怪异之事，遂令中外之觇公者，皆有迷离扑朔之感。然由吾侪之智者测之，公之外状，佯持中立，于满汉两面，若皆无所为，实则公必自私自为之心，深固不摇，而后乃敢悍然如此，欲收渔人之利也。虽然，公之自计，亦太谬矣。公既不能离人群以独尊，独获天赋之荣名厚实，则同不能不假一国家或一朝廷，而后可以行其欲，是则今日固有天与之机会，以假投于公也。公果能来归乎？与吾徒共扶大义，将见四百兆之人，皆皈心于公，将来民国总统选举时，第一任之中华共和大总统，公固不难从容猎取也。③

---

① 张国淦编《辛亥革命史料》，第 278 页。
② 张国淦编《辛亥革命史料》，第 279 页。
③ 张国淦编《辛亥革命史料》，第 281 页。

清廷迫于南方革命党人和北方袁世凯等方面的压力，于 1911 年 11 月 3 日颁布了草拟改宪法的谕令，简称《十九信条》。其主要内容是清廷实行责任内阁制，国会除了拥有制定、修改宪法的权力外，还拥有财政、军事、外交等各方面的大权；同时又规定了皇室不能任职内阁总理大臣、国务大臣及其他各省行政长官，皇室的经费由国会决定，且皇族成员均应受宪法制约；但此信条仍规定皇帝为世袭、万世不易，且其权威神圣不可侵犯。① 清廷《十九信条》的颁布使黎元洪有所犹豫，其曾因此劝说黄兴罢兵谈和，黄兴则坚持必须以清帝退位实行共和为和谈基础，故而并未同意黎元洪的提议。②

为了防止清廷的招抚策略动摇军心，黄兴特于 1911 年 11 月 9 日向革命军将士发送密函以鼓舞士气。黄兴在概述了革命的良好形势之后，鼓励革命军道："汉口之战，我师屡胜，继虽小挫，军家胜败，自古常然，不必介意。现鄂军大整，湘军来援，恢复之功，当在旦夕。"③ 针对清廷在政治上的某些改变及袁世凯等人的大肆宣传，黄兴强调："有云政府十分退让，吾人只求政治革命，不求为已甚者云云。现袁已派心腹多名分道驰往各省，发布传单，演说谕众，希冀离间我同胞之心，涣散我已成之势，设心之诡，用计之毒，诚堪痛恨！"④ 因此，黄兴号召同胞"速饬密探查拿前项演说之人，消灭传单，俾鼠窃之技无由而施，大局幸甚"⑤。

谭延闿此时已由原来君主立宪的呼吁者转变为民主共和的追求者。面对袁世凯及清廷在政治上的种种退让，谭延闿则坚持要颠覆清廷建立民国，辛亥之后的谭延闿已经彻底对君主立宪失去了信心。谭言："民国此次反正，群情誓达共和目的，倘袁使不能承认颠覆满清政府建立共和民国，即请毋庸开议。盖民国不成，第二次之革命即继起，此

---

① 《清廷颁布十九信条特赦党人》，中国史学会主编《中国近代史资料丛刊·辛亥革命》（四），上海人民出版社，1957，第 78—79 页。

② 萧致治：《黄兴评传》，第 216 页。

③ 《对民军将士的密谕》，《黄兴集》，第 80 页。

④ 中国人民政治协商会议，武汉市委员会文史资料研究委员会编《武汉文史资料（选辑）》第 4 辑，国营湖北省新生印刷厂，1981，第 59 页。

⑤ 《对民军将士的密谕》，《黄兴集》，第 80—81 页。

刻断不容稍留君主政治余毒，以作第二次革命之资料，而令吾同胞将来再自相残杀，致受无穷荼毒。诸公为种族政治革新运动，历数十年，以有今日，万不可稍事迁就，致令全体反对再生枝节。"① 谭延闿认为若达不到民主共和的体制，革命便不能彻底，势必会引起"第二次之革命"，因此谭坚持袁必须承认民主共和方有和谈之必要。由于黄兴、谭延闿等人始终坚持民主共和，不再相信清廷所谓的君主立宪政体，故袁世凯欲将他们招抚在君主体制之下的策略，并未取得成效，但这亦为此后的南北和谈奠定了基础。

二　议和迁延与谭的态度

革命军在汉阳失守后，冯国璋力主进攻武昌，然而袁世凯却另有打算。袁氏明白革命军在武汉虽处于军事上的不利地位，但全国的革命形势却是日益高涨，独立的省份亦日渐增多。同时，袁氏欲继续利用革命声势向清廷施压，以便获取更大的权力，于是袁命令冯国璋停止进攻。为了能促使革命军和谈，袁世凯还通过英国驻汉口领事进行斡旋，英国因担心革命带来的战争破坏其在华利益，故而积极联络南北双方。同时南方独立各省亦存在较多问题，在军事上，南方与北方相比并不占优势；在财政上，南方也较为拮据，难以支撑持久的战争；在政治上，独立各省秩序较为混乱，不仅未有统一的领导机构，且尚不被国际承认。因此，停战议和在西方列强介入后，便渐渐拉开了帷幕。

1911 年 12 月 7 日，清廷任命袁世凯为议和全权大臣，次日，袁氏任命唐绍仪为和谈代表，同月 9 日，南方独立各省推举伍廷芳为议和代表。1911 年 12 月 10 日，谭延闿便通电声称"和议不成，决开战，十二期满，不能接续再停。敝省已饬湘桂联军，准备乞各省都督整顿军队，克日北伐，万不可稍涉迟疑，致堕贼计，以懈军心"②。在谭看来，袁氏议和很大程度上乃是缓兵之计，因此谭延闿必须做好议和不

---

① 《就袁是否能承认颠覆满清政府发上海电》，刘建强编著《谭延闿文集·论稿（上）》，第 35 页。

② 《为促各省军队继续北伐致孙中山等及各省都督电》，刘建强编著《谭延闿文集·论稿（上）》，第 38 页。

成，兵戎相见的准备。同年 12 月 14 日，谭延闿又致电各省都督、将军，揭露袁世凯一边和谈，一边对革命军用兵的手段，并请诸位军事将领会商北伐兵策，电中谭直言："袁贼停战议和，无非缓南攻北之狡谋。"① 此后，谭又有电文指出"敌因我秦晋义军已战胜潼关，故请英使求和停战，以图缓肘腋之忧"②。

　　1911 年 12 月 18 日至 31 日，南北双方共举行了五次会议，并针对停战、国民会议及实行的国体等重大问题进行了磋商。在此之际，孙中山由海外归国，被推举为临时大总统，这使原计划在南北之间坐收渔利的袁世凯心生不满。为此，袁世凯便"准许"唐绍仪辞去议和代表之职，并使南北议和陷入迁延不决之势。在议和迁延期间，谭延闿曾多次致电孙中山和黄兴等人表明其反对议和迁延的主张，③ 在 1912 年 1 月 10 日的电文中，谭言：

　　　　前得伍外交长江、齐各电，深知袁贼狡谋，和议万不可恃，无非充彼战备，懈我军心，正拟联合各省要，请大总统及伍外交长不再迁延议和，布告开战。适得南昌马都督佳电，以袁世凯来沪与否及会议地点日期，限于阴历十一月二十七日内答复，决不再延长停战期限等。因敝省极表同情，务恳伍外交总长即与袁世凯严重交涉，将前次与唐代表所订之两军须得全权代表，电报述和议决裂，战事重开，始可发令开仗一条，即行更正。若至停战期满，尚未将君主、民主问题解决，即令各路开战。如大总统及各省都督赞成此议，即请伍外交长宣布中外，万勿再与迁延。④

　　此时，谭延闿态度十分坚决，为避免袁世凯以议和为要挟而获得

---

① 《致各都督暨前军将领陈北伐兵策》，刘建强编著《谭延闿文集·论稿（上）》，第 40 页。

② 《致蒋都督等电称武汉议和不可恃宜续攻彰卫》，刘建强编著《谭延闿文集·论稿（上）》，第 41 页。

③ 《为促各省军队继续北伐致孙中山等及各省都督电》，刘建强编著《谭延闿文集·论稿（上）》，第 38 页。

④ 《湘军都督电》，《申报》1912 年 1 月 12 日，第 1 张第 3 版。

更多的利益，亦防止袁氏拖延时间以整备军队，谭积极要求与清廷开战，并告诉革命党人不要对议和抱有太大的希望。然而，事实上却有很多革命党人对此次议和持有乐观态度，谭延闿连日看到此类电文，便"不胜隐忧"①。黄兴是革命党中的重要人物，他对袁世凯倒向革命便怀有一定的期望，早在1911年11月初，黄兴致袁世凯的书信中便言："人才原有高下之分，起义断无先后之别。明公之才能，高出兴等万万。以拿破仑、华盛顿之资格，出而建拿破仑、华盛顿之事功，直捣黄龙，灭此虏而朝食，非但湘、鄂人民戴明公为拿破仑、华盛顿，即南北各省当亦无有不拱手听命者。"② 此时，黄兴并非为拉拢袁世凯响应革命，假意言众人拥戴其为"华盛顿"，而是认为袁氏果能倒向共和，推其为总统未尝不可，这种情感可以说是黄兴内心真实感情的自然流露。1911年12月9日，黄兴在回复胡汉民的电文中，亦表现出上述情感，黄言：

> 项城雄才英略，素负全国重望，能顾全大局，与民军为一致之行动，迅速推倒满清政府，令全国大势早定，外人早日承认，此全国人人所仰望。中华民国大统领一位，断推举项城无疑。……兴只得从各省代表之请，暂充临时大元帅，专任北伐，以待项城举事后即行辞职，便请项城充中华民国大统领，组织完全政府。此非兴一人之言，全国人心皆有此意。惟项城举事宜速，且须令中国为完全民国，不得令孤儿寡妇尚拥虚位，万一迁延不决，恐全国人皆有恨项城之心。彼时民国临时政府如已经巩固，便非他人所得摇动。总之，东南人民希望项城之心，无非欲早日恢复完全土地，免生外人意外之干涉。③

黄兴在南北议和之初，尚对袁氏抱有如此之希望，可见谭延闿的担忧不无道理。在和谈期间袁氏并未放弃对革命的军事打击，仍旧进

---

① 《湘军都督电》，《申报》1912年1月14日，第1张第4版。
② 《致袁世凯书》，《黄兴集》，第82页。
③ 黄兴：《黄兴自述（1874—1916）》，第77—78页。

攻潼关、山西、山东等地。① 为了能使革命党人减少对议和的期待，并做和谈之外的准备，谭延闿于 1912 年 1 月 12 日又致电孙中山及黄兴等人，恳请"饬令外交总长与袁世凯严重交涉，无论所订若何条件，以二十七日（公历 1 月 15 日）以前解决。过后只有开战二字，万不承认议和，自堕全功"②。谭认为：

> 袁贼议和，无非肆其狡猾狼毒之手段舞弄民军。敝省原不承认，早经迭请外交总长，请将条文改正，国会取消，未蒙复答。固知开议艰困，未便通□诘难。但君主、民主问题必非从容坛坫（坫）所能解决。况以袁贼阴险房性习顽，必须决胜疆场，乃可以登同胞于共和幸福之中。以伍总长之高明练达，岂不知是，而必强与羁縻（縻），实所不解。……顷得江北蒋都督蒸电及安庆孙都督真电，知袁贼节节进兵，是彼已破坏和局。扬州徐总司令宣布袁贼状罪，确是至言。惟各省都督既明知和议不可恃，何必再与开议，而不直切宣战，一扫膻腥。大总统原有主持和战全权，不待延闿一人私议，特事机日迫，不敢缄默。③

谭延闿如此旗帜鲜明地要求开战，且对议和期望不高，这与其慧觉圆通的性格，及往日"文明革命"的政治主张，均相去甚远。究其原因可以从以下方面分析。

首先，谭延闿恐袁氏以议和为缓兵之计，并猜测袁的真实目的是为清廷争取时间调集北方军队，用以围攻南方革命军。在议和期间，袁氏在军事上确实并未放松，在汉口、汉阳等地"清兵尚未退出，且闻有增兵借债之议，其不守信约已显"④。在陕西，北军违约，进逼潼关多日。在山东、山西、淮颍等地由于北军的进攻，南北双方已经互动干戈。⑤ 这些都使谭延闿认为袁氏在军事上必有更大的图谋，因此

---

① 黄兴：《黄兴自述（1874—1916）》，第 83 页。
② 《湘军都督电》，《申报》1912 年 1 月 14 日，第 1 张第 5 版。
③ 《湘军都督电》，《申报》1912 年 1 月 14 日，第 1 张第 4—5 版。
④ 黄兴：《黄兴自述（1874—1916）》，第 79 页。
⑤ 黄兴：《黄兴自述（1874—1916）》，第 82 页。

谭曾在通电中反问，"今复停战四十日，待彼械齐兵足，列阵待我，然后开战，试问聚九州之铁，能铸此错乎？"① 故军事上的考量是谭延闿反对议和一再拖延的重要原因之一。

其次，谭延闿认为议和长久迁延不决，一再向袁氏妥协，会影响独立省份民众的情绪，并导致革命军队的士气低落。谭指出议和期间，各条款不能从速解决，"又不将条文宣示，足使国民怀疑，军人沮气。此等无条理之议和，无效果之停战，敝省未便苟同。况停战愈久，将来流血愈多"②。因而，长久不决的议和对民意军心的负面影响，是谭延闿主战的重要原因。

再次，谭延闿对袁氏在议和中能否答应废除君主制度，建立民主共和政体抱有严重的怀疑。谭曾言："各省后先举义，抱民国主义，同意进行者，无非欲即驱满奴，登同胞于共和幸福之域。正在长驱扫北，复停战议和，已为袁贼所误。停之又停，及今已四十余日，仍未使溥仪退位。更取销唐绍仪，翻除所订条约，是曲在彼，即当严词拒绝。"③ 1912 年 1 月 18 日，连对袁世凯抱有一定希望的黄兴亦有言称："议和愈出愈奇，殊为可笑！第一条仍保存大清皇帝之名称及'世世相称'字样，可谓无耻之极。"④ 在谭延闿看来，只有确定了民主共和的政体，才是谋求和平、幸福的根本。⑤ 因此，袁世凯在谈判中的反复无常及对清廷君主制度的维护，是谭反对持续议和的原因之一。

最后，因为江西、福建等多省都督均与谭持有此类观点，所以谭延闿敢坚决地屡次致电孙中山、黄兴等人，甚至代表湘省通电全国，公开反对议和迁延，并主张武力北伐。1912 年 1 月 22 日，谭延闿在致黄兴、黎元洪等人的电文中明确表示："昨接陈都督效电及南昌马都督

---

① 《湘军政府反对继续停战通电》，刘建强编著《谭延闿文集·论稿（上）》，第 56 页。
② 《湘军政府反对继续停战通电》，刘建强编著《谭延闿文集·论稿（上）》，第 56 页。
③ 《湘军政府反对继续停战通电》，刘建强编著《谭延闿文集·论稿（上）》，第 55—56 页。
④ 黄兴：《黄兴自述（1874—1916）》，第 80 页。
⑤ 《湘军政府反对继续停战通电》，刘建强编著《谭延闿文集·论稿（上）》，第 56 页。

巧电、福州孙都督号电,以停战议和,务在此期限内,议决一切,不再迁延。敝省全体极表同情,万乞于阴历十二月十二以前取决宣示。若再延时日,敝省无论如何,决不承认。"① 有其他省都督与谭持相似的态度,这就为谭反对议和迁延不决提供了更大的勇气和支持。

此时谭的政治思想已发生转变,维护民主共和、反对君主专制已成为他的政治追求。为此,和谈期间谭延闿不惜在北方谋划军事行动。谭认为议和期间南方革命军的停战不包括北方义军,"若得彰卫与秦晋义军联合,不特汉阳两镇立可肃清,即幽燕指日亦可平"②。另外,谭延闿倡言议和不可恃的论调,不仅不会导致南北议和的失败,还会在一定程度上促进南北议和的成功。因为,谭延闿的种种电文向各界传达了两个主要观点:其一,南方各省谈判的底线一定是清廷皇室退位,实行民主共和政体;其二,南方各省不惧与北方兵戎相见,也不允许议和谈判长久迁延。这种抱着谈判破裂准备的心态,才会令袁世凯在欲保留君主政体时备感压力,此种行为方称得上"向死求生"。当然因为谭延闿等人并非南北谈判的主角,谭的这种表态,仅能促使袁氏在谈判中倒向共和,而并非南北和谈中的主导因素,他只是代表地方或部分民意,并不能代表南京临时政府做出决策。

在谭延闿不断反对议和迁延、主张整军北伐的呼吁之下,南北双方竟未再发生大规模的战争,且双方均做出一定妥协。限于财政等原因,孙中山、黄兴等不得不"放弃北伐,决心与袁世凯达成妥协"③。而袁氏在得到革命党人保证其继任总统后,亦加紧了逼宫,清帝被迫于1912年2月12日宣布退位。至此,中国迎来了谭所追求的民主共和政体。虽然清王朝的统治结束了,但帝制与共和体制的斗争却未告终,而是暂告一段落,虽然民主以和谈的形式实现,但是谭所试图极力避免的"第二次革命"④ 却终究无法回避。

---

① 《长沙谭都督电》,《申报》1912年1月25日,第2版。
② 《致蒋都督等电称武汉议和不可恃宜续攻彰卫》,刘建强编著《谭延闿文集·论稿(上)》,第41页。
③ 萧致治:《黄兴评传》,第245页。
④ 《就袁是否能承认颠覆满清政府发上海电》,刘建强编著《谭延闿文集·论稿(上)》,第35页。

三　谭主定都北京

1912 年 2 月 13 日，清帝宣布退位的次日，袁世凯便致电南京临时政府，称："共和为最良国体，世界之所公认"，"永不使君主政体再行于中国"①。孙中山认为专制已除，南北一心，民国为各国所承认，应当践行誓言，故而在同一天辞职引退，并推荐袁氏为总统；在推荐袁氏的咨文中，孙中山称："此次清帝逊位，南北统一，袁君之力实多"，"袁君富于经验，民国统一赖有建设之才，故敢以私贡荐"②。然而，孙在发表辞职咨文的同时亦阐明了其解职的条件，"临时政府地点设于南京，为各省代表所议定，不能更改；辞职后俟参议院举定新总统亲到南京受任之时，大总统及国务各员乃行辞职；临时政府约法为参议院所制定，新总统必须遵守颁布之一切法制章程"③。在南京定都、就职和保留临时约法是孙中山限制袁世凯权力的主要方法，因此在此类问题上孙中山不愿再妥协。

在孙中山未正式辞职前，袁氏便曾以北方秩序尚不稳定，各种军事尚须部署，且"东北人心，未尽一致，稍有动摇，牵涉全国"④ 为由，拒绝南下。孙中山辞职电文发布后，其欲定都南京的主张，遭到了袁世凯的强烈反对，临时约法的条款对袁的限制尚在将来，故袁氏可以不争。而在南京就职则迫在眼前，且直接危及了袁氏的军事、政治利益，故而袁氏在 1912 年 2 月 15 日再次致电孙中山，表示难以接受，并以引退相威胁，袁言：

> 若专为个人职任计，舍北而南，则实有无穷窒碍。北方军民意见尚多，纷歧隐患实繁。皇族受外人愚弄，根株潜长；北京外交团向以凯离此为虑，屡经言及；奉江两省时有动摇，外蒙各盟迭来警告。内讧外患，递引互牵，若因凯一去，一切变端立见，

① 《附录·电报》，《临时政府公报》1912 年第 15 期，第 16 页。
② 《临时大总统咨参议院推荐袁世凯文》，《临时政府公报》1912 年第 17 期，第 5 页。
③ 《临时大总统咨参议院辞职文》，《临时政府公报》1912 年第 17 期，第 4 页。
④ 《附录·电报》，《临时政府公报》1912 年第 15 期，第 17 页。

殊非爱国救世之素志。若举人自代，实无措置各方面合宜之人，然长此不能统一，外人无可承认，险象环集，大局益危。反复思维，与其孙大总统辞职，不如世凯退居。盖就民设之政府，民举之总统而谋统一，其事较便。今日之计，惟有由南京政府将北方各省及各军队妥筹接收以后，世凯立即退归田里，为共和国之国民。当未接收以前，仍当竭智尽愚，暂维秩序。总之，共和既定之后，当以爱国为前提，决不欲以大总统问题，酿成南北分歧之局。①

袁世凯退隐的威胁并未使孙中山在定都问题上有所让步，2 月 17 日孙中山在复袁世凯的电文中言："公之委曲求全，其义昭于日月，惟国民劳公以全局，德望所存，在北在南无不可以全副精神相统摄。"②同月 18 日，孙中山又致袁氏电，催促其南下，并表示"已申命所司，缮治馆舍，谨陈章绶，静待轩车。现海内统一，南北皆有重要将帅为国民之心膂，维持秩序之任均有所委付，不必我辈簿书公仆躬亲督率"③。同时，孙还表示已经派遣"教育总长蔡元培为欢迎专使、外交次长魏宸组、海军顾问刘冠雄、参谋次长钮永建、法制局局长宋教仁、陆军部军需局长曾昭文、步兵第三十一团长黄恺元、湖北外交司长王正廷、前议和参赞汪兆铭为欢迎员，偕同唐绍仪前往北京，专迎大驾"④。然而，迎接袁氏南下团队到达北京后，袁世凯的卫队等士兵却发动了兵变，2 月 29 日至 3 月 1 日，变兵不仅劫掠焚烧了北京普通居民和商人的财产及房屋，还持枪闯入欢迎使团的住处，致使蔡元培等人躲进六国饭店以避难。此事发生后，谭延闿于 3 月 5 日发表通电，表示赞成迁都北京，谭言：

> 黎副总统微电所言，兵亡、民亡、国亡、种亡各节，沉痛

---

① 《南北建都之争议》，《时报》，1912 年 2 月 21 日，第 1 页。
② 《附录》，《临时政府公报》1912 年第 19 期，第 16 页。
③ 《大总统致新选袁总统函》，《临时政府公报》1912 年第 25 期，第 7 页。
④ 《复袁世凯电》，中国社科院近代史所等编《孙中山全集》第 2 卷，中华书局，1982，第 108 页。

迫切，深中现时危象，北京联合会支电尤中肯要。延闿才学浅薄，时切隐忧，建都问题与新政府之组织，曾于二月铣电及三月江日通电各处，将意见发表。诚以都城为政治枢纽，非建立燕京，不足以谋五族之统一，巩固共和，庄都督咸电，实为至论。袁公既为北部安危所系，自不能轻去燕朝，致启乱机。诸公关怀大局，务望从速决定，勿再稽延。只得先将建都问题解决，然后将南京政府各机关移之就北，自不致有柄凿之虞。惟既告成时，不可再伏望，诸公赐予赞成，免致他变。不胜悚惶待命之至。①

谭延闿赞同将都城设在北京，并不代表他已背离革命、投向了袁世凯，亦不能将谭看作"混入革命阵营的立宪派和旧官僚乘机搞拆墙脚活动，竭力把革命引向拥袁的道路"②。因为谭延闿不仅坚决反对帝制，而且曾在议和期间极力反袁。谭延闿之所以赞成定都北京，是受相关社会环境和历史背景的影响。

从当时的社会环境分析，赞成定都北京的群体中不仅有原来的立宪派人士，更有革命党人。当时很多人认为南京只是清帝未退位前的临时都城，清帝退位后自然应定都北京。1912 年 2 月 14 日，南京参议院曾对建都问题进行了不记名的表决，参加会议的有 28 名议员，而赞成定都北京的则有 20 名。③ 当时南京参议院议员中同盟会成员占据大多数，④ 可见很多革命党人亦认为建都北京未尝不可。因孙中山对参议院的此项决议不满，故又令参议院进行复议，在复议中南京作为定都的地点才被参议院通过。⑤ 此过程中，孙中山使用其个人权威，才使定都地点在法律上确定为南京。在严格意义上讲，孙中山此举有违临时约法中的民主精神。孙中山可以让参议院复议，但地方都督的言

---

① 《为请赞成迁都北京通电》，刘建强编著《谭延闿文集·论稿（上）》，第 63 页。
② 徐宪江：《中华史典》，中国工人出版社，2009，第 317 页。
③ 林长民：《参议院一年史》，中国史学会主编《辛亥革命》（八），上海人民出版社，2000，第 558 页。
④ 胡汉民：《胡汉民回忆录》，东方出版社，2013，第 50 页。
⑤ 林长民：《参议院一年史》，《辛亥革命》（八），第 558 页。

论孙却难以掌控。江苏都督庄蕴宽便公开通电全国表示赞成定都北京，且在社会上引起了较为广泛的影响，一些地方都督及将领亦随后响应，如阎锡山、蔡锷、孙道仁、朱瑞、蒋雁行、兰天蔚等人①。在此社会背景下，谭延闿为了早日结束南北分裂，亦通电表示赞成定都北京。

　　从历史背景分析，明清两朝均以北京作为都城有着重要的政治考量，其中维护中国北方的稳定便是其中之一。相比而言，南京偏安江南一隅，对北方的震慑较弱，无论是在军事上还是在政治地位上南京均不及北京，故而谭延闿才言："诚以都城为政治枢纽，非建立燕京，不足以谋五族之统一。"而迎接使团入京后的北方兵变，则更加深了谭的此种观点。此外，南北议和后清帝退位，君主专制结束，对谭而言，其追求民主共和的政治主张即将实现，最后的障碍便是定都之争。因此急于实现和平与民主的谭延闿，不愿再看到南北双方因定都问题而使民主破碎、战火再起，所以他从大局考虑，认为定都之争不能影响民主与和平。为此，1912年3月3日谭致电孙中山等人，希望他们从大局出发，在建都问题上有所退让，谭言：

> 自清帝逊位，南北统一，海内蒙苍生望治甚切，徒以建都问题争议，持不决，倘非牺牲一部分意见，审筹大局，决定方针，祸变之生何堪设想。黎副总统所虑各端极为沉痛，尤深敬佩，窃各省起义无非以国利民福为前提，苟有屈于民国，即前此意见稍有冲突，亦当舍己从人，断不可以言论争持，迁延坐误。诸公廑怀大局，必能宏此远谋，愿失同心，早决大计，谨布区区，状维察鉴。②

　　面对南北双方的定都之争，谭延闿最在意的并非建都地点，而是不能让此争论迁延及扩大。在议和期间，谭延闿对袁氏转向共和并不抱有希望，所以他积极主张以武力来推翻专制，从而使中国走向共和政体。然而，袁氏迫使清帝退位，进而转向共和的行为，使谭对袁进

---

① 胡绳武：《清末民初历史与社会》，上海人民出版社，2002，第378页。
② 《为望诸公胸怀大局早决建都大计事致孙中山等电》，刘建强编著《谭延闿文集·论稿（上）》，第63页。

行了重新审视。在此基础上，谭延闿对袁世凯又采取信任态度，并主张以国家为前提，同心协力谋求民主与和平，而且他相信建都北京更有利于维护国家统一、防止清帝复辟，及得到国际社会的承认，故而谭才呼吁孙中山、黄兴等革命党人，摒弃成见，胸怀大局，以民主共和及南北安定为重。从当时的社会环境和历史背景出发，在建都问题上进行退让，正是谭延闿过于看重眼前的民主与安定的表现，这也致使他在建都问题上与孙、黄有较大的分歧。值得注意的是，虽然谭延闿支持袁世凯，但是他并不反对孙中山等革命党人，这也决定了谭在袁氏建都北京后游离于革命党人之外、徘徊于南北势力之间。

第三章
从游离到服膺：谭延闿对孙中山的认知与转变

　　谭延闿和孙中山虽然在辛亥革命中均反对君主专制、追求民主共和，但是谭延闿对孙的初印象却是华而不实，认为孙有"大炮"之嫌。然而，随着与孙中山的频繁交往，谭对孙的政治思想有了深刻的认识，并成为孙重要的追随者。其间，谭延闿内心对孙中山经历了由游离到服膺的变化。目前学界对谭延闿和孙中山关系的研究多是粗线条的描绘，而对两者交往的细节，以及不同阶段两人关系微妙的变化都未曾有清晰的梳理和翔实的考证。① 有鉴于此，本书通过对《谭延闿日记》的分析，探讨谭延闿对孙中山心理认知的变化过程，并期望以此揭示民初政局中地方政要理解孙中山思想的复杂过程与心理。

第一节　从"二次革命"到"护国运动"

　　辛亥革命爆发后，谭延闿很快便就任湖南军政府都督之职。1912 年，国民党为赢得全国选举的胜利，便派人在各省组党并成立党支部。在此背景下，担任湖南都督的谭延闿便成了国民党拉拢的对象。谭延闿虽积极支持湘省国民党的发展，但在"二次革

---

① 相关研究有成晓军《孙中山与谭延闿的关系述论》，《孙中山研究论丛》第 4 集，中山大学学报编辑部，1986；刘建强《谭延闿追随孙中山动因辨析》，《光明日报》2009 年 12 月 8 日，第 12 版；刘建强《论谭延闿与孙中山的关系》，《湖南工程学院学报》2010 年第 1 期。

命"和"护国运动"中谭表现得并不积极，对孙中山的政策持徘徊、观望的态度。

一　徘徊中响应"二次革命"

1912年9月，仇鳌受命回湘组建国民党湖南省支部，而此时谭延闿对国民党组建省支部之事也表现出积极的态度，对仇鳌等国民党人的建议也都"欣然乐从"①。因此，谭延闿很快便被推举为国民党湖南支部部长。

1913年3月20日宋教仁在上海遇刺，同月22日谭延闿才接到电文知"钝初（宋教仁——引者注）被刺"，但"尚不知生死如何"②，谭始料未及的是其接到电文的当天清晨宋教仁便与世长辞了。3月24日，谭接到黄兴电文，告知宋教仁在上海逝世的详情，同时黄请谭将此消息转电宋教仁在湖南的家属，但宋"遗命切勿告知老母"③。谭接到电文后，心情特别沉重，不禁"为一省一党惜，甚为闷闷"④。得知电文内容的湘人，便促谭延闿致电北京政府，以表达"湘人全体不胜愤激"之情，并"请大总统饬下江苏都督、民政部长严拿凶手务获，究治主使，以正刑诛"⑤。同日，刺宋的凶手被捕，并将事件的矛头直指时任国务总理的赵秉钧。

1913年3月25日，孙中山、黄兴与陈其美等人会商解决宋案的策略，孙中山认为应该对袁世凯进行武力讨伐，但此主张在会中遭到了其他革命党人的反对。会后，黄兴与孙中山分别致电谭延闿与陈炯明，征询对袁武力讨伐的意见，他们二人"皆反复陈其不可"⑥。

在宋案未息之时，袁世凯违法进行"善后大借款"的消息在1913年4月底被传出，此又令全国舆论为之哗然。湖南的国民党党员更是

---

① 仇鳌：《一九一二年回湘筹组国民党支部和办理选举经过》，《辛亥革命回忆录》第2集，第180页。
② 《谭延闿日记》（手稿本），1913年3月22日。
③ 《致谭延闿及国民党湘支部电》，《黄兴集》，第312页。
④ 《谭延闿日记》（手稿本），1913年3月24日。
⑤ 《湘人发起宋案之讨论会》，《申报》1913年4月3日，第6版。
⑥ 《复孙中山书》，《黄兴集》，第357页。

群情激愤，并致电谭延闿促其断绝与北京袁氏政府的关系。① 谭延闿也认为大借款有违法理，称"借债关系全国人民负担，无论君主共和，民主共和，凡属立宪国家均须议院正式通过，方能议借。不意以号称民国，期限既终之政府，乃有悍然不经院议私借巨款之事"，并劝袁世凯停止借款，"毋使民国因借款而亡"②。

在此背景下，孙中山决心以武力讨袁，而此时的谭延闿仍不主张使用武力。1913 年 6 月初，江西都督李烈钧准备联合谭延闿起兵反袁，而谭则"以种种不易情形报告之"③。同年 7 月 12 日，李烈钧首先响应孙中山的反袁号召，宣布江西独立，并由此掀起了"二次革命"的帷幕。而谭延闿则周旋于两方面，故湖南在"乱事已发现数日尚无文告，实以不便措词也"④。为此，7 月 14 日谭延闿致电黎元洪，以求和平解决宋案与借款之事，谭称：

> 两年以来，政体虽已变更，国本迄未巩固。四民失业，庶政未修；列强虎视，防不胜防；蒙藏沸腾，日甚一日。当此之时，即令同德同心，群策群力，乘四境平安之会，为十年生聚之谋，犹恐祸至无日，时不我与，无由起垂死之沈疴，复已伤之元气。若邦域之内，先起猜疑，意气之患，激成变故……而况兵凶战危之事，自易分为不祥；民穷财尽之余，讵忍罹于浩劫！伏乞大总统开诚布公，与民休息，副总统、各省都督排难解纷，各抒谠论，以维大局，勿使浔阳一隅为全国糜烂之起点。⑤

然而，谭延闿的这种调停主张，却得不到南北双方的任何回应。

---

① 《湘浙人士要求本省都督与临时政府断绝关系电》，朱宗震、杨光辉编《民初政争与二次革命（上）》，上海人民出版社，1983，第 316—317 页。

② 《湘赣皖粤四都督联名反对大借款通电》，朱宗震、杨光辉编《民初政争与二次革命（上）》，第 267 页。

③ 罗家伦编《国父年谱》，（台北）中国国民党党史委员会，1994，第 697 页。

④ 《湘中对于赣事之态度》，《申报》1913 年 7 月 23 日，第 6 版。

⑤ 《谭延闿排解江西战事通电》，朱宗震、杨光辉编《民初政争与二次革命（下）》，上海人民出版社，1983，第 756 页。

1913 年 7 月 15 日，黄兴在南京自任江苏讨袁总司令，随后江苏宣布独立，粤、皖、闽、浙等省也纷纷通电响应。此时的湖南迭接南京、江西来电，催促独立，而谭延闿也屡开大会商议，但仍主张先行筹备。谭延闿虽不赞成武力讨袁，但因"国民党员环迫"①，于是在同月 25 日"通电宣布与袁政府断绝关系，湖南乃告独立"②。当日，谭延闿在日记中言："今日宣布与袁政府断绝关系，出示悬旗，自领讨袁军总司令，亦沐猴而冠也。"③ 可见，在谭延闿的内心并不认同孙中山武力讨袁的策略。

在湖南宣布独立后，谭延闿便开始筹备讨袁事务，并积极关注黄兴与李烈钧的战况。然而，局势并不顺利，江西湖口失守对湖南的官员震动很大。听到此消息的湘中官员，纷纷请辞或退职，唯恐将来反袁失败祸及自身，谭对这些人甚为鄙视，并认为他们"贪财怕死，二者必居其一也"④。随后，反袁的局势变得越来越不利，1913 年 8 月 5 日，谭延闿接见了黄兴的副官黄孟养，并得知黄兴已离开反袁前线的南京，同日谭延闿得到消息，称有"湘人请兵攻湘事，又桂将攻湘事"，谭不仅自嘲道："吾乃陷入四面敌阵，可笑。"⑤ 次日，谭又接广东来电，知陈炯明已出逃，当晚谭延闿与国民党在湘众人商议对策，然"事急矣"，却"殊无上策"，此时谭延闿便不禁感叹道："信知吾党之无人也，然吾遂与此辈为缘，又所谓倒绷孩儿也。"⑥ 可见，此时谭已认为此次跟随国民党一起武力讨袁乃是错误之举，并认为自己之所以做出武力讨袁的决定均是受孙中山的"种种谬举"影响，且感叹"此番皆为所误"⑦。

此后几天谭延闿虽未取消湖南独立，然已开始向北京政府示好。

①　罗家伦编《国父年谱》，第 714 页。
②　罗家伦编《国父年谱》，第 714 页。
③　《谭延闿日记》（手稿本），1913 年 3 月 25 日。
④　《谭延闿日记》（手稿本），1913 年 7 月 31 日。
⑤　《谭延闿日记》（手稿本），1913 年 8 月 5 日。
⑥　《谭延闿日记》（手稿本），1913 年 8 月 6 日。"倒绷孩儿"，意为接生婆把初生婴儿裹倒了。比喻一向做惯了的事因一时疏忽而弄错了。
⑦　《谭延闿日记》（手稿本），1913 年 8 月 7 日。

同年 8 月 10 日，他密电时任国务总理的熊希龄，表示"湘事维持别有办法，不宜用兵，以免决裂"，并请其看在与"桑梓有关"的情分上（熊希龄为湖南湘西凤凰县人），为谭斡旋。① 翌日，谭延闿又密电袁世凯借以避免袁氏对其宣布独立的处分，电称其"湘事措置无方，咎在谭延闿一人。惟维持操纵，实具苦衷。现情安谧，终当始终保持，不敢上烦宸扰"②。随后，谭延闿于 8 月 13 日宣布湖南取消独立。

　　"二次革命"中谭延闿与孙中山的关系尚不紧密，孙力主武力推翻袁世凯，然而谭延闿则有更多的现实考量。他不主张武力讨袁，实因周边的主客观环境所决定。从湖南人的主观意愿来讲，经过辛亥革命的动荡，人们普遍希望保持稳定的社会秩序，而厌恶兴兵动众，且湖南当时连年水患，"盗贼四起，饥馑之后，岂肯再有兵祸？"③ 关于湖南当时的水患，谭延闿也深有体会，同年 4 月下旬，"连日大雨，甚寒，水涨数丈，已入城门，河街尽没，乡间秧烂，城中米贵，乃令巡警发粥食被水者"④，谭延闿的儿女也因校舍被淹而放假。⑤ 此外，湖南商团为了经济利益也不愿武力讨袁，"商民固以保全秩序为希望，恐破坏和平，商务因之受损"，所以湖南的农工商会联合会议决定，"如政界稍有变动，即电请北兵来湘保护"⑥。从客观兵力上讲，武力讨袁也没有胜算。7 月 7 日，湖南长沙城北荷花池的军械局起火，远远望去"黑烟矗天，声如爆竹，其绿气上腾，迸裂有声者，炮弹也"，对此谭延闿不禁叹息"湖南储藏尽矣"⑦。当时的湖南不仅缺少弹药，关于反袁的兵力，谭延闿也知不足以与北京政府抗衡，对此蔡锷在致谭延闿的电文中分析得淋漓尽致，文称：

① 《长沙谭都督等来电》，《熊希龄先生遗稿》第 2 册，上海书店出版社，1998，第 1483 页。
② 《关于湖南独立实具苦衷电令请暂勿发表等请密电》，刘建强编著《谭延闿文集·论稿（上）》，第 117 页。
③ 《复谭延闿等电》，曾业英编《蔡松坡集》，上海人民出版社，1984，第 723 页。
④ 《谭延闿日记》（手稿本），1913 年 4 月 28 日。
⑤ 《谭延闿日记》（手稿本），1913 年 4 月 30 日。
⑥ 《湘中对于赣事之态度》，《申报》1913 年 7 月 23 日，第 6 版。
⑦ 《谭延闿日记》（手稿本），1913 年 7 月 7 日。

克强、协和此举，未免铤而走险，急不能择。赣军林虎一旅素称精锐，近则屡战皆北，死伤甚多，窜集湖口，势已穷蹙。宁军三师中有一师长被乱军枪毙，军心焕散。其一师于十七日与张勋军战于徐州，全军覆没，冷遹阵亡，现仅一师，无能为力。上海有北、浙两军驻守。粤虽独立，有龙军暨桂军蹑其后，万不能分兵助赣及移师赴宁。是此事成败之数，当能逆睹其结果。①

可见，在孙未进行武力反袁之前，蔡锷便已从军事上分析此举难以成功。可以说，谭延闿迟迟不宣布湖南独立，在独立后又很快取消，亦有类似考虑。湖南这些具体情况是孙中山无法体会的。8 月 13 日，谭延闿宣布湖南取消独立的当天，其在日记中写道："《取消独立布告》据事直书，不稍躲闪，以自异程孙，然愧朱瑞多矣。一己不见信用于人事小，保全湘民不受蹂躏事大，所自慰耳。"② 可见，此时湖南人的利益在谭延闿心中还是占有较重的分量，似"盖个人利害不敌全省祸福"③ 之语也常见于其日记中。在其宣布湖南独立前夕，谭的家人将谭母移居至上海，对此谭在日记中言，"此行非吾所主张，然自念牺牲此身以卫湖南，家人何幸而必尽殉之，不如听其自由，较为心安理得，且使老人免惊疑"④。这种对家人的牵挂，恐怕也非当时孙中山所能考虑的。在湖南取消独立后，社会依旧较为动荡，"激烈者愤事中止思破坏，狡黠者欲杀主谋诸人以邀功，不得志者将倡乱以自恣"⑤。为此，谭延闿特致电熊希龄就湖南局势提出自己的解决办法，关于湖南的国民党，他认为"党人此次虽由自取，然待之不宜过酷"⑥。可见，虽然他不认同国民党此次武力反袁，但同时也希望北京政府对国民党的惩罚不要过于严厉。

---

① 《复谭延闿等电》，曾业英编《蔡松坡集》，第 723 页。
② 《谭延闿日记》（手稿本），1913 年 8 月 13 日。
③ 《谭延闿日记》（手稿本），1913 年 8 月 15 日。
④ 《谭延闿日记》（手稿本），1913 年 7 月 23 日。
⑤ 《谭延闿日记》（手稿本），1913 年 8 月 15 日。
⑥ 《就湘中局势及解决办法致熊希龄电》，刘建强编著《谭延闿文集·论稿（上）》，第 119 页。

谭延闿虽然在"二次革命"后多次致电袁世凯以表"顺从",但终为袁所不容。在1913年10月,谭延闿被袁罢免了湖南都督之职,并令其北上"待罪"。此后,谭延闿先后居住于青岛、上海,闲时便以习字度日。

二　观望中声援"护国运动"

"二次革命"失败后,孙中山被迫出走日本,然而其反袁的政治意愿却没有变,此时他一面对国民党进行改组,一面积极进行反袁的各项宣传。1915年8月,杨度联合李燮和、孙毓筠、胡瑛、刘师培及严复,联名发起成立"筹安会",为袁世凯称帝做舆论上的准备,此后袁氏称帝的组织活动便愈加明显。为了联合国内的反袁势力,程潜等人受孙中山的委托,于1915年11月从日本回到上海。

回到上海后的程潜便和章士钊一起去拜访闲居的谭延闿,想利用谭延闿在湖南的影响力号召反袁。程潜不仅对袁氏凯准备称帝的各种形势进行了分析,且向谭讲述了反袁势力的壮大之情。谭延闿虽然表示反对袁世凯称帝,竭诚拥护孙中山的义举,但是鉴于孙中山没有自己的军队,且反袁形势又不明朗,故谭延闿对程潜等人的反袁劝说仍持观望态度。[①]谭在上海居住期间"与胡展堂汉民过从甚密",正是在胡的介绍下,谭才在1916年3月见到孙中山,"是为亲识总理之始"。[②]

1915年12月12日,袁世凯正式称帝,并将次年定为洪宪元年。12月25日,蔡锷、李烈钧、唐继尧通电全国,反对帝制,并进行武力讨袁。次年1月底,贵州宣布独立,并派兵参加护国战争。此时,谭延闿也致电规劝袁世凯退位,文称:

> 自帝制发生,国人皆知祸至之无日,忠告已多,未闻听纳,

---

① 程潜:《护国之役前后回忆》,《文史资料选辑》第17册,中国文史出版社,1986,第16—17页。

② 谭伯羽:《茶陵谭公年谱》,沈云龙主编《近代中国史料丛刊》第68辑,第83页。

遂至五国警告，滇桂举兵，民怨沸腾，亲离众叛，财匮于内，兵祸于外，祸在眉睫，无可讳言，若使兵连不解，生灵涂炭，强邻责言，势所必至，国固不堪，公亦无幸。夫国内之事，与其待他人干涉，宁国人自解决之；今日之事，与其以兵力解决，宁公自解决之。公若以救国为心，民意为重，则宣告退位，翩然远引，国家之任，还之国民，是非之公，付之后世，国人感于高义，必无后患可言。为国计，为公计，无逾此者。某等忧心家国，曾奉周旋，不胜缨冠被发之情，弥深栋折榱崩之惧，心所谓危，言之不择，惟公审之。①

从电文中可知，谭延闿此时措辞还比较委婉，只是从中国当时的内外形势分析了帝制带给中国的种种弊端，并劝袁氏无论为国为己引退都是最好的选择。袁世凯当然不会因为谭的一纸电文而取消帝制，但是随着护国军不断壮大，袁世凯的攻滇计划则步步落空，面对内外交困的局面，袁世凯不得不于 1916 年 3 月 22 日宣布取消帝制，但他依旧担任大总统之职。面对仍然掌权的袁世凯，反袁势力并未因袁取消帝制而减弱。

此时，旅居上海的 20 省社会名流也发出反袁通电，谭延闿作为湖南的代表亦名列其中。通电列举了国人不能承认袁世凯作为大总统的 6 大原因，并要求 "恢复国会与黎公继任总统两事"，同时指出 "袁氏目无法纪，我国人起而诛之，苟继此而有效袁氏之行，或其行动较袁氏尤为卑劣者，我国人万难姑容"②。此时，谭延闿已不再担任官职，因此在护国运动中，谭仅是声援，并无军事上的行动。在众人的反对声中，袁世凯于 1916 年 6 月 6 日去世。谭延闿闻之，不仅为之感叹道 "使去年今日死，岂不一代之雄哉，天固不许人之妄窃荣名也"③。可见，在谭看来，袁氏最大的污点不是其刺宋的嫌疑与对外的借款，而

①　谭伯羽：《茶陵谭公年谱》，沈云龙主编《近代中国史料丛刊》第 68 辑，第 84—85 页。
②　《二十省旅沪公民唐绍仪等之宣言》，《申报》1916 年 5 月 19 日，第 6—7 版。
③　《谭延闿日记》（手稿本），1916 年 6 月 6 日。

是其后来恢复帝制的行为。

从"二次革命"到护国战争，谭延闿对孙中山的初步印象为"孙大炮"①，这种认知既包含谭对孙坚守民主共和的赞赏，又蕴含了谭对孙中山无军事实力支撑仍怀有远大政治抱负的一种误解。孙、谭二人的政治主张差异亦较为明显，谭在思想上追求国内的和平与安定，并主张以非武力的方式解决争端，但孙中山的政治理念则较为激进，常欲以武力推翻专制，推行民主共和。在孙提倡的民主选举制度中，谭延闿也看到了其在具体实施中的各种弊端。1913 年，宋教仁在湖南省竞选参议员，湘省议会选举时"遣监察员，不使看票，以符定章。及开票，黎尚雯当选，而宋钝初（宋教仁——引者注）不及格，（国民——引者注）党人大愤，喧闹甚剧。复投票，仍实行监察如昨日，于是宋以八十一票之满堂一致当选"②。这样干涉选举的事件，在谭的日记中还有多处记载。正因如此，性格谨慎的谭延闿才没有立即响应孙中山的反袁号召。

第二节　从"护法运动"到"联省自治"

袁世凯去世后，谭延闿于 1916 年 8 月第二次担任湖南都督。此时，皖系军阀的段祺瑞实际掌控北京政府，而名义上则由黎元洪作为国家元首。不久，黎、段之间的矛盾公开化。

---

① 关于孙中山有"孙大炮"之称，多含讽孙中山有说大话之意。孙中山志高言大，曲高和寡，在辛亥革命前，孙常在海外发动华侨捐款支持革命，他领导的反清起义又一次次地失败，而孙中山却屡败屡战，且在募捐时保证下次一定成功。因此有人认为他徒有理想，不切实际，甚至称其为"孙大炮"。详见尚明轩《孙中山传》（上册），西苑出版社，2013，第 7 页；康捷编《孙中山轶事》，广东人民出版社，2011，第 76—77 页；〔日〕金文学《重新发现近代：一百年前的中日韩》，马今善、郑炳男译，现代出版社，2015，第 169 页。1912 年孙辞去临时大总统，要去修铁路时，袁世凯便又称孙中山为"孙大炮"，使该称号在民初传播更为广泛。详见廖小伟《孙中山铁路宏图》，《新世纪的曙光》（上），上海锦绣文章出版社，2014，第 89 页；宫白羽《筑路无望高筑债台》，《竹心集：宫白羽先生文录》，天津人民出版社，2015，第 113 页。
② 《谭延闿日记》（手稿本），1913 年 3 月 23 日。

一　"护法运动"中的"同"与"异"

1917 年 5 月底，黎元洪下令免去段祺瑞国务总理一职，随后安徽省长倪嗣冲宣布安徽独立，意图拥护段祺瑞另立中央。不久，河南都督赵倜、山东都督张怀芝、奉天都督张作霖、浙江都督杨善德、陕西都督陈树藩、直隶都督曹锟相继表示支持段祺瑞。面对此种情形，作为湖南都督的谭延闿发出了保境息民的公告，文中称"湘省兵燹之余，元气凋敝，内顾现情，博访舆论，惟有保境息民，勉维秩序，万不宜轻□左右，再增人民痛苦"①。同年 6 月 2 日，谭延闿还密电熊希龄，请其调停时局，并称"湘军界已议决中立，保境息民，绝不卷入双方旋涡，与宁、鄂取同一态度"②。虽说湖南在表面上言中立，但谭本身却反对段祺瑞另立中央。处事谨慎的谭延闿主张调停，且最好通过法律途径解决"府院之争"。为此他还两次致电冯国璋，在 6 月 4 日的电文中谭言"有别组临时政府之说"，"务请设法早日排解"③。6 月 6 日，当谭听闻段祺瑞要废除约法，变更国体时，又急电冯国璋称"顷闻天津组织总参谋处，并有变更国体，废除约法之谣。传言果实，难保非奸人乘机煽动，破坏共和"，"钧座（冯国璋——引者注）勋高望重，万流景仰。务肯严电阻止，并商王、张诸公，迅与解决，力救危亡"④。由此可见当时谭延闿心中的急切之情。

6 月 7 日，谭延闿又两次致电熊希龄，请其遏制复辟的苗头，电文称"岂忍以艰难缔造之民国，直沦为分崩离析之惨象。万恳迅筹良策，力解纷难，但期解决于法律之中，必可拯救国家危亡之祸"⑤。可见谭延闿在黎元洪罢免了段祺瑞后始终主张调停，在法律的范围内解

---

① 《为保境息民通告各属电》，刘建强编著《谭延闿文集·论稿（上）》，第 240 页。
② 《长沙谭督军来电》，《熊希龄先生遗稿》第 3 册，上海书店出版社，1998，第 2153 页。
③ 《为请出面维持时局致冯国璋电》，周秋光主编《谭延闿集》第 1 册，第 504 页。
④ 《为请阻止天津组织总参谋处致冯国璋电》，刘建强编著《谭延闿文集·论稿（上）》，第 241 页。
⑤ 《长沙谭督军来电》，《熊希龄先生遗稿》第 3 册，第 2160 页。

决争端，从而避免兵祸。但谭的调停亦有一定的底线，即反对复辟，反对段祺瑞在天津另立中央。当社会上复辟的主张甚嚣尘上之时，谭延闿即通电反对复辟，其言"顷又闻，在津组设临时政府，甚至有主张复辟之谣，尤为骇绝"，"全国人民，必皆愤慨，反对一起"①。此外，谭延闿一边通电表示湖南服从中央、不会独立，一边致电各省都督、省长拟联合致电安徽省长倪嗣冲，"劝其取消独立，以安大局"②。

谭延闿之所以态度谨慎可以从两方面分析。首先，"二次革命"中谭痛失湖南都督之职，心有余悸，在其日记中亦可看到"不蹈癸丑（1913——引者注）覆辙"③及"吾往年轻举妄动，今当戒之"④之语，可见在事态不明时，以往的经验、教训使谭延闿越发谨慎，因此在刚开始时，谭还只是通电保持中立，而后几天才慢慢偏向黎元洪，并公开反对皖系段祺瑞的独立及其在天津另立中央的意图。其次，中国连年兴兵，而湖南的自然灾害又时有发生，因此湖南的社会秩序及生产生活亦是谭延闿考虑的重点。此不仅在其保境息民的告示中声明，在其6月4日的私人日记中亦有记载，谭言："湖南三千万人生命财产托吾一身，不敢不勉自振厉也。"⑤可见，为湖南人民的生活考虑，也是谭延闿不主兴兵讨伐，而力图在法律范围内和平解决的原因之一。

总之，面对"府院之争"的白热化局面，谨慎的谭延闿主张和平解决，但其反对破坏约法和段祺瑞另立中央。这与孙中山在解决"府院之争"的主张上有一定的不同。针对安徽省的独立及段祺瑞另立中央的意图，孙中山力主西南各军武力讨伐。孙在1913年6月初便致电包括谭延闿在内的西南各都督、省长，言"倪逆等举兵，谋另组政府，为复辟先声，继西南各省宣言拥护中央"，"应以拥护国会与宪法为惟一之任务"，并号召他们"非以武力声罪致讨，歼灭群逆，不足以清

---

① 《请持平解决时局反对组织临时政府及复辟主张通电》，刘建强编著《谭延闿文集·论稿（上）》，第242页。
② 《独立声中之湘讯》，《申报》1917年6月9日，第6版。
③ 《谭延闿日记》（手稿本），1917年6月1日。
④ 《谭延闿日记》（手稿本），1917年6月4日。
⑤ 《谭延闿日记》（手稿本），1917年6月4日。

乱源、定大局"①。紧接着孙又致谭延闿等言，在"府院之争"中"调停战事之人，即主张复辟之人，护拥元首之人，即主张废立之人"，并劝勉西南各军政要人"倡义坤维，有进无退，万不可以府中乱命遽回仗义之师"②。由此可知，相对于谭延闿而言，孙中山则较为激进。

可见，在"府院之争"中，民国面临复辟和分裂的危险，对此，谭延闿与孙中山的主张仍有较大的差异。虽然二人均反对复辟，反对段祺瑞在天津另立中央，反对安徽等省份的独立，但是在解决这些问题的方法上二人的看法却大相径庭。谭延闿力求用和平的手段，在法律的框架内解决问题；而孙中山则力促使用武力来维护民主共和。

然而，谭保境安民不愿兴兵的主张，亦有一定的底线，那便是绝对不允许复辟的情况出现。同年6月7日，"复辟之说大昌"，谭随即通电全国表示反对复辟，并言"若如此，虽欲保境安民而不得矣"③。当然，对于调停，谭延闿仍旧没有放弃，他还寄希望于熊希龄与冯国璋二人来周旋调解。在孙中山看来，这些人均非联合的对象，而是应该被打倒的敌人。孙在给谭延闿等人的电文中直言"去岁帝制罪犯，指嗾叛乱之段祺瑞、冯国璋、张勋，身为主谋之梁启超、汤化龙、熊希龄等，有一不诛，兵必不罢"④。孙的这些主张，对谭延闿来说，都过于偏激，但谭亦并非盲目地追求调停，他对调停纷争之人仍有所甄别。从上文的论述中可以看出，当时谭延闿选择的主要调停人仅熊希龄和冯国璋而已。然而，黎元洪却将调解纷争之望寄托于张勋，并特许其入京，在谭延闿看来"张勋入京，其不为董卓之续乎"⑤，并称"黄陂（黎元洪——引者注）如此，真自杀矣"⑥。果不其然，6月13

---

① 《致陈炳焜等电》，中国社会科学院近代史研究所等编《孙中山全集》第4卷，中华书局，2006，第101—102页。
② 《致陆荣廷等电》，《孙中山全集》第4卷，第102页。
③ 《谭延闿日记》（手稿本），1917年6月7日。
④ 《致陆荣廷等电》，《孙中山全集》第4卷，第103页。
⑤ 《谭延闿日记》（手稿本），1917年6月9日。
⑥ 《谭延闿日记》（手稿本），1917年6月11日。

日国会解散的消息便传到湖南，谭延闿闻之不禁悲叹道"耗矣，哀哉！"① 可见，在维护民主共和方面谭延闿与孙中山是一致的，二人只是在维护的方法与途径上有不同看法。同月 12 日，孙中山遣余应麟拜访谭延闿，并同谭"谈至久"② 乃去。此次谈话的具体内容与过程谭并未在日记中记载，但从"谈至久"的用语中可以看出谭对此次拜访十分重视。

1917 年 7 月 1 日，张勋在北京拥护溥仪复辟，并改当日为宣统九年五月十三日。次日，谭延闿得知"复辟竟成事实，真可骇诧！"遂"决定出师讨逆，通电全国"③。张勋的复辟很快便被段祺瑞镇压。而后，段又以"再造共和"的功臣自居，并拒绝恢复中华民国国会与临时约法。为此，孙中山又竖起"护法运动"的大旗南下广州，组织成立护法军政府，并召开非常国会。同时，由于在"府院之争"中，谭多偏向于黎元洪，且湖南为连接南北的要地，段祺瑞为控制湖南，在同年 8 月初便任命其部下傅良佐替代谭延闿为湖南都督，对此，谭延闿仅表示"此事久在吾意中"④。在 8 月 9 日的军事会议中，有人建议谭延闿起兵抵抗段祺瑞的任命，但谭认为湖南的军队不能与段祺瑞开战，并"反复言不能战即不能拒之理由"，面对以战抗命的言论，谭认为"为吾计甚忠，为湘计则左矣"⑤。因此，尽管谭心中不舍湘督之位，但随后还是辞去职务，退居沪上。

同年 10 月，程潜担任护法军湖南总司令，并与北洋军在湖南开战。此时，在上海的谭延闿虽暂无官职，却仍旧关注时事。1918 年初，他派人南下广东，与孙中山谈论时局。对此，孙中山也做出了积极的回应，同年 2 月，孙便利用大元帅府参议员陈家鼎赴上海之便，替其传递书信给谭延闿，信中孙中山言："文终始护法，罔识其他。使约法效力未得恢复，国会职权未得行使，则如何犯险冒难，必不敢负非常

---

① 《谭延闿日记》（手稿本），1917 年 6 月 13 日。
② 《谭延闿日记》（手稿本），1917 年 6 月 12 日。
③ 《谭延闿日记》（手稿本），1917 年 7 月 2 日。
④ 《谭延闿日记》（手稿本），1917 年 8 月 8 日。
⑤ 《谭延闿日记》（手稿本），1917 年 8 月 9 日。

会议委托之重，而轻息仔肩也……陈君于此间近情，具知其详，执事如有待商之处，统希不吝指示为荷"①。可见，在护法的问题上，孙中山亦希望得到谭延闿的支持。

1918 年 3 月，北洋军大举南下，谭延闿对此十分关心，然而，无官无职的他知道岳州已失时，只能"甚为懊丧，事已无可如何，惟有愤叹"②。此外，迫切想知道湖南战事的谭延闿，还经常用扶乩、催眠术等方法来预测战局或了解战事。③ 为了能早日重返湖南政坛，谭延闿于 4 月 6 日乘船南下两广，以寻求支持。同月 11 日，谭延闿到达广州，"知粤中现况，为之气沮"④。此时，孙中山力主与北洋军继续作战，并反对陆荣廷等人的求和。然而，当时的孙中山既缺乏财力支持，又无军事实力作为后盾，且其在广州的地位又遭到桂系的排挤。在谭延闿到达广州的前一日，非常国会便通过了《中华民国军政府组织大纲修正案》，将原来广州的大元帅首领制改为总裁会议制，这实际上是架空孙中山的权力。翌日，谭延闿由胡汉民陪同乘船至士敏土厂孙中山处"谈甚久"，谭认为孙的主张"亦有见地"，然对孙中山的处境则表示"无奈此时何也"⑤。13 日，谭延闿又赴孙中山约再赴士敏土厂，又与之谈甚多，并部分认同孙的观点。⑥ 从谭延闿的日记中，可以看出此时的谭对孙中山还没有深入的了解，他只是觉得孙谈吐有"见地"，其主张也不无道理，然而，此时急切寻求现实支持的谭延闿无暇深入了解孙的思想，便匆匆离开广州，转而赴广西寻求陆荣廷的支持。1919 年 8 月，因为桂系的专横，孙中山不能在广州推行其主张，便向广州国会参众两院提出辞去政务总裁之职，并谴责西南军阀"彼借国会所授之权，以行国民所深恶之政治；移对付非法政府之力，以残虐尽力救国护法之人。毒害地方，结连叛逆，欺骗国会，藐视人

---

① 《致谭延闿函》，《孙中山全集》第 4 卷，第 357 页。
② 《谭延闿日记》（手稿本），1918 年 3 月 17 日。
③ 《谭延闿日记》（手稿本），1918 年 3 月 9 日、10 日、18 日。
④ 《谭延闿日记》（手稿本），1918 年 4 月 11 日。
⑤ 《谭延闿日记》（手稿本），1918 年 4 月 12 日。
⑥ 《谭延闿日记》（手稿本），1918 年 4 月 13 日。

权"①。为此，谭延闿不仅直接致电孙中山请其留任总裁之职，还致电广州参众两院挽留孙中山，谭电言："中山先生创造共和，功在民国，此次兴师护法，备历艰辛。当此功业未半，风雨飘摇，正宜同心协力共济艰难，讵可于危急存亡之秋，遽萌引退之志，既失国人仰望尤非建义初衷，除专电挽留外，特电奉复。"②

可见，此时谭延闿虽与桂系关系紧密，但和孙中山的关系并未破裂。此阶段谭延闿与孙中山的联系渐趋增多，二人在护法运动中的主张仍是同中有异。两人均赞成民主共和，且反对任何形式的复辟，不同的是谭延闿身为地方要员，除自身的利益外，还要顾及湖南的安危与现实情况，因此在护法运动初期他力主调停，并希望在法律的框架内解决问题，只有当复辟发生后，谭才被迫宣布使用武力来维护共和，而孙中山则从一开始便力主使用武力推倒北洋军阀，来达到其护法的目的。与谭相比，孙中山没有自己的武力支持，因此，孙最后被以陆荣廷为首的南方军阀排挤、架空，从而导致了护法运动的失败。谭延闿虽然认为孙中山有所追求，然而其对孙的境遇只能表示无奈，此时的他为了获得陆荣廷的支持，已无暇顾及孙中山的理想能否实现。

二　谭的"联省自治"与孙的"讨桂之战"

1920 年初，在桂系陆荣廷的支持下，谭延闿在湖南驱逐张敬尧的进展较为顺利，形势也越来越明朗。然而，此时的孙中山在护法运动的失败中已认清南北军阀的实质，若欲铲除北洋军阀，则必先去南方军阀，尤其是要先讨伐桂系的陆荣廷，这样谭延闿便成了孙中山联合讨桂的对象。在 1920 年 3 月，孙中山便指示要注意联合湖南的谭延闿，对谭要"晓以大义，请他协力与滇粤一致讨桂"③。同

①　《电广州国会辞军政府总裁职》，罗刚编《中华民国国父实录》，（台北）罗刚先生三民主义奖学金基金会，1988，第 3464—3465 页。
②　《谭延闿复两院皓电挽留孙总裁电》，《众议院公报》1919 年第 11 期，第 99 页。
③　《指示电谭延闿促其与滇粤一致讨桂等事电》，秦孝仪主编《国父全集》第 5 册，台北：近代中国出版社，1989，第 200 页。

年 4 月，孙中山在回复谭的电文中，直接向谭说明讨桂的重要性，其电称：

> 湘、粤之事俱桂系制之，以粤为鱼肉，以湘为牺牲，惟其私利是视，故湘不独不能得有力之援助，即发愤自强，亦其所甚忌。湘之外敌，北兵也；其隐患则桂系也。某尝谓：欲达护法之宗旨，非先清西南内部不为功；欲复湖南（人）之湖南，尤非打破桂系势力不为功。西南护法，始终为桂系所梗，延至今日，遂成一不战不和、不死不生之局。而彼最近对于滇军，野心阴谋，更复显著。往者以国会、军府在粤，故虽人怀义愤，犹有投鼠忌器之嫌；今则国会既去，军府无名，桂系遂为天下之公敌。闻冀赓已决从滇边进兵，贵州亦已携手，粤人恨桂实深，竞存更不能不急速回戈。惟湘当其中，须与首尾相应。鄙人意以为当由竞存先发，而湘为应援，滇、黔更以精兵覆其巢穴。如此，则桂（系）必败亡，而大局可望有根本解决。否则，粤固永为赌盗横行之世界，湘亦受制于人，终为若辈所卖。①

在上述电文中，孙中山不仅详细地分析了湖南、广东与桂系三者的关系，还制定了讨伐桂系的作战方略。然而，谭延闿此时正需要以陆荣廷为首的桂系对其进行支持，以达到驱除张敬尧，重掌湖南的目的，故对孙联湘抗桂的建议没有太大兴趣。早在 1918 年，谭延闿去拜访陆荣廷寻求支持时，陆便给谭留下了较好的印象。当时谭与陆谈湘中之事，陆皆表现出"词意真挚"之意，且对谭馈赠颇丰，为此，谭不禁赞叹陆荣廷"实侠肠男子也"②。到 1920 年初，因为直皖矛盾的加剧，驻守在湖南的吴佩孚有意北撤，便暗中联系谭延闿，声称"没有几十万经费，亦难行动"③。谭此时还未重掌湖南，经济亦较窘迫，但为早日使吴佩孚退出湖南，只好向桂系的陆荣廷求助，陆因担心北

---

①　《促谭延闿速定攻桂大计函》，秦孝仪主编《国父全集》第 5 册，第 213 页。
②　《谭延闿日记》（手稿本），1918 年 2 月 26 日。
③　萧仲祁：《谭延闿联吴（佩孚）驱张（敬尧）的鳞爪》，《湖南文史资料选辑》第 4 辑，湖南人民出版社，1982，第 121 页。

军南下，影响其在广西的势力，便资助谭延闿60万元使其脱困。① 所以，此时令谭延闿讨桂，显然有些不合时宜。

1920年5月，吴佩孚在得到谭的大量军费后，开始从湖南撤兵，而谭延闿则趁此机会联合湖南的反张势力，逐渐清除张敬尧在湘的兵力，6月中旬，张敬尧从湖南出逃，谭延闿入驻长沙。在这期间，孙中山又致电谭延闿，劝其联合讨桂，孙称"湘为桂所左右，纵胜北方，无异为渊驱鱼，前事已可为鉴。计宜共力先绝后患，于理于势，俱无疑义"②。可见，孙中山认为即使张敬尧被谭延闿赶走，那也是替桂系火中取栗，只有打败桂系才能为湘消除后患，此时谭延闿正忙于驱张，故对孙的此电，仍无响应。

同年7月，谭延闿完成驱张后，正式宣布湖南实行"联省自治"，其用意是以地方自治为依托，使湖南超然于南北军政之外。其实，早在当谭延闿第二次督湘时，便提出了"湘人治湘"的口号，其目的便是抵制北洋军阀对湖南的侵袭。关于"联省自治"的设想，在1918年谭延闿便曾与人"议论联邦制，以省自治为起点"③。在军事上，谭延闿决定实行湘鄂联防的措施，他与"鄂都订有湘鄂联防条约，彼此互助，绝无诈虞，保境息民，肝胆共矢"④，谭希望通过这种联防行为使湖南推行自治时有一个安定的外部环境。7月22日，谭延闿发布《声明治湘根本办法电》，此通电指出"民国之实际，纯在民治之实行；民治之实际，尤在各省人民组织地方政府，实行地方自治，而后权分事举，和平进步，治安乃有可期"。谭延闿还认为，各省的督军制度应该废除，只有各省建立了地方政府，切实进行民治，才是根本的救国之方。在具体的实施自治方面，则是"采用民选省长及参事制，分别制定暂行条例，公布实行"⑤。面对当时的直皖之争、粤桂之争等，欲

① 萧仲祁：《谭延闿联吴（佩孚）驱张（敬尧）的鳞爪》，《湖南文史资料选辑》第4辑，第121页。
② 《致谭延闿促速决定军事准备电》，秦孝仪主编《国父全集》第5册，第215页。
③ 《谭延闿日记》（手稿本），1918年3月1日。
④ 《长沙谭组安来电》，《熊希龄先生遗稿》第4册，上海书店出版社，1998，第3790页。
⑤ 《谭督声明治湘根本办法电》，长沙《大公报》1920年8月16日，第2版。

以武力统一中国之举，谭延闿则不认同，谭称：

> 呜呼，国危矣，民困矣，武力统一兼并之策，利害亦即昭然。视己省则如天骄，视他省则如殖民地，视中央则如帝天人主，视各省则如供奉臣奴，此种谬见迷梦，一误再误，苟具爱国公诚，应有根本觉悟。闿患难余生，为国为湘，时深恐惧。痛定思痛，实不敢再蹈前此敷衍迁就之见，贻误湘省，贻误国家。①

不久，谭延闿又致电熊希龄探讨"谋永久之和平"②的方法，熊希龄对谭的自治内容提出自己的看法，熊认为"盖地方制度本于湘民自决之精神，必须仿照美国各省宪法及德国联邦新宪法，径由本省制定自治根本法，无须仰给于国会"，且熊进一步指出，湖南若能自治成功，则"各省必闻风而起，以湘为模范，则联省立国之势成，而后国家可保也"③。谭延闿对熊希龄的此建议深表认同，在给熊的回电中，谭言："铣电敬悉，精思深论，启迪良多，本省制定根本大法，不仰给国会，德、美诸邦有此新治，不仅吾湘可以采行，环顾神州均可奉为规矩。"④ 由此可见，在湖南发起的"联省自治"运动中，谭延闿一直抱有积极乐观的态度，并期望以此来结束南北军阀割据与对立的局面。

1920 年 8 月底，孙中山认为谭延闿已将张敬尧驱逐出湖南，且谭在湘积极倡导自治，军事上没有太大的压力。于是，孙为粤桂战争之事再次致电谭延闿，称"此次粤桂之战，实出于桂军迫人太甚。竞存为欲达护法救国之目的，又不能听实力之毁灭，故竞存不得已而一战"⑤，并希望谭能在军事上对这次讨桂行动进行支持。然而，谭延闿没有给孙中山以实质性的支持，而是复唱起调和之说。谭延闿认为，当时陈炯明与桂系莫荣新的战争，从两广的局部分析，则是粤桂之战；而从西南全局观之，则是滇桂之战。面对这样的情势，谨

---

① 《谭督声明治湘根本办法电》，长沙《大公报》1920 年 8 月 16 日，第 2 版。
② 《长沙谭督军来电》，《熊希龄先生遗稿》第 4 册，第 3812 页。
③ 《致长沙谭督军电》，《熊希龄先生遗稿》第 4 册，第 3827 页。
④ 《长沙谭督军来电》，《熊希龄先生遗稿》第 4 册，第 3831 页。
⑤ 《致谭延闿转嘱赵恒惕交还李国柱部队俾人粤讨桂函》，秦孝仪主编《国父全集》第 5 册，第 237 页。

慎的谭表示"湘省所处地位，殊难应付"，所以他"并不偏袒何方"①。
9月6日，谭便发表通电，进一步阐明其在粤桂之争中的态度：

> 现今各省自治之说，呼声甚高，将成事实。诚以吾国地大人
> 众，各省风气不同，而爱护乡土之心，则无不同。年来军阀妄人，
> 多因地盘问题，明争暗斗，屡起戎机，而卒之寡助之至，不敌舆
> 情，百无一成，是其明证。徒贻斯民以痛苦，并不能达一己之野
> 心，皆昧于斯旨所致也。……延闿之愚，以为今日能决国家问题，
> 必以励行各党自治为急。一切纠纷，可以立断；一切战祸，无自
> 而生。即可于西南各省，为之首倡。干老对于粤事，曾属宣言，
> 绝对无利粤之心，磊落光明，入祈共信。日公官粤已久，洞悉粤
> 情，必不愿粤桂唇齿之邦久沦兵祸。同居护法旗帜之下，何事不
> 可相商？苟为粤人多数心理所趋，亦不必以兵戎取得。延闿窃谓
> 干老若出而主持，察粤人公共主张，为粤桂谋永久福利以粤事决
> 之粤人，俾确立粤民自治政府廓然大公。②

从电文中可知谭主张调停主要有三方面原因。首先他举起了地
方自治的口号，并号召各地要人管理各省之事，实行各省自治，同
理在粤桂战争中"粤事决之粤人"便是谭的主张之一。其次，谭指
出人民厌战、期望和平的普遍心理，并指责近年来各地军阀为争夺
地盘而兵戎相见，使一人之野心令万民遭受痛苦。最后，谭又喊出了
"护法"的大旗，言粤桂同聚于护法运动之旗帜下，两者间乃唇亡齿
寒之关系，在这样的关系中粤桂应该何事均可相商。故谭劝粤桂双方
应"当早息干戈，言归于好"③。从谭延闿内心来讲，确实是希望粤桂
停战，在日记中谭延闿便为粤桂之争感叹"不知相持至几时也"④，但
其又是偏向桂系的，故无论在日记或者在电文中多称陆荣廷（字干
卿）为"干老"。

---

① 《谭督对滇桂之态度》，长沙《大公报》1920年9月5日，第6版。
② 《谭督对于粤桂战事之宣言》，长沙《大公报》1920年9月9日，第6版。
③ 《对于粤桂战事之宣言》，刘建强编著《谭延闿文集·论稿（上）》，第322页。
④ 《谭延闿日记》（手稿本），1918年9月23日。

　　然而，其不卷入粤桂之战却有多方面的考虑，除了电文中列举的原因外，这时湖南驱张成功不久，谭亦刚刚掌控湘省，其内部的派系纷争与利益纠葛更是矛盾重重，因此谭虽名义上为湖南省长与督军，但实际上对湘的控制却远不如以前。此外，谭此时积极倡导"联省自治"，若出兵干预粤桂之争，便明显违背了自己一贯主张的各省人决各省之事，如此一来，湖北等省便亦可插手湖南之事，这显然是谭所不愿看到的。为此，当北京报纸中流传谭延闿将加入滇川联军的报道时，在京的湘人便以此诘问谭延闿，谭便立即通电辟谣，言："湘人自驱张敬尧后，痛定思痛，正拟力图自治恢复元气，对于鄂省不许出一兵过境，对于广州始终维持各议，反对再战，联滇之说，全系奸人挑拨。"① 同时，长沙的《大公报》还公开宣传湖南的"门罗主义"：

　　　　湖南当这南北不会统一又没有任何方面外力侵入的时期，正是集合群策群力，实行全省自治的绝好机会。……我们湖南人如果真要想在此期间内建筑一个崭新的"新湖南"。那么，就不可不（让）大家严守着湖南的"门罗主义"。

　　　　"门罗主义"是什么？知识阶级的人谅必都知道的，我因为想要大家都明白这个主义的内容，不妨再把他申说一下，门罗主义就是：

　　　　我用心干我自己应干的事。

　　　　我绝对不干涉别人的事。

　　　　我也绝对不许别人干涉我的事。

　　　　合了这三个条件便是门罗主义。请问湖南人，如果想要大家聚全副精神，着实替自己做点有基础的事，应不应该取这种态度？换句话说，就是应不应该守这个主义？我看倘若把这件事付诸公民总投票，一定是可以得最大多数的赞成的。②

① 《为否认加入滇川联军电》，刘建强编著《谭延闿文集·论稿（上）》，第323—324页。
② 《湖南"门罗主义"》，长沙《大公报》1920年9月5日，第2版。

由上可知，当时湖南的"门罗主义"已经抬头，且在湖南有一定的影响力。谭延闿在粤桂之争中持中立调停，避免卷入的做法，在一定程度上亦是这种政治思潮的外在表现。

1920 年 10 月初，陈炯明在对莫荣新的战争中占有优势，孙中山一方面请谭延闿准许湖南人李国柱带兵助粤讨桂，一方面又不点名地批评谭所提倡的调和之说。孙中山认为，若李国柱出兵则"于粤于湘两得其益"，若在莫荣新处于劣势时，有人提倡调和，则是"莫利用之以缓兵，且要求条件，离间粤人，以遂狡计"①。其实面对谭延闿这种"超然于南北政府之外，游离于粤桂之间"② 的做法，孙中山亦极为反感，所以在谭第三次督湘不久，孙便指示黄一欧、周震鳞等人视情况而定，"如果谭延闿不是革命党，就把他拿下来"③。10 月 28 日，孙中山又致电谭延闿，言其派何成濬赴湘请兵，希望谭延闿能够助他"使桂乱早日肃清"④。然而，谭延闿此时正忙于对湖南自治的宣传，为了普及自治的观念与知识，谭延闿还邀请杜威夫妇、蔡元培、章太炎、吴稚晖及张溥泉等人在湘演讲。这段时间有关自治问题在谭日记中出现的频率颇高，从"出至商会，应报界联合会之招请，杜威、蔡、吴、张、章诸人讨论自治问题，各有妙论"⑤ 的言语中，可以看出谭较为享受这种宣传自治的感受，而同时期的日记关于粤桂之争的记载，则少之又少，可见此时对孙中山的联湘讨桂策略，谭仍不在意。

然而，孙中山在广东的讨桂行动进展较快，1920 年 10 月底，由于桂系的不断溃败，陆荣廷、岑春煊等人便通电宣布撤销广州军政府，并宣布取消独立，同时北京政府宣布南北和平统一。面对这一情况，孙中山在 11 月初通电全国表示反对，孙指出桂系等人因为兵败逃亡，

① 《致谭延闿请迅饬所部直下北江电》，秦孝仪主编《国父全集》第 5 册，第 257—258 页。
② 黄一欧：《谭延闿被迫下台和李仲麟等被杀的回忆》，《湖南文史资料选辑》第 2 辑，湖南人民出版社，1963，第 6 页。
③ 黄一欧：《谭延闿被迫下台和李仲麟等被杀的回忆》，《湖南文史资料选辑》第 2 辑，第 2 页。
④ 《致谭延闿派何成濬赴湘请兵讨桂》，秦孝仪主编《国父全集》第 5 册，第 269 页。
⑤ 《谭延闿日记》（手稿本），1920 年 11 月 1 日。

"情急求和，北方不察，竟据以宣布统一，中外各报，咸肆讥讽，谓为滑稽，良非无故"①。在桂系撤销军政府的问题上，谭延闿也持反对态度。谭认为岑春煊此举乃是"自欺欺人，直同儿戏"②，为此其还发表通电，公开反对岑春煊等自行取消军政府的行为，电称："对于西南，惟知主张正谊，服从公理；对于北庭，从未私相接洽，自丧人格。顷见岑、陆、林诸人通电，自行取消军府，甚为诧异！军府为西南集合体，岑、陆、林等个人行动当然不能代表西南，延闿等决不承认，用特郑重宣言。"③谭延闿之所以通电反对桂系取消军政府，亦是与其在湖南施行的自治有关，南北一旦统一，其竖起的联省自治大旗便失去了根基，不能超然于南北政府之外，所以面对桂系溃败、北京欲乘机统一的局势，谭延闿表示"大局恐愈横决，湘所处愈难，惟有坚持联省自治，以保人格"④。同时，谭亦在报纸中声明，"湘人实行自治，以树联省自治之基，不受何方之干涉，亦不侵略何方，如有横加侵略者，必以正当对付"⑤。

　　孙中山在《申报》看到，原来谨慎且表面持中立态度的谭延闿亦反对取消广东军政府，不禁表示欣慰，并言"组庵护法决心，至所佩仰，前沪报载其反对桂系单独媾和，义正词严，尤足慑服群奸。此次对于北庭统一伪令，想必有坚决之表示，以慰群望"⑥。然而，对谭延闿而言，桂系在粤桂战争中的溃败，及岑春煊等人出逃并取消军政府，只会令湖南的自治处境更加尴尬。谭在致熊希龄的电文中便言："自治问题殊无速成之法，甚为焦急。滇败于川，桂败于粤，西林（岑春煊——引者注）辞职，皆与湘警，觉此后应付更为不易。"⑦可见，在桂系溃败后，谭为了能使湖南更好推行自治，便逐渐向孙中山靠拢，

①　陈锡祺主编《孙中山年谱长编（下）》，中华书局，1991，第1310页。
②　《长沙谭督军来电》，《熊希龄先生遗稿》第4册，第3868页。
③　《反对岑春煊自行取消军政府的通电》，周秋光主编《谭延闿集》第2册，湖南人民出版社，2013，第617页。
④　《长沙谭督军来电》，《熊希龄先生遗稿》第4册，第3868页。
⑤　《公电：湖南谭延闿等通电》，《申报》1920年11月8日，第6版。
⑥　《致何成濬电》，《孙中山全集》第5卷，第409页。
⑦　《长沙谭督军来电》，《熊希龄先生遗稿》第4册，第3868页。

以使孙中山领导的南方政府可以与北京政府相抗衡，从而为湖南自治赢得一定时间。

综上观之，在谭延闿积极提倡湖南“联省自治”时，孙中山则在积极讨伐桂系。由于桂系在谭驱张时进行了支持，且为了使实行自治中的湖南有一个安定的外部环境，谭延闿并没有响应孙中山讨桂的号召。然而，由于桂系的溃败，威胁到南方政府的存在，谭延闿无奈放弃了中立政策，在政治立场上日渐向孙中山靠拢。

第三节　仕途中的困境与思想上的新知

谭延闿在驱除张敬尧之后，湖南内部的派系斗争却愈演愈烈。在内外交困中，第三次督湘不久的谭延闿便又失湘督之职。此后，谭便退居上海，这为其与孙中山的频繁交往奠定了基础。仕途困顿的谭延闿在孙中山的影响下，逐渐抛弃固有的联省自治主张，转而投向三民主义。

一　第三次督湘失败与退居沪上

1920 年 7 月 4 日，谭延闿入驻长沙，正式开始第三次督湘，但在 7 月 19 日，常澧副镇守使卿衡便杀害了正镇守使王正雅。随后，王正雅之子王育寅便率兵为父报仇，且有“大仇不报，誓死不甘”① 之语，同时王育寅还请谭延闿等人替其父昭雪。谭延闿认为王正雅所部，“自民国以来，履经政变，反复无常。此次湘军覆湘，王正雅内怀疑贰，擅离防地，以致中途被戕”②。可见，在谭的立场上，王正雅是罪有应得。此外，当时谭延闿急于实行地方自治，需要湖南内部的安定团结，而王育寅的兴兵与谭的政治诉求亦不相符，故谭认为王育寅虽打着为父报仇的名义，实则“包藏祸心”③。

---

① 《慈利王育寅来电》，《熊希龄先生遗稿》第 4 册，第 3817 页。
② 《为声讨王育寅电》，刘建强编著《谭延闿文集·论稿（上）》，第 330 页。
③ 《谭延闿、赵恒惕就王育寅乱湘行讨伐事致诸总裁等电》，李家璘等编《北洋军阀史料·吴景濂卷》，天津古籍出版社，1996，第 547 页。

　　面对此种形势，王育寅便又去寻求孙中山的帮助，并声称在讨桂战争中愿意"率所部前驱"，孙见其"响义心切"，便"派林君修梅前往查察是否出于诚意"。① 随后，王育寅便推举护法战争中有一定威望的林修梅担任其部队的总司令一职，并改其部队番号为湘西靖国军。② 林修梅 1906 年入日本陆军士官学校学习，并先后加入了孙中山领导的同盟会与中华革命党，与孙颇有渊源，且当时林在粤亦担任职务。对此，谭延闿便发出讨伐王育寅的通电，谭言"湘人沉沦于水火，数载如兹"，"断不容少数叛军，假托名义，伦窃一隅，破坏全局"，并勒令王育寅取消部队番号"听候解决"③。同时，谭延闿还致电孙中山，希望其能解决林在王育寅军中任职一事，孙却言："兹接来电，似与前项事实稍有歧异。如果育寅仍系依据前情，出师援粤，似未可指为悖谬"，并劝谭延闿与赵恒惕道："且其人前以复父仇，行动稍有踰轨，于情尤有可原。应请两公体察情势，勿遽加兵。"④ 但谭延闿却执意攻打王育寅等人，1920 年 10 月中旬，林修梅率部攻打湖南的常、澧等地，谭部不敌，当谭知道"常德危急"⑤ 时，便派亲信宋鹤庚率兵增援，虽然宋收回了常德等地，但因拥谭的兵力有所损失，又激起了军队内更激烈的倒谭运动。此时，除林修梅为孙中山派往湖南的人员之外，还有上文提及的黄一欧、周震鳞等人，他们在 10 月时便已受到孙中山的指示准备伺机倒谭。⑥ 在讨粤战争完成后，孙中山等便向谭延闿提出借湘道出师北伐的建议，但被谭以"湘中困乏，客军过境，供给烦难。金壬造谣，又多播弄，人民疑惧"⑦ 等理由拒绝了，这更坚定了孙倒谭的决心。

---

① 《致谭延闿等电》，《孙中山全集》第 5 卷，第 407 页。
② 《王育寅诸人就公推林修梅为湘西靖国军总司令事致孙中山、参众两院等快邮代电》，李家璘等编《北洋军阀史料·吴景濂卷》，第 571 页。
③ 《为声讨王育寅电》，刘建强编著《谭延闿文集·论稿（上）》，第 330 页。
④ 《致谭延闿等电》，《孙中山全集》第 5 卷，第 407 页。
⑤ 《谭延闿日记》（手稿本），1920 年 10 月 17 日。
⑥ 黄一欧：《谭延闿被迫下台和李仲麟等被杀的回忆》，《湖南文史资料选辑》第 2 辑，第 2 页。
⑦ 《谭延闿致孙中山等电》，桑兵主编《各方致孙中山函电汇编》，社会科学文献出版社，2012，第 504 页。

　　11 月中旬，林修梅部刚被平息，拥护谭延闿的军官萧昌炽在平江又被于应祥杀，随后于应祥等人发起倒谭运动。谭延闿派鲁涤平与李仲麟前去镇压兵变，前者是按兵不动，后者则亦加入倒谭运动。此时，真正掌握湖南军事力量的赵恒惕亦不动声色，任由倒谭势力发展壮大。其实，早在谭延闿第三次督湘之后，谭对自己亲信的提拔而打压赵派势力的做法，便使谭赵两人之间的矛盾逐渐加深。在此背景下，倒谭的形势日盛一日，当谭延闿听到"倒谭"之说，不禁自嘲道："吾辛苦频年，岂为身计，本不须扶，何待人倒。"① 在孙中山等革命党人与湖南内部的压力下，谭延闿最后只得以"久劳之身，陡添疾病，精神短弱，体气虚羸"为理由，辞去总司令一职，并推请"赵师长恒惕接充"②，而省长则待日后由省议会选出。此时的谭延闿，在湖南内部失去了强大的军事支撑；在湖南之外，因倡导联省自治，不仅未超脱于南北政府之外，反而为南北政府所不容。因此，在官宦仕途中处于困境的谭延闿，只能无奈地再次退居沪上。

　　在谭延闿被排挤出湖南后，主政湖南的赵恒惕在联省自治方面采取了更为果敢的做法，1920 年 12 月，他通电表明继续推行联省自治，随后便得到川、陕、浙、桂及滇等省的响应。1921 年 3 月，赵恒惕还请李剑农、王正廷、蒋方震等 13 位知名人士组成湖南省宪法起草委员会，同年 4 月便公布了《湖南自治根本法草案》。与此同时，湖北的国民党人李书城与湖北军团长夏斗寅因不满湖北都督王占元，遂准备联合赵恒惕以驱王，此想法很快得到赵的回应。因为，赵恒惕早已觊觎湖北的地盘与资源，且川军亦答应与赵共同出兵武汉。于是赵很快便制定了驱逐鄂督王占元的策略。6 月下旬，赵恒惕自任湖南援鄂军总司令，并于 7 月以"援鄂自治"的名义出兵湖北。在战争的前期，赵恒惕对湖北的进攻均比较顺利，很快湘军便进逼武汉。8 月初，王占元被迫逃离湖北，面对此种情况，北京政府任命吴佩孚为两湖巡阅使，

---

① 《谭延闿日记》（手稿本），1920 年 11 月 17 日。
② 《湘局改革中之要电》，长沙《大公报》1920 年 11 月 25 日，第 6 版。

率兵抵抗赵恒惕的北上。湘鄂之战亦成了湖南与直系的战争，在随后的战争中湘军接连失利，9 月初，赵恒惕被迫向吴佩孚求和，谭延闿闻赵恒惕与吴议和，不禁感叹"糟矣！"并将赵亲至岳州的行为称为"此肉袒之义也"①。此战之后，直系的孙传芳率军进驻湖南岳州，湘省时刻处于直系的军事压力之下。此时，谭延闿谈起湘省军事时便气愤，然"事无可为，只索听之天命耳"②。可见，谭对赵恒惕在湘的统治极度失望。

1921 年 4 月，孙中山在广州当选非常大总统，5 月孙中山宣誓就职，并任命陈炯明为内务部长兼陆军部长。9 月底，粤军攻克广西龙州，陆荣廷等出逃越南，至此孙中山已完全统一两广。10 月，孙中山出巡广西，准备出师北伐，其理想的北伐路线是过境湖南而北上，此时，湖南的赵恒惕刚与北方的吴佩孚谈和不久，为了避免南北军队在湖南发生冲突，赵恒惕便以湖南自治的名义，拒绝了孙中山借道湖南而北伐的策略。早在 9 月谭延闿与蒋百里谈论时，蒋便断言若西南有变，则南方军必将入湘，谭认为蒋百里"所言亦有理"③。可见，湖南作为两广通往北方的重要通道，乃是当时所公认。为此，1922 年 3 月，孙中山再次致电赵恒惕表示欲借道北伐，"赵恒惕一面阳为欢迎先生（孙中山）到湖南，一面又假造出地方团体的名义来挡驾"④。同年 3 月 24 日，赵恒惕又派代表李汉丞到桂林，再次向孙中山表达了莫让北伐军过道湖南的意愿。可见，此时孙中山与赵恒惕在政治上的分歧逐渐增大。

与之相反，在这段时间谭延闿与孙中山的关系开始逐渐靠近。自谭延闿退居沪上后，便经常与孙中山"书札往还，讨论国是"⑤。1921年 11 月，当孙中山在桂林筹建北伐大本营时，谭延闿还在经济上给孙中山以援助，谭利用其在湖南的影响力为孙"筹解湘饷银，累数十

①　《谭延闿日记》（手稿本），1921 年 9 月 3 日。
②　《谭延闿日记》（手稿本），1921 年 9 月 11 日。
③　《谭延闿日记》（手稿本），1921 年 9 月 11 日。
④　陈锡祺主编《孙中山年谱长编（下）》，第 1436 页。
⑤　谭伯羽：《茶陵谭公年谱》，沈云龙主编《近代中国史料丛刊》第 68 辑，第 110 页。

万"①。1922 年 6 月，陈炯明因反对孙中山的北伐而发起兵变，并炮轰总统府及孙中山的住所粤秀楼。谭延闿在报纸中获知粤变，对陈炯明"以意气之争叛久固之党"的做法甚不认同，并言"真不能为竞存（陈炯明）解矣"②。6 月 19 日，汪精卫又至谭延闿家中告以数月来陈炯明的种种行为，谭不禁感叹道："人心之险，一至是乎，相对太息。"③ 6 月 24 日，湖北革命党人曹亚伯等人在谭面前谈及陈炯明发动兵变事，曹"乃助陈诋孙"，谭听后则以"怪人"视之。④ 由此可见，在广州发生兵变这件事情上，谭延闿亦与孙中山的立场保持一致，对陈持反对态度。此时，还有一件事可以反映谭延闿逐渐在思想上靠近孙中山领导的南方政府。6 月 15 日，谭延闿接到北京政府任命其为内务总长的电文，对于北京政府的拉拢，谭不仅没有欣喜之情，反而感到"心殊愤然"，并感叹"天下不如意事尝八九"⑤。谭之所以有如此心情，乃是担心被南方政府中人猜忌，他担心"必有人以我为想（赴任内务总长），亦必有以我为滑者"⑥。当日谭便写好了回绝北京政府的电文，谭言："北京黎黄陂先生鉴，国会未能行使职权，合法政府未能统一，北廷任命，不敢承认。"⑦ 同月 16 日，谭将这封回绝的电文给友人看，对方却不以为然，谭便决定另起草一份电文，"但说事实，不言法理"⑧。后来谭的电文则如下：

> 黄陂先生钧鉴：
>
> 张君超来，传示尊意，不咎□无状，而深致劝勉之辞，闻之惭感，公之热诚苦心，天下莫不知，宁独延闿而不知，然公之所怀是否得行，行之是否无阻则在下犹然疑之，不独延闿也。人方

① 谭伯羽：《茶陵谭公年谱》，沈云龙主编《近代中国史料丛刊》第 68 辑，第 110 页。
② 《谭延闿日记》（手稿本），1922 年 6 月 17 日。
③ 《谭延闿日记》（手稿本），1922 年 6 月 19 日。
④ 《谭延闿日记》（手稿本），1922 年 6 月 24 日。
⑤ 《谭延闿日记》（手稿本），1922 年 6 月 24 日。
⑥ 《谭延闿日记》（手稿本），1922 年 6 月 15 日。
⑦ 《谭延闿日记》（手稿本），1922 年 6 月 15 日。
⑧ 《谭延闿日记》（手稿本），1922 年 6 月 16 日。

汲汲各有谋划，而公以一身支柱其中，旬日来所感苦痛必已多，不俟延闿言之矣，安能有助于公哉！且公之垂念延闿者亦以其尝一度从西南护法之役耳。

兴师之初号为护法，实亦鉴于历年苟且迁就无益于国家，欲以一时之牺牲求永久之奠定，故前仆后继而不悔。昔之反对之者固尝指为好乱，欲铲除而扑灭之，今则是非大明矣。虽然揆诸起义初心，所谓改造国家者，其果成耶未耶！非延闿所敢知也。西南当局其主旨将如何？亦非延闿所能左右也。而自延闿言之，事无一成而贻祸人民甚巨，方自罪责之不暇，尚何面目向公上下其议论耶？

年来护法旧侣岂无灰心时事，断然弃其主张者，延闿盖尝非之，今闻命而幡然，内既负心，外亦负友，又延闿所不敢出也。公待延闿厚而视之过高，不知其愚顽不足使令，愿遂听其所执，毋更垂顾，以损威严。延闿伏念承公许与十一年矣，五年之役不能赴公之难，尝引以为羞，今又不肯从公，诚知罪戾，而恃公雅度，故敢尽其私。至于法理政谈，海内贤达各有书疏，公所熟闻，非所详矣，因便陈词，敬请钧安，伏维霁鉴！①

从上述电文中可以看出，虽然谭延闿极力避免对黎元洪使用太过强硬的措辞，但其护法之心，与不愿就职之意，已表达得十分清楚。若北上就职，"内既负心，外亦负友"，再结合其未发出的电文，此时在谭眼中，"北廷"是否为合法政府仍待廓清。

二　谭、孙在沪交往及谭思想的转变

因陈炯明兵变，孙中山于 1922 年 8 月 14 日来到上海，当日谭延闿亦赴上海孙中山寓所表示欢迎，在日记中谭言："中山衣蓝长衫，须已白矣，意气犹如昔。演说粤中情事，请来宾为视宣言草。"② 可见，谭对孙的衣着、外貌均观察得非常仔细。孙中山在沪这段时间，谭延

---

① 《谢拒出任北京政府职务复黎元洪电》，刘建强编著《谭延闿文集·论稿（上）》，第 362 页。
② 《谭延闿日记》（手稿本），1922 年 8 月 14 日。

闿经常去孙的住处拜访，并当面与其探讨国是，两人"过从几无虚日"①。这对谭延闿政治思想的转变起到了巨大作用。

在很长一段时间中，谭延闿认为孙中山只是一个会讲外语，接受西方思想较多，而读中国经典较少之人，而且孙中山没有自己的军事实力，反而提出了有关中国的一系列主张，所以谭便认为孙中山是只会说大话的"孙大炮"。然而，在孙避乱来沪期间，谭延闿经过多日与孙中山的交流，发现孙"多平易近人之论，非大炮也"②。谭的这些变化也可以从同时代方鼎英的回忆中得到证实：

> 有一日，我与谭闲谈中，曾面质之曰："你往日在湖南开口闭口说孙中山是孙大炮，而你今日对孙完全改变，固已判若两人矣，可是赵炎午（赵恒惕——引者注）那一班人犹在那里大喊孙大炮。这都是你教出来的徒弟。请回顾一下，你对此究竟做何感想呢？"谭曰："赵炎午那班家伙真是至死不变之徒，何足论哉！何足论哉！我自追随孙先生左右，朝夕领教以来，才逐渐认识到孙先生是不如我从前所听说的孙大炮，而确是一个文通中外学贯古今的有真才实学的人，是排满、反袁、打倒北洋军阀的一个真正领导人。"③

由此可见，在谭延闿离开湖南的这段时间，其政治思想确实是在逐渐地向孙中山靠拢。在此过程中，孙中山关于"联省自治"的看法及调和谭与程潜之间的矛盾，应该是谭在思想上信服孙中山的关键性事件。

谭延闿是联省自治的首倡者，因此在此方面有一定的政治思想情结，关于联省自治问题，谭与孙中山进行了多次探讨。1922 年 9 月 3 日，谭延闿至孙中山处"闭门说法，反复讨论至二小时之久，

---

① 谭伯羽：《茶陵谭公年谱》，沈云龙主编《近代中国史料丛刊》第 68 辑，第112 页。
② 《谭延闿日记》（手稿本），1922 年 8 月 16 日。
③ 方鼎英：《谭延闿的湘军及其与孙中山的关系》，《广东文史资料精编（上）》第 1 卷，中国文史出版社，2008，第 468—469 页。

惟有俯首皈依而已。因论联省自治，云不赞成，亦不反对"①。孙中山其实并不反对自治，尤其是民治，1920 年谭延闿在湖南实行自治时，孙中山还曾去电言："湘省以执事得告清宁，民治基础，自兹确立，甚感甚感!"② 但孙认为当时中国还没有达到实行民治的条件，而联省自治会为地方实力派提供分裂割据的口实，因此，孙中山不赞成实行联省自治。1922 年 9 月 13 日，谭延闿又与孙中山"谈联省自治事甚久"③。此时期，孙中山关于联省自治曾有详细的论述，孙认为：

> 　　以中国各省之土地与人民，皆比世界各小国为大而且多；故各省之自治，可不依附中央而有独立之能力。中国此时所最可虑者，乃在各省借名自治，实行割据，以启分崩之兆耳。故联省自治制之所以不适于今日之中国也。至言真正民治，则当实行分县自治。盖县之范围有限，凡关于其一乡一邑之利弊，其人民见闻较切，兴革必易，且其应享之权利，亦必能尽其监督与管理之责；不致如今日之省制，大而无实，复有府道界限之争也。分县自治或不免其仍有城乡区域之分，然其范围狭小，人民辨别较易；以其身家攸关，公共事业之善后与是非，当不致为中级社会所壅蔽，且因其范围不广，故其对于中央，必不能脱离中央而称独立也。至如今日之所称为联省自治者，如果成立，则其害：上足以脱离中央而独立，下足以压抑人民而武断；适足为野心家假其名而行割据之实耳。吾之主张联省不如分县者以此，当世明达，必有抉择也。④

　　由上述史料可见，孙中山并不反对民治，只不过他认为当时的中国不适合联省自治，因为中国的省太大，向上可以对抗中央实行独立，向下则可蒙蔽人民，因此孙主张若实行自治则按县域进行自治较为合

---

①　《谭延闿日记》（手稿本），1922 年 9 月 3 日。
②　《致谭延闿函》，《孙中山全集》第 5 卷，第 367 页。
③　《谭延闿日记》（手稿本），1922 年 9 月 13 日。
④　陈锡祺主编《孙中山年谱长编（下）》，第 1491 页。

适。同时，在湖南倡导的联省自治中，谭延闿也注意到其中出现的很多问题。1922 年 4 月 6 日，谭的朋友简叔干自湖南来沪，将当时湖南的选举情况详细地告知谭，谭闻后不禁感叹："今仍不免金钱运动，何普通选举之足云哉。"① 后关于湖南的选举，谭延闿又闻贿选不成功要求退钱事，不禁感叹："买票不奇，不当选而勒退钱，斯则奇矣。要之世事无所不有，亦无所谓奇也。"② 在此背景下，谭结合孙中山的政治思想，开始渐趋放弃原来联省自治的政治主张，并慢慢地向孙中山的大一统理念靠近。

除政治思想的交流，孙中山等革命党人还积极调和谭延闿与湖南籍国民党人程潜之间的矛盾。谭延闿和程潜虽均为湖南人，然而在争夺湖南地方权力时，二人曾产生冲突，且使双方积怨渐深。1922 年 9 月 5 日，张溥泉与居正两位国民党人至谭延闿家中，以调和谭延闿与程潜的嫌隙，谭听后感慨道"吾生平与人无忤，自谓不至招尤，而遂至使人视如仇敌，且出于向所亲信之人，不能叹学道之未至，闻言惟认不是而已"③。可见，对于革命党人的调解，谭延闿还是较为配合的。谭性格较为圆通，在其不主政时，能有人为之调解他与程潜的矛盾，当然是较为乐意之事。而对革命党人来说，化解谭延闿与程潜之间的嫌隙，则更有利于将谭拉到以孙中山为首的革命阵营中。同年 9 月 7 日，应汪精卫、张溥泉及居正的邀请，谭延闿至杨庶堪在上海的住所用餐，此外在场的还有覃理鸣、廖仲恺和程潜，在谭的日记中称此次会餐为"和面酒"，为了避免尴尬，在饭局中"特不谈湘事"④。事后，谭称这次饭局的氛围乃"相见如平生欢"⑤，由此可知，革命党人的此次调和谭程矛盾比较顺利，自此二人之间的嫌隙才算化解。此后不久，谭延闿便很快融入革命队伍之中，其在思想上也逐渐与孙保持一致。

① 《谭延闿日记》（手稿本），1922 年 4 月 6 日。
② 《谭延闿日记》（手稿本），1922 年 12 月 12 日。
③ 《谭延闿日记》（手稿本），1922 年 9 月 5 日。
④ 《谭延闿日记》（手稿本），1922 年 9 月 7 日。
⑤ 《谭延闿日记》（手稿本），1922 年 9 月 7 日。

谭延闿在这一时期融入以孙中山为首的革命阵营，既有当时现实条件的外在驱动，又有政治思想上对孙的内在认同。当时湖南在赵恒惕的控制下，正大力推进自治运动，若谭延闿没有足够的资本便很难将赵恒惕取而代之。1922 年 8 月，湖南在自治的名义下进行省长选举，谭延闿听闻自己亦是候选人之一便"心殊不怿"，遂"发电省县议会辞决选"，因为谭"恐抬轿者皆有后言矣"①。从这方面可以看出，谭不是不觊觎主政湖南的权力，但是在经历过三次督湘之后，谭明白若想牢固地主政湖南，必须有一定的势力做支撑，若非如此，盲目地竞选湖南省长，则恐后面会有更多的问题出现。而此时与孙中山等革命党人的接近，便给了谭延闿一个寻求支撑的机会。同样，从孙中山方面分析，亦有拉拢谭延闿的必要，因为孙中山多次想经过湖南北伐而为赵恒惕所阻，赵在"援鄂自治"之战后更是引直系入驻湖南岳阳，这些均使孙认识到若要取道湖南北伐，则必须先驱除主政湖南的赵恒惕。谭延闿虽然退居沪上，但因为其三次督湘，所以在湖南仍有一定的影响力，因此，拉拢谭也是孙的现实需要。

在政治思想上，谭延闿多主张"联省自治"，强调护法的重要性，这一点与北京政权差异较大，这也正是谭辞去北京政府所任命内务总长的原因之一。虽然谭的政治主张与孙亦有出入，然而两者之间的出入还是不及谭与北京政府的差异大。孙中山虽然不认同谭延闿的"联省自治"，但在维护约法方面两者的诉求是一致的。1922 年，因陈炯明兵变，孙中山避乱于上海，谭经过多日与孙的交流，改变了以往对孙的看法，此时谭"与总理常相得一教训，即天下事无所谓成败之说也，事前种种着急，皆属多事"②。而后，谭渐趋放弃了从地方视角出发提出的"联省自治"主张，其视野也渐趋扩展至全国。至此，谭延闿在政治思想上开始形成了对孙中山的内在认同。所以，谭才会在

---

① 《谭延闿日记》（手稿本），1922 年 8 月 25 日。
② 谭伯羽：《茶陵谭公年谱》，沈云龙主编《近代中国史料丛刊》第 68 辑，第 113 页。

此时有"革命领袖非孙公莫属"① 之语。为了表示对孙中山革命事业的支持，谭延闿还卖掉了自己一部分田地及住宅，"得价五万悉以捐献总理作为军糈之助"②。当然，谭延闿的这些举动也得到了孙中山的赏识与信任。

谭延闿在此阶段放弃联省自治的想法，也可以用心理学中的认知失调理论③来阐释。当谭延闿从地方的维度来考虑湖南时，"联省自治"可以超脱于南北政府之外，为湖南赢得一时的安宁，若各个省份纷纷效仿，便能组成一个较大的联邦国家，中国的内战问题便迎刃而解。在这样的政治逻辑下，谭延闿的认知是协调的。然而，与孙中山的交流使谭延闿认识到，联省自治并不能真正使主权在民。孙中山曾言："试问今之行联省自治者。其所谓一省之督军、总司令、省长等。果有异于一国之皇帝、总统乎。一省之内，所谓司长等大小官吏，果有以异于一国之内所谓总长等大小官吏乎。"④ 孙中山的这些反问，不断冲击谭延闿旧有的认知，其原来的政治逻辑也变得不再协调。在政治主张中认知失调的谭延闿，寻求另一种较为协调的政治逻辑，再加上赵恒惕在湖南实行联省自治时出现的种种弊端，更使谭渐趋放弃这种政治主张。谭以前也听过反对"联省自治"的声音，但那时谭在湖南主政，他思考政治问题的眼光仍聚焦于湖南，且当时联省自治还未

①　谭伯羽：《茶陵谭公年谱》，沈云龙主编《近代中国史料丛刊》第 68 辑，第113 页。

②　谭伯羽：《茶陵谭公年谱》，沈云龙主编《近代中国史料丛刊》第 68 辑，第113 页。

③　认知失调理论由美国著名心理学家利昂·费斯汀格（Leon Festinger）在 1957 年正式提出。它的基本要义是，当个体面对新情境而必须表示自身的态度时，在心理上将出现新认知（新的理解）与旧认知（旧的信念）相互冲突的状况，为了消除此种因为不一致而带来的紧张，个体在心理上倾向于采用两种方式进行自我调适，其一为对于新认知予以否认；其二为寻求更多新认知的讯息，提升新认知的可信度，借以彻底取代旧认知，从而获得心理平衡。而减少认知失调的方式主要有三种：1）引进新的认知元素，使之与原有的认知相协调；2）改变自己的行为，使行为与认知保持一致；3）改变态度，使主体的态度符合其行为。〔美〕利昂·费斯汀格：《认知失调理论》，郑全全译，浙江教育出版社，1999。

④　孙中山：《中华民国建设之基础》，三民公司编《孙中山全集（补编）》第 3 辑，三民公司，1927，第 4 页。

真正推行，其弊端尚未出现，故谭对反对联省自治的声音并未在意。经过长时间与孙中山的探讨，再加上谭的政治处境，谭逐渐以全国的视角来考虑其政治主张。

1922 年底，苏俄已嘱中国共产党加入国民党，而孙中山为了使国民党得到更多的支持，与"苏俄之联系，亦日见亲切"①。在此背景下，孙中山在上海避难期间，一方面积极组织人员对陈炯明进行平叛，另一方面则着手改组国民党。同年 11 月 15 日，孙中山在上海召集各省国民党会议，审查国民党改进案全案，谭延闿亦参加了此次会议，谭当日"入七十八号国民党，为宣布党纲、党章开会也，讨论甚久，程颂云、林伯渠、覃里门皆在座"②。可见，此时谭延闿已与孙中山领导下的其他党人无异，谭孙两人的关系也变为正式的上下级关系。在实际行动中，他除了不惜卖掉田产、房产来支持孙中山的革命，还在 1922 年的腊月三十，正当人们庆祝新春佳节之际，登船与孙中山南下。当时，虽然谭家诸儿女"颇有别离之色"，但谭却认为"此行以中山先生之约，不敢辞"③，仍坚持南下。在此途中谭延闿赋诗多首："吾生四十四元日，大海经过此最初。日暖风和知粤近，春回岁换感年徂。饱尝忧患心无畏，稍悔功名念不除。独悟飞翔众鸥鸟，沧溟浩荡一相于。"④ 从对天气的描述中可见，谭南下时的心情较为愉快，同时内心又包含了对未知前途的担忧，三次督湘的失败并没有使谭消除"功名念"，追随孙中山南下将是其回归政坛的又一途径，而诗中的"独悟"也可以表达出谭还未完全融入国民党的心境，但在行动上谭已做出选择，用谭延闿部下石陶钧的话讲，此后"孙、谭从此沆瀣一气，才与联省自治派脱去纠缠"⑤。

此外，谭延闿在写日记时，会将一天的行程进行简要梳理。1922年 8 月后，日记中谭至孙中山住处多用"谒孙"或"诣孙"等敬语，

① 邹鲁：《中国国民党史稿》第 1 册，商务印书馆，1944，第 305 页。
② 《谭延闿日记》（手稿本），1922 年 11 月 15 日。
③ 《谭延闿日记》（手稿本），1923 年 2 月 15 日。
④ 《谭延闿日记》（手稿本），1923 年 2 月 16 日。
⑤ 石陶钧：《六十年的我（节录）》，《湖南历史资料》编辑室编《湖南历史资料》第 2 辑，湖南人民出版社，1981，第 34 页。

而对其他人则多用"访"或"至"。在日记的正文中，1923 年 1 月以前的日记提及孙中山时，多直呼其名，而其后的日记多称为"先生"或"中山先生"。由此可见，谭在不自觉中对孙中山的态度发生了变化，这种变化表现出谭在内心对孙中山的尊敬。这些都可看作谭延闿在政治思想上逐步靠近孙中山后的行为表现。

第四节　从入湘讨赵到东征讨陈

1923 年 1 月，陈炯明被滇、桂联军赶出了广州，孙中山遂决定返粤继续领导革命。同年 3 月 2 日，孙中山在广州正式设立大本营，并任命谭延闿为内政部长。在决定任命谭延闿官职前，谭还因此问题专程拜见孙中山，谭希望与孙中山的关系"以互助合作为期，不愿受名义"①。这说明谭仍有借孙中山之力回湘主政之意，故不愿受官职之名，然而他自己也知道以合作的名义在广州，是孙中山难以同意的。事实也确实如此，孙中山在任命其为内政部长时，还特令其"不可更辞"②。在讨伐陈炯明的战争中，谭延闿与孙中山的互信进一步加深，在谭日记中多有对孙中山的敬佩之语，"中山先生昨夜已亲缮数令，调遣军队，词意详切，处分明当，令人佩服"③，同时孙中山对谭延闿亦比较器重，因此在处理湖南的问题上，谭在孙面前便有了一定的发言权。其间，谭曾派人赴湘联络赵恒惕，希望赵能够"出兵广东，共同讨伐陈炯明"④，但这遭到了赵的拒绝。由此，也使孙中山决心驱除赵恒惕在湖南的统治。

一　谭延闿受命入湘讨赵

1923 年 4 月，与革命党有联系的湘籍将领陈嘉祐，在湖南辰州公

① 《谭延闿日记》（手稿本），1923 年 2 月 28 日。
② 《谭延闿日记》（手稿本），1923 年 3 月 1 日。
③ 《谭延闿日记》（手稿本），1923 年 4 月 6 日。
④ 谢本书、冯祖贻主编《西南军阀史（二）》，贵州人民出版社，1994，第 118 页。

开宣布讨伐赵恒惕，而这一行动又获得了沅陵镇守使蔡钜猷的支持。蔡部久居湘西，有鸦片特税的收入，因此兵费相对充足。赵恒惕不仅恼怒蔡钜猷对陈嘉祐的暗中支持，更垂涎其控制区域的鸦片特税，于是不断向蔡施压，并欲除之而后快。在此背景下，蔡一方面与谭延闿取得联系，另一方面则积极准备反赵。同年6月，蔡钜猷在湘西宣布独立，通电指责赵恒惕"甘心附北，背叛西南"①，并组织军队向常德、安化及新化等地区进发"讨赵"。同时谭延闿亦致电赵恒惕等人，为蔡声援，谭电称：

> 此间发见洛吴致鄂萧一电，有湘赵总司令拟以四旅兵力，解决湘西陈渠珍、蔡巨猷所部，甚愿我方援助……两年以来，国有大事，湘皆无以自见，犹可诿为力不从心。若效顺则以无力自居，助逆则残民以逞天下，其谓之何？湘西蔡、陈诸将拥护元首，服从命令，世所共知。无故称兵，自相残杀，遂以此开南北之战端，以桑梓为孤注，揆之良心，岂宜出此？湘中明达，必不谓然。诸公身在局中，利害与共，若有其事，何可雷同？务望合力打消，切勿轻举。蓄力待时，以图利国。延闿在外，与为荣施。否则自相所迫，各走极端，湘军十余年历史因之隳坏，平民伐罪，海内岂无健者，素托深交，勿谓延闿不言也。②

从电文中可知，谭延闿明确指出赵恒惕有联合洛阳吴佩孚以对蔡钜猷等部用武之意，继而谭又指出蔡钜猷等乃是听命于广东孙中山，若赵向蔡用兵，势必在湖南挑起南北之战，将使湖南陷入不利之地。可见，谭延闿认为湖南若出现战局，应归结于赵恒惕之身，在道义上为蔡钜猷提供了支持。

1923年7月2日，赵恒惕下令免去蔡钜猷的军事职务，并调其去

---

① 方鼎英：《一九二三年谭赵战争与湘军入粤》，中国人民政治协商会议湖南省委员会文史资料研究委员会编《湖南文史资料选辑》第3辑，湖南人民出版社，1982，第55页。

② 《因闻湘赵附北致赵恒惕电》，刘建强编著《谭延闿文集·论稿（上）》，第366页。

湖南讲武堂任职，蔡对此命令没有理会，继而赵恒惕开始对蔡施压。在此背景下，孙中山也认为让谭延闿回湘驱逐赵恒惕的时机已经到来。7 月 10 日，谭延闿和孙中山谈及"湘西事，遂决行事"①，孙则发放给谭回湘费 10 万元，以资助其返湘驱赵。② 7 月 11 日，谭延闿又被孙中山召去，商量湖南之事，谭向孙就湘事"奏对久之"③。7 月 16 日，孙中山任命谭延闿为湖南省长兼湘军总司令，任命蔡钜猷为湖南讨贼军湘西第一军军长，陈渠珍为湘西讨贼军第二军军长；谢国光为湘南第一军军长，吴剑学为湘南第二军军长；宋鹤庚为湘中第一军军长，鲁涤平为湘中第二军军长。④ 7 月 24 日，赵恒惕便派唐生智部进驻郑家驿、辰州关地区，又派贺耀祖部推进至蔡部周围，赵蔡之战便正式爆发。8 月初，谭延闿率军从粤入湘。在进入湘界后，谭心情大好，不禁赋诗一首："黄云满陇稻如京，山翠深苍万木荣。此是湘南好时节，只将行役负平生。"⑤ 从诗中也可以看出谭对此次入湘抱有较为乐观的心态，此后不久，赵蔡之争便扩大为谭赵战争。8 月 8 日，谭延闿宣布就任湖南省长与湘军总司令职，并"表示革新态度"⑥，响应孙中山所提倡的三民主义。此外，谭还发出讨赵通电，电称：

> 湘省三千万人民，陷于绑票之奇祸。虽经无数次之赎票，产既全破，而生命仍无复苏之望。大元帅痛民生之颠危，念缔造之不易，特命延闿归来，伸张精神，刷新内部，以救生人无救之苦，以竟先烈未竟之功。凡我父老，当知裁择，凡我袍泽，自具同情。天下事固有自知非力所胜，而为大义所迫，为制挺而来，则赴汤蹈火，摩顶捐躯，有毫无可辞者。延闿不敏，口事斯义。今国家多难，不外二窃：一曰假窃民意，二曰偷窃地方。巧霸一方，以

---

① 《谭延闿日记》（手稿本），1923 年 7 月 10 日。
② 《发给谭延闿回湘费令》，中国社会科学院近代史研究所等编《孙中山全集》第 8 卷，中华书局，2006，第 19 页。
③ 《谭延闿日记》（手稿本），1923 年 7 月 11 日。
④ 陈锡祺主编《孙中山年谱长编（下）》，第 1656 页。
⑤ 《谭延闿日记》（手稿本），1923 年 8 月 2 日。
⑥ 《谭延闿日记》（手稿本），1923 年 8 月 8 日。

张私欲，犹谓希求统一，何异戴盆望天。延闿此行，所奉以周旋者，一曰服从元帅，二曰服从主义。敢以七尺之躯，系三千万人民之立足点。是否有此用心，要请于撕票之日，证我哀痛之音。①

可见，谭延闿此次回湘驱赵，举的乃是孙中山的大旗，在政治思想方面亦是服从于三民主义，从而表示其已经放弃了原来的"联省自治"之说。同时谭在电文中也指出，赵恒惕所谓的"自治"乃是"假窃民意""偷窃地方"，其实质是"巧霸一方"，阻碍中国的统一。而谭延闿此次回湘则是奉孙中山大元帅之命，救湖南三千万人民于危局之中。

1923 年 8 月 11 日，赵恒惕组织"护宪军"，意为守护湖南省自治宪法之军队，与谭延闿对抗。此外赵亦发表通电对谭延闿进行指责，电称：

> 蔡逆蓄祸既深，弄奸益肆，利啖巨镇，共谋破坏，犹恐奸计不遂，乃假手一二失意流寓之党徒，拥首倡制宪自治之人，为根本破坏省宪之举。日前道路传闻，谭前省长已由粤起程返湘，将另组湘省政府云云……夫吾湘托命于省宪旗帜之下，在国宪未成立以前，不受任何方面之干涉，久为国人所共喻。纵令省宪有未尽完善之处，不难依合法程序，提案修正。今以一纸电文破弃之，而复出于首倡制宪之湘人，此诚吾湘大不幸之事。②

此时，赵恒惕依旧用湖南宪法作为反击谭延闿的理论武器，而其在电文中提及的"首倡制宪自治之人"与毁宪之人皆是指谭延闿。同时赵还在电文中表示，他要"视政府实力所能及，与毁宪之人相见于疆场"③。此外，另有湘人对谭"以省宪相诘难"④，谭延闿则用三民

---

① 《奉命回湘声讨赵恒惕电》，刘建强编著《谭延闿文集·论稿（上）》，第367 页。
② 《赵省长通告宣告用兵护宪原委》，长沙《大公报》1923 年 8 月 23 日，第 6 版。
③ 《赵省长通告宣告用兵护宪原委》，长沙《大公报》1923 年 8 月 23 日，第 6 版。
④ 《谭延闿日记》（手稿本），1923 年 8 月 11 日。

主义进行反击，且认为湖南赵恒惕的护宪口号只是其反对自己的"面具"①。8 月中旬，谭延闿兵分三路进军长沙，而赵恒惕亦率所部进行抵抗，初赵占优势，但在 9 月 1 日朱耀华等部反戈倒赵，并进袭长沙，赵恒惕始料未及，出逃醴陵。9 月 6 日，长沙《大公报》刊载了谭延闿发出的安民布告，内容如下：

> 照得本总司令奉大元帅之令回湘，改革湘政，原为实行主义，以期彻底革新。既非权位之私，尤无恩怨之见。不谓竟有少数军人，悍然□于反对。当农事方殷之会，演成内战，良用慨然。兹特派遣湘中第一军军长宋鹤庚，督率所部先人省垣，肃清根本，所幸将士用命。赵政府自知不敌，仓皇瓦解，秩序如常，人民安堵。足征大义未泯，正谊可伸。本城治安一切事宜，本总司令未到以前，概由湘中第一军军长宋鹤庚负责办理。凡尔居民各人等，务各安生业，毋得自相惊扰。倘有不法之徒，造谣惑众，乘风滋扰者，定予严惩不贷。②

此电意欲以稳定省城民心，但电文的开头却直言谭此次入湘乃是"实行主义"，此主义便是指孙中山的三民主义。可见，此次谭延闿用兵的主要理由便是使湘归附在孙中山的三民主义之下。这样不仅能最大限度地安定民心，还可以使谭减少湖南其他势力的反对，而有针对性打击那些反对的"少数军人"。

自谭延闿入湘，谭赵之间的舆论战，便一直未间断，各种流言大肆蔓延，为了安定军心，孙中山还特意致电谭延闿进行宽慰，孙称："此次命兄回湘，是极大之决心，断不为何种议论所摇动。望兄努力干去，成败所不计，况已兆大成之望，兄安心决意，亦不为各处空气所动摇，猛力毅进，则前途之希望无穷也。"③ 由此可见当时孙中山对谭延闿的信任。在谭入湘前，孙还特意交代程潜"此后不当生意见"④，

---

① 《谭延闿日记》（手稿本），1923 年 8 月 14 日。
② 《谭总司令之安民布告》，长沙《大公报》1923 年 9 月 6 日，第 7 版。
③ 《致谭延闿函》，《孙中山全集》第 8 卷，第 169—171 页。
④ 《谭延闿日记》（手稿本），1923 年 7 月 24 日。

并应助于谭延闿。孙对谭的大度与信任，使谭对孙中山愈加敬佩，早在入湘前谭延闿便表示，"大元帅若曰今日当以革命手段挽救国家，一切法理论皆用不着。即如湘事，实奉大元帅令精神，奉党魁命"①。可见，此时的谭延闿已经不再提何种政治思想与理论，而是以孙中山的政治主张为行动准则。在驱逐赵恒惕的战争中，谭接到孙的来电，还有"笔挟风霜，读之起敬"② 之感。这些均是谭在思想上服膺孙中山的表现。

孙中山闻赵恒惕逃离长沙后，便立即致电谭延闿以示勉励，电言：

> 该总司令奉命入湘，兴师讨逆，出兵未及一月，已迭下名城，收复省垣，行师之速，立功之伟，足征该总司令指挥若定，诸将士有勇知方，至堪嘉尚；亦见仗义执顺，以临残逆，民意攸归，军威自壮，得道多助，易奏肤功也。宜乘胜分遣将卒，戡定全湘，西联川军，以待后命。溽暑用兵，前敌诸将士勤苦堪念，仰即传令慰劳。③

败退后的赵恒惕急忙向直系吴佩孚求援，于是吴便派兵进驻岳州，并设立警备司令部，以暂避援赵之名。面对北军南下的情况，1923 年9 月下旬，鲁涤平通电表示中立，并建议谭延闿与赵恒惕两人议和，以免鹬蚌相争而使北军得利。④ 当时谭部"停战空气既浓，士官皆有厌兵之意"⑤，且谭的部下也劝其对赵采取退让措施。对此，谭则言赵恒惕若"能服从中山命令与主义，则我之个人地位不成问题"⑥。可见，此次谭延闿率兵入湘，不仅是为个人利益，更重要的是欲使湖南在南北对立中听从孙中山的号召，且后者对谭来说更为重要。与此同时，赵恒惕也需要时间以重新休整，所以亦同意和谈。然而，终因双方的条件相差太大，和谈没有成功。

---

① 《谭延闿日记》（手稿本），1923 年 7 月 24 日。
② 《谭延闿日记》（手稿本），1923 年 8 月 17 日。
③ 《致谭延闿电》，《孙中山全集》第 8 卷，第 203—204 页。
④ 梓生：《国内战争的三次综核》，《东方杂志》1923 年第 20 卷，第 20 号。
⑤ 《谭延闿日记》（手稿本），1923 年 9 月 30 日。
⑥ 《谭延闿日记》（手稿本），1923 年 9 月 30 日。

此后在吴佩孚的帮助下，赵恒惕部于 1923 年 10 月底开始逐步收复失地，情势渐趋对谭延闿不利。在谭延闿入湘作战的同时，孙中山又命东路讨贼军攻击盘踞在惠州的陈炯明部，陈炯明则联合江西都督蔡成勋攻打广东韶关。同年 11 月初，陈炯明等部逼近广州，当月 12 日，孙中山指挥军队反攻陈炯明无果。面对溃败之军且阻止无效的局面，孙不得不致电谭延闿，表示"此间军事吃紧"，"仰该总司令迅率所部星夜来援，切切"①。得此电文，谭延闿遂"决心放弃湘南，还救粤局"②，同时谭复电孙中山称"无论受何种困难，一星期内，必分兵到粤"③，以令孙安心。11 月 18 日，谭延闿等人到达广州后，即开赴大本营，入见大元帅，面聆机宜。孙中山称赞谭调兵迅速④，且对其极蒙嘉慰，谭亦对孙"陈说久之"⑤。在广州的政界要人也对谭延闿率湘军入粤给予了赞扬，据广州的《民国日报》载："各要人以谭此次转战三湘，备极辛劳，兹复来粤，仗义扶危，深为嘉佩，故连日均设筵为谭洗尘，以表寸忱。"⑥ 在 11 月 18 日的日记中，谭还写有《重过韶州》诗，借以抒发从湘返粤时的心情，诗云：

> 一身原是梦，四海已无家。不待夸筹笔，依然走传车。
> 诗成疑作谶，愁绝且看花。惭愧南征意，归心逐暮鸦。
> 闻道传烽急，真愁劫火侵。河山终不改，神略一何深。
> 十日劳奔命，三军苦用心。不须惊大敌，早晚自遗禽。⑦

其中，"惭愧南征意"透出谭延闿对此次战争未达到驱除赵恒惕的目标而心有不甘。面对陈炯明的趁火打劫与孙中山的急电，谭只好"十日劳奔命"，迅速地赶回广州救援，这也表明谭延闿对孙中山安危的担忧。而诗的最后一句，则显示出归来后的谭延闿对击破陈炯明等

① 《致谭延闿电》，《孙中山全集》第 8 卷，第 393 页。
② 《谭延闿日记》（手稿本），1923 年 11 月 12 日。
③ 黄惠龙：《中山先生亲征录》，商务印书馆，1930，第 43 页。
④ 陈锡祺主编《孙中山年谱长编（下）》，第 1743 页。
⑤ 《谭延闿日记》（手稿本），1923 年 11 月 18 日。
⑥ 《谭延闿抵省后之起居与酬酢》，《广州民国日报》1923 年 11 月 21 日，第 6 版。
⑦ 《谭延闿日记》（手稿本），1923 年 11 月 18 日。

敌，及未来革命的形势抱有乐观积极的心态。

总体而言，虽然谭延闿这次入湘没有达到预定目的，但是他在一定程度上宣扬了三民主义，也使部分湖南人认识到赵恒惕所谓的湖南自治在南北政府对峙中是难以实现的，而赵本人所采取的策略也多是借北兵以抗南。可以说，谭延闿率兵入湘，虽然表面上进行的是谭赵之间的战争，战局也在湖南展开，但这不仅是湖南内部的权势之争，更是象征着孙中山的三民主义与湖南"联省自治"两种政治主张的较量。时人对此亦有评价，认为"谭氏此次入湘，实抱有改造中国政治之决心与民治革命之精神，此吾人不能不赞助之者也"①。此外，谭延闿还使鲁涤平、宋鹤庚等湖南军事将领率部跟随其返粤，这在一定程度上壮大了广州军政府的军事力量，稳定了当时处于危险之中的广州政局。

二　谭延闿回师保卫广州

谭延闿率部抵粤时，陈炯明部已经攻陷石龙，蔡成勋的军队也已越过南雄，且陈炯明部林虎与湖南将领洪兆麟正逼近广州，当时广州"安危间不容发"②。谭延闿部不顾连日行军劳累，遂加入保卫广州的战斗，谭遣宋鹤庚部在广州近郊新丰河处攻击林虎部。湖南将领洪兆麟也因谭部的到来而胆怯，"便喊出湖南人不打湖南人的口号，自动东撤，是以广州之围立解"③。可是，陈炯明部虽被击退，而北军的方本仁部却趁机南下占领粤北的南雄，并伺机进窥始兴。"驻防在南、始之滇军赵成樑部、韦杵旅以寡不敌众退守"④，南雄与始兴是守卫广州的北大门，若方本仁部由此继续南下，则广州又将告急。为此，孙中山决定由谭延闿节制北江各军，且以湘军为主力阻击粤北之敌。

孙中山指出："北虏不道，屡犯南雄，罪在必讨。兹责成湘军总司

---

① 《重建广州革命基地史料》，黄季陆主编《革命文献》第 52 辑（下），（台北）中国国民党党史会，1970，第 568 页。

② 《孙大元帅戡乱记》，徐辉琪编《李烈钧文集》，江西人民出版社，1988，第 785 页。

③ 方鼎英：《谭延闿的湘军及其与孙中山的关系》，《广东文史资料精编（上）》第 1 卷，第 466 页。

④ 陈锡祺主编《孙中山年谱长编（下）》，第 1743 页。

令谭延闿，督率各部迅速进剿，务先巩固边陲，再进以图大局。现在北江各部队着暂归该总司令指挥调遣，仰即赶日分途兜剿，务绝根株。"① 谭延闿初入广东，担此重任不免有些紧张，他认为"湘军疲困，又无补充，今当大敌，殊为惴惴"②。然而，广东的形势却不容谭犹豫再三，谭自己也明白"以事势论，湘军如不加入，则北江不可问"，遂表示"惟有努力耳"③。可见谭延闿虽知剿灭北犯之敌有难处，但面对危局也只能迎难而上。谭延闿遂任命鲁涤平为湘军总指挥，负责具体作战任务，而谭则留在广州筹办后方军需供应，及用电函与前线商议军事部署。1923 年 11 月 30 日，谭延闿得电，言："敌退南雄，我入始兴，正在追击中，为之一慰。"④ 此次战役湘军"得枪过千，炮及机枪各数枝，俘虏五百余"⑤。孙中山知晓后，称赞湘军："旬日之间，肃清逆氛，余寇远逃，北江大定，捷报频来，嘉慰殊深……宜继此再接再厉，共襄大业。"⑥ 在给谭延闿的电文中，孙中山亦指出湘军"调赴北江作战，旬日之间，迭克名城，扫清逆敌，洵属奋勇可嘉，昨经明令嘉奖在案。所有克复始兴之奖款一万元，候即予如数筹发"⑦。随后，湘军又对粤北的敌人进行了追击，至此广东军政府的粤北边境方才稳固。

这一阶段，谭延闿与孙中山的关系进一步加深，谭不仅率部从湘回师援粤，还在数日奔波之后命湘军狙击来犯之敌，这与原本就在广东的滇、桂等军队形成了鲜明的对比。当时的滇、桂等部虽名义上归孙中山指挥，实际却骄横跋扈，且军队素质较差。孙中山曾训斥过滇军总司令杨希闵与桂军总司令刘震寰，认为他们都是打着孙中山的旗号，而趁机用兵蹂躏广东，"而于国家是毫无益处的"⑧。相反，谭延

---

① 《命北江部队暂归谭延闿指挥令》，《孙中山全集》第 8 卷，第 415 页。
② 《谭延闿日记》（手稿本），1923 年 11 月 22 日。
③ 《谭延闿日记》（手稿本），1923 年 11 月 22 日。
④ 《谭延闿日记》（手稿本），1923 年 11 月 30 日。
⑤ 《谭延闿日记》（手稿本），1923 年 12 月 1 日。
⑥ 《大元帅命令：嘉奖北江滇湘联军》，《民国日报》1923 年 12 月 19 日，第 3 版。
⑦ 《给谭延闿的指令》，《孙中山全集》第 8 卷，第 516 页。
⑧ 罗家伦主编《国父年谱》，第 1078 页。

闿领导的湘军则军纪良好。当湘军入粤后，谭延闿为了使粤人心安便发布公告："本军奉命来粤，原为伐罪吊民，士兵久经训练，纪律尤为严明，一切公平交易，极力保护商民。"① 这在一定程度上使湘军赢得了民心与孙中山的器重。湘军在困乏之余，还能连战皆胜，不及足月便将广东北面来犯之敌击溃。这不仅打破了陈炯明与直系等人联合围攻广州军政府的计划，使广州军政府的地位更为牢固，还为国民党第一次全国代表大会的召开提供了有利的政治与军事条件。此后孙中山也曾言："现在得到广东这片净土，做我们的策源地，可算是一个小小的成功。"② 而这样的成功自少不了谭延闿领导的湘军，正是谭率湘军南下，才有南雄、始兴之捷，迫使蔡成勋部"退回赣南，陈（炯明）部亦退守东江，曲江既固，羊城因之复安"③，才能保全那时广州小小策源地的成功。对此，胡汉民亦认为"谭先生奉召，尽弃已经归复的各地，星夜来援，广东大局，才赖以安定了"④。

　　鉴于湘军的表现，孙中山对谭延闿也更加信任与器重。在南始战役结束后，孙中山再一次对湘军北江克敌之功进行嘉勉，孙言："此次北敌犯我南始，该军奉令协同滇军进攻，数日之间，尽破逆军，恢复名城，追奔直度庾岭，北江遂告肃清，自非将士忠勇奋战，曷克奏此肤功。"且令谭延闿呈上作战概况，"并查明尤为出力人员及伤亡将士，分别报部奖恤"⑤。1923 年 12 月 4 日，孙中山在接受《字林西报》记者格林采访时，亦对谭部湘军击败北军的事情表示"甚为欢欣"⑥。同月 14 日，孙中山又宴请谭延闿、鲁涤平、陈嘉祐等湘军将领，以示嘉勉。⑦ 由此可见，谭延闿和其领导的湘军极为孙中山所重视。谭本人也因军事力量的支撑迅速成为孙中山的左膀右臂。对孙中山此番礼

① 《谭延闿安民布告》，《广州民国日报》1923 年 11 月 23 日，第 3 版。
② 秦孝仪主编《国父全集》第 2 册，第 540 页。
③ 谭伯羽：《茶陵谭公年谱》，沈云龙主编《近代中国史料丛刊》第 68 辑，第 119 页。
④ 胡汉民：《悼谭组庵先生》，《胡汉民回忆录》，东方出版社，2013，第 199 页。
⑤ 《给谭延闿的指令》，《孙中山全集》第 8 卷，第 521 页。
⑥ 陈锡祺主编《孙中山年谱长编（下）》，第 1763 页。
⑦ 陈锡祺主编《孙中山年谱长编（下）》，第 1771 页。

遇，谭延闿没有丝毫骄横之意，而是更加遵听孙中山的指示，这是其内心认同并服膺孙中山三民主义的表现。

三 国民党"一大"与谭整顿湘军

在国民党第一次全国代表大会召开前后，孙中山召开了多次会议，讨论当时政局，在这些会议中谭均积极地支持孙中山的主张，即使有些政策与湘军某些将领有冲突，谭延闿亦积极从中协调，使孙中山的政策得以顺利贯彻。1924 年 1 月 4 日，孙中山在大元帅府召集军政联席会议，谭延闿携湘军将领宋鹤庚、鲁涤平、吴剑学、陈嘉祐等人参加了会议，会中主要决议了三项事务，即尽早设立正式的建国政府，从速准备出师北伐及由军、政两部协力实行财政统一。会后的聚餐中，"中山先生演说顷之"，继而谭延闿起而演说，乃"引申其义"①，以示对孙中山种种主张的认同。同年 1 月 10 日，孙中山又将拟定的《建国大纲》草稿示以谭延闿等人，该草稿以"三民、五权为经，以军政、训政、宪政三时代为号，已得十余条"，谭等人对此均表示"莫赞一辞"②。关于统一财政之事，涉及各军之间的利益，维时"广东的军队，都是各军占驻一两县，卖烟开赌，搜刮钱财，以饱私囊"③，其中尤以滇军为甚，孙中山对此提出了严厉的批评。据《谭延闿日记》记载："大元帅起演说，言财政事语绝沉痛，后乃责滇军，初尚委婉，终乃愤怒。"④ 此时，谭延闿便起身发言"表示希望之决心，乃以'统一财政，平均分配'八字定局"⑤。可见，在统一财政的施行过程中，孙中山与滇军将领存在着一些矛盾，而谭延闿则在必要时给予孙中山公开的声援。

在出兵北伐的事情上，孙中山原计划在肃清东江等残敌后，"即当移师北伐，以竟讨贼之功而副同仁之望"⑥，然而，在 1924 年 1 月 23 日的军事会议上，孙中山又改变了策略，其"言东江事责成东江军，

① 《谭延闿日记》（手稿本），1924 年 1 月 4 日。
② 《谭延闿日记》（手稿本），1924 年 1 月 10 日。
③ 陈锡祺主编《孙中山年谱长编（下）》，第 1757 页。
④ 《谭延闿日记》（手稿本），1924 年 1 月 31 日。
⑤ 《谭延闿日记》（手稿本），1924 年 1 月 31 日。
⑥ 陈锡祺主编《孙中山年谱长编（下）》，第 1786 页。

决以湘豫军出赣，言辞决绝，大计遂定"①。这样的计划不仅使湘军各将领认为不妥，蒋介石亦"极言出赣之不利，欲分湘军援东江"②，谭延闿认为蒋所言亦有理。于是谭延闿在 1 月 29 日拜见孙中山，并阐明了湘军出师江西的各种不利情况，但孙却"仍主不变更计划"③。于是谭延闿便与鲁涤平、宋鹤庚、谢国光、陈嘉祐等人商议湘军北上江西之事，然"谈论甚久，不主出赣之声又起矣"④。于是，谭延闿决定休息后至鲁涤平家中继续研究，后终"决以听帅令为归"⑤。可见，当孙中山的命令与湘军将领主张不一致时，谭延闿首先对孙进行劝谏，在劝谏无效时便积极施行孙中山的训令。在此过程中，谭延闿不仅要调整自己与孙中山主张不同时的心理，还要努力让湘军其他将领贯彻孙中山的命令。正是因此，谭延闿与孙中山的关系才会变得愈加紧密。在国民党第一次全国代表大会中，孙中山才会亲自提名谭延闿当选中央执行委员会委员、常务委员。会议还任命廖仲恺为大本营秘书长，而廖未到任以前，孙中山特命谭延闿兼任大本营秘书长，以协助其处理政治及军事等工作。⑥

当然，谭延闿在思想上对三民主义的服膺，缺少不了孙中山的引导。而这种引导，乃与当时以俄为师的背景分不开。在国民党第一次全国代表大会召开前，孙中山就在筹划对国民党进行改组。这次改组以俄为师，非常重视对党员政治思想的培养。孙中山曾言："此次本党改组，想以后用党义战胜，用党员奋斗。""吾党此次改组，乃以苏俄为模范。企图根本的革命成功，改用党员协同军队来奋斗。""今日由俄国革命成功观察之，我们当知军队革命成功非成功，党人革命成功乃真成功。"⑦ 由此可见，孙中山对党的建设看得至为重要，而加强党

---

① 《谭延闿日记》（手稿本），1924 年 1 月 23 日。
② 《谭延闿日记》（手稿本），1924 年 1 月 27 日。
③ 《谭延闿日记》（手稿本），1924 年 1 月 29 日。
④ 《谭延闿日记》（手稿本），1924 年 1 月 29 日。
⑤ 《谭延闿日记》（手稿本），1924 年 1 月 29 日。
⑥ 陈锡祺主编《孙中山年谱长编（下）》，第 1825 页。
⑦ 《党义战胜与党员奋斗》，中国国民党中央执行委员会宣传部编《孙中山先生最近讲演集》，中国国民党中央执行委员会宣传部，1924，第 13—14 页。

的建设重要手段便是注重对党员进行党义的教育。

在军队中，孙中山也号召发挥党员的作用，积极向军队宣扬三民主义，这样才能使一支普通的军队变成革命的队伍。1923 年 12 月 2日，为了庆祝战胜陈炯明部及欢迎谭延闿、樊钟秀，孙中山宴请了湘、豫、滇、桂、粤等军队将领并发表演说，号召各军将领"忍耐眼前的困难，专向三民主义去奋斗"，"明白主义，信仰主义"，孙中山还表示要向军队宣传，"让这十几万兵，都明白我们何以要革命的主义"，"把这些军队都造成一种革命军"①。可见，孙中山不仅要让军事将领们学习并理解三民主义，亦要加强普通士兵对三民主义的学习。在谭延闿的介绍下，湘军官佐纷纷加入国民党。② 湘军虽然战斗力与纪律性较之其他军队好，但其内部依旧存在很多问题，其中最为突出的便是编制问题和作战能力问题。湘军入粤后连续作战，这些问题均没有时间得到很好的解决，国民党"一大"召开后，在孙中山的号召下，谭延闿决定趁机对湘军进行整顿。关于编制问题，谭将入粤湘军编为五个军，分别由宋鹤庚、鲁涤平、谢国光、吴剑学及陈嘉祐为五个军的军长。在提高作战能力方面，谭延闿从加强军队纪律、政治思想教育等方面入手。为了使军队有明确的作战目标，湘军的政治思想建设便必不可少。同时，良好的纪律与明确的作战目标又可直接影响军队的作战能力。

湘军内部旧有的雇佣观念还比较严重，一些以军欺民的事情也时有发生。1924 年 2 月 10 日，有谭姓五六人来拜见谭延闿，他们"自称学生，乃为军队占据其祠堂来请求者。于是言军队滋事及占据房屋者纷至沓来"③，这些士兵欺民之事令谭延闿极为厌倦。2 月 13 日，谭延闿又表示，"连日为兵闹事所恼，时时动气，细思何为如此"④。2 月19 日，陈嘉祐向谭汇报军队之事，谭便"正言责之"，实因陈的部下

---

① 《在广州欢宴各将领会上的演说》，《孙中山全集》第 8 卷，第 468—479 页。

② 《湘军官纷请入党》，《广州民国日报》1924 年 1 月 5 日，第 3 版。

③ 《谭延闿日记》（手稿本），1924 年 2 月 10 日。

④ 《谭延闿日记》（手稿本），1924 年 2 月 13 日。

"滋事感痛苦已多，故不能更忍也"①。此外，湘军中赌博之风亦比较盛，3月10日，彭泉舫、朱剑帆便与谭延闿"谈湘军开赌事甚久"②。次日，谭便写信给陈嘉祐，令其禁止湘军赌博之事。③ 为了减少此类事情的发生，加强军队的纪律管理已迫在眉睫。谭延闿认为，他近来之所以"颇为兵士打戏馆，军官包赌规所恼"，乃是因为士兵有不良之爱好，这种"不良爱好之念不除，终于自缚而已"④。去除这些不良爱好，就要对士兵进行思想教育。当然这与湘军来源的复杂有很大关系，湘军中不仅有破产的农民、工人，甚至有土匪、恶霸等。3月15日，谭延闿得吴铁城报，后者拿获了湘军中掳人勒赎、勒收行水者，谭认为此等行为可恶之至，便复函令吴将其枪毙，谭认为此乃湘军中蒋慎先部所为，并表示这样"巧立名目以鱼肉百姓，尤不可想，明当尽法惩之"⑤。然而，3月17日，蒋慎先却因此来给部下求情，蒋"以其部下私抽行水为公安局所捕来絮絮陈说"，谭延闿"乃以正言斥之"，蒋"初尚抗辩，继乃屈服"，谭则认为此项处罚是其咎由自取，"谁令其召集匪徒以贻烦恼者，不能不自咎也"，此后谭也表示"今后当慎事于始，不可大意矣"⑥。由此可见，军中士兵违纪不仅与湘军士兵素质低下有关，与一些湘军官员的纵容和轻视亦有一定关系。在谭的斥责下，3月18日，蒋慎先来谭延闿处谢罪，以表示其"自知过矣"⑦。

面对湘军种种的违纪行为，谭延闿不禁发出了"湘军恣睢如此，何能制敌"⑧ 的感叹。为了加强军队纪律，提高军队的作战能力，1924年3月中旬，谭延闿便颁发了限制士兵外出的饬令。

> 照得三湘军纪素号严明，七泽戎行，蜚声异域，青简具在，
> 传为美谈。此次奉令入粤，各军部队能整肃军纪，辑睦商民者

---

① 《谭延闿日记》（手稿本），1924年2月19日。
② 《谭延闿日记》（手稿本），1924年3月10日。
③ 《谭延闿日记》（手稿本），1924年3月11日。
④ 《谭延闿日记》（手稿本），1924年3月12日。
⑤ 《谭延闿日记》（手稿本），1924年3月15日。
⑥ 《谭延闿日记》（手稿本），1924年3月17日。
⑦ 《谭延闿日记》（手稿本），1924年3月18日。
⑧ 《谭延闿日记》（手稿本），1924年3月19日。

虽不乏人，而士兵无故外出，嬉游无度，亦所常有。甚至结队成群，调笑妇女，捣毁戏院，逞凶私斗，藐视命令，法纪荡然，言之殊堪痛恨。若不严刑禁止，申明军纪，何以保治安而全军誉。为此，令仰该军司令，即便遵照转饬所属，一体恪守纪律，嗣后严加约束，限制兵士外出，不得再有越轨行动。本总司令行厚望焉。①

限制士兵外出固然会增加士兵的不满情绪，然而这是加强军纪、预防湘军危害乡民最直接且有效的办法。可以说谭延闿以限制士兵外出为手段，来减少湘军对平民之侵扰亦实属无奈之举。此外，谭延闿与湘军将领还就湘军军纪问题发布了多次公开的公告与训词。② 这些内容多是要求湘军做到以下几点：爱护民众，禁止扰民欺民，禁止擅取民众财务；官兵应以身作则，若官兵违纪则一定严惩不贷；土匪往往假借军队之名为非作歹，因此，严禁收编土匪；禁止随意拉夫，这样人民才能居安生业。这些对维护湘军的军纪、纯洁湘军队伍、提高其战斗力都起到了重要的作用。由此可以看出，谭延闿在加强湘军军纪方面，乃是双管齐下，一方面是限制士兵外出；另一方面则是颁布多项惩治条例，并晓谕湘军各部。前者是从实际操作层面减少湘军违反军纪的可能，后者则是令湘军在思想上有所畏惧。出现违反军纪的行为时，谭延闿亦赞成进行严厉处置。陈寅，湖南茶陵人，时任湘军旅长，他"能解散抗命之兵，杀连长及官兵七人"，可见其治军相当严厉，对此谭延闿还给予了肯定，认为陈"可谓能军者"③。

谭延闿整治湘军的另一方面便是加强对湘军政治思想的建设，培养

---

① 《为整饬军纪对湘军军官的训令》，刘建强编著《谭延闿文集·论稿（上）》，第372页。
② 仅以1924年1月至6月《广州民国日报》的报道为例，便有《谭延闿严防滋扰布告》《宋鹤庚整饬军纪》《湘军五军长颁布军律》《湘军军长布告安民》《吴剑学对所部之训词》《湘军谭总司令训兵词》《谭延闿严禁部曲滋扰》《宋鹤庚之训兵词》《湘军严禁拉夫》等10多种。其中《湘军五军长颁布军律》中明确规定："违抗军令者斩；私通敌情者斩；泄露军情者斩；奸淫掳掠者斩；造谣生事者斩；强买强卖者斩。"详见刘建强《谭延闿大传》，第239页。
③ 《谭延闿日记》（手稿本），1924年3月20日。

湘军的革命意识。此项工作孙中山也十分重视，并多次与谭延闿一起对湘军演讲，以使湘军明白三民主义与五权宪法的内容，从而使湘军拥有革命的目标。1924 年 2 月 12 日，孙中山与谭延闿检阅了湘军中陈寅一旅及刘治一团的士兵，孙中山还登台进行了长达三个小时的演讲，谭延闿认为孙的演讲"反复详尽"，"以立志及发挥能力作结，娓娓动听"①。同月 15 日，孙中山又至湘军吴剑学部进行演讲，维时天降大雨，而"吴熙农军军容尚好，枪枝整齐，队形尚合法"②，孙对雨中的官兵演讲"约二小时，听者动容"③。同月 23 日，孙中山在谭延闿、宋子文、陈兴汉、陈友仁、黄昌濬、王棠等人的陪同下，视察在广州郊区江村的湘军鲁涤平部，发给湘军军饷十万元，④ 并对湘军三千余人发表了露天演讲，孙中山言：

> 本大元帅今天来同你们湘军讲话，要发生什么效果才可以副人民的希望呢？希望发生的效果，就是要你们全部湘军都变成革命军，步革命党的后尘。为什么呢？我们在十三年前推翻满清，但是在这十三年之内不能成立真正民国，大原因就是在推翻满清之后，没有革命军继续革命党的志愿，所以从前的破坏成功，建设还不能成功。以后要建设成功，便要有革命军发生。如果没有革命军发生，就是再过十三年，真正民国还是不能建设成功。湘军各将士这次到广东，是为主义而来的，是为革命来奋斗的。诸将士要能够为革命去奋斗，便先要变成革命军。什么是叫做革命军，我刚才已经说过了，能够以一千人打破一万人的军队，才是革命军。现在广东有十多万兵，都不能说是革命军，因为他们是用一个人去打一个人的。
>
> …………
>
> 讲到战时以一可以当百的道理，是要各位兵士先有奋斗的精

---

① 《谭延闿日记》（手稿本），1924 年 2 月 12 日。
② 《谭延闿日记》（手稿本），1924 年 2 月 15 日。
③ 《谭延闿日记》（手稿本），1924 年 2 月 15 日。
④ 陈锡祺主编《孙中山年谱长编（下）》，第 1844 页。

神。何以要先有奋斗的精神呢？有了奋斗精神，才能够牺牲，才不怕死。军人到了不怕死，还怕不能打胜仗吗？奋斗精神是从何而生呢？是从主义而生。兵士要发生精神，便先要有主义；先有了革命主义，才有革命目标；有了革命目标，才发生奋斗精神。革命目标到底是什么事呢？什么是叫做革命目标呢？大家都知道革命党是拿三民主义来改造中国的。什么是三民主义呢？就是民族主义、民权主义和民生主义。①

可见，孙中山认为湘军要完成一个向革命军转变的过程，革命军的表现是以一敌十，甚至以一当百，而欲达到这样的程度必须从思想上改变，去学习三民主义，认清革命的目标。为此，孙中山还详细解释了三民主义，并描绘出三民主义所要建立的国家，就如同当时民富国强的英美一样。为了使听讲兵士不感枯燥、虚浮，孙中山还举出了革命军推翻清朝的例子以及湘人黄兴战斗的真实经历来激励湘军，使他们相信只要坚信三民主义、不畏牺牲，便可战胜敌人，最终救国救民，使人民安居乐业。此外，孙中山还勉励湘军遵守军纪，孙言："湘军纪律森严，名誉素佳，为国人所共知。希望湘军保持其向来之荣耀，俾使军民得以相安。"② 聆听过演讲与训词的湘军各将士，亦纷纷宣誓，表示愿服从孙中山的命令且始终如一。此外，谭延闿还时常组织湘军将领共同学习国民党"一大"的会议精神，并让他们将之贯彻于全军。在谭延闿的领导下，湘军还建立了国民党党支部，这些支部将国民党"一大"的宣言及孙中山的革命思想印成册子发放给官兵，借以宣传孙中山的三民主义和联俄、联共、扶助农工的三大政策。③

在以上种种对官兵的编制、纪律和思想的整顿后，湘军的作风比原来有所提高，至 1924 年 4 月湘军东征时，湘军方鼎英部的军队还得到了当地士绅的称赞：

---

① 孙中山：《革命军要明白三民主义并为之奋斗牺牲》，黄彦编《孙文选集（下册）》，广东人民出版社，2006，第 429—437 页。
② 陈锡祺主编《孙中山年谱长编（下）》，第 1845 页。
③ 刘建强：《谭延闿大传》，第 239 页。

> 贵部各军入驻敝乡岗贝以来，对于民间木料，不取分毫，每要燃烧，必以洋毫向墟市以购用，诚为难得，确有爱民如赤子，情实无虚。麾下贵部，确可称为各军之大良模也。如此美德，仁爱于地方，地方人民，感戴麾下，并凡贵部所统辖如驻扎榨吓坊各长官、各部员、各兵士等，厚恩永久弗忘也。①

维时，在东征时"湘军转战千里，所向有功，而爱民惜物，保护地方，益不遗余力"②。由此可见，谭延闿对湘军的各种整顿还是取得了较好的效果。

此外，谭延闿自己亦在这段时间积极学习孙中山的革命思想。谭延闿的学习主要从两个方面进行。

其一，孙中山在学校、军队等处演讲三民主义革命思想时，谭延闿多跟随之并仔细听讲，从孙中山的话语中直接领受孙中山的思想。国民党"一大"召开后，国民党更加重视学校中的党化教育，甚至提出国民党党员到学校中任教，以扩大国民党在青年中的影响力。③ 在此背景下，孙中山便经常去广东高等师范学校、岭南大学等校演讲，谭延闿在广州时经常追随孙赴这些学校，并在返家之后，在日记中记录听演讲后的感受。1924 年 2 月 24 日，谭延闿"从大元帅至第一师范，听演讲民族主义，娓娓万言"④。从"娓娓"两字中便可看出，孙中山演讲虽有"万言"，而谭延闿却听得津津有味。同年 3 月 2 日，谭延闿又至高等师范学校，"听孙先生演说，颇杂诙谐，闻者大笑"⑤，在听过演讲后，孙中山还针对当时国民党中的事务和党义与谭延闿交流甚多。一周后，谭又在相同的地点，"听大元帅演说民权主义，自三时至五时乃毕。前半颇庄重，后乃杂以诙谐，听者皆动容也"⑥。可

---

① 《湘军军纪之严明》，《广州民国日报》1924 年 4 月 9 日，第 6 版。
② 《湘军军纪之严明》，《广州民国日报》1924 年 4 月 9 日，第 6 版。
③ 中国第二历史档案馆编《中国国民党第一、二次全国代表大会会议史料（上册）》，江苏古籍出版社，1986，第 32—33 页。
④ 《谭延闿日记》（手稿本），1924 年 2 月 24 日。
⑤ 《谭延闿日记》（手稿本），1924 年 3 月 2 日。
⑥ 《谭延闿日记》（手稿本），1924 年 3 月 9 日。

见，谭延闿在聆听孙中山的演讲时，不仅注重对演讲内容的把握，还善于观察孙中山的演讲技巧。

其二，维时社会中有很多宣传孙中山思想的著作及演讲稿，谭延闿无暇去听孙中山演讲时，便阅读孙的文字来学习其政治思想。1924年2月12日，谭在其日记中言："阅中山先生民族主义演说稿一过"①，同年2月21日，谭延闿又阅读并手书孙中山的《建国大纲》，并发出以下感慨：

> 所谓圣君贤相，皆仅谋一时之安，无能为国家计久长，人民图乐利者，世人亦相习而安之。有一言设施者，必相与非笑攻击，使不得逞。挽近海禁既开，人习于外事，乃知无为之不可二□，则又稗贩异国之故思事法而人效之，卒之效者形而弊乃大着。呜呼，其真吾国人之不足与言治欤。不审其致病之由，而苟幸其不死，与高言治理，而无审方施术之功，均之惑也。惟中山先生深明古今治乱之源，洞观中外异同之迹，覃精研思垂三十年，于所以建设吾国者，反复推论，断然知其可行，日以之强聒于众，而众莫之悟。比年以来，国家阽危之象益不可掩，国人知识亦日进于前，始恍然于先生所言，盖犹规矩准绳之不可偭越。先生□橐栝凤昔所论说，笔之于书，为《建国大纲》二十五条，本末次第，粲然具备，信乎再造中国舍此奚由也。既已写定，公之于世，乃书此册授之哲生，哲生敬谨奉持，固不敢与寻常书翰同其珍视。他日治定功成，读史者得见此册，将等于《大训》、《河图》，夫固非孙氏一家之宝矣。延闿既亲值属笔之时，又得授简以书其后，有余荣焉。②

谭延闿认为孙中山的《建国大纲》，从时间上讲，乃是总结了历史的经验教训；从地域看，乃是洞察了中外的异同。以前孙中山将他的思想"强聒于众，而众莫之悟"，当国家处于动荡危乱之中，国人

---

① 《谭延闿日记》（手稿本），1924年2月12日。
② 《谭延闿日记》（手稿本），1924年2月21日。

的知识水平提高以后，才恍然明白孙中山的主张，"犹规矩准绳之不可
僭越"。此处，谭延闿书写国人对孙中山思想认识的变化，亦正是其内
心思想变化的真实过程，谭自身也经历了从"莫之悟"到"恍然明
白"的转变。而此时，他认为孙中山《建国大纲》的影响，可与《大
训》《河图》相同①，可知谭在政治思想上已经完全地服膺孙中山。

四　谭延闿率湘军东征

1924 年 2 月 11 日，因统一财政问题没有解决，孙中山便决定暂缓
原来计划的湘军入赣之事。② 而此时，被湘、滇、粤等联军打败的陈
炯明仍盘踞在惠州等地，且利用潮汕丰富的资源及惠州易守难攻的地
势迅速壮大，对广州军政府构成巨大的威胁。同年 2 月 17 日，孙中山
在大元帅府召开各军总司令和军长参加的军事会议，重点商讨攻打东
江陈炯明的方略。孙此时选择攻打陈炯明可以从以下方面分析。

首先，陈炯明盘踞在广州军政府的附近，威胁较大，若不消灭陈
炯明则出师北伐的根基便不稳。谭延闿率湘军入粤，亦是广州军政府
受到威胁所致。为避免北伐时再出现类似的情况，便必须清除陈炯明
对广州的威胁，巩固军政府的安全，为北伐营造一个安定的后方。其
次，广州军政府所依靠的滇、粤、桂、湘等军队，相互之间亦有矛盾，
东征陈炯明可以使各路"联军"一致对"外"，减轻内部矛盾。虽然
谭延闿曾公开表示："湘军与滇军同为国家出力，同为大元帅驱策，无
分彼此，均属一家，外间谣言，不可深信。"③ 但各个军队间的矛盾却
是真实存在的。滇军、桂军入广东较早，他们占据要津、截留税款，
并"觉得自己在广州，就象是在火车站候车的乘客。每个人都尽力积

---

① 《书·顾命》中有言，"嗣守文、武大训，无敢昏逾"，详见曾国藩《经史百家杂
抄（下）》卷 22，岳麓书社，2015，第 841 页。宋朝杨简撰有《先圣大训》一
书，此处《大训》应指传统儒家的经典。《河图》原为上古传说之物，此处与
《大训》一起象征对中国有巨大影响的书。谭延闿用两书来突出孙中山《建国大
纲》的重要性。
② 陈锡祺主编《孙中山年谱长编（下）》，第 1837 页。
③ 《关于三江形势答记者问》，刘建强编著《谭延闿文集·论稿（上）》，第
372 页。

蓄足够的力量，以便打垮广州的竞争者或收复‘各自的’省份，他们通常都既不关心他们所占地区的经济发展，也不关心居民生活的改善”①。据胡汉民回忆，谭延闿率湘军入粤后，“滇、桂、黔各军，以为谭先生将危及他们的地盘，都人人自危”②。由此可见，当时驻守粤境的各省军队，确有矛盾，而东征陈炯明则可缓解这种矛盾。再次，东征讨陈可配合皖系将领臧致平等人在福建的军事活动。福建的臧致平在 1923 年多次与孙中山联合对抗陈炯明，1924 年 3 月 16 日，谭延闿“得臧致平电，日内反攻漳泉”，继而谭认为“东江更不可缓”，并“至为焦急也”③。此后不久，陈炯明便派洪兆麟率部进攻臧致平，谭认为“盖洪逆援漳事已确，若漳失败，则闽亡而粤危”④。为了牵制陈炯明的兵力、避免福建的丢失，东征讨陈亦是势在必行。最后，广州军政府财力有限，若各省军队均驻守在粤境、不思巩固军政府，则会更加消耗军政府的财政，而攻打陈炯明则有可能为军政府增加新的财政来源。维时谭延闿对此亦深有认识，谭曾言：“以广东一省之财力供给五六省之军队，不惜外借，实力有未逮。吾人为国忘家，安能日向孙先生索饷。”⑤ 由此可见，在经济上军政府亦不能固守广州附近。

在此背景下，孙中山令湘军总司令谭延闿催促驻粤湘军早日出发，“如有因领款未齐，以致延滞者，应饬令军需处提前筹发，俾利戎行”⑥。1924 年 3 月底，谭延闿发表东征总攻击前的军队动员令：

> 这回我们湘军全体官兵离家乡，抛妻子，不远千里来到广东地方，个个都是很明大义，脑筋中抱了一种主义，想为国家做点事，为湖南造点福……可见我们打仗，原不但为国家作事，实实在还是为我们湘军生死关头去奋斗，为个人的前程去奋斗。倘若

---

① 〔苏〕亚·伊·切列潘诺夫：《中国国民革命军的北伐：一个驻华军事顾问的札记》，曾宪权等译，中国社会科学出版社，1981，第 29 页。

② 胡汉民：《悼谭组庵先生》，《胡汉民回忆录》，第 199 页。

③ 《谭延闿日记》（手稿本），1924 年 3 月 16 日。

④ 《谭延闿日记》（手稿本），1924 年 3 月 29 日。

⑤ 《关于三江形势答记者问》，刘建强编著《谭延闿文集·论稿（上）》，第 372 页。

⑥ 《大元帅催促湘军出发》，《广州民国日报》1924 年 2 月 28 日，第 3 版。

听奸人的话，不打东江，将来使贼兵得了势。我们连死都没有葬的地点，其他的事情更不消说了。再说别项的问题，粤东一省的兵，纵少也有十余万，一省的财力纵然富足，也是竭泽而渔了。到了这个困难地步，我们大元帅还是刻刻顾着我们湘军。若说没有饷发，大家要想，现在中国经了许久战争，不但广东没有十分足饷，就是那一省那一军都是一样。连外国那样富足的地方，欧洲打了几年仗，就连饭都没有吃。你们虽没有见过，想必也曾听见人家说过的，况且广东富足的地方尽在东江，我们能够把东江打开，饷源就可充足起来。倘若长长困在省城，岂不坐以待毙吗？总合以上各事，看起来，我们打仗为国家做事，便是为湘军争生死，便是为自己争前程，万万不可中了奸人的诡计。①

由上述史料可知，谭延闿在给湘军士兵讲述保家卫国的思想时，也指出湘军军饷确实比较短缺，只有击败东江的陈炯明才能得到更多的军饷，若非如此，不仅只能坐吃山空，还会坐以待毙，有被陈炯明部反扑的危险。因此，谭延闿晓谕湘军讨陈不仅是为国家，亦是为湘军、为自己而作战。对谭延闿个人而言，他也深为军饷问题而忧心。1924 年 3 月 18 日，有湘军将领"哭丧着脸，言给养不够"，然谭亦无奈，只能感叹"吾末如之何也。欲得批加，岂可得哉"②。3 月 22 日，谭又言"钱既无着，乃急于开始攻击，真焦灼也"③。同月 27 日，在谭延闿的一再请求下，孙中山令广州市政厅，"即日拨现款二万元，交湘军领收"④。这远不够湘军东征的军费。然而，孙科却"言湘军给养事极久，颇以不即开始攻击为言"，同时，谭又"知帅座以兵不进着急"⑤。于是，无奈之中，谭延闿于 1924 年 4 月初，正式向湘军下达总攻击令。在军饷不足的情况下，谭延闿依然激励湘军东进，响应孙中山的号召，可见其对孙的忠心与服膺。

---

① 《对湘军全体训词》，刘建强编著《谭延闿文集·论稿（上）》，第 373—374 页。
② 《谭延闿日记》（手稿本），1924 年 3 月 18 日。
③ 《谭延闿日记》（手稿本），1924 年 3 月 22 日。
④ 《湘军请发作战费》，《广州民国日报》1924 年 3 月 28 日，第 6 版。
⑤ 《谭延闿日记》（手稿本），1924 年 3 月 29 日。

　　湘军东征刚开始还比较顺利，4 月 11 日占领了响水，同月 17 日又攻克了河源等地，谭延闿均及时汇报给孙中山，孙复电给谭及湘军各将领，勉励他们"剿抚兼施，计可即下，湘军素称善战，甚盼一往直前"①。然而，随着湘军的不断深入，"联军"的问题也相继暴露，东征讨陈也变得愈加不利。其具体问题可从以下方面分析。

　　首先，军饷和各种军需物品缺乏，供给严重滞后。此问题在全面总攻前便已经暴露，等湘军深入东江之后便显得更为严重。在总攻初始，谭延闿便得到鲁涤平的来信，"云前方将有索饷风声"，因为军饷一时难以筹措，谭只能命鲁"宜极镇之"②。其后，周汇清、刘竞西又向谭延闿言款事，使谭为之"真着急复恼人"③。4 月 19 日，孙中山催促湘军速进，而前方的湘军将领则来信，"云给养无着"④，前线催军饷之甚急，然而谭延闿除焦急外别无他法。对此，谭延闿不禁感叹："脂膏已竭，膂力疲惫，奈之何哉。"⑤ 6 月 1 日，在与鲁涤平谈话后，谭再次表示，"无财不可以为悦"，并将不能满足湘军军饷之事，归责于自己，称"吾知罪矣"⑥。

　　其次，湘军深入粤地，除生活习性与粤人不同外，更多的是不适应粤地的气候，湘军士兵因水土不服而患病者甚多，这严重影响了湘军的战斗力。6 月中旬谭延闿受孙中山之命，到前线督师时，发现湘军士气萎靡，"病者过半，日有死亡，惟以和为望，言之可伤"⑦。在行军途中，谭"闻人言湘军感情尚好，为一喜。见病兵颠踬路旁，又为一悲"⑧。蒋介石对湘军中的病情亦有所闻，并提出了解决方案，蒋言："军中时疫流行，其原因多在饮水不洁，如可移驻之营，总以迁地为良。先生戎马多劳，更须保重。"⑨ 由此可见，当时湘军士兵患病之

　　① 《大元帅勉湘军将领电》，《广州民国日报》1924 年 4 月 21 日，第 3 版。
　　② 《谭延闿日记》（手稿本），1924 年 4 月 3 日。
　　③ 《谭延闿日记》（手稿本），1924 年 4 月 4 日。
　　④ 《谭延闿日记》（手稿本），1924 年 4 月 19 日。
　　⑤ 《谭延闿日记》（手稿本），1924 年 4 月 26 日。
　　⑥ 《谭延闿日记》（手稿本），1924 年 6 月 1 日。
　　⑦ 《谭延闿日记》（手稿本），1924 年 6 月 17 日。
　　⑧ 《谭延闿日记》（手稿本），1924 年 6 月 18 日。
　　⑨ 吕芳上主编《蒋中正先生年谱长编》第 1 册，台北"国史馆"，2014，第 260 页。

严重。据当时的湘军将领方鼎英回忆，湘军东征陈炯明时，正值夏季"瘴气肆虐，外地人来多患恶性疟疾及火症瘟疫等病，常发高烧至 40 多度，朝发病而夕身死，即有医药亦挽救不及矣。况当时根本谈不上医药呢！以至弄得几乎连站岗放哨都成问题。人人自危，不可终日"①。

最后，湘军、滇军、桂军等相互配合不当亦是东征各军存在的重要问题。滇军与桂军多求自保，在东江讨伐中较为消极，而湘军在谭延闿的指挥下，积极响应孙中山的号召进剿东江，从而造成湘军孤军深入，给敌人以可乘之机。滇、桂军队对东征陈炯明兴趣不大，"因为战斗的胜利非但无利可图，反而会使他们丧失凭借'广州的保卫者'的权利所暂时享有的种种好处"，"他们指望凭借广州财源茂盛来积蓄力量，然后转入进攻，不过不是向东，而是向西和西北进军，以图夺回各自的省份"②。关于这一点，胡汉民亦有回忆，在东征时"驻省各军，都不为所动，只有谭先生独提湘军，努力猛进"③。

当然，除此之外还与谭延闿是文人出身，对于军事不擅长有关系，但从东征陈炯明的过程中亦可看出，以谭延闿为首的湘军响应孙的号召最为积极。虽然此次东征未取得预期的效果，但孙中山对谭更加信任。在东征陈炯明的过程中，谭延闿向孙中山提出的汇报或建议，除在某些有关军费问题上略有异议外，谭的建议孙多予以准许。

1924 年 5 月初，谭延闿、于右任等人为北方来粤的多位学生向孙中山说请，希望孙可以降低标准使他们被军校录取，谭延闿等人言：

> 该生等向均为本党主义，在各省内地奔走运动最力之人，而亦素抱为国牺牲志愿之最坚决者，故皆不惜放弃正在修业之母校，冒尽艰险来粤，投靠军校，非好为新奇，乃为异日为党为国供牺牲效奔走之准备也。今竟未蒙录取，在生等或因学历不足，然亦

① 方鼎英：《谭延闿的湘军及其与孙中山的关系》，《广东文史资料精编（上）》第 1 卷，第 466—467 页。

② 〔苏〕亚·伊·切列潘诺夫：《中国国民革命军的北伐：一个驻华军事顾问的札记》，第 124 页。

③ 胡汉民：《悼谭组庵先生》，《胡汉民回忆录》，第 199 页。

未必竟至不堪造就。设即如此返里，不惟无面目见故乡父老，甚至发生意外之惨剧，诚所谓欲进不能，退又不可，求生无路，求死不得。辗转思维，惟有遍恳同乡及大会代表诸公，体念生等不远数千里来粤求学之诚，务为转请大元帅恩施格外，俯准入校肄业，以资造成，而免向隅等情前来。①

从材料中的"遍恳同乡"来看，谭延闿为之求情的学生中，应该有湖南籍者。再结合谭延闿日记 5 月 6 日的记载，有"旅粤湖南学会学生代表张农、毕磊"② 等来拜访，更能证明此点。在孙中山的授意下，时任黄埔军校校长的蒋介石，在招收北方学生时便放宽了要求。此外，谭在向孙中山给湘军请功时，孙也多应允。1924 年 7 月，湘军谢国光部有名叫陈楚军的士兵，被敌击中落入水中，幸被友军救起。谭延闿便上书孙中山，请友军返还谢部的士兵及其所携带枪支、弹药，并请孙中山予以嘉奖。③ 对此，孙中山亦准谭延闿所请，并请军政部照章办理。④

在东征陈炯明时，谭延闿遇到最大的困难是军饷的问题，这直接影响了军队的士气与作战能力。谭延闿与孙中山的异议亦多发生在这方面。在东征总攻前，孙中山便将烟税交予湘军管理，谭延闿虽不愿意与烟牵扯上关系，但湘军将领认为有利可图，乐意为之，谭亦不好阻拦。据谭日记载，"帅意将以禁烟事属之湘军，滇赌湘烟成事实矣。吾初意不愿湘军有此，然今湘军将领皆欲甘心焉，吾何为阻之"⑤，此后，鲁涤平便就任禁烟督办。然而，在庞大的东征军费开支下，烟税远远不能满足湘军的需求。

1924 年 6 月下旬，因为东征军费问题迟迟得不到解决，谭延闿便与

---

① 《谭延闿致孙中山函》，桑兵主编《各方致孙中山函电汇编》第 8 卷，第 175—176 页。

② 《谭延闿日记》（手稿本），1924 年 5 月 6 日。

③ 《谭延闿呈孙中山文》，桑兵主编《各方致孙中山函电汇编》第 8 卷，第 355 页。

④ 《给谭延闿的指令》，中国社会科学院近代史研究所等编《孙中山全集》第 10 卷，中华书局，2006，第 422 页。

⑤ 《谭延闿日记》（手稿本），1924 年 3 月 24 日。

杨希闵、刘震寰一起致电孙中山，请其以劝捐的形式筹组军饷，电称：

> 窃以东战方殷，北伐待举，馈饷不足，必误戎机。况军日以
> 增，用日以繁，一切筹措虽悉由帅座睿衷独断，而职等任司辅佐
> 亦理合忝勤分担。愿竭一得之愚，聊筹涓埃之助。惟地方税课罗
> 掘已空，强制加征，腹削俱备。若取之再非其道，人民必不能堪。
> 盖横征暴敛固仁者所不为，而出之以奖励，董之以义礼，则人心
> 滋悦，必有倾囊相助者。今职等公同议决，共设□战时军需筹备
> 处，其筹款之宗旨曰劝捐。其劝捐之范围，无论水陆，凡不病国
> 害民、不妨碍政府财政者皆属之。①

因为劝捐的范围较大，且在施行过程中容易造成强捐或军队徇私
舞弊等行为。所以孙中山不准成立临时军需处。孙中山指出，劝捐一
事，"于财政前途更滋纷扰，利未着而害已形，宜即取消此议，另策良
图。所请备案之处，碍难照准"②。然而，筹措军饷的良策却迟迟没有
找到，无奈湘军的将领便在当时的增县、从化县地区发行抵借证，此
事被两县的议员汇报给孙中山，孙便下令谭延闿立即取消此项行动，
并言："各军自由抽取杂捐，迭经明令禁止，尤不应违令擅抽，致紊财
政"，"令仰该总司令即便转饬概行撤销。如该军在别县尚有此种行
动，并应由该总司令查明一律禁止"③。

总体而言，在东征期间谭延闿与孙中山二人配合较好，谭积极奉
命率湘军进行东征，虽然有后援不足、湘军水土不服、滇桂军队消极
配合等困难，但谭依旧努力讨伐陈炯明。"自总攻击东江令下后，联军
出发者在七万以上，而尤以湘军居多数。"④ 至于该时段谭与孙两人的
异议，多是在对湘军补给的方法上，而非实质性的政策分歧，而湘军
某些筹备军饷的不当措施，亦是湘军在后援不足下的无奈之举，孙也

---

① 《谭延闿等呈孙中山文》，桑兵主编《各方致孙中山函电汇编》第 8 卷，第 298—
　299 页。
② 陈锡祺主编《孙中山年谱长编（下）》，第 1936 页。
③ 《给谭延闿的训令》，《孙中山全集》第 10 卷，第 408—409 页。
④ 《湘军军纪之严明》，《广州民国日报》1924 年 4 月 9 日，第 6 版。

可以理解。因此，这一段时间，不仅谭延闿与孙中山的关系更为紧密，而且孙中山周边的廖仲恺、胡汉民等人对谭延闿和湘军也尤为关切。[①] 然而，此次东征最后还是因 9 月江浙战争爆发及广州商团叛乱，而未达到预定的目标。

第五节　支持平叛商团和奉命出师北伐

目前学者在研究广州商团叛乱事件时，认为湘军首领谭延闿"始终不赞成缴商团械"[②]。然而这与史实不符，事实上，谭延闿不仅积极支持孙中山对商团采取强硬手段，还在最后直接派出了部分湘军参与平叛商团。此外，在孙中山北上期间，谭延闿还担负了北伐的重任。由此可见谭延闿对孙中山的支持与服膺。

一　支持孙中山镇压商团

广州军政府与商团的直接矛盾源于税收，由于军费等巨大的财政压力，1924 年 5 月，军政府决定征收铺底捐税，对此商团坚决反对。5 月 28 日，商团代表在广州召开"团务会议"，成立联防总部，并推举陈廉伯为总长。不久，陈廉伯便向香港南利洋行订购各式长短枪 9000 余杆，子弹 300 多万发，装船"哈佛"号准备偷运回广州。[③] 为防患未然，陈还向大本营军政部购军火入口护照一张。8 月 9 日至 10 日，有人向广州军政府密告，谓"即有大批军火装运抵省"[④]，孙中山便将"哈佛"号拦截，并命令将所载军械封存。8 月 11 日，孙中山手谕大本营军政部吊销陈廉伯的军火入口护照。次日，商团千余人请愿，孙中山亲出演说，阐明扣押商团军械原因，[⑤] 此事终成商团与军政府矛

---

① 吕芳上主编《蒋中正先生年谱长编》第 1 册，第 260 页。
② 吴坤胜：《广州商团叛乱与孙中山的斗争》，《华南师范大学学报》1983 年第 3 期。
③ 陈锡祺主编《孙中山年谱长编（下）》，第 1966 页。
④ 《扣留私运军火案四志》，《广州民国日报》1924 年 8 月 15 日，第 3 版。
⑤ 《谭延闿日记》（手稿本），1924 年 8 月 12 日；陈锡祺主编《孙中山年谱长编（下）》第 1969 页。

盾公开化的导火线，谭延闿对此亦深表忧虑。

　　1924 年 8 月 18 日，谭延闿与廖仲恺、许崇智、樊钟秀等人一起商议防范商团之事，次日谭又召集湘军将领宋鹤庚、鲁涤平、吴剑学及陈嘉祐四位军长，商议商团问题。[①] 8 月 23 日，谭听说商团将要罢市，而"外县则东莞继佛山而起"[②]，同日谭延闿被任命为大本营军事委员会委员，且派湘军一营赴佛山制止罢市。[③] 同月 25 日，谭"闻罢市颇确，西关及各大商家皆实行闭门，小街小店则半掩，惟果摊、食物店不闭，侦骑四出，人言庞杂"[④]。

> 余出至省长公署，沿途店户惟大商店确闭门，余但不开板，而门出入如故，未为罢市也。遇介石，同至仲恺公事房，陈其瑗、陈树人、樊醒民、胡干丞、许汝为皆在。议镇抚事，孙哲生、吴铁城亦来议，仍从劝导入手，不听者再议所处。余出，乃渡海见展堂，言伍梯云调停事未为有效。此事商团诡谋，政府揭破之甚是，但不应发护照，使得借口，此不检点之过也。[⑤]

　　从谭日记可知，当时广州商团的罢市有名无实，只有较大的商店罢市，余则"出入如故"。谭认为调停只是商团的"诡谋"，政府应当对之采取强硬手段，但之前政府为商团颁发的军火入口护照，给其以把柄。8 月 25 日，为商团颁发军火入口护照的许崇灏被停职查办，由陈兴汉接替其职务。[⑥]

　　8 月 26 日，"罢市如故，大商店皆不开门，小店则开门而不开板，所谓蝙蝠式之罢市"[⑦]。同日，谭延闿赴广东省公署，见周裕如、许崇智、蒋介石、伍朝枢等人商议对付商团事，"事亦不易言也""乃决定

---

① 《谭延闿日记》（手稿本），1924 年 8 月 18、19 日。
② 《谭延闿日记》（手稿本），1924 年 8 月 23 日。
③ 陈锡祺主编《孙中山年谱长编（下）》，第 1983 页。
④ 《谭延闿日记》（手稿本），1924 年 8 月 25 日。
⑤ 《谭延闿日记》（手稿本），1924 年 8 月 25 日。
⑥ 陈锡祺主编《孙中山年谱长编（下）》，第 1984 页。
⑦ 《谭延闿日记》（手稿本），1924 年 8 月 26 日。

以限时开市为一种布告"①。当日，广东省长、广州卫戍司令及滇、桂、湘等五军总司令联衔发布公告，"限罢市各店于 27 日上午 8 时开市，否则，当置于军事处分之下"②。8 月 27 日，谭"闻今日仍闭市如昨日，或言有开者，然亦半开门耳"，随后谭见孙中山陈说商团之事，"问答皆入情入理之词，知时会之艰难，解决之不易，轻重之难合，讨论久之出"。谭又至省公署与众人商议：

> 介石尤主张急进，李宝祥尚欲希望和解也。汝为来，持论亦平，梯云、精卫、哲生、铁城、邹鲁均在座。饭后，周自得始来，开始讨论，乃决呼廖行超至，廖派王参谋来，昨夜会议席说傻话者也。大众讨论亦近情理，决明日十二时后，用包围威逼政策以期实行。吾虽觉事不易为，为不易成，成不易善后，然无以易之。归，则鲁、谢诸人正饭，乃入座。饭后，与鲁深谈久之，颇有孤立之感。③

在讨论对商团的决策中，国民党内部意见不一，蒋介石主张积极镇压，而李宝祥则希望和平解决，许崇智又是一种论调。虽然会议决定使用高压的政策令商人停止罢市，但谭对此事的解决仍持较为悲观的态度。其中主张调停者，以滇军将领范石生与廖行超最为积极。④ 8 月 28 日，谭延闿闻许崇智处聚集多人商议调停商团之事，当日谭得到消息，云：

> 调停已妥，明早开市，商团改组，而政府则还枪，赦二陈（陈廉伯、陈恭受——引者注），范（范石生——引者注）、廖（廖行超——引者注）皆云面谒帅座，已许之矣，颇为疑讶。渡

---

① 《谭延闿日记》（手稿本），1924 年 8 月 26 日。
② 《五总司令警告商店开市》，《广州民国日报》1924 年 8 月 27 日，第 6 版。
③ 《谭延闿日记》（手稿本），1924 年 8 月 27 日。
④ 早在 1924 年 8 月 26 日，范石生便函广州总商会，愿为商团做调停人，尽其力之所及，以谋解决；当日范并派代表到总商会，参与调停会议。商会代表见范有调停之意，并将所拟的七项条款交给范，请其向孙中山疏通。详见香港华字日报社编《广东扣械潮》卷 1，香港华字日报出版，1924，第 46 页。

海见帅，鲍罗丁、宋子文在座，以所闻问帅，则云但许前两条办到，再商后两条，非已允，云其答汪精卫电话亦如此……吴铁城偕日本领事来。吴云得李宗黄电，商人以今日枪毙其作侦探之团员，复翻议，方在调解中，吾终疑其诈也。久之，汝为、精卫、梯云来，言所议未终，而帅电话至，既有范、廖，不须更言，亦无结果也。周裕如、赵济民、曾万钟来，云见廖品卓，明早开市之行须午后再说，只索听之，吾于此终恐敌人以计缓我也。①

可见，范石生等人对孙中山政策的阳奉阴违，也引起了谭延闿的怀疑，遂面见孙中山以询问详情。虽然孙不完全赞同范、廖的行为，但迫于形势只好听任其去调停。② 而谭延闿则主张对商团实行高压政策，接受调停在其看来只是商团的缓兵之计。孙中山与谭的看法相同，亦觉得商团有拖延之意，孙言："商团数来调和，每次皆以事故中变。此其故意延长时间，以待东江敌人反攻为夹攻之计，已无疑义。我等不可尚在梦中也。今日若尚无解决，则非死中求生不可。"③ 8 月 29 日，谭延闿赴大本营见孙中山，并目睹了范、廖二人与商团的谈判经过。

　　廖品卓偕数商人入坐议条件，余偃卧于床，伪睡以听之，与伍梯云往时所议大同，特明言还枪耳。最后议令商人报效一款，争多论少，如买菜然，深为之耻，政府扣枪乃为敲竹杠耶。诸人去，范、廖谈次皆有挟敌自重意，可哀。乃出至省长署，精卫、汝为、梯云皆在，所言多感慨，乃知此事未易言也。吃点心后，周自得来，亦不以还枪为然。……帅座闻余言各情形，亦深不以草草为然，然今日事只合如此矣。④

---

①　《谭延闿日记》（手稿本），1924 年 8 月 28 日。
②　孙中山答应范、廖调停确系无奈之举。若孙用武力镇压罢市，则不仅容易引起外国势力的干涉，而且范石生、廖行超亦有可能调前线滇军返回广州，对军政府施压，在这种半兵谏的情形下，孙中山考虑到"范、廖且有实力，而外人又以实力劝告，迫得暂允范、廖之情"。详见香港华字日报社编《广东扣械潮》卷 1，第 48—50 页。
③　陈锡祺主编《孙中山年谱长编（下）》，第 1989 页。
④　《谭延闿日记》（手稿本），1924 年 8 月 29 日。

　　范石生、廖行超的调停意见与谭延闿对商团的主张大相径庭，谭认为不应该还枪支给商团，而范、廖二人"挟敌自重"，对此孙中山虽"意殊不尔，且甚愤"，但迫于形势仍准备按范、廖之条件还枪于商团。对此，谭延闿则言："吾甚虑此事之翻覆也。"① 然而，8月30日谭延闿在谒见孙中山时，与伍朝枢、傅秉常同看英国领事就商团事的来书，书中向广州军政府提出了种种无理要求，英领事警告广州军政府言："经奉香港舰队司令命令，如遇中国当道有向城市开火之时，英国海军即以全力对待之。"② 孙阅后"乃大怒，因欲推翻昨案，令吾别具草，因遂作数百字，帅亲加点定而出"③。8月31日，孙中山在国民党中央全会上，谴责范、廖不服从政府命令，并声明绝对否认范、廖二人与商团所签订的"调和条件"④。9月1日，孙中山发表对外宣言，抗议英国就商团事件干涉中国内政；孙还致电时任英国首相的麦克唐纳尔，对英政府支持商团谋叛提出了强烈的抗议。⑤

　　9月9日，广州商团乘广州军政府北伐之际称：若政府不发还扣押军械，则令商团代筹北伐军费三百万等事项便无从谈起。⑥ 9月12日，谭延闿知胡汉民"决计发还扣械"，并为此感叹道："既有今日，何必当初，不能不叹失算也。"⑦ 9月14日，"汪精卫与商人亦将妥协"⑧。次日，广州正、副团长陈廉伯、陈恭受分别通电，表示拥护孙中山，服从广州军政府。⑨ 9月16日，谭延闿偕胡汉民等人访范石生，谈甚久，范"仍袒商团话多"，后商团人来，谭延闿等人才离开范的

①　《谭延闿日记》（手稿本），1924年8月29日。
②　《大元帅反对帝国主义干涉吾国内政之宣言》，《广州民国日报》1924年9月4日，第2版。
③　《谭延闿日记》（手稿本），1924年8月30日。
④　陈锡祺主编《孙中山年谱长编（下）》，第1990页。
⑤　《大元帅反对帝国主义干涉吾国内政之宣言》，《广州民国日报》1924年9月4日，第2版。
⑥　香港华字日报社编《广东扣械潮》卷2，香港华字日报出版，1924，第96—97页。
⑦　《谭延闿日记》（手稿本），1924年9月12日。
⑧　《谭延闿日记》（手稿本），1924年9月14日。
⑨　香港华字日报社编《广东扣械潮》卷2，第92—93页。

住处。① 可见，谭延闿对商团并无好感，且在处理问题中谭一直避免直接与商团进行接触。孙中山鉴于陈廉伯、陈恭受通电服从政府，于9月19日勒令广东省政府取消对他们的通缉，并发还两人被查封的家产。② 9月20日，孙中山电令范石生、李福林及廖行超，告其唯商团依照民国颁布的《民团条例》改组，则可发放被扣军械。③ 9月下旬，孙中山核准由滇、湘、桂、粤军四总司令杨希闵、谭延闿、刘震寰、许崇智负责发还团械。④ 其间关于发还商团枪械几经波折，至9月27日，谭延闿、许崇智、伍朝枢、汪精卫及胡汉民等人，又聚之"商扣械问题"，"李登同主就现存枪发还，商团不须报效捐房捐借二、三十万。此论亦通，吾与展堂、汪、廖皆赞同，汝为不谓然也"⑤。由于北伐的压力，谭延闿主张迅速解决商团之事，因此对李提出的建议较为赞同，但终因许崇智的反对而未实施。

　　1924年10月1日，广东全省商、乡团代表在佛山开会，商议索还枪械及实施第二次大罢工，宣称誓与团械共存亡。⑥ 9日，商团再次威胁罢市，为了缓和形势，胡汉民于10日发还部分枪械给商团，同日，商团军向中共广东区委组织的各界纪念武昌起义13周年集会的游行群众开枪。谭延闿闻"商团收受枪械，乃至枪毙学生、工人"，不仅心中愤慨，同时谭致电胡汉民希望其对此事严加查办。⑦ 12日，商团依旧罢市，且商团的军事据点西关还贴有"打倒孙政府"等标语，此骄横之状更令谭"为之气愤"⑧。如此情况之下，谭延闿对商团彻底失去了耐心，各商界代表有来见谭延闿者，谭只是"敷衍之而去"⑨。此

① 《谭延闿日记》（手稿本），1924年9月16日。

② 《取消通缉两陈之省令》，《广州民国日报》1924年9月22日，第3版。

③ 《发还扣械之近讯》，《广州民国日报》1924年9月22日，第3版。

④ 《四总司令负责分发团械》，《广州民国日报》1924年9月25日，第6版。

⑤ 《谭延闿日记》（手稿本），1924年9月27日。

⑥ 陈锡祺主编《孙中山年谱长编（下）》，第2018页。

⑦ 《谭延闿日记》（手稿本），1924年10月11日；《谭延闿致胡汉民密电》，1924年10月11日，沈家五、袁润芳等《孙中山镇压广东商团叛乱文电》，《历史档案》1982年第1期，第49页。

⑧ 《谭延闿日记》（手稿本），1924年10月12日。

⑨ 《谭延闿日记》（手稿本），1924年10月13日。

时，孙中山亦决定武力平定商团叛乱，而湘军受命直接参与了平叛。13 日，谭延闿两次密电胡汉民请其为军队做好后勤工作，以期能顺利平定商团，其中"西村一带，由湘军担任弹压"①。14 日，孙中山亦致电胡汉民，表示"今日情况如何，收缴商团枪枝，刻不容缓，务于二十四点钟内办理完竣。以免后患。否则，东江逆敌反攻，必至前后受敌"②。当晚，广州军政府便发动了对商团的攻击，"以张民达、吴铁城、李福林三部围西关，范、廖作预备队，十八甫、油桐街、打铜街、十三行皆占领，商团稍抵抗即败溃"③。至此，扰乱广州数月的商团事件基本结束。

在商团事件中谭延闿积极主张对商团采取强硬措施，并力图早日解决争端，当时却有一些谣言说谭延闿不主张武力镇压商团。是年冬，香港华字日报社发行了《广东扣械潮》一书，该书从商团的视角来看待此次广州商团叛乱，其中便言：

> （八月——引者注）廿六日，大本营因应付罢市风潮，亦曾召集各军长官，开联席会议。孙文自为主席，力言全省商民，均反对现政府，迭经劝谕威迫，不允开市，全省各属，响应日多，非以武力实行解决不可，后由谭延闿起立，问大元帅叫我们打商团，是要打胜，抑要打败。范石生亦以此为问，孙文知两人有不赞成打商团意思，急即转机，其始怒容满面，至是笑问曰，两位老弟，意见又如何？谭延闿曰，如打败，则政府堕威，如要打胜则政府失去人心，且失去饷源，（其后第二次罢市孙文立意缴商械，谭亦有电致孙文谓，胜则无市，败则无兵，与此同一见地）又谓，军队首重纪律，抢掠焚杀，如打败仗或打胜仗时长官查察不及，偶然焚抢，容或有之，未闻以军令纵兵焚抢者，且商民并无反抗行为，何能令兵焚抢？范石生亦言

---

① 《谭延闿致胡汉民密电》，1924 年 10 月 13 日，沈家五、袁润芳等《孙中山镇压广东商团叛乱文电》，《历史档案》1982 年第 1 期，第 49 页。

② 《孙中山致胡汉民等密电》，1924 年 10 月 14 日，沈家五、袁润芳等《孙中山镇压广东商团叛乱文电》，《历史档案》1982 年第 1 期，第 49 页。

③ 《谭延闿日记》（手稿本），1924 年 10 月 15 日。

军队责在保卫治安，无焚杀人民之义务。①

《广东扣械潮》的编者认为谭延闿比范石生更积极地反对孙中山对商团用兵，"湘军谭延闿均不甚赞成，谭为前清粤督谭钟麟之子，且科甲出身，尚知顾先人体面，且未失书气，故不以孙之暴策为然也"②。在商团看来，谭延闿的家世令其顾念广州商民，且文人出身的他不主张暴力解决问题，然而事实却非如此。关于上述材料的言论，谭延闿日记中亦有回应，1924 年 11 月 22 日，谭延闿"得（胡）子靖书，云余为商团事，有致帅电云，胜则无市，败则无兵，一时传诵。余未尝有此言，此真不虞之誉。商团董、田、陈背叛政府，不得已而铲除，所恨军纪不严，波及无辜耳。无市无兵，荒谬可笑，而争传述之，可见思想之复杂，而真相之难明矣"③。

在处理军政府扣械风潮中，谭延闿认为政府做的不当之处乃是颁发运械护照给商团，却并没有反对孙中山镇压商团的叛乱。谭虽然担心平叛商团会伤及无辜，然而北伐在即，广东军政府又处于各方的威胁之中，便不允许商团行叛乱之事，故谭延闿积极主张对商团进行武力镇压，并在各方面密切配合孙中山的各项行动，为孙中山顺利平定商团叛乱提供了莫大的帮助。

二　谭延闿受命北伐

1924 年 9 月初，正当孙中山同商团叛乱及各种势力斗争之际，江浙战争爆发了。此时，奉系亦准备入关，由于孙中山与奉、皖结成了反直系的三角同盟，因而孙中山亦积极筹划北伐，准备响应奉、皖的反直战争。

其实，当时广州军政府的处境亦是四面楚歌，"危急四布，而肘腋之地，伏蟒纵横，乘隙思逞"，"北江群寇，推拥而至，东江叛兵，乘时蠢动，西江南路，亦跳梁并进。当此之时，以一隅之地，挡四面之

---

① 　香港华字日报社编《广东扣械潮》卷 1，第 47 页。
② 　香港华字日报社编《广东扣械潮》卷 1，第 47 页。
③ 　《谭延闿日记》（手稿本），1924 年 11 月 22 日。

敌，筋力易敝"①。孙中山认为固守广东乃是坐以待毙，孙致蒋介石的信函中，指出在粤固守当有三死因，孙言：

> 惟广东一地，现陷于可致吾人于死因有三：其一，即英国之压迫。此次罢市风潮，倘再多延一日，必有冲突之事发生，而英舰所注意者，必大本营、"永丰"、黄埔三处，数十分钟便可粉碎，吾人对彼绝无抵抗之力，此次虽幸免，而此后随时可以再行发生，此不得不避死就生一也。其二，即江东敌人之反攻，现在已跃跃欲动，如再有石牌之事发生，则鹿死谁手，殊难逆料。其三，则客军贪横，造出种种罪孽，亦必死之因。有此三死因，则此地不能一刻再居，所以宜速舍去一切，另谋生路。②

综合以上考虑，孙中山认为"现在之生路，即以北伐为最善；况现在奉军入关，浙可支持，人心悉欲倒曹、吴"，"必有好果也"③。谭延闿知孙中山决意北伐，且其"细思解决（广东军政府）内部及本身问题，亦非此不可"④，亦对北伐主张大为赞同。为了响应孙中山北伐的主张，1924 年 9 月 2 日，谭延闿便与宋鹤庚、鲁涤平、谢国光、陈嘉祐等湘军将领商议"北伐问题及薪饷问题，谈判约三小时"⑤。9 月 5 日，谭延闿又与廖仲恺共同谒见孙中山，谈论北伐问题甚久，"决计北伐，先抽调部队"⑥。9 月中旬，孙移大本营于韶关，通电各方亲自督师北伐，同月 15 日，谭延闿得知奉军入关，亦言北伐之师"真不可缓矣"⑦。维时，吴稚晖等人，劝孙中山与陈炯明和解，并让陈参加北伐，孙认为"陈逆阴险，非至势穷力竭，岂肯宣布攻曹?"⑧ 谭延闿非常同

---

① 《为讨伐曹吴告粤民文》，中国国民党党史委员会编《国父全集》第 4 册，中国国民党党史委员会，1973，第 1239—1240 页。
② 《复蒋中正函》，中国社会科学院近代史研究所等编《孙中山全集》第 11 卷，中华书局，1986，第 32 页。
③ 吕芳上编《蒋中正先生年谱长编》第 1 册，第 271 页。
④ 《谭延闿日记》（手稿本），1924 年 9 月 1 日。
⑤ 《谭延闿日记》（手稿本），1924 年 9 月 2 日。
⑥ 《谭延闿日记》（手稿本），1924 年 9 月 5 日。
⑦ 《谭延闿日记》（手稿本），1924 年 9 月 15 日。
⑧ 陈锡祺主编《孙中山年谱长编（下）》，第 1999、2002 页。

意孙中山的观点，认为"冀陈炯明之觉悟，亦可谓与虎谋皮者矣"①。

1924 年 9 月 22 日，谭延闿、胡汉民及廖仲恺从广州赴韶关一同拜见孙中山，请示后方与北伐各项要务，时古湘芹、宋子文亦在，为北伐事商议极久，此次会议孙决定让谭延闿统军北伐。② 10 月初，孙便正式任命谭延闿为建国军北伐总司令。③ "以宋鹤庚为建国军北伐中央总指挥，朱培德为左翼总指挥，卢师谛为右翼总指挥，樊钟秀为先遣队总指挥。"④ 当时，湘军将领中有力劝谭延闿率军入湘者，并谓之顺应湘军"兵心"，谭则响应孙中山的北伐政策决计入赣。谭言，主入湘者"不知兵心思归乃回家，非打仗，岂可顺乎。不愿打仗，留之何益，逃不足怪，吾岂须恃此兵为生活耶"⑤。

正在广州军政府积极进行北伐部署之际，10 月 23 日，冯玉祥发动"北京政变"，囚禁曹锟，并在致孙中山、谭延闿等人的通电中表示，"一切政治善后问题，应请全国贤达急起直追，会商补救之方"⑥。同月 25 日，谭延闿接许崇智电，知"冯玉祥、胡景翼、孙岳据北京，挟曹停战"，起初谭对此消息颇为怀疑，后"来电甚多，已证明北京之变化不虚"⑦。当时，谭言："冯围府，故曹遁，既吴停战令盖矫为之，段将入京，时局已有急转直下之势矣。"⑧

在此情况下，冯玉祥等人便电邀孙中山北上会商政局，1924 年 10 月 27 日，孙中山与谭延闿、鲍罗廷、汪精卫、廖仲恺等人商议北上入京之事，在会议中孙中山北上态度比较坚决，谭延闿开始因此行过于冒险并不同意，"继思元首为此则冒险，革命党魁为此则当然，且不入

---

① 《谭延闿日记》（手稿本），1924 年 9 月 17 日。

② 《谭延闿日记》（手稿本），1924 年 9 月 22 日。

③ 《特任谭延闿兼建国军北伐总司令》，10 月 6 日，秦孝仪主编《国父全集》第 9 册，近代中国出版社，1989，第 170 页。

④ 谭伯羽：《茶陵谭公年谱》，沈云龙主编《近代中国史料丛刊》第 68 辑，第 122 页。

⑤ 《谭延闿日记》（手稿本），1924 年 10 月 5 日。

⑥ 《冯玉祥、胡景翼、孙岳等致孙中山、王士珍电》，桑兵主编《各方致孙中山函电汇编》第 9 卷，社会科学文献出版社，2012，第 141 页。

⑦ 《谭延闿日记》（手稿本），1924 年 10 月 25 日。

⑧ 《谭延闿日记》（手稿本），1924 年 10 月 26 日。

虎穴，安得虎子，遂亦同意"①。

　　孙中山北上前让谭延闿全权负责北伐，并吩咐其"尽管去做"，可见孙当时对谭的信任之深。虽然谭延闿率领建国军北伐并未成功，然而其产生的积极意义却不能否定。首先，此次北伐为孙中山北上入京提供了筹码。孙中山亦知此次北伐困难重重，故孙在入京前勉励谭延闿道："革命前途只有进取，出兵比不出兵好，打败仗比不打仗好。"② 谭延闿的北伐，无论结果如何均可以扩大孙中山在北京的影响力。在孙中山北上期间，段祺瑞迫于北伐军的压力，且认为直系已经被击败，南军师出无名，务请孙中山设法制止。③ 可见。北伐对孙中山在京的各项活动是有利的。其次，谭延闿的北伐还牵制了陈炯明的兵力，打乱了原来直系与陈炯明联盟共谋广州的计划，迫使陈炯明延迟对广州的进攻，使广州军政府有更多的准备时间。最后，建国军北伐的失败使孙中山认识到巩固后方的重要性，进而改变了原来直接北伐的政策。此后，孙中山认同了苏联顾问提出的策略，"只有在东征取得胜利后，才可能进行北伐"④。

---

① 《谭延闿日记》（手稿本），1924 年 10 月 27 日。
② 谭伯羽：《茶陵谭公年谱》，沈云龙主编《近代中国史料丛刊》第 68 辑，第 122—123 页。
③ 《段合肥请中山阻谭军入赣》，《申报》1924 年 12 月 25 日，第 6 版。
④ 〔苏〕亚·伊·切列潘诺夫：《中国国民革命军的北伐：一个驻华军事顾问的札记》，第 155 页。

第四章

左右逢源：从军政府到"特委会"的人际关系

国民党内部虽有各种不同的利益团体，但孙中山在世时可以凭借其自身威望和人格魅力，把控大局。在孙中山去世之后，国民党内部便因争夺权力而不断出现矛盾与冲突，如平定"杨刘之乱"、廖仲恺遇刺、宁汉分裂等。在一系列事件中，谭延闿也从最初与胡汉民合作北伐，到后来与新桂系等合力共建南京中央特别委员会。其间，国民党内政治要人多起起伏伏，而谭延闿却能在一波波的政治斗争中左右逢源，不仅未曾跌落还稳中有升。此阶段，谭延闿在政坛中突出的人际交往能力与处世之道也得到了充分彰显。

第一节　谭延闿和胡汉民在广州的合作

谭延闿和胡汉民均为国民党元老，二人不仅年纪相仿，且在民国初年有着相似的官职。胡汉民祖籍江西庐陵县延福乡，光绪五年（1879）出生于广东番禺，仅比谭延闿年长一岁。光绪二十七年（1901）胡中举人，次年谭延闿亦中举人。辛亥革命爆发后，1911年11月初，广东宣布独立，胡汉民任广东军政府都督，[①] 而谭延闿则被湖南谘议局推举为湖南都督。谭、胡均为文人出身，但作为统兵的都督，二人在性格上却大异其趣。谭延闿深知为官之道，为人随和，圆

---

① 姚渔湘：《胡汉民传》，中国国民党中央党史史料编纂委员会编《革命先烈先进传》，（台北）"中华民国各界纪念国父百年诞辰筹备委员会"，1965，第641页。

融且休休有容；相比而言，胡汉民则较为刚直，有犯必校且性格倨傲，涉及名分问题，多一争到底。胡"似乎缺乏'政治人物'的那份韧劲"，可能正因如此，"谭氏是一挫再挫的，曾经三度督湘。胡氏却只一任粤督不再复起"①。1928 年，国民政府实行五院制，谭延闿为国民政府首任行政院院长，而胡汉民则为首任立法院院长，除了谭、胡各有专长外，这样的职务划分亦是两人的性格使然。

谭延闿与胡汉民虽性格各异，但两人却情谊深厚，胡汉民赞扬谭天资明敏，和平中正且通而有节，为药中甘草，"具有古人所谓宰辅气度"②。谭延闿则称颂胡"自有超解，非余子所及"③，在谭心中，胡为"颇有深识者"，甚至谭延闿亦表示"不能不服其聪明也"④。1924 年孙中山在北上前，将北伐重任交给了谭延闿，将留守广州的职责托付给了胡汉民。在一定程度上而言，谭、胡二人一个主外，一个主内，互有分工，各兼重责。目前，学术界关于二者之间关系的研究已有不少成果，⑤ 但随着《谭延闿日记》等史料的开放，此时段谭、胡二人的关系有待更深入的考察与研究。

一 1924 年北伐中的谭与胡

谭延闿之所以追随孙中山，与胡汉民尚有一定的关系。1916 年，居于上海的谭延闿在胡汉民的引见下，首次见到了孙中山，当时谭"与孙中山谈甚久"，并深有感触地说"凡负一时之盛名与大谤者，皆有其独到处，究不可以轻重也"⑥。同年，胡汉民在上海霞飞路北渔阳

---

① 胡耐安：《胡汉民与谭延闿》，朱传誉编《谭延闿传记资料》（一），（台北）天一出版社，1979，第 149 页。
② 胡汉民：《悼谭组庵先生》，《胡汉民回忆录》，第 198 页。
③ 《谭延闿日记》（手稿本），1923 年 2 月 19 日。
④ 《谭延闿日记》（手稿本），1923 年 7 月 22 日。
⑤ 胡耐安：《胡汉民与谭延闿》，朱传誉编《谭延闿传记资料》（一）；易与：《胡汉民与谭延闿》，朱传誉编《谭延闿传记资料》（三），（台北）天一出版社，1981；蔡雅雯、刘建强：《谭延闿与胡汉民关系述论》，《湖南工程学院学报》2018 年第 1 期。
⑥ 《谭延闿日记》（手稿本），1916 年 5 月 15 日。

里口天字号 307 号的住宅地址，也被列入谭延闿的《住所人名录》中。① 此后，二人交往渐多，在谭延闿未追随孙中山前，便已多次在胡汉民的陪同下拜访孙，这为日后两人的关系奠定了一定的感情基础，但两人真正同处为官、共同合作，是在谭延闿南下广州投奔孙中山之后。

谭延闿追随孙中山到达广州后，不断得到孙中山的信任，先后任内政部部长、建设部部长、湘军总司令兼湖南省省长等职，在国民党内的地位渐高，因此谭与胡汉民的往来更加频繁，认识得也更为深刻，时谭延闿曾言"展堂颇有深识者，不能不服其聪明也"②。在此背景下，谭、胡两人于工作中多有合作，且互为帮衬。1924 年 5 月中旬，胡汉民应孙中山所召，从上海返回广州参与党务与军政工作。③ 当时谭延闿须常赴大本营办理事务，待其闻胡汉民亦至大本营时，便感叹"吾肩可卸矣"④。在胡汉民的帮助下，谭延闿在办理大本营的事务时不致太过忙碌，谭如感到非常疲惫，"遂不入大本营"，因为他知道"展堂（胡汉民）足了此，不须奔命"⑤。当然，有时胡汉民染病，谭延闿亦要承担胡的部分工作，谭日记中便有"奉帅手书，不能不重至秘书室也"⑥ 之语。由此可见，谭延闿和胡汉民在此期间虽任不同职务，承担的主要工作各异，但在实际工作中，二人在部分工作上亦可相互分担，彼此照应。这便在无形之中加深了谭延闿和胡汉民之间的感情。在工作之余，谭还经常与胡汉民聚会交谈，虽然圆融会通的谭延闿参加各官员的宴请和会谈乃为常事，却每每"与汉民谈甚深"⑦。

---

① 《谭延闿日记》（手稿本），1916 年日记《附录》。
② 《谭延闿日记》（手稿本），1923 年 7 月 22 日。
③ 蒋永敬：《民国胡展堂先生汉民年谱》，台湾商务印书馆，1981，第 305 页。
④ 《谭延闿日记》（手稿本），1924 年 5 月 18 日。
⑤ 《谭延闿日记》（手稿本），1924 年 5 月 21 日。
⑥ 《谭延闿日记》（手稿本），1924 年 8 月 29 日。
⑦ 《谭延闿日记》（手稿本），1924 年 6 月 8 日。此前，谭延闿亦曾在日记中言："出至胡展堂家，精卫、仲恺皆在坐。两人去，与胡谈党事、政事甚深。"〔见《谭延闿日记》（手稿本），1924 年 1 月 12 日〕谭延闿与胡汉民谈较复杂的党事、政事是在汪精卫、廖仲恺两人离开后，可见当时谭与胡的关系比其与汪、廖两人的关系更深。

1924 年 9 月 23 日，为了配合孙中山的北伐政策，谭延闿和胡汉民等人还联合致电段祺瑞，劝段响应孙中山讨伐直系的策略。谭、胡等人在电文中指出，曹锟和吴佩孚"窃国穷兵，残民以逞，邦人共愤，恶贯已盈。我公仗义执言，发奸摘伏，仁声义闻，立懦廉顽，汉民等欣承嘉命"，希望段祺瑞"一致声讨，吊民伐罪，咸仰壮猷，除暴锄奸"①。此后，关于北伐之事，谭延闿和胡汉民多有商讨，但二人的负责重心仍有区别。9 月 13 日，胡汉民宣誓就任广东省省长职，"并发表宣言，宣示贯彻讨贼与自治之目的"②，而谭延闿此时则正在担任军事职务。正是在此背景下，孙中山北上之前，令胡汉民留守广州代行大元帅之职，负责巩固后方，责谭延闿全权负责北伐事务，北伐各军概归谭延闿节制调遣。③ 由于谭延闿是文人出身，肩负北伐重任，不免令人怀疑其能力，据胡汉民回忆：

> 总理北上，临行交下两个命令：（一）命谭先生完全代负北伐的军事；（二）命兄弟留守广州，代行大元帅职权，并负责肃清东江；兄弟便到总理跟前，商承一切。并对总理说："先生此次北上，要我们负起北伐东征的重任，实在太难了。不过我们无论如何，必须勉力做去；据我的推测，肃清东江似可不成问题，因为我们已经养成精锐的党军，足可担任。至于北伐，便不能不替组安为难。第一、组安统率的湘军，只是北伐军队中的一部，其他五六部，是否能受命组安，便是一个极大的疑问；第二、组安究竟不是军人，即使其他部队，能受组安指挥，但组安是否胜任，也不能不稍稍顾虑。"兄弟向来讲话，是这样率直的，谭先生听了，也不以为异，且说："展堂先生的话，十分在理。"④

由此可见，对于孙中山将北伐重任完全交给谭延闿，胡汉民提出

---

① 《与胡汉民等致电段祺瑞响应讨伐曹、吴》，刘建强编著《谭延闿文集·论稿（上）》，第 376—377 页。
② 蒋永敬：《民国胡展堂先生汉民年谱》，第 308 页。
③ 《饬建国军北伐总司令谭延闿全权办理北伐事宜令》，秦孝仪主编《国父全集》第 7 册，近代中国出版社，1989，第 430 页。
④ 胡汉民：《悼谭组庵先生》，《胡汉民回忆录》，第 200 页。

了两方面的顾虑，从军队整体而言，胡担心北伐大军不能完全听从谭
延闿的指挥；从作战指挥能力方面讲，胡又顾虑谭延闿乃文人出身，
欠缺统帅之才。对于这些顾虑，胡汉民当时较为直率地在谭延闿面前
向孙中山诉说，可见谭、胡二人并无隔阂。胡汉民的此番话在孙中山
临行前讲出，不仅表明了对谭延闿北伐的担忧，更是想让孙中山为谭
延闿的北伐结果做好心理准备，避免孙对谭有过高的期望。对孙中山
欲将北伐重任交给谭延闿的决定和胡汉民的种种顾虑，谭亦表示："展
堂反复论辩，颇有犯颜极谏，卒能回所执，亦不易易。北伐之责，欲
加我身，则诚惶诚恐耳。"① 对此孙中山则言："一切的事，我都知道，
你们尽管去做吧。"② 孙中山此语，不仅减轻了胡汉民的顾虑，亦可使
谭延闿消除北伐中的惶恐之情。

　　11 月 13 日，孙中山由广州启程北上，胡汉民和谭延闿等人均送
其至黄埔，送走孙中山后，"展堂先生即与谭延闿商量东征、北伐及处
理广州善后的计划。谭慨然负起国父所交与的北伐责任"③。对于北
伐，谭延闿亦早有准备，在同年 10 月中旬，鉴于北军的赣南镇守使方
本仁与赣督蔡成勋之间存在矛盾，谭延闿便致书方本仁，劝其响应广
东军政府的北伐，谭言：

　　　　闻名久矣，惜不相见。蒋雨岩书来，知执事乃以民国倾向正
　　义，为同志中不可多得之人。尔来互相接洽，于解决时局已有相
　　当办法，闻之欣喜，以信雨岩者信执事，知吾道为不孤也。奉浙
　　起兵以来，所向克捷，曹、吴诸贼，亡可立待，执事识时俊杰，
　　必有□算。□率师北伐，假道江西，正赖执事如向斯应。然为执
　　事所处地位及将来战略计，亦不欲苦执事以所难，特遣人持书，
　　为执事策之。大军所指，首在赣州，执事若能全军引退，则吉安、
　　南昌不攻自下，当请执事主持赣事，以资坐镇。至我军克定武汉，
　　则执事可还抚鄂州，而以赣政还诸赣人。诚能如此，执事不损一

---

① 《谭延闿日记》（手稿本），1924 年 9 月 22 日。
② 胡汉民：《悼谭组庵先生》，《胡汉民回忆录》，第 200 页。
③ 蒋永敬：《民国胡展堂先生汉民年谱》，第 314 页。

兵而收赣、鄂人民之望，此大利也。万一天不厌乱，曹、吴复张，我军引去，执事本无倒戈之嫌，而有保境之功，抚有赣省，亦无人与争，为执事计，进退裕如，无善于此。□以师行在即，不欲前锋之相犯，故郑重驰书，惟执事裁之。①

11月5日，方本仁传消息给谭延闿表示"以攻蔡自任，劝湘军勿来"②。谭延闿知方本仁为"滑头"，"无轻视意"③，然仍寄希望其进攻蔡成勋。其间，谭延闿时常与胡汉民通电以沟通广州与北伐前线的情况。在谭拉拢方本仁驱蔡时，方本仁亦让谭转其致胡汉民电。在电文中，方本仁称："业奉组公来电，曲予容纳，无任钦忭。自应始终不渝，以敦信义。至对于大局，因合肥既经出山，与中山先生公商国是，一切当听其主持，自不便妄有论列也。"④ 不久，方本仁果真成功驱蔡，并"将入南昌"⑤。

12月5日，谭延闿又致电胡汉民商议会攻南昌之策，并决定先派宋鹤庚作为先头部队"兼程前往"⑥。6日，蔡成勋在江西的统治宣告失败，在狼狈中下台。同日，谭延闿向赣南发起总攻击，并相继占领大梅关、大庾城、赣州等地。谭闻攻克赣州时，高兴之余还赋诗一首："已愧不鸣久，惊人望亦希。竟能收大郡，应有赋无衣。脱兔兵如出，飞鸿公曰归。便当持白羽，一为楚人挥。"⑦ 此诗中"白羽""楚人"表明谭有以文人统兵直抵武汉之愿。其间，谭延闿又迅速将这些捷报电告胡汉民：

广州胡留守鉴：据鲁军长阳电称：职军会同第三军鱼夜占领

---

① 《谭延闿日记》（手稿本），1924年10月15日。
② 《谭延闿日记》（手稿本），1924年11月5日。
③ 《谭延闿日记》（手稿本），1924年11月27日。
④ 《为转方本仁敬电致胡汉民电》，刘建强编著《谭延闿文集·论稿（上）》，第380页。
⑤ 《谭延闿日记》（手稿本），1924年11月29日。
⑥ 《为会攻南昌致胡汉民等电》，刘建强编著《谭延闿文集·论稿（上）》，第381页。
⑦ 《谭延闿日记》（手稿本），1924年12月10日。

马鞍山。并据戴师长捷报，今日拂晓，已完全占领南安县城，刻正途追击中。等语，特闻。延闿，阳，亥。①

面对北伐军的顺利进攻和蔡成勋的下台，在段祺瑞的支持下，方本仁独占江西的意图越来越强。然而，孙中山却"欲以协和长赣"②，谭延闿对此也深表赞同。孙中山认为，"协和与赣中诸将甚稔，又新到京津知近况，到赣之后必能从容斡旋，以副期望"③。然而，此议实不为段祺瑞与方本仁所许。由此，谭延闿便知与方本仁之间的战争在所难免，便致电胡汉民，表示："方本仁既表示输诚，复派杨池生拒我进兵，狡伪毕露，应令前方积极进攻，先定全赣。"④ 可见，谭延闿已下定决心将阻碍北伐的方本仁部驱逐出江西。

对此，方本仁一边以失信责备谭延闿，一边与赵恒惕、陈炯明的林虎部结成同盟，准备夹击入赣北伐各军，⑤ 谭则以北伐为重，亲赴赣州犒军，并以此激励北伐军。⑥ 同时，谭延闿还致电胡汉民商议解除方本仁、岳兆麟等人职务之事，其继任者则仍须征询孙中山的意见。⑦ 然而，这并未影响方本仁反对北伐军之势力和意图，谭延闿的北伐军也并未再如先前那般顺利，"（方本仁）联合东江陈炯明的叛军和湖南赵恒惕来抵抗北伐军。陈遣林虎军的一个旅，赵遣湘军的一个旅，突然出现在北伐军的后面，使北伐军的后路遭到威胁"⑧。在此背景下，至 1924 年 12 月底，宋鹤庚轻敌冒进，在临江附近遭到伏击，使湘军损失惨重，而且宋鹤庚又受赵恒惕的拉拢，在兵败之后，宋便率谢国光、吴剑学等部分败兵退入湖南，投靠了赵恒惕。湘军不仅是

① 《致电胡汉民奉告军情》，刘建强编著《谭延闿文集·论稿（上）》，第 382 页。
② 《谭延闿日记》（手稿本），1924 年 12 月 18 日。
③ 《段合肥请中山阻谭军入赣》，《申报》1924 年 12 月 25 日，第 6 版。
④ 《为先定全赣致胡汉民电》，刘建强编著《谭延闿文集·论稿（上）》，第 384 页。
⑤ 陈锡祺主编《孙中山年谱长编（下）》，第 2094 页。
⑥ 《谭延闿日记》（手稿本），1924 年 12 月 15 日。
⑦ 《就方本仁等解职致胡汉民电》，刘建强编著《谭延闿文集·论稿（上）》，第 386 页。
⑧ 蒋永敬：《民国胡展堂先生汉民年谱》，第 314 页。

谭延闿的倚仗，更是此次北伐军的重要支柱，且在湘军中谭素来对宋鹤庚器重。因此宋鹤庚等湘军将领的溃败与叛逃，不仅严重削弱了北伐军的整体实力，更使作为主帅的谭延闿痛心不已。此后，北伐军的战况急转直下，在组织反攻无望的情况下，胡汉民、汪精卫等人建议谭撤守至广东，① 1925 年 1 月，谭延闿被迫从赣州等地南撤至韶关。至此，这次北伐出兵江西以失败而结束。

谭延闿奉命北伐的失败，不仅有谭个人指挥的原因，亦与当时财政支撑困难、军队成分复杂有关。从谭延闿个人指挥上讲，谭在战前便有惴惴不安之心理，在战时缺乏后援的情况下又轻敌冒进，致使敌人有机可乘。谭在 1924 年 12 月初向赣南发起总攻时，便言："今日总攻击，以无饷无弹之兵作投机之事，不能无惙惙。吾生平用兵以驱张一役为最气壮，去年衡山已不如矣。今则临事而惧，更胜于前，殆更事多使然，或者老至耶。"② 南撤途中谭又赋诗言："趋利轻千里，真成大敌禽。竟符楚歌谶，恨失赣人心。齿剑嗟何补，舆尸痛已深。何时当一酒，念茕独沈吟。"③ 可见，战前的军饷等后援物资不充足，是谭担心的主要问题，这也导致了军官在军队中权威的下降，不能让士兵做到令行禁止。早在 1924 年 11 月谭延闿便观察到，"开船而火食无着，命令不能实行，无如何矣"。因为物资的缺乏，友军的到来不仅未能令谭延闿高兴，反而使谭觉得是"又添一个吃饭的"，军中将领向谭陈说"无钱不能动事实"，谭也只能对之进行细心开导。④ 在后方供给没有保障，建国北伐军成分比较复杂的情况下，各军队不仅在统一调遣上有难度，各军队的军纪约束亦属不易。维时，广东的苏联顾问亦认为："北伐不是在战争过程中遭到失败的，而是由于后方受到攻击，北伐军自身的某些将领之间发生冲突而被击溃的。"⑤

滇军将领在建国军北伐之初便未积极配合，参加北伐的也只是少

---

① 《谭延闿日记》（手稿本），1925 年 1 月 8 日。
② 《谭延闿日记》（手稿本），1924 年 12 月 7 日。
③ 《谭延闿日记》（手稿本），1925 年 1 月 5 日。
④ 《谭延闿日记》（手稿本），1924 年 11 月 21 日、24 日。
⑤ 〔苏〕亚·伊·切列潘诺夫：《中国国民革命军的北伐：一个驻华军事顾问的札记》，第 155 页。

部分，且军纪较差，1924 年 12 月 4 日，谭延闿行至塘口，见"家家闭户，以滇军昨过此大骚扰也"①。此外，北伐军还有桂军、粤军、黄埔军校学生等，这均给北伐的指挥带来了一定的难度。"其他部队，的确不受谭先生的命令，走的走，乱的乱，甚至谭先生自己部下，也有闹到莫名其妙的。"② 谭延闿总攻赣南前，湘军将领宋鹤庚与鲁涤平的矛盾便令谭忧心不已，宋鹤庚曾在众人吃饭间，"乘醉入，大与咏安闹意见，积隙已深，倚醉发挥，不必尽为改道异同。然而将帅不和，师行可虑，为之忧愤"③。北伐中，宋鹤庚轻敌冒进，被敌袭击，后又受赵恒惕拉拢退至湖南，此行为直接导致了建国军北伐的失败。谭延闿在日记中记载："黄蔼秋自前方归，言战况甚详，此次失败，罪在湘军，始则轻敌，继则兵不用命，遂大崩溃，累及友军，坏及国事。""朱益之自塘江圩来，相见悲喜，渠此次专为湘军所累，损失过半，对之叔然。谈战事甚悉，轻敌居其半，士不用命居其半，无可言者。"④ 可见，作为主力的湘军失利，直接造成了此次北伐的失败。

在谭延闿北伐过程中，胡汉民留守广州坐镇后方，二人多通过电文联系，除了重要战役和策略的询问或报告外，谭致胡的电文内容还包括以下三个方面。

首先，谭会直接向胡汉民报告北伐军的各军配合情况、军队驻地及作战进度等相关军情，其间谭还会征求胡的相关建议与帮助。湘军虽为北伐军的重要支柱，但北伐军中还包括部分的滇军、粤军及豫军等，所以军队内部各省客军的配合状况，是谭胡二人关注的重点。在入赣攻打蔡成勋时，谭延闿便向胡汉民说明了豫军协同攻打蔡的情况。⑤ 在北伐初期进展较为顺利时，谭延闿鉴于当时吉安指日可破的情况，便向胡汉民说明了北伐军总部移往赣州的决定。⑥ 然而，当吉安被攻克后，谭却没有急于将总部迁往赣州，而是将总部设在了南

---

① 《谭延闿日记》（手稿本），1924 年 12 月 4 日。

② 胡汉民：《悼谭组庵先生》，《胡汉民回忆录》，第 200 页。

③ 《谭延闿日记》（手稿本），1924 年 11 月 8 日。

④ 《谭延闿日记》（手稿本），1925 年 1 月 1 日、3 日。

⑤ 《告知豫军攻赣致胡汉民电》，刘建强编著《谭延闿文集·论稿（上）》，第 381 页。

⑥ 《就总部移赣致胡汉民电》，刘建强编著《谭延闿文集·论稿（上）》，第 385 页。

雄，其本人则赴赣州督师，以求鼓舞士气，并将这些部署用电文的方式告知胡汉民。① 当然，作为在前线出征的谭延闿，自会将北伐军取得的胜利及时告知坐镇后方的胡汉民。1924 年 12 月中旬，谭延闿便致电大本营，言明湘军宋鹤庚部取得的战绩，谭称："宋鹤庚部报告，张辉瓒 11 日入赣城，12 日鲁涤平部占万安，缴枪三百，弹十万。"② 对于拥护北伐军的北方将领，谭延闿亦会致电胡汉民，请求加以任用或表扬。在北伐正式开始前，谭延闿便暗中联络在赣的北方将领常德盛，以求其倒向北伐军。后来，常德盛果然诚意拥护北伐军，谭延闿便向胡汉民请求对常进行表彰并委任以官职。③ 不久，常德盛便被委任为建国奉军总司令，而谭延闿在北伐中对常德盛的掌控亦是更加牢固。④

其次，在北伐中谭延闿还会将收到的重要电函直接转给胡汉民，这些电文当然涉及北伐相关的军情，也能让胡汉民感受到前方将领的态度。然而，这些电文并非由谭直接起草，所以谭的主观意愿便略显单薄。李翊东曾作为说客，前往游说方本仁与北伐军合作，此在北伐中为重要机密之事，当谭延闿接到李的电报后，便直接转发给了胡汉民，亦让胡了解其游说的成效。原电如下：

> 急。广州胡留守鉴：密。顷接南雄转来李翊东漾电，特转如下："啸电谨悉，已将尊意转达。兹将方君电复大意报告于下：（一）方已哿日亲率所部军队，实行驱蔡，以践前约，而昭信义。方既出动，非空言敷衍，可知也。方并愿以后以诚意与我谭公为友谊上之联络。（二）驱蔡虽曰解决局部问题，实即剪除吴佩孚之羽翼，出师武汉，即在计划之中，但南昌未下之前，不便宣露。（三）方驱蔡因系解决江西局部问题，故单独用其所部兵

---

① 《就总部移南雄致胡汉民电》，刘建强编著《谭延闿文集·论稿（上）》，第 386 页。
② 《就张、鲁进攻情形致大本营电》，刘建强编著《谭延闿文集·论稿（上）》，第 384 页。
③ 《请表委任致胡汉民电》，刘建强编著《谭延闿文集·论稿（上）》，第 379 页。
④ 《谭延闿日记》（手稿本），1925 年 11 月 27 日。

力。至驻赣南之常师、鲁旅、滇师均立于客军地位，故未加入。
（四）帅座既与合肥合作，而大局应由二公主持解决，刘、方君
亦当唯二公是听。据实谨呈，伏乞鉴核，电示为盼。翙东叩。
漾。"等语。延，感，印。①

从上述电文中可知，在此转发给胡汉民的电文中，没有谭延闿的
直接言语，这样未经再次转述的电文，会让胡更加准确地把握北伐前
线的军事状况。此外，在前线的宋鹤庚等将领向谭延闿报告的重要军
情，谭亦会转电给胡汉民，令其知晓。②

最后，谭延闿与胡汉民北伐中往来电文中最重要的内容之一，便
是后方对军事前线的经济、军事等后勤补给。随着北伐军的不断向北
推进，后勤补给供应不上便成为困扰谭延闿的重大难题。这也是导致
此次北伐失败的重要原因之一。③ 因此，补给问题是作为前方北伐军
总司令的谭延闿和留守广州的胡汉民交涉协商的重要问题。其间，谭
延闿曾为留粤豫军给养致电大元帅行营秘书处，1924 年 12 月 14 日，
当北伐军前锋抵达吉安时，谭延闿又致电胡汉民请其速拨饷弹。④
1925 年 1 月 5 日，谭延闿急电胡汉民催饷，"接济中断，候饷再进"⑤，
由此可见当时谭延闿对后方补给的急切需求。胡汉民在北伐中没有将
足够的给养运送至谭延闿处，不仅有广州后方财力有限的原因，更多
的是胡准备东攻陈炯明部，亦需大量的财力支持。

综上所述，在北伐战争前，胡汉民便向孙中山阐明了谭延闿北伐
的种种难处，使临危受命的谭在心理上不至于惶恐，可以更放心大胆
地指挥北伐。在北伐作战的过程中，前方的谭延闿与坐镇后方的胡汉

---

① 《为转李翙东密电致胡汉民》，周秋光主编《谭延闿集》第 2 册，第 637—
　　638 页。
② 《致胡汉民等电转呈前线来电》，刘建强编著《谭延闿文集·论稿（上）》，第
　　383 页。
③ 相关论述上文已涉及，此处不再叙述。
④ 《为留粤豫军给养致大元帅行营秘书处函》，刘建强编著《谭延闿文集·论稿
　　（上）》，第 381 页；《为速拨饷弹致胡汉民电》，刘建强编著《谭延闿文集·论
　　稿（上）》，第 383 页。
⑤ 《就候饷致胡汉民电》，刘建强编著《谭延闿文集·论稿（上）》，第 388 页。

民交流比较密切，并未出现大的矛盾和严重的隔阂，只是在对军队的后勤补给方面，胡汉民远不能满足谭延闿北伐军的需求。

二　湘军整编中的谭与胡

1925 年 1 月 8 日，正是谭延闿的生日，恰处在北伐失败南撤的途中，当晚鲁涤平、张献书等人简单置酒为谭祝寿，谭不禁感叹："本云至南昌饮，不意于此尽之！"在此背景下，谭有感而发赋《生日书怀》一首："四十六年过，频年患难中。祗余身世感，几见酒杯空。事往思逾幻，兵多败亦功。未须嗟老至，且署黑头翁。"① 其中，"兵多败亦功"说明谭延闿亦对此次北伐的积极方面有所肯定。正因为有此认知，谭延闿才叹息道："展堂不知吾奉命吃败仗也！"②

谭延闿在出兵江西失败后南撤，胡汉民却来电让谭坚守，避免北军南下与陈炯明叛军形成南北夹击之势，同时胡汉民领导的后方也积极准备东征讨伐陈炯明。③ 谭延闿则将其军中的近情详细告知胡，表明不能再坚守。然而，当谭延闿到达韶关时，胡汉民却"在后方停止给养，并限制不得过韶州"④。在向胡汉民数次索要军饷而不得后，失望的谭延闿竟发出"国家不须此军队则已，否则似不宜以败弃之"⑤之语。对此，坐镇后方的胡汉民也有自己的难处，1925 年 1 月 15 日，胡汉民接陈炯明来犯广州之耗，其间陈分兵三路进攻广州：北路右翼军以林虎为总司令，统兵约 15000 人，集中在博罗附近，沿广九路北面向广州进攻；中路军以洪兆麟为总司令，率兵约 13000 人，集中在石龙、石滩地区，配合林虎部沿广九路进攻广州；南路左翼军由军长刘志隆率领，兵力约七八千人，集中于石龙东南附近，以随时支援进攻广州部队的侧翼和后方。⑥ 面对陈炯明的进攻，胡汉民分兵三路进行应对，在此次战役中黄埔军校学生也参与其中，因蒋介石既是黄埔

① 《谭延闿日记》（手稿本），1925 年 1 月 8 日。
② 谭伯羽：《茶陵谭公年谱》，沈云龙主编《近代中国史料丛刊》第 68 辑，第 123 页。
③ 《谭延闿日记》（手稿本），1925 年 1 月 6 日。
④ 谭伯羽：《茶陵谭公年谱》，沈云龙主编《近代中国史料丛刊》第 68 辑，第 123 页。
⑤ 胡耐安：《胡汉民与谭延闿》，朱传誉《谭延闿传记资料》（一），第 150 页。
⑥ 蒋永敬：《民国胡展堂先生汉民年谱》，第 317 页。

军校校长，又是粤军参谋长，所以黄埔军校生亦被划入粤军所在的右翼。在此情况下，坐镇后方的胡汉民首先需要满足防卫广州的部队需求，对湘军的后援补给便中断了。此后，胡汉民又对谭延闿言明"欲平均湘军款以济诸军"，以此来解释断湘军供给的原因，谭延闿并无太多的不满，只是感叹"事非不宜，意可叹耳！"① 可见，胡汉民对谭延闿断绝供给亦是迫于当时的财政困难，一时出于无奈。

北伐的失败，使湘军陷入了困境，宋鹤庚的叛逃，也将湘军中吴剑学部和谢国光部的主力带到了湖南。面对湘军将悍兵骄，后方胡汉民又断绝给养的困境，痛定思痛的谭延闿便接受了方鼎英的建议，对湘军进行了彻底的整顿工作。1925 年 1 月 25 日，谭延闿主持召开整理处成立会议，鲁涤平、谭道源、方鼎英、戴岳、陈嘉祐、岳森等为会员，他们"痛言整理之必要，主张旅以上官尽裁，但留团，取三三制，以八十一枪为连，计湘军可编八团。设教练处，以将官督任之，以讲武堂为改造基础"②，这些决议得到全体赞同，并顺利通过。此后，谭延闿"在南雄设湘军整理处，汰除老弱"③，谭延闿自任总监，鲁涤平任副总监，并颁布了《湘军训练计划草案》，详细制定了整治军队的各种要求及奖惩制度；成立"湘军训练委员会"，此委员会设委员长 1名，其下委员 5 至 10 人，统筹湘军的整顿工作。谭延闿在军官中实行精兵简政的措施，将原来军长、师长、旅长一并裁去，仅保留团长及其以下的军官职务，使编制缩减为 8 个步兵团、2 个独立营、5 个炮兵连和 3 个工兵连，令各团团长直辖于司令部。各团设有训练团，只属于训练委员会，训练团中有主任 1 名，训练人员 4 名。④ 此外，还整编了下列各处：

> 设炮工兵训练处，设讲武堂于广州，现役及编余初级官佐入堂肄业，令陈嘉佑为堂长，谭道源为教育长；设学兵营训练军士，

①　《谭延闿日记》（手稿本），1925 年 3 月 6 日。
②　《谭延闿日记》（手稿本），1925 年 1 月 25 日。
③　谭伯羽：《茶陵谭公年谱》，沈云龙主编《近代中国史料丛刊》第 68 辑，第 123 页。
④　张光宇：《第一次国共合作时期的国民革命军》，武汉大学出版社，1989，第 43 页。

以参谋长岳森兼任营长；收北江之榷税以资饷糈，按名核实发饷，
实行军需独立，壁垒一新，士气遂腾。此后光复琼崖，驱逐杨刘，
其基实奠于此。①

　　谭延闿采取的精兵简政措施，虽然减少了湘军的数量，却大幅提
升了湘军的战斗力。此阶段，谭延闿部已经不能收到来自广州的财政
支持，而只能靠"北江之榷税"，重新核实发饷，这在一定程度上避
免了湘军军官以浮名冒领军饷。这样不仅可以节省军费开支，也能让
军费真正地用到提升士兵战斗力上。湘军的讲武堂除了负有军事训练
外，还具有对湘军进行系统政治思想教育的重要功能。在讲武堂中开
设的政治课程有《国共合作》《工人运动》《农民运动》《中国革命史
略》等。由此，湘军的思想建设也得到了加强，军队的凝聚力得到了
提升。经过改编之后，湘军的面貌焕然一新，也为日后国民革命军第
二军的建立奠定了基础。

表4-1　1925年湘军军队整编情况

整编前名称	整编后名称	团长	驻地	主要军械与军需
第九师	第一团	朱耀华	始兴马子坳	野炮二门，管退山炮十四门，架退三门，五生七三门；机关枪三师九挺，九师九挺，二师五挺，步枪五千八百余支 每团每月薪饷公费药费，总计二万二千八百七十九元五角
第九师	第二团	罗寿颐	始兴马子坳	野炮二门，管退山炮十四门，架退三门，五生七三门；机关枪三师九挺，九师九挺，二师五挺，步枪五千八百余支 每团每月薪饷公费药费，总计二万二千八百七十九元五角
第三师	第三团	成光耀	南雄	野炮二门，管退山炮十四门，架退三门，五生七三门；机关枪三师九挺，九师九挺，二师五挺，步枪五千八百余支 每团每月薪饷公费药费，总计二万二千八百七十九元五角
第三师	第四团	谢毅伯	南雄	野炮二门，管退山炮十四门，架退三门，五生七三门；机关枪三师九挺，九师九挺，二师五挺，步枪五千八百余支 每团每月薪饷公费药费，总计二万二千八百七十九元五角
第三师	第五团	廖新甲	南雄	野炮二门，管退山炮十四门，架退三门，五生七三门；机关枪三师九挺，九师九挺，二师五挺，步枪五千八百余支 每团每月薪饷公费药费，总计二万二千八百七十九元五角
第二师	第六团	周纬黄	周田	野炮二门，管退山炮十四门，架退三门，五生七三门；机关枪三师九挺，九师九挺，二师五挺，步枪五千八百余支 每团每月薪饷公费药费，总计二万二千八百七十九元五角
第五军	第七团	朱刚伟	董塘	野炮二门，管退山炮十四门，架退三门，五生七三门；机关枪三师九挺，九师九挺，二师五挺，步枪五千八百余支 每团每月薪饷公费药费，总计二万二千八百七十九元五角
第一、二纵队	第八团	李韫珩	大桥	野炮二门，管退山炮十四门，架退三门，五生七三门；机关枪三师九挺，九师九挺，二师五挺，步枪五千八百余支 每团每月薪饷公费药费，总计二万二千八百七十九元五角
其他整编	补充旅改独立营，炮兵编五连，工兵二连驻韶州			野炮二门，管退山炮十四门，架退三门，五生七三门；机关枪三师九挺，九师九挺，二师五挺，步枪五千八百余支 每团每月薪饷公费药费，总计二万二千八百七十九元五角

　　资料来源：《谭延闿日记》（手稿本），1925年2月3日。

　　在整编湘军期间，谭延闿曾得胡汉民电，称："精卫来电，孙先生

---

① 谭伯羽：《茶陵谭公年谱》，沈云龙主编《近代中国史料丛刊》第68辑，第
　　123—124页。

廿六日六时开剖，发现肝藏重症，情形重大等语"，谭延闿闻此"殊为忧悬"，胡汉民也欲让谭回到广州，但此时湘军整编刚开始，所以谭延闿对胡汉民让其返回广州的想法，表示"恐不能不一往也"①。后来，胡汉民见到此次湘军的成功整编，便对谭延闿开玩笑："因知公系奉命打败仗，我则系奉公意旨以困公，且以助公之整编耳。"② 虽然胡汉民的主观意图并非真如其所言，然而事实的确如此，正是在不得南下驻守期间，面临种种困境的谭延闿才开始对北伐失败后的湘军进行全面的整顿。由此观之，胡汉民确实在客观上起到了激励谭延闿整顿湘军的作用。从全局来看，胡汉民不准谭延闿越过韶关，并且不再向其提供给养，也是从保卫广州、防止北兵南下的局面来考虑的。对此，谭延闿亦有一定的认知，所以胡汉民的这些决定，并未在谭胡两人之间形成太大的隔阂。

三　平定杨刘中的谭胡协作

1925 年 3 月 12 日，孙中山在北京逝世，同日谭延闿便得知了此消息，在"深为国家前途悲，有今日始途穷之恸"的同时，谭决定"明日入省，不暇择车矣"③，由此可知谭延闿当时的匆忙与紧张。同月 13 日，谭延闿到达广州和胡汉民长谈，后者言"孙先生病状及东江战事甚悉"④。由《谭延闿日记》可知，此后几日谭延闿与胡汉民过从甚密，谭常因军费和政事"与展堂谈甚久"⑤。谭胡二人之所以如此紧张、接触如此频繁，不仅因为孙中山逝世带来的心理冲击，更因孙逝世后广州革命政府潜藏的内外矛盾重新爆发。

广州政府之外，东面的陈炯明部，西面的唐继尧部，北边的北洋政府等势力均虎视眈眈、准备伺机而动；广州政府之内，滇桂军队则尾大不掉，自 1925 年 2 月初"东江战起，杨希闵所统之滇军、刘震寰

---

① 《谭延闿日记》（手稿本），1925 年 1 月 8 日。
② 胡耐安：《胡汉民与谭延闿》，朱传誉编《谭延闿传记资料》（一），第 150 页。
③ 《谭延闿日记》（手稿本），1925 年 3 月 12 日。
④ 《谭延闿日记》（手稿本），1925 年 3 月 13 日。
⑤ 《谭延闿日记》（手稿本），1925 年 3 月 13 日。

所统之桂军，皆观望不战"①。杨、刘二人在 1923 年曾率兵将陈炯明驱逐出广州，使孙中山得以返回广州，重建大元帅府。杨希闵的滇军和刘震寰的桂军在广东的军纪却素来败坏，对此孙中山批评二人道："你们都是戴着我的帽子，来蹂躏我的家乡。"② 然而，当时杨、刘二人所率的滇、桂军队在广州势力较强，且广州之外孙中山仍面临种种威胁，需要滇、桂军队的协助，因此杨希闵、刘震寰虽有时对孙中山的命令阳奉阴违，却依旧掌握着滇、桂军队，并在广州占据着重要的地位。

唐继尧获悉孙中山逝世后，于 1925 年 3 月 19 日发出通电表示："今不幸大元帅在京逝世。一切未竟之主张皆吾辈应负之责任。"甚至于 3 月 18 日在云南就任副元帅职，并宣称"惟望同志袍泽，协力一心，匡我不逮，庶期贯彻主义，奠定邦家，以慰大元帅在天之灵"③。此事应追溯至 1924 年 9 月，时任大元帅的孙中山，为拉拢唐继尧共同出师讨伐直系，便推举唐继尧为副元帅，但唐却迟迟未就职。然而，在孙中山逝世后，唐继尧为了借孙的威望号令西南各省，便迫不及待地宣布就职。对此，唐解释为孙在世时，"以军国大事夙赖大元帅主持，未便遽膺崇秩"④，故未公开就职。

对此，谭延闿、程潜、许崇智、杨希闵等皆通电不承认唐继尧就任副元帅职，谭延闿等人通电的具体内容如下：

> 项见唐继尧就副元帅职之电，事同儿戏，雅不欲置词，特其经过事实，有不能不正告国人者。去岁义军讨曹，孙大元帅同时誓师北伐，徇联军将领之请，奖励唐氏一致出师，共同救国，故有是命。唐氏复电坚辞，并将咨状印信封还，表示谢绝，电文具

---

① 蒋永敬：《民国胡展堂先生汉民年谱》，第 324 页。

② 汪精卫：《对中国国民党第二次全国代表大会政治报告》，中共中央党史研究室第一研究部编《共产国际、联共（布）与中国革命文献资料选辑（1926—1927）》上，北京图书馆出版社，1998，第 3 页。

③ 《唐继尧就副元帅职之皓电》，孙皓编《中华民族史料》，《近代中国史料丛刊》第 2 辑，（台北）文海出版社，1973，第 631 页。

④ 《唐继尧就副元帅职之皓电》，孙皓编《中华民族史料》，《近代中国史料丛刊》第 2 辑，第 631 页。

存，犹可复按。自后与广东革命政府绝无往来，亦无一卒一兵出
境讨贼。而于曹吴覆败以后，粤中肃清东江之际，潜师袭据邑宁，
意图侵略两粤，此亦国人所共见者。兹乘孙大总统薨逝，举国痛
悼之时，忽就副元帅之职，起伏自由，进退失据，诚不足当有识
者之一噱。即令其悍然不顾，窃号自娱，亦只认为唐氏个人自欺
欺人之行为，绝无何等关系。延闿等服从党义，秉承遗嘱，期望
同志完成国民革命工作。勠力同志，罔敢或懈，曾有宣言。在国
民会议未实现以前，悉遵孙大元帅成规，继续进行，不知其他。
如有包藏野心，假借名义，违反吾党主义者，当众弃之。特电声
明，伏维公鉴。①

　　谭延闿的通电向公众交代了孙中山任命唐继尧为副元帅的背景，
并明确指出唐当时是坚辞的态度；然而唐在孙中山逝世后宣布就职，
乃是欲"假借名义"，"侵略"广东。更令人值得注意的是，此电文在
发表之前，乃是经过了胡汉民的审阅与许可。据《谭延闿日记》载：
"反对唐继尧电已由吕满起草，展堂以为可，吾乃签名，将专函请杨绍
基签云。"② 可见，在反唐通电发表前谭延闿和胡汉民已达成一致，而
杨希闵署名乃是因谭延闿的缘故。

　　其实，唐继尧在 4 月初已与杨希闵、刘震寰秘密达成协议，颠覆
广州革命政府，建立南方各省联合政府，并推举唐继尧为大元帅。③
鉴于杨希闵的这些举动，方声涛曾对谭延闿表示："殊为前途忧，
总之事至无可解"，而谭则安慰方道："只可委心任运，忧何益
耶。"④ 此外，刘震寰还曾亲自至滇"纳款于唐继尧嗾其引兵入桂，
以为图粤至张本"⑤，杨希闵为了拉拢谭延闿便倡导驻留广东各省客
军团结一致，并要求谭和刘合作，谭延闿则表明杨希闵须表明拥护

①　《通电不承认唐继尧就副元帅职》，周秋光主编《谭延闿集》第 2 册，第 643 页。
②　《谭延闿日记》（手稿本），1925 年 4 月 1 日。
③　〔苏〕卡尔图诺娃：《加伦在中国（1924—1927）》，中国社会科学出版社，
　　1983，第 180—181 页。
④　《谭延闿日记》（手稿本），1925 年 4 月 7 日。
⑤　蒋永敬：《民国胡展堂先生汉民年谱》，第 324 页。

胡汉民方才与之进行合作。当时，胡汉民为杨、刘的各种阳奉阴违所困扰，有辞职之念，谭延闿便"劝胡固定宗旨，力维大局，打消辞意"①。

1925 年 5 月，杨希闵悄至香港与段祺瑞的代表会晤，欲内外夹击共同推翻广州革命政府。是月 17 日至 18 日，唐继尧的拥护者和合作者在香港皇后酒店召开会议，意图攻击广州，其中唐继尧、陈炯明、段祺瑞均派代表参加，而陈廉伯、杨希闵、刘震寰出席。② 其间，胡汉民曾亲赴沙面会见陈廉仲，胡解释了去岁对待商团政策中的某些不当之举，并请他代胡向其兄廉伯斡旋，协助广州革命政府，停止支持唐继尧。但是此行并未取得预期的效果。为了避免产生更坏的结果，胡汉民便令谭延闿部回广州镇守。③ 在知道杨希闵和刘震寰赴港开会后，胡汉民在外部未稳、不忍内乱的认知下，继续对杨、刘采取妥协政策，并派与杨、刘关系较好的邹鲁赴港，劝说他们回到广州。为了能让杨、刘返回广州，胡汉民甚至答应他们改组广州革命政府。滇、桂军队是由邹鲁策动而来粤的，他不愿自己招来讨贼的部队，"自越于覆亡之末路"④，所以邹鲁此次赴港亦是特别希望杨、刘二人能够悬崖勒马。其间，广州革命政府的中央执行委员会第三次全体会议通过了《关于时局之训令》，该令指出"军阀唐继尧阳假联省自治之名，实欲遂其割据之私"，并强调"须知唐逆之罪恶与陈逆炯明同等，无复回旋之余地，务各遵从训令，敌忾同仇。所有与唐逆一切政治关系，皆应迅速宣告脱离。如有违反党义，甘心与唐逆联络勾结者，本党惟有执行纪律，决不宽贷，特此通告"⑤。此训令非常明显乃是为震慑杨、刘二人所通过。

1925 年 5 月 19 日，朱培德和胡汉民至谭延闿处，"谈各方面情形

---

① 《就候饷致胡汉民电》，刘建强编著《谭延闿文集·论稿（上）》，第 392 页。
② 中国科学院上海历史研究所筹备委员会等编《一九二五年五月大事史料长编草稿》，中国科学院上海历史研究所筹备委员会，1960，第 1 页。
③ 《一九二五年五月大事史料长编草稿》，第 1 页。
④ 邹鲁：《回顾录》，岳麓书社，2000，第 138 页。
⑤ 荣孟源主编《中国国民党历次代表大会及中央全会资料（上册）》，光明日报出版社，1985，第 93 页。

及后事甚悉"①。同月 21 日，刘震寰亦派代表见谭延闿，但"所说皆官话"，谭亦"敷衍久之去"②。可见，当时谭对刘深有反感。5 月 26 日，胡汉民、谭延闿、杨希闵、刘震寰及汪精卫等人，在当时谭居住的颐养园开会讨论广州革命政府的改组问题。③ 同日，汪精卫、邹鲁和谭延闿商议，决定发表一宣言用以"内辑诸军，外和友省"④，借以缓和当时广州革命政府的内外矛盾。此次会议决定将广州的大本营改为委员会制，胡汉民、杨希闵、谭延闿、许崇智、刘震寰、程潜、伍朝枢、古应芬及林森将任委员，并拟推胡汉民为委员长。最终，因与桂军的矛盾此次会议无果而终，经此之后广州形势变得更加严峻，因为这意味着如胡汉民先前对杨、刘劝说及让步的温和手段已经行不通了。对此，谭延闿也深有认知，谭对胡汉民等人言："连日和平谈判。欲真和平先在去疑，去疑必先吐实，昔时种种意见皆不妨和盘托出，表明其已悔，然后可言归于好。若往外示腑诚，内藏猜忌，即一时妥协，终必破裂，且将更剧更深矣。"⑤ 可见，谭延闿对杨希闵、刘震寰在谈判中遮遮掩掩的态度极为不满，并力促胡对杨、刘等人放弃妥协的政策，而采取强硬手段。谭还称："言和平者，然无办法，凡事不求症结所在，而徒为好言，无益也。"⑥ 在谭看来，对杨、刘的妥协乃是舍本逐末，不能根本解决问题，反而会使问题更加严重。

其实谭延闿对杨、刘二人早有防备之心，在一次有胡汉民参加的饭局中，谭便旁敲侧击地鞭策杨、刘二人，劝他们遵守孙中山遗教。据胡汉民回忆：

> 兄弟和谭先生在杨希闵处吃饭，谭先生非常兴奋感慨，大发其我们闻所未闻的言论，他先痛责自己，敷陈自己的错误；并说："我们本来都是一知半解，但孙先生在世的时候，遇到任何艰困的

① 《谭延闿日记》（手稿本），1925 年 5 月 19 日。
② 《谭延闿日记》（手稿本），1925 年 5 月 21 日。
③ 《一九二五年五月大事史料长编草稿》，第 2 页。
④ 《谭延闿日记》（手稿本），1925 年 5 月 26 日。
⑤ 《谭延闿日记》（手稿本），1925 年 6 月 1 日。
⑥ 《谭延闿日记》（手稿本），1925 年 6 月 2 日。

事，还可以向他请示；可是我们渺小无知，还常常傲然自大，不肯切实服从孙先生的命令；这正是我们罪大极恶，万无可恕的地方。现在孙先生死了，一知半解的我们，更失了指导的人了，我们今后究该怎样努力，才能免为先生的罪人呢!"又说："我一生佩服的，只有孙先生，除孙先生外，再没有第二人了。便是我的同乡黄克强，也只佩服得一半，今后大家如果只图私利，阴谋蠢动，不能遵照孙先生的遗教去完成革命，便是孙先生的叛徒。"这一席话，大义凛然，当时杨希闵等在座，也只相对错愕。①

在谭延闿的劝说下，胡汉民渐趋放弃了原来对杨、刘的妥协政策。同时，客观条件亦不允许胡再进一步妥协。1925 年 5 月中旬，在未获得广州革命政府同意的情况下，杨希闵和刘震寰便自行调动军队，令滇军向广州集中，而桂军亦由东江调赴北江。同年 6 月 2 日，胡汉民以大本营代行大元帅兼广东省长名义，发表统一财政宣言，称："须知本政府为革命之政府，断无纵容少数金壬假革命之旗帜，为害民之行为；更不能坐视朝三暮四之军人，阳借扶翊之名，阴行寇道之实。"②此言便是针对杨希闵和刘震寰所发。6 月 4 日，杨、刘部"公然占领广东省长公署、财政部等机关，反形尽揭"③。当杨、刘军队"以驱除共产党为名"④倡乱广东时，仍旧主持大本营事务的胡汉民邀谭延闿、朱培德、廖仲恺等人商议应对之策。

> （胡汉民——引者注）说："杨刘的问题，到今日已如箭在弦上，不能不谋根本的解决；本来总理开办黄埔军校时，早已痛斥其为祸国殃民的军阀，假如我们能完全将他们歼灭，正是遵行总理的遗教。兄弟于此，已下莫大的决心，不知各位的意见究竟如何?"谭先生首先赞成，他说："我相信做这件事，是

---

① 胡汉民：《悼谭组庵先生》，《胡汉民回忆录》，第 201 页。
② 蒋永敬：《民国胡展堂先生汉民年谱》，第 329 页。
③ 蒋永敬：《民国胡展堂先生汉民年谱》，第 324 页。
④ 《谭延闿日记》（手稿本），1925 年 6 月 5 日。

非常困难的，甚至我的部队敢不敢和杨刘抗衡，此刻还没有把握。不过胡先生的见解，断断不错——在理论上，只有这么做，才能打开革命的道路。我们除拼命干去以外，更计不到成败利钝了。"①

谭延闿对胡汉民的回答，获得了在场的廖、朱二人的一致赞同。然而，当时杨希闵、刘震寰的叛兵势力正旺，一些湘籍将领不愿直接与之开战，胡汉民还代谭延闿从中进行疏导，从双方的实力对比，及人心向背方面详细地加以分析，众将领才欣然领命。讨伐杨、刘的战争正式开始之初，谭延闿和胡汉民均在士敏土厂指挥战斗，后胡汉民继续留守士敏土厂，而"谭先生则从间道到北江，抚杨刘之背，予以痛创，其中所历艰辛，自不待言！"② 此外，在杨刘叛乱之前，粤北的谭延闿部、朱培德部，东征的许崇智和蒋介石部，援桂的陈济棠部等便迅速向广州集结，可见"政府对于此等叛军，已有严重处分及周密之布置"③，所以杨、刘二人所率的滇、桂军队，并未坚持太久。1925年6月12日，胡汉民便发布安民告示，宣布平叛后的种种措施。同月13日滇、桂军约两万人被包围后，缴械投降，刘震寰逃亡香港。翌日，杨希闵也遁入香港。至此杨、刘叛军被全部平定，广州革命政府也暂时转危为安。

杨希闵和刘震寰的叛乱之所以能被快速平定，固然有很多因素，但其中谭延闿和胡汉民之间的相互支持和密切配合，确为不容忽视的重要原因。在孙中山去世之初，广州政权面临四处外患的局面，胡汉民本不愿以武力的方式消除杨、刘两股势力，并因此采取了一些妥协退让的举措。与之不同，谭延闿则主张采用武力，从根本上解决杨、刘之患。在谭延闿等人的支持和影响下，胡亦下定决心，以武力来应对杨、刘的种种不轨之举。经此一役，谭延闿和胡汉民的往来更为密切，二人的关系亦愈加深厚。

① 胡汉民：《悼谭组庵先生》，《胡汉民回忆录》，第201页。
② 胡汉民：《悼谭组庵先生》，《胡汉民回忆录》，第202页。
③ 蒋永敬：《民国胡展堂先生汉民年谱》，第324页。

第二节　从"谭胡合作"到"汪谭协作"

国民政府改组后，胡汉民的地位有所下降，廖仲恺遇刺后胡更是出走海外，原来的谭胡合作亦随之结束。与胡相反，汪精卫在孙中山去世后，地位不断上升，谭便顺势加强了与汪精卫的协作。

一　改组政府时谭的情感倾向

在孙中山病危时，胡汉民便有辞去代理大元帅、改组政府之建议，但鉴于广州革命政府内部不稳的局面，此议被谭延闿拒绝了。据胡回忆：

> （胡汉民收到电文后——引者注）即日找到廖仲恺、伍朝枢诸同志，和当时在省负责任的同人，告以总理病状，共商善后大计，并说"大元帅职权，兄弟实不当再行代理，最好能将大元帅府根本改组为政府，并采用委员制，使本党同志，能有共同负责的机会"。廖仲恺先生等通通赞成兄弟的主张，及后我们得到总理逝世的消息，谭先生也正从北江回来，兄弟就将所定的计划告诉他，他沉思有顷，便很严正的告诉兄弟："你的计划是对的，可是此刻却万不能行，请你再勉为其难吧！"其态度的坚决，真为兄弟所少见。兄弟当时，本知道如果马上更张，一定会发生很多的纠纷，自听了谭先生的话，只好暂不提起了。所谓发生很多纠纷，究竟是什么呢？较远的姑不说，只就当时的情形论，杨希闵、刘震寰等，驻扎广州，飞扬跋扈，假如政局一变，便会搅出很大的事故，在我们准备没有完竣之先，自不能不稍具戒心。①

在谭延闿的建议下，孙中山去世后胡汉民并未立即改组广州革命

---

① 胡汉民：《悼谭组庵先生》，《胡汉民回忆录》，第200—201页。

政府。1925 年 3 月 21 日，胡汉民、谭延闿、许崇智等人联名发表通电表示："在国民会议未实现，中华民国合法政府未成立前所有一切制度设施，汉民等仍谨赓续孙大元帅成规，勠力同心，并期有以发扬光大，以完成国民革命之工作。"① 正如胡汉民的回忆所述，之所以如此，乃是出于对当时广州革命政府种种不稳定因素的考虑。当时内忧外患的局面不适合对大本营进行改组，然而在平定了杨、刘叛乱之后，广州革命政府赢得了一个暂时安定的时期，这为组建国民政府提供了良好的客观环境。

1925 年 6 月 14 日，在平定杨、刘叛乱的当天下午，胡汉民便于大本营内召开政治会议，决定设立国民政府，"并令各军将财政、民政、交通等机关交还政府"②。次日，国民党召开军事会议和中央执行委员会会议，就改组政府事务做出了讨论，"中央执行委员会提出实行统一案，胡、汪、廖皆发言，余与颂云、益之、嘉伦、孙科、梁鸿楷皆有赞同之演说"，"复讨论改国民军废省号，皆以举手表决，全体一致"③。可见，胡汉民提出改组政府的建议得到了谭延闿在内的众人一致赞同。此后，胡汉民、谭延闿、汪精卫等协商改组政府的具体事务和人选，其间鲍罗廷亦参与其中。6 月 19 日，谭延闿、鲍罗廷、伍朝枢、汪精卫、廖仲恺等人开政治委员会，"议政府组织大要，仿苏维埃中央、省、市皆采委员制，论难甚久"④。可见，在政府的具体组织形式上是否照搬苏联模式，在当时还是具有争议的。同月 21 日，谭延闿、孙科、伍朝枢、汪精卫、廖仲恺等人又在许崇智家中商议组建政府事务，据《谭延闿日记》记载，商议的具体内容和决议如下：

> 议组织政府事，盖鲍乐汀所起草，以中央执行委员会之政治会议为中心组织，一中央政府，曰国民政府，又一省政府，又一

① 蒋永敬：《民国胡展堂先生汉民年谱》，第 323 页。
② 蒋永敬：《民国胡展堂先生汉民年谱》，第 331 页。
③ 《谭延闿日记》（手稿本），1925 年 6 月 15 日。
④ 《谭延闿日记》（手稿本），1925 年 6 月 19 日。

军事委员会，皆委员制，别设监察机关以检视之，审判机关以审理之。众皆翕然无异词，而有人选问题不易决，今日故来会议，不约展堂，意可知矣。讨论甚久，决以精卫、展堂、仲恺、梯云、哲生、湘芹、汝为、张静江、张溥泉、石青阳、徐季龙、于右任、戴季陶、林志超、程颂云、朱益之及余十七人为国民政府委员。广东省政府则以湘芹为民政厅，仲恺为财政厅，邹海滨为教育，陈公博为农工，宋子文为商务，孙哲生为建设，汝为为军事。不设主席，意不在胡也。监察机关有陈璧君，审判机关有林翔，余皆不记。军事委员会则汝为、益之、展堂、精卫、梯云、仲恺、嘉伦及余八人，嫌军人太少，好在有参谋团耳。①

从以上史料可知，改组后的政府乃是仿照苏联的组织形式，而且这次非正式会议的召开，乃是有意削弱胡汉民在政府中的影响。改组政府是对权力的一次重构，因此，其间必然存在种种矛盾与冲突，而孙中山逝世后留下的权力真空，更加重了权力争夺的激烈性。在 21 日的会议召开前，谭延闿便发现孙科、伍朝枢、吴铁城等人"皆不满展堂者，亦可怪矣"②。而在会议召开时，"不约展堂"，其意便更为明显。对此，精于世故的谭延闿很快便明其中道理，知道他们有意排挤胡汉民，对此，谭仅能对胡抱之以同情。"依照常例判断，似乎国府主席应属胡先生居多。在国民党，汪、胡都有一样深长的历史，但胡先生目前还是代理大元帅，由代理大元帅一跃而为国府主席，那也是很顺理成章。不过熟悉政治内幕的人，已经明白汪先生会当第一任的国府主席。"③

1925 年 6 月 24 日，胡汉民发表《革命政府改组宣言》，正式公布设立的政府各机关，其中国民政府分设军事、外交、财政各部；此外，还设有军事委员会、监察部、惩吏院、省政府和市政委员会。④ 同月

---

① 《谭延闿日记》（手稿本），1925 年 6 月 21 日。
② 《谭延闿日记》（手稿本），1925 年 6 月 21 日。
③ 陈公博：《苦笑录》，现代史料编刊社，1981，第 17 页。
④ 蒋永敬：《民国胡展堂先生汉民年谱》，第 331 页。

28 日，又召开会议通过了《中国国民党第二次宣言》和国民政府、省政府、市委员会的组织大纲等。① 7 月 1 日，国民政府宣告成立，公布了组织形式和内外政策，是日：

> 三时，余往省署开委员会，胡、汪、廖、许、孙、伍、古、朱、程、林及余凡十一人。所议皆政府成立事，宣布宣言，公布法令，委任部长、厅长，盖广东省政府设七厅，民政古应芬、财政廖仲恺、建设孙科、教育许崇清、农工陈公博、商务宋子文、军事许崇智也。市厅改委员长任伍朝枢，则由省政府发表之。大理院任徐谦，未到，以林翔代，此尚公允。盐政邓泽如。外交特派员改交涉员，及粤海关监督，皆以傅秉常任之。临时主席本推精卫，及投票举主席，果为精卫。再投常务委员，则胡、汪、许、林及余。许、林且决以选得之。任李文范为祕书长，任改组事。②

可知，改组后的国民政府实行委员制且汪精卫当选为主席，谭延闿和胡汉民则当选为常务委员。其实，在国民政府正式成立前夕，胡汉民的职务及各委员的名单便已经确定了，6 月 30 日，谭延闿便言："明日新政府成立，讨论种种手续，委员中去石青阳只余十六人，又推胡展堂长外交，则不知谁主之也。"③ 从谭延闿的话语中明显可以感受到其对胡汉民在政府地位中下降的同情，因为当时国民政府还没有正式的外交关系，外交部长的作用可想而知。对于胡汉民失去国民政府主席之职，可以概括出三大原因。

首先，胡汉民缺少领导者所拥有的当机立断的魄力，在讨伐杨、刘之乱时，胡汉民先表现出对他们的妥协退让，后又"只赞成打杨不打刘"④，最后才同意武力平定杨、刘之乱，胡汉民的犹豫和徘徊使初始便主张对杨、刘动武的人多少有些不满。其次，胡汉民锋芒毕露、有犯必校的性格和家庭关系致使其人际关系较差。胡汉民指责别人的

---

① 《谭延闿日记》（手稿本），1925 年 6 月 28 日。
② 《谭延闿日记》（手稿本），1925 年 7 月 1 日。
③ 《谭延闿日记》（手稿本），1925 年 6 月 30 日。
④ 陈公博：《苦笑录》，第 17 页。

错误丝毫不顾及情面，陈炯明反叛时，许崇智自赣回师救粤，不幸失败，胡在孙中山面前对许做出较为苛刻的批评，自此胡许两人便交恶了。① 胡汉民之兄胡清瑞曾"以财厅科长身份，常与包商勾结。虽廖仲恺任财政厅长，亦对清瑞无可奈何"②。正是如此，在讨论国民政府主席人选时，许崇智首先推荐汪精卫，并得到了廖仲恺等人响应。最后，鲍罗廷等人对汪精卫的支持，亦是胡汉民落选而汪当选主席的重要原因。当时国民党还执行着孙中山的联俄政策，鲍罗廷等人更决定着苏联对国民党援助的程度，因此鲍罗廷等人的态度对国民政府的人选有着重要的影响。在孙中山病危时，"加拉罕和鲍罗廷便招汪精卫到苏俄大使馆谈话"，"加、鲍两人同声对汪精卫说：'孙先生的病已经绝望了，今后中国国民党的领袖，除了你更有谁敢继承呢？'"③ 可知，鲍罗廷等苏联来华人员，在孙中山病危时便决定支持汪精卫作为国民党的领袖了。

胡汉民是此次改组政府的积极倡导者之一，他要结束原来代行大元帅的职能，向更加制度化的政府过渡，因此，虽然改组后的结果令胡大为不满，但他还是迅速地调整心态，接受了选举的结果。后来胡曾言："我乃一党员，凡党之决议，我必遵守。今党方派我为外交部长，吾亦欣然受命，焉敢不就职？"④ 从表面而言，国民党政府领袖从由胡汉民担任平稳过渡到了由汪精卫担任，改组后的政府也由集党政军权于一身的大元帅演变成委员制下的集体领导。然而，谭延闿却表示："委员会吾夙怀疑，今所行皆以俄为法，盖集中力量于党中多人，实一人也。当视旧制为长，若打穿后壁，则同一愚民，舜禹之事，吾知之矣。"⑤ 可见，对于改组后的国民政府，谭延闿并不觉得与以往制度有太大的区别，个人集权依旧存在，所谓的集体领导仍表象而已。

7月3日，国民政府军事委员会成立，以汪精卫、胡汉民、谭延

① 陈公博：《苦笑录》，第 17 页。
② 沈云龙、谢文孙：《傅秉常先生访问记录》，台北"中央研究院"近代史研究所，1993，第 43 页。
③ 蒋永敬：《民国胡展堂先生汉民年谱》，第 332 页。
④ 蒋永敬：《民国胡展堂先生汉民年谱》，第 336 页。
⑤ 《谭延闿日记》（手稿本），1925 年 7 月 1 日。

阎、蒋介石等 8 人为委员。此后，国民政府便开始制定各种详细的规章制度，汪精卫在制定规章中表现得过于细致和认真，这令谭延闿不禁心生轻视。"精卫主张政治、军事两会间日一开，或调济之法也。散后，续开军事委员会，议军需厅组织法，寥寥数条可不论，而讲论亦三小时。"① 谭延闿认为政府常委开会不必如议院一样详细，具体的条款可以在政府委员会中讨论，而无须在常委会议中争辩。

> （7 月 10 日）议军事厅章程，鲍与许、汪往复甚久，极寻常问题而讨论不休，卒以删去了事，视昨日更有甚焉。政府论事乃与议院同科，心甚厌之。嫌于渴睡，乃写小字自遣，作歪诗曰，"平生最怕议章程，议到章程闹不清。几十几条头欲大，半推半就了无成。不妨狗尽同狂吠，那得虫皆学应声。费尽时间才写出，旁人摇首说难行。"展堂见之，亦作一首，有云，"圣人自是心思细，顾问无如讨论多。还是早些通过好，不然红日又西矬。"②

在汪精卫与众人为章程而讨论得热火朝天之时，谭延闿和胡汉民却以歪诗的形式进行纸上交流。谭将众人的讨论声比喻为狗吠，可见对这种讨论的厌恶之深。胡汉民诗中的"圣人""顾问"则分别暗指汪精卫和鲍罗廷，点明此二人乃是讨论持续下去的关键。对于胡汉民的诗，谭延闿则感叹道："近来诸人以圣人称精卫，未知其指，精卫实书生，不解公事也。"③ 7 月 21 日开会，谭又"与展堂笔谈甚多，诙嘲杂出"④。后开会时，谭延闿便选择与胡汉民邻座，以方便进行笔谈。"今日签定坐次，吾与展堂联坐，笔谈甚多。今日殊无一要事，精卫未尝为议员，故词烦而不知操纵，此中虚费光阴多也。"⑤ 可见，此阶段谭延闿与胡汉民的关系更为紧密，而对于汪精卫，谭延闿认为其有越

---

① 《谭延闿日记》（手稿本），1925 年 7 月 9 日。
② 《谭延闿日记》（手稿本），1925 年 7 月 10 日。
③ 《谭延闿日记》（手稿本），1925 年 7 月 10 日。
④ 《谭延闿日记》（手稿本），1925 年 7 月 21 日。
⑤ 《谭延闿日记》（手稿本），1925 年 7 月 23 日。

俎代庖之嫌，据主席之位而行议员之职，所以谭对热心功名的汪不免有轻视之意。

二 "沙基惨案"中的内政与外交

上海爆发反对帝国主义的"五卅运动"后，香港、广州的工人和学生为了声援运动，也提出了废除不平等条约等一系列要求，并同上海地区的工人和学生一起掀起了工人罢工、学生罢课的浪潮。其间，谭延闿曾公开发表通电言：

> 帝国主义者之于我，已显然无复正义人道可言。其不惜以上海为屠场，而有 5 月 30 日之惨举。此何等可痛之事！闻之曷胜悲愤，非收回租借地不能绝彼之举乱，非废除不平等条约不能复我之自由。所望一致主张，努力交涉。为人道，为自由，即不得已而诉诸最后手段。擐甲以俟，敢后邦人。①

可见对于香港、广州声援五卅运动，谭延闿持积极的态度。6 月 22 日，广州各界对外协会召开第一次代表大会，决定由工农兵学商各界，联合香港罢工工人，在广州举行大规模的游行示威运动。次日，香港和广州地区的工人、商人、学生、粤军、警备军及湘军等数万人参加了示威游行运动。当时沙面为各领事驻粤所在地，因此沙面附近是此次游行示威的重要区域。然而，23 日下午，当游行队伍行至沙面对岸的沙基地区时，却遭到了英国士兵的攻击，游行队伍出现了严重的伤亡。② 关于沙基惨案，参照图 4-1。

事件发生时，谭延闿正赴蒋介石之约，从住所赶往黄埔，"甫至军官学校码头，见行人拥挤，岭南学生有流血者，又大雨骤至，乃入筹办处避之。诸副官言今日示威大巡行，经过沙基时，外人开机关枪，伤学生二百余人，群情愤激"③。谭遂电话告知蒋介石，让后者赴省署，谭亦赴省署与胡汉民等人商议对策。当谭延闿到达省署时，胡汉

---

① 《擐甲以俟，力挺废约电》，周秋光主编《谭延闿集》第 2 册，第 644 页。
② 《一九二五年六月大事史料长编草稿》，第 48 页。
③ 《谭延闿日记》（手稿本），1925 年 6 月 23 日。

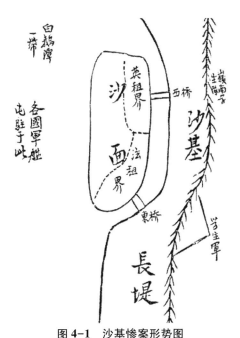

图 4-1　沙基惨案形势图

图片来源：钱义璋编《沙基痛史》，（台北）文海出版社，1987，第 13 页。

民、廖仲恺、许崇智等诸人皆在，其后报告"沙基惨案"情形者亦接踵而至，其中"湘军讲武堂学生陈歼仇甚有张致"①。可见，对于英国的暴行，民众反应甚为激烈。是日，谭、胡、蒋、许、廖、汪等人开会研究至深夜，最后决定"仍以政治解决为上，提出抗议，通电中外，断绝英商关系"②。会后，胡汉民便向英、法提出了严重抗议，同时还向驻广州各国领事发布照会，宣布"对于此次事件为严密之调查，并已决定对此次事件不依恃武力及其他狭隘的复仇手段，而惟以和平正当之方法进行原有之目的，即取消不平等条约"③。当时，苏联早已宣布取消与中国的不平等条约，而德、奥两国也自第一次世界大战结束后，取消了对中国的不平等条约。因此，惨案的发生更加促使政府和

①　《谭延闿日记》（手稿本），1925 年 6 月 23 日。
②　《谭延闿日记》（手稿本），1925 年 6 月 23 日。
③　《广东省长胡照会驻广州各国领事文》，佚名编《广州"沙基惨案"交涉文件首编》，（台北）文海出版社，1987，第 3 页。

人民为废除不平等条约而奋斗。此后谭延闿又发表通电言：

> 广州民众为上海惨杀事件表其哀情，凡数万人在广州市为有
> 秩序之游行运动。行抵沙基，与沙面租界尚有一水之隔，乃忽被
> 沙面英法外兵外舰突以机关枪、步枪及大炮向我游行民众扫射。
> 死伤之众，据调查所得，死者已逾百人，伤者不计其数。帝国主
> 义者之屠杀，始施之于青岛，继施之于上海，继又施之于汉口，
> 最后复施之于广州。推刃面前，每祸必烈。原其杀心之起，本非
> 偶然。根据本党宣言，以和平正当方法，力谋废除不平等条约，
> 实为彻底解决之途。所望袍泽之心，国人努力，期主张之贯澈，
> 谋民族之生存。延闿谨率三军，誓为后盾，同赴国难，敢惜牺牲，
> 布用区区，伫候明教。①

　　相比于胡汉民的抗议，谭延闿的通电显得更为强硬，其实在惨案
发生的当晚俄国顾问中便"有人郑重提出攻占沙面和进攻香港的问
题"②，但此项建议很快便被大多数人否决了。然而，为了防止英国
进一步的武力行动，国民政府还是制订了一系列的防御计划，只是
后来见英国的态度逐渐缓和，国民政府的各种紧急防务才暂缓
实施。③

　　随着双方关系的缓和，谭延闿类似率军队为废约后盾的豪言，便
再未出现。这也显示出谭延闿从最初的愤怒渐趋转变为冷静克制的态
度。此外，胡汉民还发布了对内的《省长布告》，在阐明了政府的立
场后，号召民众"不宜稍有越轨行动，别生枝节而陷入帝国主义者之
阴谋"④。6月26日，胡又以广东省省长的名义再次提出抗议，向英、
法两国提出向中国道歉、惩治凶手、撤走在粤军舰、交还沙面和赔偿
损失五项要求。⑤ 然而，在中国内乱不断、国力羸弱的背景下，广州

---

①　《愿率军为废除不平等条约之后盾通电》，周秋光主编《谭延闿集》第 2 册，第
　　644 页。

②　〔苏〕卡尔图诺娃：《加伦在中国（1924—1927）》，第 203 页。

③　〔苏〕卡尔图诺娃：《加伦在中国（1924—1927）》，第 203—204 页。

④　《省长布告》，佚名编《广州"沙基惨案"交涉文件首编》，第 20 页。

⑤　《一九二五年六月大事史料长编草稿》，第 103 页。

政府提出的这些要求英、法根本未予考虑。7月7日，广东政府收到英、法领事来文，"云得公使复，于政府所提五条不能考虑，其辞横极，议以滑稽语驳复之"①。

随后，胡汉民、谭延闿、朱培德等人联名发表通电，从游行示威的原因、经过，"沙基惨案"的结果等方面，对英法两国驻广州领事尚思讳过诬责的态度进行了驳斥，并言：

> 英法领事所说，其实为诬捏，已不容再辩。此次广州枪杀事件，实由沙面当事处心积虑，欲以中国人民之生命为帝国主义者示威之具。非有所逼迫，非有所误会，亦非一时之冲动所致。其性质、目的与上海、汉口等处事件无殊，而死伤之数则过之。且上海、汉口等处事件发生于租界，而广州事件则发生于完全中国领土以内，在外交史上尤无前例。本党政府，现在一方面根据事实，使沙面当事者负其责任；一方面注意于勉抑人民之痛愤之气，严戒辗转仇杀，始终以保护外国人生命财产为己任。惟根本解决之方法，仍在废除一切不平等条约。盖租界及居留地之制、领事裁判权之制、驻屯军警之制，皆依于不平等条约而取得。非废除不平等条约，则类似此之惨杀事件终无由绝迹于中国以内也。②

可见，当时的广州国民政府以废除不平等条约为主要目标，但面对英、法强大的军事实力，仍旧保持冷静克制的态度，坚持以政治协商解决问题，反对国人复仇行为。7月10日，谭延闿等政府要人还至广东大学，"追悼沙基死难诸人。正值湘军行礼，乃羼入鞠躬"③。谭延闿的此种行为也是给人民一种交代，毕竟在内忧外患的处境下，废除条约并非易事。事实证明果亦如此，刚成立的国民政府争取废约的努力遭到了挫折，并没有完成废约的目标。而广东政府最主要的目标

---

① 《谭延闿日记》（手稿本），1925 年 7 月 7 日。
② 《与胡汉民等力主废除不平等条约通电》，周秋光主编《谭延闿集》第 2 册，第 645—646 页。
③ 《谭延闿日记》（手稿本），1925 年 7 月 10 日。

仍是先平定内乱，故"沙基惨案"最后不了了之。

谭延闿和胡汉民在"沙基惨案"发生后，均据理力争，维护中国的合法权益。"沙基惨案"发生之初，胡汉民仍在代理大元帅之职，因此其面临的压力自是最大。国民政府改组后，胡又任外交部长，积极主张废除与外国的不平等条约，而对于此事，谭延闿亦给予积极支持。"沙基惨案"虽然使刚成立的国民政府面临的外部压力陡然增加，但也缓和了国民政府内部的权力之争。

综上观之，从性格上看，胡汉民"不及谭延闿之具有能容忍的雅量，他的敬事执一的真诚，似又为谭延闿之所不能。胡汉民的有所为、有所不为，恰和谭的无可、无不可，形成一强烈的对照"①。性格使然，谭延闿多能顺于环境、左右逢源，而少遭人嫉恨；胡汉民虽历经世事变迁，但也穷于应对这些世变，从而在国民政府成立不久便作了"海外辅臣"。虽然谭胡二人性格截然不同，但两人相处时的共识与合作仍是主调。纵观谭延闿和胡汉民合作的这段时期，谭胡二人在政见上虽有冲突，特别是在胡代行大元帅时的财政问题上，表现得较为明显。其余时段，谭和胡的合作都比较顺利，因此两人间的情谊亦日渐加深。在孙中山逝世后，谭延闿和胡汉民相互配合，共同消除了杨希闵、刘震寰的隐患。国民政府成立后，胡汉民改任外交部长，虽说地位较原来有所降低，但谭与胡的关系反而更为紧密，在正式的会议中两人常常笔谈。廖案发生后，谭虽有病在身，却仍积极关心胡汉民的状况，即使谭知道胡与廖案有关，仍力求维护胡的名誉，足见谭延闿与胡汉民的情谊之深。

三 谭延闿与鲍罗廷的关系

1923 年 9 月，鲍罗廷受共产国际的派遣来到广州，担任共产国际驻中国和苏联驻广州革命政府代表。后来，孙中山聘其为国民党临时中央执行委员会顾问，以协助孙中山对国民党进行改组。因为孙中山

---

① 胡耐安：《雍容豫悦谭组菴》，朱传誉编《谭延闿传记资料》（二），（台北）天一出版社，1979，第 128 页。

采取联俄联共的政策，且对鲍罗廷信任有加，所以鲍罗廷在广州的地位不断提升。鉴于他在广州国民政府成立前后的重要地位和影响，许多重大的政治事件都与其直接相关，因此研究他的人际关系对国民革命时期的广州政权有着重要的意义。

目前学界关于国民革命时期鲍罗廷人际关系的研究，多聚焦于在孙中山、蒋介石、宋子文等人与之的关系，[①] 受史料的限制，对谭延闿与鲍罗廷关系的研究较为少见。谭延闿作为大革命时期广州政府的重要领导人之一，通过分析其日记中记录的有关鲍罗廷的情况，不仅可以探寻其对鲍罗廷个人的情感，还可以探究谭延闿对苏联和共产党方面的态度。因为汪精卫在广东主政期间施行联共政策，政府决议受鲍罗廷的影响较大，所以谭延闿与鲍罗廷的关系，也会在一定程度上影响谭与汪的关系。

1. 国民政府成立前谭对鲍的认知

鲍罗廷刚到广州时，他不仅要面对陌生的中国制度、文化及人际交往方式，还要面临孙中山一些随从的抵制，因此他在广州政府内的地位尚不高。当时，鲍罗廷所能倚仗的仅是苏联援助的许诺和"革命的权威"，除此之外他是比较孤立的，但鲍罗廷却用自己的聪明才智，获得了孙中山的信任，并使他在广州的地位渐趋有利。[②] 同时期的谭延闿，先是在 1923 年 6 至 11 月回湘讨伐赵恒惕，后又忙于东征陈炯明，因此与鲍罗廷的交集并不多。

1924 年 8 月 22 日，孙中山主持召开了大元帅军事委员会议，讨论有关广州商团罢市之事。对于商团罢市，鲍罗廷等苏联顾问已事先有所考虑，他们积极建议孙中山以军事管制来应对罢市，"警告所

---

① 相关研究有：曾成贵《孙中山与鲍罗廷的关系及其对国民革命的影响》，《湖北大学学报》2002 年第 4 期；李杨《鲍罗廷与孙中山北上》，《广东社会科学》2016 年第 1 期；吴珍美《析 1927 年前后鲍罗廷与蒋介石的权力争斗》，《史林》2006 年第 1 期；黄家猛《蒋介石"驱逐鲍罗廷"事件研究》，《党史研究与教学》2011 年第 4 期；银品《合作的尺度：蒋介石与鲍罗廷关系新探（1924～1927）》，《党史研究与教学》2016 年第 1 期；左双文、贾玮《宋子文与国民党人大革命时期的联俄政策》，《史学月刊》2016 年第 5 期等。

② 〔美〕丹尼尔·雅各布斯：《鲍罗廷——斯大林派到中国的人》，世界知识出版社，1989，第 114—115 页。

有不营业的商店将被充公，禁止贵重物品运出这座城市。与此同时，鲍罗廷还强烈主张动用正在广东全省涌现的工农武装向商团军进攻"①。鲍罗廷这些对商团的强硬主张，深得谭延闿的认同，在谭的日记中这样表述："开会，鲍罗定及两军官各有献议，伍梯云为译，亦颇有至理。"② 这是谭延闿日记中首次出现有关鲍罗廷的记载，从谭对鲍罗廷的评价可知，鲍罗廷给谭延闿留下了一个较为深刻的印象。

在此之后，鲍罗廷便经常出现在谭延闿的日记中，然而却着墨不多，往往一笔带过。直至冯玉祥发动北京政变邀孙中山北上时，谭延闿又一次对鲍罗廷的表现深感佩服。当孙中山开会讨论是否应邀之时，国民党内有很多人反对孙中山北上，而鲍罗廷则力排众议，赞同孙中山北上。③ 谭延闿最初亦反对孙中山北上，但谭"继思元首为此则冒险，革命党魁为此则当然，且不入虎穴，安得虎子，遂亦同意"④。故谭更是觉得"鲍颇有先见，未可以外人少之"⑤。当孙中山北上时，鲍罗廷亦随之而去，至 1925 年春才返回广州。

孙中山去世后，国民党面临的主要问题是内部的权力争夺，而消灭杨希闵和刘震寰的叛乱则更是广东军政府的重中之重。在平定杨、刘之乱时，鲍罗廷的地位有所提高，其间谭延闿和鲍罗廷的接触也日渐频繁。受鲍罗廷博学广闻的吸引，谭延闿经常找鲍罗廷相谈。1925 年 6 月 18 日，谭延闿"访鲍乐丁于士敏土厂，谈甚深至。其人深于哲学，熟知国情，所言皆鞭辟近里，可佩也"⑥。谭言辞中流露出对鲍罗廷学识的敬佩之情。次日，谭延闿又赴士敏土厂找鲍罗廷谈话，途中遇到了伍朝枢"立谈而去"，却与鲍罗廷"深谈三小时"⑦。由此可见，

① 〔美〕丹尼尔·雅各布斯：《鲍罗廷——斯大林派到中国的人》，第 152 页。
② 《谭延闿日记》（手稿本），1924 年 8 月 22 日。
③ 子云：《鲍罗廷》，《鲍罗廷在中国的有关资料》，中国社会科学出版社，1983，第 276 页。
④ 《谭延闿日记》（手稿本），1924 年 10 月 27 日。
⑤ 《谭延闿日记》（手稿本），1924 年 11 月 1 日。
⑥ 《谭延闿日记》（手稿本），1925 年 6 月 18 日。
⑦ 《谭延闿日记》（手稿本），1925 年 6 月 19 日。

谭延闿找鲍罗廷相谈时的急切心情，当日谭延闿回到家中后，还将与鲍罗廷的谈话大量地记录到日记之中：

> （鲍罗廷）言曰，俄自九百十七年革命至廿一年，四年中养兵三百战，与反革命及帝国主义者战，战区十八处。又新革命秩序未复，竭全国力以供前方，与欧洲之粮食管理正同，而毁者则以为实行共产矣。纸币低落，屏不复用，则以为废除货币矣。及千九百廿一年至今，战事既定，国内从事整饬，犹之欧洲之恢复资本制度，特集权于国家耳，则又以为共产主义失败，乃行新经济政策矣。此皆可不辩，但俄人五年农工实大进步，产额大佳，循此不已，或能至共产主义实行期未可知也。①

当时很多人对苏俄在其国内实行的一些政策存在误解，而谭延闿通过与鲍罗廷的交流，则明白了苏俄各项政策的实施背景。如谭在日记中所述，苏俄的余粮收集政策只在"新革命秩序未复"时的战时体制中实行，"与欧洲之粮食管理正同"，并无可厚非；而后来新经济政策的实施，也并非苏俄共产主义的失败。此外，谭延闿是较为务实之人，关于共产主义在当时的俄国是否失败等问题"皆可不辩"，仅从经济生活方面讲，谭延闿感受到了"俄人五年农工实大进步"，而这些实实在在的进步，正是中国所急切需要的，所以谭延闿很自然地将俄国革命与中国情况联系了起来。谭延闿又叙述了鲍罗廷对共产主义实施的畅想及目前俄国的现状，并不时将之与中国的国情进行比较。

> 盖共产主义之实行须令农村皆距离电车、火车十英里乃有希望，且必须自身生产力、环境变化皆相应乃能成功，故须牢记一言，决无有单独一国能行共产主义者也。若东与中国、印度、日本合，或西与德、法、英、美合，庶几可期耳。又云共产主义者，建设之事，其始必先破坏者，革命耳。今俄革命尚

---

① 《谭延闿日记》（手稿本），1925 年 6 月 19 日。

未成功，何况中国，中国此期尚是革命工作开始期间，即中山先生之民生主义亦未能行也。又曰俄现在大工厂、大矿区及电力、水力、银行、交通皆在共产党手，故能使基础稳固，不虞大资本家发生。又曰共产党人月薪自六十五元始，可加至十七倍止，若非党人，则工程师有月俸一万元者。因问以此工程师不将成资本家乎，曰所恶于资本家者，为其以资本压制农工耳，若但存钱银行，是但富人，非资本家，亦不禁也。又曰莫斯哥、列宁格勒繁华绮丽与广州同，游戏场非与以资不能入，人民怀有钞票金钱与广州亦同，但目所见无烟赌耳。又曰主义不变者也，方法可变者也。今俄亦种种试验以期成功之速，条理秩然，循序渐进，未尝操之以蹙也。又曰全民劳动今亦在宣传中，将来无论作何项工作，计无有坐食者。又曰作工者包一切政治宣传，言不必手胼足胝始为工也。又曰今世界工业发达无过于俄，更数年必更有异。①

从鲍罗廷的言语中可以看出，他对俄国实行种种政策所取得的成就很是自豪，并对俄国未来的发展充满了希望。对于鲍罗廷的这些言论谭延闿显然充满了兴趣，1925 年 6 月 22 日是孙中山逝世百日的纪念日，谭延闿到中央执行委员会率先行礼而出，又去找鲍罗廷相谈。

> 渡海，见鲍乐丁 Borodeen 谈。二时许，以香橼橙合种果见饷，颇有柠檬香。其对余所问难皆含哲理，大略曰孙先生主义乃递进非平列，欲完成民族主义必先打倒帝国主义，成一独立国家，而后民权、民生乃可得言，故此时口号以废除不平等条约为先，合智识界、资本家、农、工四者同立一战线，若至民权时期，则四者必有引去者矣。至民生期间更不须问。然今不能以后例前，递递拒人之加入也。今但当问有利于四者即行之，则大多数心理皆向我，我措施乃可得言，故惟力进向前，无他说也。至青年中为

---

① 《谭延闿日记》（手稿本），1925 年 6 月 19 日。

种种论者，皆其言论自由，不必与辩，亦不能强同。此时既办不到第三点，听其作理论上之辩难，何为不可。若至第三点，则全视力量如何，又非口舌所能争，此时固无须自扰也。所言深有理。①

由此可知，此次相谈谭延闿用孙中山的三民主义来"问难"鲍罗廷，而后者亦详细回应，并指明当前中国的主要任务乃是联合不同阶级，组成统一战线，为"打倒帝国主义，成一独立国家"而努力。至于青年中有关各种主义之争，鲍罗廷则认为这是"言论自由，不必与辩"。鲍罗廷的这番回应也可以说是求同存异，在中国未来采取何种主义方面，鲍罗廷和谭延闿等国民党人固然存在着分歧，然而谭延闿认为这种分歧非当务之急，"此时固无须自扰也"。鲍罗廷的种种言论使谭延闿觉得"所言深有理"，这样也使谭延闿更为坚定地遵守孙中山的联俄联共政策。

这次谈话的第二天，"沙基惨案"便发生了，这更使谭延闿意识到鲍罗廷言语中反对帝国主义的急迫性。因此，谭延闿对鲍罗廷的敬佩之心更盛。在平时谭延闿还会将其与鲍罗廷的谈话内容讲给身边之人，如其日记载："谢慕韩来，谈久之，告以苏俄近况及鲍乐庭所论。"② 面对"沙基惨案"的发生，谭延闿反应激烈，并要求对英国持强硬态度，俄国顾问中也有少数人提出广州应公开向"帝国主义宣战，这有助于全国国民革命运动的浪潮更加高涨，并导致全国各地普遍与外国人公开进行斗争。在他们看来，为达到此目的，即使冒着广州沦陷的风险也在所不惜"③。然而，对于这些强硬反对帝国主义的要求，鲍罗廷却提出了不同的看法。鲍罗廷认为反帝不能一味强硬，而应讲究策略，灵活应对，他的这些言论在6月29日谭延闿的日记中便有所记载：

既八时起，入省署开政治委员会，通过各机关法令，最后

① 《谭延闿日记》（手稿本），1925年6月22日。
② 《谭延闿日记》（手稿本），1925年6月26日。
③ 〔苏〕卡尔图诺娃：《加伦在中国（1924—1927）》，第203页。

鲍罗丁陈述意见，以为政府对外方针与党不同，党以打倒帝国主义为目的，主义不可稍移，政府则不能无政治手腕。又云罢工乃宣传，非武器，宜有操纵，不可令吃苦太深，且当令了解罢工作用。又云广东乃策源地，当保全不可轻弃，尤不当为无谓之牺牲。又云对外策略当孤敌势，不可令协以谋我。又云使人知吾所为，而不令知吾所以为，使人知吾可惧，而不可令其绝望。①

事实证明，鲍罗廷的此段话，显然在后来起到了作用，国民党人从"沙基惨案"爆发之初的强硬态度，渐趋理智应对。而当时的英国政府也不想使事情扩大，于是双方均保持了一定的克制。② 对此，谭延闿又赞叹鲍罗廷道："语精而识远，信乎代表一国之人材，不可轻也。"③

从1924年8月鲍罗廷首次在谭延闿日记中出现，至1925年6月底国民政府成立前夕，谭延闿在日记中对鲍罗廷的记述多是赞扬之词，而鲜有负面情绪的宣泄。此外，谭延闿与鲍罗廷关系的加深，则是在1925年鲍罗廷从北京重返广州之后。尤其是在杨希闵和刘震寰被平定后，谭延闿与鲍罗廷的主动交往愈加频繁。对于谭延闿的这种行为，苏联顾问加伦亦有记载，他言："差不多每隔一天，他（谭延闿——引者注）都要拜见鲍罗廷同志，向他请教辩证法和政治事态的发展规律。他还主动地悉心听取政治报告。令人感到，他愿意正确理解和适应中国政治形势的发展。显然，他要真心实意地暂时背弃他所信仰的孔孟之道，转而信奉政治经济学。"④ 由此可见，谭延闿在面对鲍罗廷时，会积极地向对方虚心求教，在交流中谭延闿不仅理解了辩证法等一些理论和主义，而且拓展了对苏俄国情的认识。当然，在潜移默化中谭延闿也对鲍罗廷的才识产生了敬佩之情。

---

① 《谭延闿日记》（手稿本），1925年6月29日。
② 〔苏〕卡尔图诺娃：《加伦在中国（1924—1927）》，第205页。
③ 《谭延闿日记》（手稿本），1925年6月29日。
④ 〔苏〕卡尔图诺娃：《加伦在中国（1924—1927）》，第210页。

2. 国民政府成立后的谭鲍配合

广州国民政府成立后，鲍罗廷被聘任为国民政府顾问，再加上廖仲恺和汪精卫等人的支持，鲍罗廷在国民政府中的地位更有所提升。随之，鲍罗廷对国民政府中事务的干预也越来越多。在此期间，谭延闿对鲍罗廷虽有负面评价，但更多的仍是敬佩之情。

国民政府成立后的政治委员会议，鲍罗廷作为顾问经常列席，并对会议的决议有着重要的影响。在 1925 年 7 月 10 日的国民政府会议中，谭虽觉鲍罗廷议事反复，言说甚久，但其中仍有可取之处，如：

> 胡、汪以中山模范县人选为言，老鲍曰此等事快请取消，天下事无预称一事作模范者，必失败，尽赚信用矣。又曰假令有人语我将设一共产县，我必答曰我工作尚多，未暇及此。中山先生主义行去自有次第，乌有先办一县者乎。闻者皆大惊，自伤其浅薄。胡乃云此中央执行委员会议案，奈何。鲍云此必当以一函取消，且天下何县不当办好，且何县不应得好官，而斤斤中山，何为于是。众皆悦而从之。①

胡汉民和汪精卫提议的中山模范县人选之事，被鲍罗廷直言制止且理由充足，因此众人"皆悦而从之"。对此，谭延闿更鲍罗廷称赞道："老鲍真不凡，过诸人万万也。"②

国民政府成立后，仍有许多问题需要解决，如财政统一、军队改编、军纪整顿等。尤其是财政统一的问题，鲍罗廷素来重视，据张国焘回忆：

> 他（鲍罗廷——引者注）向我指出广东目前最大的问题，是财政困难。要解决这个困难，必先统一广东……国民政府的首要任务是统一财政：禁止军队官吏劫截税收，厉行节约，充实公库，分配务求合理公平；以期全部收入足敷革命所需。鲍罗廷还谈笑风生的说，他所提倡的是"廉洁政治"，认为这符合革命意义，

---

① 《谭延闿日记》（手稿本），1925 年 7 月 10 日。
② 《谭延闿日记》（手稿本），1925 年 7 月 10 日。

革命与反革命，左派与右派都由此判然立分，即贪污者往往是不革命的，而"廉洁"又是天经地义，无人能反对的。①

国民政府成立前，广东的教育经费是独立的，尤其是广东大学，其校长邹鲁因与刘震寰交好，便说服刘让出几项捐税供广东大学开支。② 国民政府成立后，规定军民财政统一，当时与鲍罗廷交好的廖仲恺是首任财政部长，廖提出广东大学所包办的捐税要收归财政部，教育经费不能独立，而需要政府统筹支配。这样广东大学的经费便要由国库支出，政府初创，财政拮据，"谁人能相信政府能够守约，于是邹先生认定这是廖先生特予他个人的打击"③。在此背景下，邹鲁则坚持教育经费要独立收税，反对纳入政府的统一管理。1925 年 7 月 29日，在政府会议中，汪精卫又将教育经费独立的问题提了出来，鲍罗廷指出"教育经费之独立，比军队盘踞财政，为害尤烈"④。对鲍罗廷的大发议论，谭延闿则认为"其词绝戆，几于拂衣，盖以前日为未尽，故重申之"，"忠言逆耳，殆谓是乎"⑤。在此问题上，谭延闿虽然觉得鲍罗廷态度不好，言辞激烈，然其言仍为"忠言"，可见谭延闿亦支持将教育经费收归政府。

军队的改编是政府各要员关注的重点，对于此事国民政府亦争论许久，却迟迟未有结果。1925 年 7 月 22 日，政府开会时便又讨论军费之事，准备使军费量入为出，但在讨论中仍未有结果，在此之际，鲍罗廷"颇发正论"使谭延闿不由感叹"旁观故不同也！"⑥ 由于经费困难，俄国顾问团中有人提出"与其二人食而不饱，宁并食一人，与其二人而体不完全，宁用一健人"⑦ 的建议，对此谭言虽觉得在理论上无可厚非，但如何实施是问题。对军队的改编是政府成立后最难实施

① 张国焘：《我的回忆》第 2 册，东方出版社，2000，第 50 页。
② 陈公博：《苦笑录》，第 29 页。
③ 陈公博：《苦笑录》，第 29 页。
④ 中共中央党校党史教研室选编《中共党史参考资料》第 3 册，人民出版社，1979年，第 337 页。
⑤ 《谭延闿日记》（手稿本），1925 年 7 月 29 日。
⑥ 《谭延闿日记》（手稿本），1925 年 7 月 22 日。
⑦ 《谭延闿日记》（手稿本），1925 年 7 月 25 日。

的政策之一，对此，谭延闿也有同感，其曾言："军事委员所辖各机关毕集，今日已为军饷出问题，诚恐编制难实现矣。"① 为了确定每个军的编制，鲍罗廷需要预先和每个军进行协商，然而"每个军长，每一路军都讨价还价，希望人越多越好，编制越灵活越好"②。在与各军的谈判中，鲍罗廷与谭延闿的谈判是最为顺利的。③ 1925 年 7 月 26 日，蒋介石、谭延闿、汪精卫、鲍罗廷等人，召集团长以上军事会议，在会上"精卫以改称国民革命军名口询于大众，National Revolution Army，全场举手"④。之后不久，谭延闿的湘军则改编为国民革命军第二军。

国民政府成立之初，广东仍是多省军队聚集之地，除了湘军、桂军、粤军外，还有黄埔军、惠州要塞军等，这些军队的素质良莠不齐，因此常会出现军队扰民之事，谭延闿等人就因军队侵占民房之事受到新闻记者的质问。⑤ 对于军纪不良问题，谭延闿曾感叹："人心变幻，异论纷纭，无苏俄严整之党律，何能致革命之成功，深为太息也。"⑥ 可见，在谭延闿看来，在纪律方面，国民政府的军队应该向苏俄学习。鉴于鲍罗廷的才识和培养湘军军纪的需要，谭延闿亲自邀请鲍罗廷出任（湘军）讲武堂讲师，⑦ 而后鲍罗廷也曾多次赴湘军讲武堂（后改称"国民革命军第二军官学校"）做演讲。在鲍罗廷的讲话中，有很多话语涉及军队要依靠人民、爱护人民等主题。鲍罗廷向湘军军官学生指出：

> 我们衣、食、住的用物，一丝一粟，都是劳动家造出来的，就是一切的食物与财富，都是"农民"做出来的，假使"农民"停工几个月，中国全国就没有饭吃了。这班工作的"农民"使我们饱暖，现在受"军阀"的任意剥夺、压迫或任意枪毙了。我们

① 《谭延闿日记》（手稿本），1925 年 7 月 21 日。
② 〔苏〕卡尔图诺娃：《加伦在中国（1924—1927）》，第 206 页。
③ 〔苏〕卡尔图诺娃：《加伦在中国（1924—1927）》，第 206 页。
④ 《谭延闿日记》（手稿本），1925 年 7 月 26 日。
⑤ 《谭延闿日记》（手稿本），1925 年 7 月 12 日。
⑥ 《谭延闿日记》（手稿本），1925 年 7 月 13 日。
⑦ 《谭延闿日记》（手稿本），1925 年 7 月 22 日。

革命何以尚未成功，因为和"农民"离开，他们没有参加革命，这是失败的原因。可以表示革命没有人民是不能成功的，比如吴佩孚他的兵虽然练的很好，何以败于一旦，因为同民众离开了。①

鲍罗廷不仅强调了农民的重要性，还用吴佩孚的例子，指出不能离开民众，接着鲍罗廷又阐述了怎样和民众合作的问题，并结合谭延闿进攻湖南的例子说明了军队政治工作的重要性，具体如下：

> 凡对人民好的，我们要赞助他，我们要学他，好象天天学射击一样。凡对人民坏的，我们就要去射击他。我们当知道人民的生活太苦，知识太低，要改良他的生活，或提高他的知识，我们尽心力为之，才能够成功，如进攻湖南时，经过村子，若以为人民无足轻重，漠视他们，我们就必要失败，如果熟悉他们的情形，去帮助他们，就要成功，空空口说，是不中用的，必要实际出力去帮助他们才行。军队为什么要"政治工作"，就是要训练军队，去与"人民合作"，"政治工作"要使人民了解去打仗的目的，如要谭总司令去湖南，不是因他个人地位。从前中山先生在广东是大元帅，为最高首领，而部下的"军阀"握其权力，不和"人民合作"，所以难得说到成功。我们去打湖南，必要使人民箪食壶浆，来相迎接。现在应该一面使湖南内地的人民知我们军队，是辅助人民的，是保护人民的；一面要使军队，个个知道我们是去救助人民的，我们的任务是完全为人民的任务，必定能得胜利。②

1925 年 9 月 6 日，鲍罗廷在湘军讲武堂追悼廖仲恺的会上，将国民党党内的不良因素比喻为阻碍孙中山三民主义的三条铁链，其中"第一条铁链是：穿制服的土匪——军阀——他们表面上看见了

---

① 鲍罗廷：《在国民革命军第二军军官学校的演说》，《鲍罗廷在中国的有关资料》，第 27—28 页。

② 鲍罗廷：《在国民革命军第二军军官学校的演说》，《鲍罗廷在中国的有关资料》，第 29—30 页。

孙先生是很服从的，但他一回去，就专做压迫人民、残害人民的事，件件都与三民主义相违反"①。对此，谭延闿则认为鲍罗廷的演说"语极刻挚"②。鲍罗廷的这些演讲均是在强调军民关系的重要，从而在一定程度上达到防止军队扰民的情况。此后，在国民革命军第二军军官学校毕业典礼上，鲍罗廷更是直接指出纪律的重要性，鲍罗廷言：

> 诸位出去是要担任改造中国的人物，这种大的责任，是中国青年想望不及的，我们竟担任了。今天对于诸位的贡献：第一军队要有纪律，一为军事的纪律，是要团结摧毁敌人的，敌人未摧毁，决不退让；一为政治的纪律，我们是要为人民利益奋斗而牺牲的。诸位有这种大责任，也就有一种权力来要求的。你们可要求革命党来指导你们，要党站在稳固地位，不受动摇。这个革命党，是我们领袖遗传下来，站在人民上面，把反革命势力扫除，我们要求党要站稳，并要革命军联合一致，扫除一切反革命势力。希望诸位，参加国民革命军，这种日子是很光荣愉快的，祝诸位成功！把中山先生遗留下来的事业做好。③

在鲍罗廷担任国民革命军第二军军官学校讲师期间，谭延闿常赴鲍罗廷家中处理教育之事。10 月 9 日，谭延闿、汪精卫、古应芬、鲍罗廷等人便一起商议向"孙文大学送学生事"④。10 月 16 日，谭延闿又为孙文大学事至鲍罗廷家，谭在其处从下午 1 时待至 5 时，因"审查学生志愿则大费时，报名者千余人，去其非党员及填写不如式者，得四百九十八人，将更考之"⑤。

综上所述，国民政府成立后，无论是对于军事改编事务，还是在

---

① 鲍罗廷：《在湘军讲武堂追悼廖党代表会上的讲演》，《鲍罗廷在中国的有关资料》，第 34 页。
② 《谭延闿日记》（手稿本），1925 年 9 月 6 日。
③ 鲍罗廷：《在国民革命军第二军军官学校第一期学生毕业典礼上的讲话》，《鲍罗廷在中国的有关资料》，第 64 页。
④ 《谭延闿日记》（手稿本），1925 年 10 月 9 日。
⑤ 《谭延闿日记》（手稿本），1925 年 10 月 16 日。

对军队军纪的培养和高校教育方面，谭延闿和鲍罗廷两人的配合均较为紧密。谭延闿不仅对鲍罗廷的才识敬佩有加，在国民政府的具体事务中也多给予支持，在谭日记中如"议军事，老鲍言极切当，如所议定议"①之赞扬鲍罗廷的言语，曾多次出现。同时，鲍罗廷对谭延闿也抱有好感，不仅经常与谭延闿促膝长谈，还接受谭的邀请出任国民革命军第二军军官学校的讲师。这些看似平常，但对鲍罗廷确实不易，据张国焘回忆："鲍罗庭在孙中山逝世后，权威日隆。他似是广东要人中最忙的一个，每天去见他的人很多，陈延年等因事去找鲍罗庭，也要等上一两个钟头。他的办公处在国民党中央党部的对面，我第一次去找他，也在他的秘书张太雷的办公室坐候了一阵，才见着他。"②事务繁忙的鲍罗廷却经常见谭延闿，可见在鲍罗廷心中，谭延闿有重要的分量。当然，在谭延闿与鲍罗廷交往的时候，偶尔也会觉得鲍罗廷言语太过极端。1925年8月5日，谭延闿参加委员会议，"胡、许、伍、廖皆在，议事后鲍复发危论，使人不怡"③。为此，谭延闿还在8月10日的政治会议中请了假，"今日政治委员会请假不去，多忧易怯，不欲更闻老鲍危语"④。后因谭延闿"久不到会，鲍举前数次会事相告，以为度一大难关也"⑤。可见，鲍罗廷谅解了谭延闿不到会的行为。当然这只是两个人在交往中的小插曲，此阶段谭延闿和鲍罗廷交往的主题仍是互助合作。

3. 谭延闿与鲍罗廷交往的影响

1925年是谭延闿和鲍罗廷关系的转折点，在此之前，谭延闿日记中虽对鲍罗廷有记载，但是较为简略。孙中山去世后，鲍罗廷重返广州，在广州的政治地位快速上升，谭延闿才与之来往渐趋密切。谭延闿与鲍罗廷的往来既加深了国共两党的合作程度，又符合两人的政治利益诉求。

① 《谭延闿日记》（手稿本），1925年12月9日。
② 张国焘：《我的回忆》第2册，第50页。
③ 《谭延闿日记》（手稿本），1925年8月5日。
④ 《谭延闿日记》（手稿本），1925年8月10日。
⑤ 《谭延闿日记》（手稿本），1925年9月2日。

从国共合作方面看，鲍罗廷在广州积极施行统一战线政策，这种组成统一战线共同进行革命的策略，鲍罗廷不仅在私下向谭延闿详细讲述，① 而且还在公开场合中多次宣扬。1925 年 10 月 15 日，鲍罗廷在国民党政治特别训练班中演讲时强调："如你们能团结起来，你们的力量便非常大，你们便能使帝国主义屈服，如你们分裂下去，你们即会软弱下去！帝国主义也就即会向你们加紧压迫！"② 1925 年 11 月 7 日，为纪念苏俄十月革命 8 周年，广东大学操场上举办了盛大的活动，鲍罗廷在活动中发表演讲并指出："反帝运动是中俄大家一起做的，这是中俄友谊之地。"③ 同日晚，鲍罗廷又宴请广州各界人士，"客凡三百余人"④，宴会上鲍罗廷又进行了演讲。当时各种反对广州国民政府的势力，"大肆造谣广东'赤化'，将要实行'共产公妻'，中伤广东、上海的工农群众是'布尔什维克派'，诬蔑中国人民的反帝运动是'排外'，是'拳匪之乱'的再起"⑤，对此鲍罗廷言：

> 近几年来孙中山先生领导中国民众积极作反帝国主义运动，帝国主义却时时以"共产""赤化"加之。若说孙先生这样领导民众反帝国主义便是"共产""赤化"，那中国以前一切反帝国主义运动，如鸦片战争、太平天国、义和团也都可以加"共产""赤化"。
>
> 诸君！现在世界上分成两种人，一种是压迫者，一种是被压迫者。⑥

鲍罗廷首先将国共合作置于孙中山领导的共同反帝运动旗帜之下，

---

① 《谭延闿日记》（手稿本），1925 年 6 月 22 日。
② 鲍罗廷：《国际情形》，《鲍罗廷在中国的有关资料》，第 52 页。
③ 鲍罗廷：《在国民党中央执行委员会及广州各界发起庆祝苏俄十月革命八周年纪念会上的演说》，《鲍罗廷在中国的有关资料》，第 54 页。
④ 《谭延闿日记》（手稿本），1925 年 11 月 7 日。
⑤ 王宗华主编《中国大革命史（1924—1927）》上册，人民出版社，1990，第 356 页。
⑥ 鲍罗廷：《革命势力的联合与革命成功》，《鲍罗廷在中国的有关资料》，第 60 页。

用此批判帝国主义对中国革命的污蔑。紧接着鲍罗廷又结合俄国革命成功的经验，指出只有革命势力的联合才能更好地取得革命的胜利，鲍罗廷言：

> 诸君！中国的革命史已经过百年的长期，你们如果要使之成功，只有和俄国一样联合革命势力，集中在孙文主义之下来奋斗。经验告诉我们，革命势力的联合，可以打破铁链一般的包围。俄国是用这种方法得到完全的解放，农业得以改良，实业得以发展，货仓中的粮食布匹，现已堆满了，出口货每年已多过入口货几千万了。我们更用这种联合的革命势力造成革命军，以保障革命永久不至失败。现在不独能维持本国的独立自由，且能有余力助世界各被压迫民族之得到独立自由！
>
> 诸君！如中国革命势力能联合，可使广东富庶过香港几千万倍，可令广东之和平与兴盛为全国之模范。东江之役我们既以数千的革命军打倒几万压迫民族的军队，由此以推，数十万的革命军必能扫平全国的军阀，统一中国，在北京建筑革命的国民政府。①

谭延闿亦参加了此次宴会，并言："鲍罗廷起演说，梯云为译，语极诚恳沉痛"②。可见，对鲍罗廷的演讲，谭延闿深感认同，并给予了高度的评价。值得注意的是，鲍罗廷所谓的统一战线，并非联合一切国民党人，鲍罗廷主张的是联合国民党左派，打击国民党右派，拉拢中间力量的策略。廖仲恺的被刺更加重了鲍罗廷打击国民党右派的决心，据何香凝回忆："仲恺被暗杀之后，苏联顾问鲍罗廷立即提出非常正确的主张，要把胡汉民、胡毅生等嫌疑的人立即逮捕起来，但是立刻遭到右派喽啰的反对。"③谭延闿虽然也反对将胡汉民抓起来，但谭对国民党与共产党的合作却抱有积极态度。对于谭延闿这种态度的形成，鲍罗廷也起到了一定的作用，他不仅使谭明白了苏俄革命胜利的

---

① 鲍罗廷：《革命势力的联合与革命成功》，《鲍罗廷在中国的有关资料》，第61页。

② 《谭延闿日记》（手稿本），1925年11月7日。

③ 何香凝：《回忆孙中山和廖仲恺》，生活·读书·新知三联书店，1978，第74页。

经验和成就，而且使谭更加支持中国共产党的工作。

1925 年 8 月，谭延闿率领的湘军改编为国民革命军第二军，有很多共产党员在其中任职，如李富春任第二军副党代表兼政治部主任（正党代表为汪精卫），李六如任第四师党代表，方维夏任第五师党代表，萧劲光任第六师党代表，谢晋任教导师党代表。① 由于谭延闿对中国共产党的积极态度，"那时，在国民革命军中，除了四军的叶挺独立团以外，二军政治工作人员的数量是比较多的"②。此外，谭延闿还建议开办了政治讲习班，"由国民党中央直接主办"，但具体工作则由"在广州的湖南籍高级领导人员组成的湖南政治研究会"③ 负责，其中共产党员毛泽东、林伯渠及李富春便是湖南政治研究会的成员。其间，谭延闿曾多次为政治讲习班事务与共产党人商谈：10 月 14 日，林伯渠、毛泽东赴谭延闿处，"遂开湖南政治研究会，议定数条，乃散"④。11 月 18 日，谭延闿又在国民党党部和毛泽东、林伯渠、李富春等人"开湖南政治研究会，十二时乃散"⑤。此后开会便成为常事，不再一一列举。以上这些均表明谭延闿在国共合作方面做出的贡献和努力。这些工作都是发生在谭延闿与鲍罗廷深交之后，且当时广州中国共产党的工作也多由鲍罗廷来主导，因此谭延闿对国共合作方面的贡献，与鲍罗廷有着一定的关系。在第二军中，李富春能任如此高的职务，便与鲍罗廷有直接的关系。据谭延闿言："老鲍介绍李富春来，新归自法国，人亦健爽，意者 CP 也，与谈顷之。韩毓涛由始兴来，言五团政治训练情况。刘健来，偕二人去。与逸如谈甚深切。护芳来。谢霍晋偕李富春复来，意在负政治工作之责，毅然许之。"⑥ 可见，李富春乃是由鲍罗廷直接引荐给了谭延闿，因此谭才会对李的任职"毅然许之"。

① 　湖南省地方志编纂委员会编《湖南省志·军事志》第 5 卷，中国文史出版社，1994，第 187 页。
② 　萧劲光：《萧劲光回忆录》，当代中国出版社，2013，第 21 页。
③ 　廖盖隆等主编《毛泽东百科全书》，光明日报出版社，1993，第 49 页。
④ 　《谭延闿日记》（手稿本），1925 年 10 月 14 日。
⑤ 　《谭延闿日记》（手稿本），1925 年 11 月 18 日。
⑥ 　《谭延闿日记》（手稿本），1925 年 8 月 24 日。

从个人政治利益看，谭延闿与鲍罗廷的交好，有利于谭在广州的仕途发展。1925 年 7 月 1 日，广州国民政府正式成立，在各政府委员行就职礼时需进行宣誓，而誓词则从俄文译出，但翻译的人显然工作尚未精熟，致使誓词"语多未妥，至于（违反党纪者）受党之最严厉处罚亦莫知何罚也"①。对于这种生搬硬套学习俄国的行为，谭延闿虽然认为不妥，但这从侧面亦反映出当时苏俄对广州革命政府的影响之大。

国民政府成立后，胡汉民的地位下降，而地位上升的汪精卫又和鲍罗廷关系紧密，这些自然被精于世故的谭延闿尽收眼底。7 月 2 日，谭延闿至国民政府开会，"汪精卫提出省政府宣言，鲍而庭（鲍罗廷）授意，精卫遣辞，精到周匝，可为二妙"②。关于宣言之事，谭延闿用"二妙"两字形容鲍罗廷和汪精卫的配合，其中不免含有讽刺之意。后来，广州市政委员擅自改动宣言，鲍罗廷"以为侵政务委员权，辩论甚切"，对此，谭延闿则言："非如是亦终不能维持也。"③ 由此可见当时鲍罗廷在广州拥有的地位。此外，在广州国民政府内掌握着重要实权的廖仲恺，更是积极支持鲍罗廷的各项决定。当时的廖仲恺任国民党中央执行委员会委员、军事委员会常务委员、财政部长、农民部长、工人部长和黄埔军校党代表等职务，可谓身兼数职。然而，那时"如果说廖仲恺不是鲍罗廷的代言人的话，那么至少也是鲍罗廷最亲密的同盟者，廖事事都同他商量"④。从廖被刺杀的原因中亦可窥探出其对鲍罗廷等共产党人的帮助，据陈公博回忆：

> 廖案主谋是什么人？那显然是党内左右派之争，右派认定廖先生是中央党部的把持者，认定廖先生是共产党的卵翼者，认定廖先生是消灭杨刘的主动者，认定廖先生是改组国民政府的幕后者，更认定廖先生是排斥胡先生及右派的有力者，积累种种原因，

① 《谭延闿日记》（手稿本），1925 年 7 月 1 日。
② 《谭延闿日记》（手稿本），1925 年 7 月 2 日。
③ 《谭延闿日记》（手稿本），1925 年 7 月 8 日。
④ 〔美〕丹尼尔·雅各布斯：《鲍罗廷——斯大林派到中国的人》，第 168 页。

而廖先生于是乎不得不死。①

这亦可从另一面说明廖仲恺与共产党的关系较好。广州国民政府成立后，共产党和国民党左派在其中影响较大，因此与鲍罗廷交好，对谭延闿的仕途亦有一定益处。就在廖案发生后不久，蒋介石又在中央政治委员会上列数许崇智的种种罪状，其中以许把持军饷事最为严重，"于是政治委员议决，许汝为给假赴沪养疴，其未了事则蒋以粤军参谋长为理之，更组织委员会清查账目"②。这样许崇智便被蒋介石排挤出了广州。借此机会，谭延闿的地位也有所提升，原来国民政府军事部长之职为许崇智，许离粤后，谭延闿便继任为军事部长，这些均离不开鲍罗廷等人的支持。当然谭延闿对于鲍罗廷在广州的决策也多予以支持，谭延闿的这种支持，使苏联顾问中不少人对谭抱有好感，据加伦回忆："他（谭延闿——引者注）生性沉着稳健，表现虽不特别积极，却也求真心领会新的施政方针。他对各项决议全部赞成，从不表示异议。身为政治委员会委员，他对政治委员会的一切指示照办无误。"③ 可见，在谭延闿与鲍罗廷的交往中，两个人互相借重，从而达到了双赢的效果。

此外，与鲍罗廷的交往，不仅使谭延闿在处理政事中受益，而且拓展了其视野、见闻和人际网络。鲍罗廷不仅在性格上善言、开朗，而且拥有广博的见闻和知识，谭延闿在与其谈话时，多为其精辟的言语所折服。1925 年 9 月 7 日，谭延闿"出至鲍罗庭处，谈二小时，张春木为翻译，语极沉挚，所谓忠谋也"④。9 月 16 日谭延闿又赴鲍罗廷处，"问以派赴俄留学事，言之甚详，意殊可感"⑤。同日晚，国民党党部及国民政府为赴俄代表团饯行，"食将半，精卫起演说，林志超、胡汉民继之。老鲍后来，语绝沈痛，以'不希望带一成功来，

① 陈公博：《苦笑录》，第 24 页。
② 《谭延闿日记》（手稿本），1925 年 9 月 20 日。
③ 〔苏〕卡尔图诺娃：《加伦在中国（1924—1927）》，第 210 页。
④ 《谭延闿日记》（手稿本），1925 年 9 月 7 日。
⑤ 《谭延闿日记》（手稿本），1925 年 9 月 16 日。

而希望带人格回' 二语尤精"①。在众人的演讲中，谭延闿对鲍罗廷的演讲记忆尤深，由此可知谭对鲍罗廷演讲的认同。对于鲍罗廷的演讲能力，谭延闿这样评价："老鲍固是能者，语能动人。"② 从"动人"二字可以看出，鲍罗廷的讲话能对谭延闿有所启发。为此，谭延闿经常与鲍罗廷久谈，如"赴鲍乐庭之约，谈甚久。反复讨论，各抒所见，至三时乃出"③ 的久谈场景，在谭延闿日记中时有记载。在谭延闿去鲍罗廷处时，也会偶遇其他苏联顾问："出至鲍乐庭家，遇一俄同志，云新自北来，神气颇似李右文，共谈久之。张太雷亦能俄语，可见进步之速。伍梯云来，此俄人遂去。老鲍云其人名基善（散）家，(kisanka) 资望尚在嘉伦上，又一军事专家云。"④ 这里的 kisanka 便是季山嘉，1927 年后任国民政府军事总顾问。最后，当时汪精卫亦在积极推行联共的政策，因此，谭延闿和鲍罗廷的交往，对谭汪关系也有积极的影响。

四 廖案的发生与谭延闿的态度

1925 年 8 月 20 日，廖仲恺因党派纷争被刺身亡，当时谭延闿正因疾在广州颐养园休养。事发前谭曾派部下周湛生请医生来住处为其治病，然而周返回时却没带回医生，周"云仲恺被刺，柯道（医生）已往视"。谭延闿听后"大惊，电问不得通"⑤。可见当时尚在病中的谭延闿是何等焦急。后又陆续有人往视谭延闿，并告之"仲恺已因伤逝世"，谭听后"为之惨然"⑥。随着来人的增多，谭渐了解到廖仲恺被刺的大致经过，且知道已抓获了一名凶手，但因凶手伤势过重，还不能审问。至此谭延闿已"不胜悲仰"，并感叹："（廖仲恺）赤心忧国，小心事友，今后复有此人乎?"⑦ 可见谭延闿对廖评价之高，对其遇难

---

① 《谭延闿日记》（手稿本），1925 年 9 月 16 日。
② 《谭延闿日记》（手稿本），1925 年 10 月 10 日。
③ 《谭延闿日记》（手稿本），1925 年 12 月 31 日。
④ 《谭延闿日记》（手稿本），1925 年 10 月 30 日。
⑤ 《谭延闿日记》（手稿本），1925 年 8 月 20 日。
⑥ 《谭延闿日记》（手稿本），1925 年 8 月 20 日。
⑦ 《谭延闿日记》（手稿本），1925 年 8 月 20 日。

的惋惜之深。

由于事关重大，谭延闿不顾有病在身，至粤军总司令部商议应对之策。谭到达时，汪精卫、胡汉民、许崇智、伍朝枢、蒋介石等人已在，在与众人的讨论中，谭延闿才对廖仲恺遇刺的经过有了全然的了解：

> 闻仲恺夫妇同出，遇陈秋霖，同车至党部，仲恺谓谣言多，戒从兵宜慎，从兵先下，四顾无人，乃启门，仲恺先下，夫人及陈随之。甫入门而枪声作，刺客七、八人皆匿门内，从兵开枪击倒一人，余皆逃散。仲恺受伤仆地不能语，陈秋霖亦伤腹，以汽车送公医院，至则仲恺已气绝，陈肠已穿，医云须 42 小时后乃敢断定治否，呜呼惨矣。于是同人即厅事开政治军事联合委员会，决以汪、许、蒋为委员审查此事。会散，而检察长区玉书来，云凶手已能言语，问得口供，略有头绪可寻矣。①

由以上史料可知，谭延闿等人在政治军事联合会议后，决定以汪精卫、许崇智和蒋介石三人来主管审查廖仲恺被刺之事，并"授以政治、军事及警察权，而应付时局也"②。散会后，谭并未立即离去，而是等到了有关行凶者的报告，可见谭对此事关注之密切。在开会期间，谭延闿内心的悲痛却未减少，"及闻此耗，奔驰甚剧"。后"古湘芹来，报告仲恺身后事，遂同至公医院看仲恺遗体。仰卧，血满胸衣，泫然而出。复唁其夫人于别室，乃归"③。从"泫然而出"四字中可以看出谭当时内心的凄凉。

1925 年 8 月 21 日，谭延闿尚未起床，蒋介石便来颐养园与谭谈廖仲恺被刺事，此情景又使谭延闿"忆颐养园仲恺来商事时，为之悲咽"④。可见，谭对已逝世的廖仲恺，时时挂念。8 月 22 日，许崇智、汪精卫又主动与谭延闿交流案件的进展情况：

---

① 《谭延闿日记》（手稿本），1925 年 8 月 20 日。
② 《蒋介石日记》（手稿本），1925 年 8 月 20 日，斯坦福大学胡佛档案馆藏。以下不再标明藏所。
③ 《谭延闿日记》（手稿本），1925 年 8 月 20 日。
④ 《谭延闿日记》（手稿本），1925 年 8 月 21 日。

许、汪谈廖案，所得头绪乃大有关系，欲以严厉手段处之。吾以为投鼠忌器，即不顾议亲议贵，亦当计及，且不欲以莫须有陷人，而汪至流涕相证。一至此乎，非吾思想所及矣。古有张、陈，今无廉、蔺，念之气结，惟有闷默。因再三以求确据保大体为言，乃各散。①

此时，许崇智、汪精卫等人对案件的侦破已有了较大的进展，并决定"以严厉手段处之"，而他们"所得头绪"乃是与胡汉民有关。因为正是在同一天，胡汉民见到廖夫人何香凝便前去慰勉，但何香凝却告诉胡汉民，"今天接到一个消息，说刺廖先生是（胡）毅生主使的"②。胡毅生是胡汉民的堂弟，因此何香凝的话令胡汉民不禁心中吃惊。胡遂反问廖夫人消息从何而来，廖夫人并未作声；在此之前胡汉民曾向汪精卫探寻廖案的进展情况，而汪亦是对胡只字未提。③ 可见，在汪、许等人查到廖案与胡毅生有关时，便避开了胡汉民，而只是与何香凝、谭延闿等少数国民党高层交流。汪精卫和许崇智将廖案的进展与谭延闿相商，亦是探寻谭在得知此案涉及胡汉民时的态度，为案件处理的方法和结果做一参考，当谭延闿得知此事后，便表明了两点态度。

其一，谭延闿指出凡涉案者"不顾议亲议贵，亦当计及"，这是谭延闿对廖案处理方案的前提态度。谭延闿之意是告诉汪精卫、许崇智，若国民党要员胡汉民真与刺廖案有关，他亦不会包庇。

其二，谭延闿也劝告汪精卫、许崇智两人不能"以莫须有陷人"，由此可见，谭延闿对胡汉民的维护，不希望胡被汪、许冤枉，因为谭延闿亦知道，胡汉民与汪、许两位存在矛盾。当谭担心汪、许二人公报私仇时，汪精卫竟"流涕相证"，这倒令谭延闿未曾料到，一时竟然措手不及。

此时的谭延闿既想让廖仲恺被刺案早日水落石出，又担心汪、许

---

① 《谭延闿日记》（手稿本），1925 年 8 月 22 日。
② 蒋永敬：《民国胡展堂先生汉民年谱》，第 340 页。
③ 蒋永敬：《民国胡展堂先生汉民年谱》，第 340—341 页。

二人因权力之争而嫁祸于胡汉民。对于廖仲恺，谭将之视为国之栋梁、党之精英，在《挽廖仲恺》中，谭曾言："为国为党痛失此人，垂死病中惟余恸哭。足食足兵更谁相继，吞声泪下不为私悲。"① 此诗表明了谭延闿对国民党内斗争和国家前途的忧虑，又赞扬了廖仲恺为国捐躯的革命精神和伟大人格。鉴于廖仲恺的地位和影响，谭急切地希望能抓住刺廖的主使者，以使事件平息，稳定政局。同时，对于胡汉民，谭延闿和他有过一段重要的合作，感情较为深厚，且在国民政府成立之后，两人亦往来密切。因此，谭也不希望胡汉民成为国民政府权力争斗中的牺牲品。

1925 年 8 月 24 日，汪精卫、许崇智、蒋介石等人关于廖案又召开了会议，经过众人的协商，"决定明日捕拿嫌疑犯胡毅生、林直勉、林树巍、赵士觐等"②。次日清晨，蒋介石便派兵去捕人，然而仅"捕获林直勉一人，其余逃遁"③。因为胡毅生逃逸，而胡汉民又是胡毅生的堂兄，所以军队便包围了广州市德宣路 28 号胡汉民的住所，声称是为了搜捕胡毅生。"展堂闻军队来，大惊，至不能步，勉强出后门至精卫家，其女则以五十元得脱云"④，于是，军队带走了胡汉民的长兄胡清瑞。⑤

对于胡汉民的情况，谭延闿虽在病中却一直派人密切关注，当谭闻党军"布满街道，有所拘捕，又闻围展堂住宅"时，便言"毋乃已甚乎！"⑥ 意即军队对胡汉民的做法太过分了，可见此时谭延闿对胡汉民的关心，其立场也倾向于胡。随后，与谭交好的沈葆桢之孙沈赞清来探望谭延闿，并云："德宣路断绝交通，遇邹海滨于途，殆来救展堂者。"⑦ 听了沈的话，谭延闿虽然"以为展堂绝不至有何危险"，但仍

---

① 《谭延闿日记》（手稿本），1925 年 8 月 22 日。
② 《蒋介石日记》（手稿本），1925 年 8 月 24 日。
③ 《蒋介石日记》（手稿本），1925 年 8 月 25 日。
④ 《谭延闿日记》（手稿本），1925 年 8 月 26 日。
⑤ 蒋永敬：《民国胡展堂先生汉民年谱》，第 343 页。
⑥ 《谭延闿日记》（手稿本），1925 年 8 月 25 日。
⑦ 《谭延闿日记》（手稿本），1925 年 8 月 25 日。

旧"遣人往探"①。经过探寻，谭延闿知道胡清瑞被询问数语后即被释放，而蒋介石也为安慰受惊吓的胡汉民，作书一封，请"陈璧君往迎展堂"②。最后，当谭延闿知道"展堂往介石家，无事矣"时，才感到些许轻松。

同月 25 日抓捕刺廖凶手时，许崇智"还想借这个机会杀胡先生，汪先生对于这个提议不赞成，说胡先生只负责政治上的责任，不负法律上的责任"③。8 月 26 日，汪精卫担心军队曾包围胡汉民住处致使谭延闿产生误会，便作书一封予谭，解释道："昨本捕胡毅生，其家云往展堂，军队迹之，几陷展堂，幸迎护至黄埔介石处。"④ 同日，国民政府下令通缉胡毅生、魏邦平、朱卓文等人，而廖案也遂告一段落。后沈赞清又来谭延闿处，详细对谭延闿叙述了胡汉民及其女 25 日的经历，对此谭不禁"闻之怅然"⑤。由此观之，谭延闿对牵涉廖案的胡汉民，有着同情与关心之情。

胡汉民在 26 日也作书一封给谭延闿，表示"事当速定也"⑥。8 月 30 日，蒋介石、汪精卫、鲍罗廷等人召开特别委员会会议，讨论廖案及胡汉民问题。会后，汪精卫来谭延闿处，"以展堂数书见示，且言其实不知情"，谭延闿对汪则言："诚如是，宜保全其名誉，勿使有损。"⑦ 此时，谭延闿已经从原来担心胡汉民的安危，转变为关心胡汉民的声誉。汪精卫又对谭云："鲍（罗廷）言展堂不知情，确也，然惟一能救仲恺者彼，而彼不救。"谭认为鲍罗廷之言，为"公孙宏之论郭解，王茂弘之叹伯仁，非所闻矣"⑧。从汪、谭的交流中，可以得知胡汉民与廖案的关系基本确定，即使非胡主使刺廖，然对廖的遇刺身之仍要负一定的责任。对此，谭延闿虽心有不甘，但仍不得不放弃

---

① 《谭延闿日记》（手稿本），1925 年 8 月 25 日。
② 《谭延闿日记》（手稿本），1925 年 8 月 25 日。
③ 陈公博：《苦笑录》，第 25 页。
④ 《谭延闿日记》（手稿本），1925 年 8 月 26 日。
⑤ 《谭延闿日记》（手稿本），1925 年 8 月 26 日。
⑥ 《谭延闿日记》（手稿本），1925 年 8 月 26 日。
⑦ 《谭延闿日记》（手稿本），1925 年 8 月 30 日。
⑧ 《谭延闿日记》（手稿本），1925 年 8 月 30 日。

维护胡汉民声誉的想法。

9月1日，谭延闿亦带病参加了廖仲恺的出殡仪式，据《谭延闿日记》载：

> 于枢前行三鞠躬礼，悲来填胸。廖夫人切切属勿送，泣不可抑。与吴铁城立谈数语，遂登楼。遇林伯渠、徐苏中、何雪竹，各谈久之。出至廊前，看起枢，枢出至门外，待送者先行，先军界，次学界，次农、工界，工界殆过万人，行二小时尚不得尽，亦可谓空前之执绋者矣。①

从送别廖仲恺的众多各界人士来看，廖仲恺虽逝世，但赢得了很高的声誉，对此，蒋介石便曾言："生荣死哀，盖如是也。"② 同日，谭延闿、蒋介石、汪精卫和鲍罗廷等人召开特别委员会会议，讨论"展堂行止问题"③。会后，汪精卫传信于谭延闿，"言有刘坤和以书责其待展堂太过，有以兵谏语。查其人，盖湘军参议"④。刘坤和曾为湘军军法处上尉，平时胆小怕事，在广州商团叛乱时曾因恐惧而泣下，故谭延闿判断致汪精卫的责备书，"必人假其名，彼决不敢作此也，姑调查再说"⑤。后刘坤和来见谭延闿，"果为人窃名以倾陷之者"，谭延闿"属其登报声明而去"⑥。虽然刘致汪的指责书为伪造，但从另一方面看，有人冒充湘籍将领而非其他客军去维护胡汉民，这也可反映出谭延闿平时与胡汉民关系的密切。

9月7日，谭延闿赴粤军总部，与许崇智、汪精卫、伍朝枢、鲍罗廷等人开会议事，会议"决以胡汉民赴俄"⑦，使其离开广州国民政府。对于此事，汪精卫也在政府会议上做过报告，汪言：

---

① 《谭延闿日记》（手稿本），1925 年 9 月 1 日。
② 《蒋介石日记》（手稿本），1925 年 9 月 1 日。
③ 《蒋介石日记》（手稿本），1925 年 9 月 1 日。
④ 《谭延闿日记》（手稿本），1925 年 9 月 1 日。
⑤ 《谭延闿日记》（手稿本），1925 年 9 月 1 日。
⑥ 《谭延闿日记》（手稿本），1925 年 9 月 2 日。
⑦ 《谭延闿日记》（手稿本），1925 年 9 月 7 日。

自廖案发生以后，社会上对于胡汉民同志发生两种批评：一则谓政府处置胡汉民同志失之太宽，实则胡毅生与胡汉民同志为弟兄，然胡毅生此次谋杀廖仲恺同志举动，汉民同志事前毫不知情，何能代为负责；一则党军当日往汉民同志住宅搜捕胡毅生，遂以为政府对于胡汉民同志予以难堪，未免失之太严，且因此生出许多谣言。实则革命政府之下，决不能因一二同志个人之体面，故纵要犯。今政治委员会议根据廖同志未被刺以前之决议，仍请胡同志往外国接洽，以非常重大任务，付之胡同志之手，由此可知当日政府当局，对于胡同志并无若何芥蒂。①

汪精卫报告中涉及对政府两种截然相反的批评，对胡汉民"失之太宽"和"失之太严"，这种情况在当时确实存在，其实质则是国民党内部围绕着怎样处置胡而进行的派系斗争。这些派系斗争自然不能在官方场合公开，故汪精卫的报告中不免多了些不实之言。胡汉民赴外国之事并非在廖案前便确定，所谓"以非常重大任务"交给胡也只是一个借口。汪精卫对胡没有芥蒂绝无可能，但因胡汉民地位在国民党中极其重要，若因廖案对胡惩处过大，势必引起国民党内部大乱，导致国民政府政局不稳，也会危害国民政府主席汪精卫的既得利益，因此将胡"礼送出国"，乃是对汪最好的结果。宣布胡汉民赴俄的次日，谭延闿便对胡汉民进行了慰问。

见展堂于新成之医室，谈往俄事，议论明通，识见洞达，无人能非之。其女阿兰来，其妻及妻之母亦至，于是女客坐廊外，而吾两人谈于室，吻合无间。及谈廖案，则云林直勉恐不至此，余皆不为辩，亦颇有追悔之辞，则谓汪、廖与彼皆旧思想（封建思想）不除，至误会如此。吾观展堂此行必当大有所得，甚可为之庆祝。塞翁失马，亦其类矣。②

在谭延闿看来胡汉民的才能"无人能非之"，但从胡"颇有追悔

①　蒋永敬：《民国胡展堂先生汉民年谱》，第 351 页。
②　《谭延闿日记》（手稿本），1925 年 9 月 8 日。

之辞"来看，胡汉民应对廖仲恺之死负有一定的责任。正因如此，胡汉民离开广州赴俄，不仅能远离党派纷争的中心，而且是新的机遇，故谭延闿有"塞翁之马"之语。9月22日，胡汉民正式离粤赴俄，至此谭延闿与胡汉民的合作也告一段落。

五　谭延闿对汪精卫态度的转变

1925年在胡汉民尚未赴俄前，谭延闿日记中对汪精卫少有积极的评价，尤其是在广州革命政府成立之初，政府中事无巨细，汪精卫均要过问，这种热衷功名之心不免令谭心生轻视。至9月中旬谭延闿仍有"精卫易为感情冲动，不能无意气，此涵养未到之过"① 的记载。抱有这样心态的非独有谭，政府组建之初邹鲁便言："我对汪本来相当敬重，因为他一贯地主张不做官，不做议员，自命清高；但由此次选举看来，完全表现他是个热心利禄的人，言行绝对相违。我从此就鄙薄汪兆铭了。"② 然而，随着胡汉民赴俄，谭延闿在政务上与汪精卫联系不断增多，且二者均支持国共合作，谭延闿日记中便渐趋出现了对汪精卫的正面评价。

1925年9月27日，谭延闿为汪精卫就任党代表事，在湘军讲武堂举行了盛大的仪式，谭延闿首先致欢迎词，其后汪精卫便进行了演说，谭延闿听了汪的演说后评价道："语沉挚动人，孙先生后必以此子为巨擘矣。"③ 可见，此时谭延闿在情感上对汪精卫已经发生了改变，由原来对汪精卫的些许轻视，转变为正面的评价。10月10日，广州国民政府举行了双十节庆祝大会，政府各机关均派代表出席，汪精卫主持了大会，并做了主题为联俄反对帝国主义的演讲，谭延闿听后言："精卫演说，颇沉挚动人，非吾所及""精卫演说五小时，鞭辟近里"④。10月31日，国民政府特别党部成立，谭日记又

---

① 《谭延闿日记》（手稿本），1925年9月18日。
② 邹鲁：《回顾录》，第140页。
③ 《谭延闿日记》（手稿本），1925年9月27日。
④ 《谭延闿日记》（手稿本），1925年10月10日。

载："行礼大堂，汪精卫出演说，余亦观礼。汪说沉挚动人，非吾所及矣。"① 不仅如此，在诗画方面谭延闿也对汪精卫进行了较高的评价，谭在日记中记述了汪精卫不仅擅画，还能填词，其中有句"'去年今日此秋风，正与孤帆恋恋故乡中'，殊有致也"②。在以上诸事中，谭延闿均给汪精卫以较高的评价，而这些积极的评价在胡汉民未赴俄国前，未曾出现。由此可知，在胡汉民离开广州后谭在情感上在渐趋向汪。

在处理国民政府事务的实际行动中，谭延闿和汪精卫也多有配合。1925 年 9 月 16 日，陈炯明从上海到达香港，谋划进攻广州的相关事宜，并企图约邓本殷从南路攻广州，两者采取一致行动。在此背景下，革命军的东征与南征便迫在眉睫。10 月 2 日，谭延闿、汪精卫、蒋介石等人召集秘密会议，商讨有关东征陈炯明的具体事宜。③ 随后，在蒋介石的带领下，国民政府开始了第二次东征。在东征开始不久，邓本殷便表示"本军与东、北江各友军协同消灭赤化奠定粤局为主旨，对省方取攻势"，"本军先肃清西江南岸之敌，以全力攻取肇庆，候机会合东江友军。围攻省垣"④。面对东征刚开始，南路又有敌侵犯的情况，10 月 24 日，谭延闿"至国民政府，与汪精卫商南路用兵事逾四十分（钟）"⑤。其后，谭延闿的第二军一部与朱培德的第三军一起加入南下讨伐邓本殷的军队。汪精卫和谭延闿虽未亲自率军出征，但两人在广州掌握着行政中枢，并密切地关注战局，11 月 8 日汪精卫还约谭延闿至政府共阅战争前线传回来的电报，当谭得知"东江已肃清，阳江亦克复"时，才表示"可无忧也"⑥。鉴于东征取得的重大胜利，11 月 10 日，谭延闿便联合汪精卫等人向蒋介石发出褒奖电文并询问蒋凯旋之期，电文称：

---

① 《谭延闿日记》（手稿本），1925 年 10 月 31 日。
② 《谭延闿日记》（手稿本），1925 年 11 月 19 日。
③ 蔡德金、王升编著《汪精卫生平纪事》，中国文史出版社，1993，第 76 页。
④ 王宗华主编《中国大革命史（1924—1927）》上册，第 378—379 页。
⑤ 《谭延闿日记》（手稿本），1925 年 10 月 24 日。
⑥ 《谭延闿日记》（手稿本），1925 年 11 月 8 日。

　　汕头蒋总指挥鉴：接诵捷报，欣慰奚如。我兄以十月六日自广州启节，至十一月六日而遂驾汕头，屈指行师，恰盈一月，群贼就歼，东江悉平，破惠州之天险，覆逆敌之巢穴。及在罗甘坝出奇制胜，使群贼敛手就擒，无能漏网，尤为此次战役中最有特色之事。我兄建此伟功，成总理未竟之志，定广东统一之局，树国民革命军之声威，凡属同志，莫不钦感。东征功成，省中大计，诸待商榷，凯旋有日，尚祈示知，是所至祷。①

　　在广州国民政府的东征和南征进展较为顺利之时，邹鲁、林森等人却在北京组织人员谋划反对广州国民政府的活动。早在 1925 年 10 月初，邹鲁便有反对广州国民政府的趋向，当时邹鲁修书一封给汪、谭等人，汪将此信示于谭，谭延闿看后则言"书诚纰缪"②。11 月 16 日，邹鲁、林森、居正等人联名发出《决定在西山总理灵前开会通电》，决定于 11 月 23 日在北京召开正式的中央委员会全体会议。③ 至 23 日，林森、邹鲁等人不顾国民党中央的警告，在北京西山碧云寺召开了所谓的"国民党一届四中全会"，会议通过了《顾问鲍罗廷解雇案》《取消政治委员会案》等决议，并要求"广州中央执行委员会应即日停止职权"。④ 其间，林森、张继、邹鲁、谢持等人还联名致书广州国民政府的中央党部执监委员会，称：

　　吾党成立数十余年，其中分子不无离异落后；然大多数莫不一心一德，努力革命，以故虽无严密组织之党员，尚能屡仆屡起，造成民国。讨袁、护法、北伐、讨贼诸役，无或退馁。乃自前年共产同志加入以来，党中杌陧，无日或宁。直至今日，杀机尽露，追逐之事，层见迭出。凡此多数十年革命仅存之同志，何以共产党员未加入本党以前，悉能相安，不见离异。此中挑拨离间，实

① 《与汪兆铭等致电蒋介石询凯旋之期》，周秋光主编《谭延闿集》第 2 册，第 648—649 页。
② 《谭延闿日记》（手稿本），1925 年 10 月 9 日。
③ 林友华编撰《林森年谱（1868—1943）》，中国文史出版社，2012，第 154 页。
④ 林友华编撰《林森年谱（1868—1943）》，第 158 页。

为不可掩之事实……

　　且彼辈之用心，非仅欲破坏吾党团体已也，直欲毁灭吾党之历史，破坏同志之感情。以展堂与精卫、汝为与介石论之，皆数十年生死患难交，而竟使之陷于破裂不可收拾。①

　　在信中，林森、邹鲁等人将孙中山逝世后的国民党权力斗争，污蔑为鲍罗廷等人的"挑拨离间"，并以胡汉民与汪精卫的决裂、许崇智被蒋介石排挤出广州政局为例来论述，而这些恰是在组建广州国民政府过程中，一系列争夺政治、军事权力的表现。对此，1925 年 11 月 27 日，汪精卫、谭延闿、谭平山等人联名通电，斥责了西山会议的非法之处，并通告"中央决定于 12 月 11 日在广州召开国民党一届四中全会，于元旦召开国民党二届大会"②，以解决相关问题。

　　1926 年 1 月 1 日至 19 日，在广州举行了国民党第二次全国代表大会，此次会议推举汪精卫、谭延闿等七人为主席团成员。1 月 1 日，谭延闿"与精卫、伯渠、平山皆以中央执行委员到会，古（应芬）、伍（朝枢）、宋（子文）则以国民政府委员到会"③。会上谭延闿认为"精卫演说颇得体，吴玉章作答则殊词费。继以鲍乐庭、邓演达，两人皆精卫为介绍辞"④。此时，谭延闿在演讲方面重点书写汪精卫，可见在谭心中别人的讲演不如汪，这在一定程度上反映了谭对汪作为国民政府领袖的认同。13 日，谭延闿作为会议主席，在报告大会宣言后，即讨论西山会议惩戒案。汪精卫"提议将居正、石青阳、石瑛、茅祖权、覃振、傅汝霖、沈定一，拟处以用书面警告处分，其余概予以自新之路"⑤。汪的建议明显对"西山会议派"惩处过轻，"于是场中辩论颇久，卒依汪说通过"⑥。虽然此次会议在惩戒"西山会议派"方面没有采取严厉的手段，但仍在分析了国内外环境的基础上，重申了孙

---

① 林友华编撰《林森年谱（1868—1943）》，第 154—155 页。
② 蔡德金、王升编著《汪精卫生平纪事》，第 78—79 页。
③ 《谭延闿日记》（手稿本），1926 年 1 月 1 日。
④ 《谭延闿日记》（手稿本），1926 年 1 月 1 日。
⑤ 蔡德金、王升编著《汪精卫生平纪事》，第 82 页。
⑥ 《谭延闿日记》（手稿本），1926 年 1 月 13 日。

中山的三大政策，通过了《弹劾西山会议决议案》《处分违犯本党纪律党员决议案》等，打击了国民党右派的分裂行为。此外，在会议中，谭延闿以248票当选为中央执行委员会委员，与得票最多者汪精卫仅1票之差。

从广州国民政府组建，至国民党第二次全国代表大会的召开，谭延闿在情感上逐渐从对汪精卫的些许轻视，转变为重视与佩服。尤其是对汪精卫在演讲方面的才能，谭延闿在日记中更是多次赞扬。在具体事务中，谭延闿亦积极配合汪精卫东征陈炯明和南讨邓本殷的行动，使广东渐趋统一。在"西山会议派"对广州国民政府的国共合作等政策进行批评和攻击时，谭延闿和汪精卫采取了一致的反对态度，并在国民党第二次全国代表大会中对"西山会议派"做出了惩罚。从谭的转变，可以看出无论是在情感上还是在政治立场上，谭延闿均与汪精卫走向了联合。这种联合既是汪精卫地位上升、胡汉民赴俄等客观条件变化对谭的影响，也是谭延闿对汪精卫联共政策认同的表现。

第三节　妥协中合作：促进两广统一

在1921年的粤桂战争中，旧桂系陆荣廷等战败出逃，致使广西各地军队割据蜂起，"他们借自治之名，各据一方，称王称霸，造成广西四分五裂的混乱局面"①。1922年，陆荣廷和沈鸿英陆续重返广西，两人均欲独占广西，所以军事冲突一直不断。在广西战事不断的情况下，李宗仁和黄绍竑率领的两支军事力量却分别在玉林、梧州壮大。这为两广统一创造了有利条件。

一　广西统一中的广东因素

李宗仁原是林虎旧部，在孙中山的援桂讨陆后，李便率部退入山中，经过不断地休养生息、扩充军队，势力逐渐增强。当粤军退出广

---

① 　王宗华编撰《中国大革命史（1924—1927）》上册，第391页。

西后，李宗仁便在玉林地区自任"广西自治军第二路总司令"。黄绍竑原是旧桂系马晓军的部属，马晓军在1921年接受了粤军的改编，后被陆荣廷残部围攻，并节节败退、处境困难。在此背景下，"马以军食无着，前途渺茫，把部队交黄绍竑统率，他自己便经北海往香港"①。李宗仁和黄绍竑曾是广西陆军小学堂的同窗，当李"听说黄绍竑这支人马正在流离失所"时，"便有心请其率部来玉林合作"②。又因黄绍竑的四哥黄天泽在其中穿针引线，李、黄二人便很快建立了合作关系。1923年，黄绍竑率部向梧州方向挺进，6月初在广州的白崇禧秘密赶回梧州，并"携来大元帅孙中山委黄绍竑为'广西讨贼军总指挥'的命令"③。当时的白崇禧对孙中山推崇备至，加深了李、黄二人与广东革命政府合作的互信。当黄绍竑进攻梧州时，被沈鸿英收编的冯葆初"早已与粤军暗通声气，至是乃布告市民，脱离沈军而独立，并愿意与黄绍竑合作，拥护大元帅孙中山"④。此外，广东革命政府也派海、陆军队到达梧州附近，以助黄绍竑攻取梧州，据黄回忆：

> 粤军总指挥魏邦平的参谋长杨言昌原来是保定军官学校的战术教官，由于他的关系，我们与粤军相处得很好。魏邦平指挥的粤军，有第一军军长梁鸿楷、第一师师长李济深、第三师师长郑润琦、海军司令冯肇铭、海军陆战队司令孙祥夫，军舰有永丰（后改中山）、江大、江汉、江巩、江固等舰。可以说粤军陆、海的最主要力量都到了梧州。但他们只能到达梧州为止，不能再向上游进攻，也不能久驻，必须调回西江下游。因当时广东方面虽然把陈炯明及沈鸿英击败，陈军退入东江，死守惠州，滇桂军以广州和北江为其私有地盘，粤军不能插足（当时蒋介石的黄埔势力尚未起来），粤军可以活动的地区只有珠江三角洲和梧州下游西江地区，江门（西江下游新会属）设有大本营驻江办事处。显然

① 《李宗仁回忆录（上册）》，广西人民出版社，1980，第128页。
② 《李宗仁回忆录（上册）》，第128页。
③ 《李宗仁回忆录（上册）》，第134页。
④ 《李宗仁回忆录（上册）》，第135页。

粤军要以西江下游及珠江三角洲为根据，以图发展。但这些地方也被土匪盘据，弄得乱糟糟的，必须调兵回去从事整理。①

可见，粤军在军事实力尚捉襟见肘时，仍旧出兵帮助黄夹击梧州。在广州革命政府直接军事力量的帮助下，黄绍竑顺利地占领了梧州，并以此为中心迅速扩充势力。随之，广西逐渐形成了沈、陆和李黄三足鼎立的格局。

1924 年，沈、陆两部为争夺桂林爆发激烈的战争，致使"桂林人民死于炮弹下者数百人"，"城内居民，咸迁徙山居"②。乘此之机，李黄二人便率部进攻陆荣廷的后方，并于 6 月占领南宁，后又联合沈鸿英击败陆荣廷的主力。1925 年 2 月，在粤军李济深部的帮助下，李黄又率部击败了沈鸿英的主力，至此广西的旧桂系基本被肃清。此后，唐继尧又有侵桂图粤之欲，并派龙云为先头部队进入广西。在此情况下，广州大元帅府又派范石生部入桂增援，联合李黄军队打败了龙云率领的滇军。由此，广西全境方才统一在李宗仁、黄绍竑等新桂系之下。

在李宗仁、黄绍竑统一广西的过程中，广州革命政府给予了多方面的支持。在政治上，授予他们职务，使他们在对旧桂系作战时师出有名，这样不仅可以定军心，亦可安民心。在经济上，在 1923 年黄绍竑来广州拜访时，虽然孙中山亦面临财政困扰，但仍让廖仲恺拨发给黄 2 万元毫洋和 2 万发子弹。③ 在军事上，广州革命政府不仅间接地牵制了大量的旧桂系军队，更是多次直接出兵帮助李黄二人进攻旧桂系。以上这些均说明，李宗仁和黄绍竑之所以能统一广西，离不开广州革命政府的支持。当然，在此支持下，李黄二人也逐渐地向广州革命政府靠拢，而对于统一后广西情况，广州方面也曾多次考虑进行改组。

1925 年 4 月 28 日，胡汉民、谭延闿、伍朝枢等人便开会"议广西问题"④。在 7 月 1 日广州国民政府成立后，改组广西的议题便再次提

---

① 黄绍竑：《新桂系的崛起》，《文史资料选辑》第 52 辑，中华书局，1964，第 19 页。

② 《国内要电·香港电》，《申报》1924 年 5 月 5 日，第 4 版。

③ 黄绍竑：《新桂系的崛起》，《文史资料选辑》第 52 辑，第 23 页。

④ 《谭延闿日记》（手稿本），1925 年 4 月 28 日。

上了日程，而广西也派有驻广州代表，并参加了广州国民政府的会议，以表达广西方面的意愿。谭延闿日记便记述了政府会议中"粟松村入席陈述广西企图，诸人各发问久之"① 的事情。7 月 15 日，广州国民政府又议广西问题，当时许崇智"坚执须照广东解组"，谭延闿虽觉得"甚有理，但于事情未尽耳"②。然而，后来因为廖仲恺被刺，改组广西的议题被暂时搁置了，对此谭延闿不禁感叹"此非驾驭英雄法也"③。在谭看来，李宗仁、黄绍竑和白崇禧等人，均非一般军事将领，粟松村曾在政治会议上"盛夸白崇禧"，对此谭则言"此不可不留意者"④。因此，谭延闿知道若想完全改变李宗仁、黄绍竑等人控制广西的情形，绝非易事。

此后，因广州国民政府的内部问题，两广统一问题被一再搁置。至 1926 年国民党第二次全国代表大会召开，黄绍竑、李宗仁当选为候补监察委员。⑤ 会后黄、李二人虽接受了任命，两广之间的合作表面上亲密无间，但"实际上仍系统各异"⑥。1926 年 1 月 22 日，中国国民党召开二届一中全会，会议选举了汪精卫、谭延闿、蒋介石、胡汉民、谭平山等 9 人为中央执行委员会常务委员，并通过了《中央执行委员会政治委员会组织条例案》，该条例规定"中央政治会议为政治指导机关，对中央执行委员会负责"⑦。此会的召开，使广州国民政府的组织机构更加完善，广东的政局也日益稳固。当时，"广州已成统一之局，此后建设，亟待筹谋、而两广密迩，如唇齿之相依，一切设施均须统筹兼顾"⑧，为了取得各方支持，更好地进行北伐，会后促成两广统一便成为广州国民政府迫在眉睫的任务。

---

① 《谭延闿日记》（手稿本），1925 年 7 月 14 日。
② 《谭延闿日记》（手稿本），1925 年 7 月 15 日。
③ 《谭延闿日记》（手稿本），1925 年 9 月 4 日。
④ 《谭延闿日记》（手稿本），1925 年 5 月 28 日。
⑤ 《第二次全国代表大会始末记要》，荣孟源主编《中国国民党历次代表大会及中央全会资料（上册）》，第 210 页。
⑥ 《李宗仁回忆录（上册）》，第 282 页。
⑦ 《第二届第一次中央全会》，荣孟源主编《中国国民党历次代表大会及中央全会资料（上册）》，第 225 页。
⑧ 《要闻：汪主席昨日赴梧州》，《广州民国日报》1926 年 1 月 26 日，第 3 版。

二　汪、谭访桂与两广统一

为使广西早日统一在国民政府的领导之下，1926 年 1 月 25 日，汪精卫、谭延闿、甘乃光以巡视为名赶赴广西，并决定与李宗仁、黄绍竑、白崇禧等人在梧州举行会晤，以联络两广感情，推动两广统一的具体实施。次日，谭延闿等人未到梧州，李宗仁、黄绍竑、白崇禧等人便乘船来迎，并与汪、谭等人"坐谈久之"①。到达梧州后，广西方面准备了盛大的欢迎仪式，"群众来欢迎者甚众，呼声、军乐声、鞭爆声杂然盈耳"②。在此次会晤中，谭延闿初次见到李宗仁，而黄、白二人却已相识。会晤的第一天，李、黄、白三人便给谭延闿留下了良好的印象，谭言："吾往在粤见黄，即惊为异人，今则额下有须，顾盼奕奕，将来必有表见于世者。白剑生沉着明白，似蒋介石，信桂之有人，乃叹一省之兴不易易。李德邻殊长者，待客终日无倦容，未可轻也。"③ 这为接下来会商两广统一之事奠定了较好的情感基调。同样，广西方面对汪、谭二人亦怀有好感，据李宗仁回忆："汪、谭二人都是一表堂堂，口角春风，对我们在广西方面的成就称赞备至。他们二人在我当学生期间便已全国闻名，都是我们所企慕的允文允武的英雄人物。"④ 在此背景下，1 月 27 日汪、谭、李、黄、白五人进行了简单的会谈，"所议皆开诚布公，结果圆满"⑤，广西方面"对于统一和北伐，都表示完全接受中央的意旨"⑥。可以说此次谭延闿等人的主要目的已达到。此外，谭延闿利用其个人的交际能力，不仅加深了其与广西各领导人之间的私人情谊，还宣传了孙中山的三大政策，以及拉拢了湖南赵恒惕派往广西的代表叶琪。

谭延闿在广州时便见过黄绍竑，此次会晤更加深了两人的感情。黄绍竑见谭幽默圆融，使其很愿意与其接近，据黄回忆：

① 《谭延闿日记》（手稿本），1926 年 1 月 26 日。
② 《谭延闿日记》（手稿本），1926 年 1 月 26 日。
③ 《谭延闿日记》（手稿本），1926 年 1 月 26 日。
④ 《李宗仁回忆录（上册）》，第 284 页。
⑤ 《谭延闿日记》（手稿本），1926 年 1 月 27 日。
⑥ 黄绍竑：《五十回忆》，岳麓书社，1999，第 116 页。

　　有一次，在宴席上，他问我："你这个大名的闿字，为什么不用英雄的雄字呢？"我说："这是父亲命名，取任重致远意思。"他又问我父亲在前清有没有功名？我告诉他，是丁酉科举人。他哈哈笑道："我也是丁酉科举人呀！我现在同你不但是革命的同志，还与你令尊是满清的同年呢。我一见你用这很冷僻的闿字为名，就猜想这为命名的先生，对于旧文学，一定有很深的修养。现在果然不出我所料。"①

　　谭延闿的这些随口家常，无形之中加深了其与黄绍竑等人的关系，后来黄在赴广州正式商谈两广统一时，还为谭准备了私人礼物。② 谭在梧州时，当地的人民团体已经有较大的发展，工会、农会、商会、妇女会等都已成立。所以，谭延闿除了与广西的地方政要会谈外，更多的时间便是讲演。仅 27 日便进行了两场，上午"到者近三万人"，"（下午）至中学堂操坪，农工界欢迎会也。钟山者为主席，立桌上演说，余与汪、甘亦然，继汪而说，苦于词穷，又场大须高声，喉为嘶矣，日暮始散"③。谭延闿、汪精卫等人讲演的内容多是三民主义、三大政策、国民党的历史及国民革命的前途，这对维时的广西来说还非常新颖，不仅"极受民众的欢迎与拥护"④，而且像李宗仁这样的地方政要，听了谭延闿等人的"救国"与"革命"等讲演，亦觉得"足开茅塞"⑤。1 月 29 日，李宗仁等人还安排谭延闿、汪精卫参加了孙中山纪念堂的奠基礼，谭、汪两人亦"皆从事畚锸"⑥，借此象征两广均服膺于孙中山思想之下，"奠固国内民众革命势力的根基"，"奠定中华民国的基础"⑦。

　　在梧州会晤举行时，赵恒惕派往广西的说客叶琪正在梧州。1925

---

① 黄绍竑：《五十回忆》，第 117 页。
② 黄绍竑送的礼物名为"飞虎"，实一狐也。前后足间连肉翅，如蝙蝠。详见《谭延闿日记》（手稿本），1926 年 3 月 15 日。
③ 《谭延闿日记》（手稿本），1926 年 1 月 27 日。
④ 黄绍竑：《五十回忆》，第 117 页。
⑤ 《李宗仁回忆录（上册）》，第 284 页。
⑥ 《谭延闿日记》（手稿本），1926 年 1 月 29 日。
⑦ 《梧州举行中山纪念堂奠基礼》，《广州民国日报》1926 年 2 月 2 日，第 3 版。

年冬，鉴于广西刚刚完成统一，粤桂之间的配合较为紧密，为了防止在粤湖南将领谭延闿、程潜等势力壮大重返湖南，赵恒惕便派时任湘军第二师旅长叶琪赴广西拉拢李宗仁、黄绍竑等人。维时，赵恒惕向广西方面提出了三点希望。其一，盼与广西结成攻守同盟，在政治上共同实行联省自治，这自然是最佳理想。其二，若广西当局欲恢复旧桂系控制两广的势力，湘省则愿出兵相助，共同攻粤；湖南当局仅欲消灭在粤的谭延闿与程潜等湘军，并不会与桂军争夺粤地。其三，若上述两点均做不到，至少希望桂省不被粤所利用，在湘、粤之间发生冲突时，桂省至少保持中立态度。① 叶琪不仅是广西人，与李、黄、白三人均有同学之谊，且在回广西时还带了湘省赵恒惕、唐生智等人的信函，因此对说服广西当局方面颇有信心。然而，广西方面却早已决定了联粤北伐的策略，不仅拒绝了湖南当局的提议，还力促叶琪来到梧州。

在梧州会晤之初，因谭延闿曾被叶琪率兵打败，且叶不认同谭在湘省执政时的某些政策，故不愿与谭延闿等人相见。然而，当谭听说叶琪在梧州时，却很想见面，并向李宗仁称赞叶琪年轻有为，"当年在湖南时，他居然把我们的部队打得落花流水"②。谭的此番话不仅使李宗仁觉得其有长者风范，亦令叶琪感到了谭的度量非凡。而后，叶琪便随夏威等人面见谭延闿等，谭与汪"各以对人演说法对之"③。在谭延闿、李宗仁等潜移默化的影响下，梧州会晤后叶琪又去了广州，"打破了湘、粤多少年来的夙怨，奠立湖南唐生智等日后加入革命的初步契机"④，为后来北伐军假道湖南北伐提供了有利的条件。

谭延闿等人并未在梧州久留，便返回广州，1926 年 2 月 1 日，广西方面推举白崇禧为全权代表赴广州协商两广统一的具体事务。⑤ 对此，国民政府亦非常重视，白崇禧抵达广州后，便成立了"两广统一

① 《李宗仁回忆录（上册）》，第 278—279 页。
② 《李宗仁回忆录（上册）》，第 284 页。
③ 《谭延闿日记》（手稿本），1926 年 1 月 29 日。
④ 《李宗仁回忆录（上册）》，第 285 页。
⑤ 《桂省代表白崇禧抵粤》，《广州民国日报》1926 年 2 月 3 日，第 3 版。

委员会，由汪精卫、谭延闿、李济深、宋子文、白崇禧为委员，关于桂省政治事宜，由汪谭两氏主理"①。在两广统一事务中，广西方面最担心的是党务问题，梧州会晤时便特别防范同为广西人的甘乃光插手桂省党务。圆融的谭延闿窥见其中隐忧后，便对黄绍竑等人表示："广西好似一张白纸一样，你们要写什么就写什么，要画什么就画什么，不必广东那样复杂。"②谭意是桂省只要在名义上接受国民党中央的领导，而省内具体的事务仍由桂方负责。在此基调下，两广统一的谈判进展相对较快，3月13日，黄绍竑亦到达广州进行协商，谭延闿、汪精卫与李济深等人皆出广州天字码头而迎接。③ 3月15日，广州国民政府中央政治委员会通过了"两广统一案"，其内容主要为桂省受国民政府的命令，处理全省政务；军队改编为国民革命军，财政受国民政府监督。④同月16日，李宗仁、黄绍竑便发表通电表示，"以至诚遵守两广统一委员会议决案，广西军民财政悉以国民政府为依归"⑤。至此，两广统一谈判基本完成。对国民政府而言，两广统一不仅可以壮大广东国民政府的革命力量，而且还利于西南各省在政治上向广东靠近，这在一定程度上减少了国民政府北伐的阻力。对桂系而言，与广东国民政府的合作，亦为其自身的发展提供了契机；广西的各项权力不仅仍掌握在桂系之内，而且随着日后国民政府的北伐，桂系的势力亦随之不断向北拓展。

  在两广统一的谈判中，谭延闿起了十分重要的作用，梧州会晤中他与汪精卫共同使两广统一进入实质性阶段。而后，谭延闿主张搁置争议，双方都进行必要的妥协，先完成形式上的统一，并认为这种方式"虽云换汤不换药，实则利己亦利人，未为失也"⑥。事实亦证明谭的此项主张确实加快了两广统一的进程，但值得注意的是，它也为后来的新军阀割据埋下了隐患。统一后的广西多是将原来的行政机构改

---

① 《统一两广军政之进行》，《广州民国日报》1926年2月23日，第3版。
② 黄绍竑：《新桂系的崛起》，《文史资料选辑》第52辑，第50—51页。
③ 《谭延闿日记》（手稿本），1926年3月13日。
④ 黄绍竑：《新桂系的崛起》，《文史资料选辑》第52辑，第55页。
⑤ 《李黄通电赞成两广统一》，《广州民国日报》1926年3月17日，第3版。
⑥ 《谭延闿日记》（手稿本），1926年2月19日。

了一下名称，如将广西全省绥靖督办改为广西全省军务督办公署，而实际的行政运行机制却未变更。[1] 在党务方面，桂系改编后的第七军党代表由黄绍竑兼任，而军以下部队各级的党代表并未设置，其理由是"第七军当时只有李、黄加入中国国民党，国民党在我们部队里尚没有基础，无法产生各级的党代表"[2]，实质上桂系仍将第七军看作"私有财产，决不能让外人插手进来"[3]。在财政方面，广西则是自收自支，中央是不过问的，这也成为日后新桂系与国民政府的一个重要矛盾。[4] 此阶段，谭延闿不仅在政治上与桂系进行合作，在私人情谊上亦保持密切的联系，尤其是与黄绍竑的关系在谭延闿的日记中记载颇多。有次，黄绍竑早起便至谭延闿处，谭"不及盥洗而出见之"[5]，两人久谈后黄方离去，为此谭不得不变更原来所预定之事。从这日常生活的交往中，亦可见谭对黄的重视。

第四节　中央特别委员会的建立和影响

谭延闿在南京中央特别委员会建立过程中，发挥了重要作用。这是谭与李宗仁、白崇禧等新桂系合作的表现。此外，中央特别委员会也是国民党宁、沪、汉三方妥协的结果，它在结束国民党分裂局面的同时，亦埋下了种种的隐患。

一　中央特别委员会的建立

1926 年 7 月广州国民政府正式出兵北伐，李宗仁亲赴广州参加北伐誓师大会，而后便到桂林率兵北上；谭延闿虽任国民革命军第二军军长，实际率第二军出征的却是鲁涤平，谭延闿则留守广州处理国民

---

① 黄绍竑：《五十回忆》，第 122 页。
② 黄绍竑：《新桂系的崛起》，《文史资料选辑》第 52 辑，第 57 页。
③ 黄绍竑：《新桂系的崛起》，《文史资料选辑》第 52 辑，第 57 页。
④ 黄绍竑：《新桂系的崛起》，《文史资料选辑》第 52 辑，第 53 页。
⑤ 《谭延闿日记》（手稿本），1926 年 3 月 17 日。

政府的日常事务及负责北伐军的军需工作。1926 年 10 月 10 日，北伐军攻克武昌，占领武汉三镇，这与 1911 年的辛亥革命"若合符节"，如此迅速发展的革命形势，连谭延闿也感叹"可谓奇快！"① 随着北伐军革命重心由珠江流域转移到长江流域，国民政府的驻地问题便逐渐凸显出来。

国民政府在北迁过程中的选址，亦成为各种势力互相博弈的焦点。维时，蒋介石任北伐军总司令，并较早地提出将国民政府"迁都"武汉，② 但"那时中央方面防蒋军事独裁的空气正日见浓厚，武汉方面的四、八两军，在蒋看来，又非其嫡系"③，故蒋介石又主张将国民政府和中央党部迁往南昌。这一提议遭到了苏联顾问鲍罗廷，徐谦、何香凝等国民政府左派的反对，并由此引发了"迁都"之争。④ 其间，李宗仁见蒋介石态度十分坚决，为了避免事态扩大进而影响北伐的军事进展，李便"力劝蒋介石不必和武汉各走极端，应听国民政府迁往武汉"⑤。经过李宗仁的斡旋，谭延闿于 1926 年 12 月底到达南昌，并在 1927 年 1 月 3 日召开政治会议商讨党部、政府设于南昌事，决议暂缓将国民党中央党部与政府迁至南昌，3 月 7 日谭延闿率部分国民政府行政人员到达武汉。

1927 年 3 月 10 日至 17 日，国民党二届三中全会在武汉正式召开，会议通过了《对于中央执行委员国民政府委员临时联席会议决议案》《统一党的领导机关决议案》《统一革命势力决议案》《统一财政决议案》《统一外交决议案》等。⑥ 这些决议案乃是为了限制个人权力膨

---

① 《谭延闿日记》（手稿本），1926 年 10 月 10 日。
② 早在 1926 年 9 月 9 日，蒋介石便致电时任中央政治会议主席、国民政府代理主席的谭延闿和中央执行委员代理主席张静江，提出将国民政府北迁的问题。详见中国第二历史档案馆编《蒋介石年谱初稿》，档案出版社，1992，第 677 页。
③ 李宗仁：《李宗仁回忆录（上册）》，第 431 页。
④ 相关研究可参阅孙泽学《北伐战争中迁都之议研究的几个问题》，《史学月刊》2008 年第 8 期；李玉《蒋介石与 1927 年"迁都"之争》，《南京社会科学》2010 年第 10 期；等等。
⑤ 《李宗仁回忆录（上册）》，第 433 页。
⑥ 《第二届第三次中央全会》，荣孟源主编《中国国民党历次代表大会及中央全会资料（上册）》，第 316—320 页。

胀，提高党权，并突出中央执行委员会为最高权力机关。其间，在武汉的党政军要人除李宗仁外，多对蒋持反对态度。鲍罗廷、顾孟余、唐生智，甚至温和圆融的谭延闿均向李宗仁抱怨蒋的种种不端行为，并请李加入共同反蒋的阵营，李宗仁则引太平天国内讧之事作警诫，阐明"临阵易帅，原是兵家之大忌"①，希望武汉的国民政府人员缓和对蒋介石的敌对态度。维时，桂系一直是各方拉拢的对象，1927 年 1 月，蒋介石任命新桂系白崇禧为东路军前敌总指挥，率军入浙作战。此命令使"第二军代军长鲁涤平极感不服。因论年龄、资望，鲁氏均远在白氏之上"，"经谭延闿一再解说，鲁涤平始无言"②。由此可见，谭延闿对维护湘军与桂系的关系仍十分重视。

　　1927 年 4 月初，因"中山舰事件"离开国民政府的汪精卫由海外回国，维时蒋介石联合新桂系与李济深在上海召开"清共"与另组政府之会议，汪亦是其拉拢的对象。然而，汪精卫因"对于蒋介石为人与过去的教训，还是戒惧在心"③，故仍选择与武汉国民政府共同反蒋。在此情势之下，蒋介石遂在上海发动了四一二政变，并于 4 月 18 日在南京另立了国民政府和国民党中央，而新桂系的第七军则是其依靠的军事力量之一。对此，以汪精卫为首的武汉国民政府，"开除蒋介石党籍，免去本兼各职"④，并打出了"东征"讨蒋的旗帜，而南京方面亦不甘示弱，以"西征"相抗，于是国民政府遂呈现出"宁汉分裂"的剑拔弩张之势。由于蒋介石在北伐中多偏袒其嫡系部队，而在南京的非蒋嫡系部队中新桂系的势力尤盛，故蒋与以李宗仁为代表的新桂系有内在的矛盾。在宁汉对立之时汪蒋互相攻讦，新桂系遂在其间采取纵横捭阖之策，以达到自身利益的最大化。1927 年 8 月初，蒋介石督师攻打徐州，"本冀反败为胜，一振威望"⑤，不料却适得其反，最后在内外交困中宣布下野，而南京方面的实权则落入新桂系之手。

---

①　《李宗仁回忆录（上册）》，第 433 页。

②　《李宗仁回忆录（上册）》，第 490 页。

③　《陈铭枢回忆录》，中国文史出版社，2012，第 68—69 页。

④　《陈铭枢回忆录》，第 69 页。

⑤　《蒋介石下野之观察》，天津《大公报》1927 年 8 月 15 日，第 1 版。

为了缓和宁汉双方的矛盾，8月22日，李宗仁赴庐山与汪精卫、谭延闿、孙科等人举行会谈。维时，唐生智要求其军队必须进驻芜湖，而李宗仁则担心其趁机进行"东征"对南京不利。对此陈公博回忆道：

> 汪先生以下诸人皆在牯岭，李德邻乘着军舰往上游来，一半是欢迎武汉同志东下，而一半是搬取救兵以御孙传芳南侵之师。我们欢迎着李德邻住在宋子文岳父的张宅，我们一行人由牯岭下来和德邻开善后会议。德邻先生表示来意之后，欢迎一节自然是客套，我们没有多大讨论，而最要紧则为怎样出兵援助南京同志堵住孙传芳。这个问题不讨论倒还罢了，一讨论李德邻便和唐孟潇起了争执。在德邻之意希望武汉的军队不要到芜湖，即由安庆斜出合肥腰击北来的队伍。①

对李宗仁和唐生智的争执，陈公博提出派人随李回南京的建议：

> 德邻，你不过不相信孟潇，怕他占安徽，威胁南京罢了。但你不相信孟潇，难道也不相信我们？我提议一个折中的方法，你尽管让他到芜湖，而我们明日都和你去南京，我真不相信孟潇连我们都打。如果他不恤公意，我们也和你们合起来打他。这可以相信了吧？我们都到南京是先相信你，如果孟潇打南京的话，那么你可以把我们宰，把我们杀！②

对于陈公博的提议，李宗仁非常赞同，但因为其乘坐的船较小，无法带过多的人返回南京。经过多次讨论后，众人推举谭延闿与孙科先随李宗仁赴宁，③ 这样既可以较早协商宁汉合作之事，又可在一定程度上减轻李宗仁对唐生智进行"东征"的疑虑。

---

① 陈公博：《苦笑录》，第100页。
② 陈公博：《苦笑录》，第101页。
③ 《谭延闿日记》（手稿本），1927年8月22日；《李宗仁回忆录（上册）》，第496—499页。

1927 年 8 月 24 日，李宗仁与谭延闿等人乘船驶过芜湖后，便遇到大量帆船，疑为北军，后谭延闿等人"乃各起出视，果皆由北岸，已有数艘泊南岸，横江者尚三十余，呼之不应。有一船迫近，视之，果北军也，遂命开枪，一时卫兵竞逞身手，惜不中者多"①。此次与北军在船上交战，李宗仁亦有详细的表述：

> 双方在短距离内隔船互射，烟雾迷漫，枪弹横飞。谭延闿、孙科和我，原来都在船侧走廊甲板上，这时乃避入舱房里面。孙科忙着觅地避弹，我和谭延闿则凭窗观战。只见敌船排山倒海而来，有的已向我船靠拢，船上士兵急急放枪，应接不暇。此时我们舱内有一副官也在凭窗射击，但是他枪法欠准，又无战场经验，心慌意乱，竟屡射不中。谭延闿说："你把驳壳枪给我！"说着，便把枪拿过来，瞄准射击。谭氏少年时喜骑射，今虽年老，工夫仍在。敌人方靠近我船，未及攀登便中弹落水。迎面蜂涌而来之敌，竟被谭氏打得人仰船翻。②

从上述史料可知，在面临北军进攻时，谭延闿的临危不乱、机智勇敢给李宗仁留下了深刻的印象，这在无形中为接下来的协商合作奠定了一定的情感基础。8 月 25 日，孙传芳趁宁汉分裂之际，率兵进攻北伐军。对此，谭在日记中言："敌人全线渡江，由江宁镇及巴达山者已缴械，由乌龙山、栖霞山、龙潭三点者凡万余人，守兵几不能支。七军以两师往，一军以三团往，又令海军夹击，当可无虞。敬之沉着不如德邻，忧形于色。"③ 可见，在谭心中，李宗仁指挥军队及随机应变的能力在何应钦（字敬之）之上。同月 31 日，李宗仁告知谭延闿"敌人于三时缴械完毕，俘虏近三万，中有师、旅长六人，又得枪近万余。孙传芳兵力消灭大半，无能为矣"④。此次战役不仅彻底击溃了孙传芳部，亦为接下来的宁汉合作奠定了基础。

---

① 《谭延闿日记》（手稿本），1927 年 8 月 24 日。
② 《李宗仁回忆录（上册）》，第 504 页。
③ 《谭延闿日记》（手稿本），1927 年 8 月 25 日。
④ 《谭延闿日记》（手稿本），1927 年 8 月 31 日。

当时，李宗仁力促宁汉合流而共同北伐，谭延闿亦"斡旋于反复支离之局势中，举手投足之间无一而非世局国□所关"①。谭延闿刚到南京便又赴上海，见了胡汉民、蔡元培、李石曾、吴铁城、傅秉常及居正等，谭与其"谈党事甚多，语皆恳切"②。汪精卫到达南京后，谭随即由沪返宁，"见汪先生、白、李、朱益之、陈公博、廖夫人"，"与诸人谈沪上接洽事"③。此时谭延闿极力促成宁、汉、沪三方合作，不仅主张汪精卫应到上海会见胡汉民及西山会议派等人，④ 还力邀李宗仁赴沪协商合作事宜。⑤ 9月10日夜，孔祥熙宴请汪精卫、谭延闿、宋子文、顾孟余及陈公博等人，席间汪精卫阐述当日会议，"（会议）提出宁、汉、沪三方面合作，每方将来举出六个人组织特别委员会议代替中央党部"⑥。9月11日，汪精卫、谭延闿、孙科、李宗仁、张静江、许崇智、居正、蔡元培、李石曾、邹鲁等宁、汉、沪三方代表聚于伍朝枢家中开谈话会，会议推举谭延闿为主席，"以昨夜彼等所商特别委员会办法相商"⑦。9月12日，会议"讨论特别委员人选，决定后日赴宁开会，皆大欢喜而散"⑧。是日，三方推出的代表分别为：

> 汉方推出特别委员谭延闿、孙科、何香凝、于右任、朱培德、程潜；候补特别委员顾孟余、陈公博、甘乃光。宁方推出特别委员李宗仁、李煜瀛、蔡元培、王伯群、伍朝枢、李烈钧；候补特别委员褚民谊、缪斌、叶楚伧。沪方推出特别委员林森、许崇智、谢持、居正、覃振、邹鲁，候补特别委员茅祖权、刘积学、傅汝霖。宁汉沪三方公推特别委员汪精卫、胡汉民、张继、吴敬恒、

① 谭伯羽：《茶陵谭公年谱》，沈云龙主编《近代中国史料丛刊》第68辑，第137页。
② 《谭延闿日记》（手稿本），1927年9月5日。
③ 《谭延闿日记》（手稿本），1927年9月7日。
④ 陈公博：《苦笑录》，第103页。
⑤ 《李宗仁回忆录（上册）》，第525页。
⑥ 陈公博：《苦笑录》，第104页。
⑦ 《谭延闿日记》（手稿本），1927年9月11日。
⑧ 《谭延闿日记》（手稿本），1927年9月12日。

戴传贤、张人杰、蒋中正、唐生智、冯玉祥、阎锡山、杨树庄、李济深、何应钦、白崇禧。①

9月13日，在第三次谈话会议上，又决定了何香凝、蔡元培、于右任等5人代行监察员职权。9月15日，在南京又举行了中央执监联席会议，会前"西山会议诸人及宁汉两派开谈话会"，"特别委员加入白（崇禧）、何（应钦）"②。会议开始后，谭延闿任会议主席，并决议中国国民党中央特别委员会人选，至第三次全国代表大会开会时为止。③9月16日，特别委员会正式成立，"继续开会，讨论宣言至二小时，而党部组织、政府组织仅一小时已通过，复有数案，不甚讨论矣"④。此后发表的《中央特别委员会宣言》称，"宁汉两方中央党部与国民政府对立之原因亦全起于容共与反共意见之不同者也"，自武汉方面"厉行清党"后，"国民党一致采取反共政策，别无何等不同之意见"，"于是约集三方面（宁、汉、沪）同志推诚协商，而有组织特别委员会之建议"⑤。其职权则是"代行中央执、监委员会之职权"，"从前特立之三党部，均不复行使职权；从前三方面互相攻击之言论，皆成陈迹，不得复引为口实"⑥。9月17日，特别委员会第二次会议，决议丁惟汾等47人为国民政府委员，以谭延闿、胡汉民、蔡元培、李烈钧及汪精卫为常务委员，轮流主持国府事务。为了调和各方矛盾，特别委员会还"改部长为委员制，以容纳各方面人才"⑦。

二 中央特别委员会的影响

中央特别委员会的成立是国民党内部宁、汉、沪三方在政治上互

---

① 《中央特别委员会》，荣孟源主编《中国国民党历次代表大会及中央全会资料（上册）》，第499页。
② 《谭延闿日记》（手稿本），1927年9月15日。
③ 陈柱：《中华民国史》，岳麓书社，2011，第105页。
④ 《谭延闿日记》（手稿本），1927年9月16日。
⑤ 《中央特别委员会宣言》，荣孟源主编《中国国民党历次代表大会及中央全会资料（上册）》，第486—487页。
⑥ 《中央特别委员会宣言》，荣孟源主编《中国国民党历次代表大会及中央全会资料（上册）》，第487页。
⑦ 《谭延闿日记》（手稿本），1927年9月18日。

相妥协的结果，标志着三方合作的实现。特别委员会旨在调和国民党各派的矛盾，由其选出的国民政府，结束了国民党三个中央党部、两个中央政府并存的局面，为此谭延闿才坚决地采取妥协政策，与新桂系、西山会议派等人进行合作。然而这种一味的妥协，在使国民党内部矛盾暂时得到缓和的同时，亦埋下了种种的矛盾与隐患。

　　首先，蒋介石、胡汉民、汪精卫等宁、汉双方最有影响力的人物均未参加特别委员会，他们对之抱有不合作，甚至坚决反对的态度，使特别委员会在成立之初便减弱了其领导地位。在伍朝枢宅中举行特别委员会成立的首次谈话会时，汪精卫便有所不满，欲"愤而退席"，"于是劝者劝，赔不是者赔不是"①；1927 年 9 月 13 日举行的第三次谈话会汪精卫更是没有参加，自行离开了上海。② 虽然汪精卫、陈公博及唐生智被选入特别委员会，且汪为常务，但这种委员制的体制使素来以国民党领袖自居的汪精卫感到强烈不满。在特别委员会就职仪式举行前夕，谭延闿、李宗仁等仍致书汪精卫"令其速来"③，争取其能参加就职，然而却始终未能成功。维时，蒋介石与胡汉民对特别委员会亦抱不满态度，蒋介石鉴于自身已处于下野的境况，故对特别委员会采取置之不理的态度，而胡汉民亦未参加就职仪式，故他们的追随者多不愿参加特别委员会。当时，真正掌握特别委员会的仅有新桂系拥有一定的军事实力。因此，无论是在国民党内的影响力，还是掌握的军事实力，中央特别委员会均显不足。在得不到国民党内最高权威的支持下，特委会的威信自然会大打折扣，它所发出的号令则很难产生效力。

　　其次，以中央特别委员会代替中央执行委员会有违法统，因为中执委是由国民党全国代表大会选举出来的，代表大会才有权力取消，"中执会没有这种权力，何况又是在沪几个代表，那当然更没有这种权力"④。根据国民党"一大"通过的《中国国民党总章》第二十八条

①　《谭延闿日记》（手稿本），1927 年 9 月 11 日。
②　《谭延闿日记》（手稿本），1927 年 9 月 13 日。
③　《谭延闿日记》（手稿本），1927 年 9 月 17 日。
④　陈公博：《苦笑录》，第 104—105 页。

规定，只有全国代表大会才有权力"选出中央执行委员、候补执行委员与监察委员、候补监察委员"①。对于这种有违法统之事，谭延闿自然知晓，然而面对当时国民党各派分裂的情况，谭却认为"此次于法理故未甚安，于历史情感则甚满足，明知亦多反对者，然不能计矣"②。特别委员会不但缺乏先例，无法理依据，且其不仅取代中执委的职权，还宣布取消原来规定设置的中央政治委员会及其分会，这自然引起国民党内坚持法理的党员的反对。1927 年 9 月 14 日，王立斋、潘云超、陈树人、梁寒操诸人对于设立中央特别委员会皆持反对态度，对此谭延闿只能感叹"法理事实欲求兼顾，更无办法，辩难久之"③。在参会代表人数上，中央特别委员会亦多不能达到法定要求。9 月 15 日，特别委员会成立前夕要召开执行委员会与监察委员会的联席会议，然"去法定人数远矣，乃以临时会员责通过上海议定之特别会，具各约束而散"④。以上在成立特别委员会时有违法理之事，都为反对特别委员会之人提供了攻击的口实。

最后，特别委员会在设立之初便是一个各方相互妥协的暂时举措，并非正规的政府机构，因此，新桂系、西山会议派与谭延闿、程潜等人的合作亦是短暂的相互需求，他们之间内在利益诉求与政治理念的差异并没有得到解决，而是被暂时搁置而已。在特别委员会成立时的《中央特别委员会宣言》中明确表示："于三个月内筹备第三次全国代表大会"⑤，且在 9 月 11 日第一次上海谈话会中规定，"第三次全国代表大会最迟十七年一月一日开会"⑥。可见，特别委员会在成立之初

---

① 《中国国民党总章》，荣孟源主编《中国国民党历次代表大会及中央全会资料（上册）》，第 26 页。
② 《谭延闿日记》（手稿本），1927 年 9 月 12 日。
③ 《谭延闿日记》（手稿本），1927 年 9 月 14 日。
④ 《谭延闿日记》（手稿本），1927 年 9 月 15 日。
⑤ 《中央特别委员会宣言》，荣孟源主编《中国国民党历次代表大会及中央全会资料（上册）》，第 487 页。
⑥ 《中央特别委员会》，荣孟源主编《中国国民党历次代表大会及中央全会资料（上册）》，第 498 页。李宗仁亦回忆："三个月之内举行本党三次全国代表大会，解决一切党内纠纷。在三全大会开会前，以各处代表合组的'特别委员会'为党的最高执行机关。"详见《李宗仁回忆录（上册）》，第 525 页。

便规定了仅有 3 个月的期限，是一个临时性质的政府权力机构，这种性质决定了其不注重长远考虑，而重视当时情景下的短暂妥协。特别委员会中的西山会议派，在孙中山在世时便有背离孙中山思想之举，多为国民党人所谴责，他们不少人又被开除过国民党党籍，虽然维时国民党已开始清共，但嫉恨西山会议派的人犹在。①此外，特别委员会宣布取消中央政治委员会及其分会②，改组各级政府和党部，触动了地方实力派的既得利益，使他们与中央的实力派相结合共同形成了反对南京特别委员会的政治利益联合体。不仅汪精卫、陈公博等人反对取消武汉政治分会，广州的李济深也反对取消广州分会。

在种种矛盾之下，汪精卫因不甘心丧失在国民党内的领袖地位反对中央特别委员会最为迫切。汪于 1927 年 9 月 21 日返回武汉，借唐生智的军事力量，控两湖与江西之地，以武汉政治分会为依托，对抗南京的特别委员会。谭延闿闻之，不禁感叹"噫，昨何人言胡汉民不肯吃亏，汪精卫容易上当，胡闻之日，精警之至。信哉！"③汪精卫此举使宁、汉、沪三方由合作转化为新的宁汉对立，与原来的宁汉分裂不同，此时的宁方在中央特别委员会名义下包括了原西山会议派的全部、原汉方与宁方的一部，比原来的宁方有所扩大；而汉方的势力则仅是过去的一部，较原来的范围有所减少，其中谭延闿、程潜原为汉方，此时已为中央特别委员会的要员。

1927 年 9 月 28 日，武汉政治分会做出决议："南京特别委员会，代行中央职权，在党章上毫无根据，且为将来破坏党的组织者开一恶例"④，故不能承认。同时唐生智军队已进驻芜湖，进而威胁南京。其实，27 日谭延闿便收到唐生智的电函，其中内容使谭认为唐"不臣之

---

① 史全生：《国民党中央特别委员会述评》，《历史档案》2002 年第 3 期。
② 《国民政府委员会第一次会议》（1927 年 9 月 21 日），《国民政府委员会会议速记录（一）》，《国民政府》，台北"国史馆"藏，典藏号：001-046100-0011。
③ 《谭延闿日记》（手稿本），1927 年 9 月 21 日。
④ 《武汉政治分会通电不承认南京特别委员会与中央执委会有同等之权力》，《汉口民国日报》1927 年 9 月 29 日，第 1 张第 1 页。

迹著矣"①。谭延闿劝唐生智与宁合作，以防被新桂系所忌，但此建议为唐所回绝，谭认为唐生智野心太大，②恐祸及湖南甚至危及自身，因而遂与其成对立之势。维时，新桂系的根据地虽在广西，但势力早已随着北伐的进行扩展到了长江以北及下游地区，而唐生智控制的两湖等地恰处于广西与宁沪之间，有碍于新桂系势力的发展与联系，故李宗仁等人的驱唐之心早已有之。早在 8 月下旬，李宗仁赴庐山与汪精卫等人举行会谈，促进宁汉合作时，便与唐生智发生了争论。当时李力促宁汉合作，故内心不满不便发作。③宁汉再次对立后，谭延闿、程潜等湘籍将领已与新桂系共同在南京的中央特别委员会名义下任职，故李宗仁等便可利用谭、程等人在湖南的影响力进行倒唐。对谭延闿、程潜等湘籍将领与新桂系合作之势，时人亦向谭提出异议：

> 与桂合作驱唐，胜则徒利于桂，于湘有损无益（湘军自相残杀，势必削弱力量）；败则将予蒋以复起的机会；不如调集第二、第六、第十四各军驻防江苏，以巩固畿辅为首要，并保持朱培德（也是不满于蒋的）在赣的实力和地位，另以李宗仁主皖，作为宁汉之间的缓冲地带；对唐宜尽可能采取怀柔政策，必要时，还可作为制蒋的外援。如果蒋要复起，势必先策动第一、第九两军；那时，合苏、皖、赣三者兵力，即可予以击溃。④

此建议认为驱唐不过是为新桂系火中取栗，为了不忍见湘军同室操戈，对唐应一边采取怀柔政策，一边巩固南京的军事防御，既可防范唐生智对南京的不利，又能制约蒋介石以后的借机再起。然而，谭、

---

① 《谭延闿日记》（手稿本），1927 年 9 月 27 日。
② 《李宗仁回忆录（上册）》，第 501 页。
③ 《李宗仁回忆录（上册）》，第 498—499 页。
④ 谢慕韩：《关于"东征""西征"和第六军被消灭的片段回忆》，《湖南文史资料选辑》第 4 辑，湖南人民出版社，1981，第 21 页。

程二人因湘事与唐生智积怨已深，① 不能容忍唐的军事势力进一步扩大，且他们与新桂系均有维护中央特别委员会之意，故驱唐之势在所难免。

当时，谭延闿是力主驱唐的主要人物之一，又是李宗仁、白崇禧等新桂系联合程潜的引线人。为了驱唐，李、白亦曾多次拜访程潜，并以主政湖南许之。② 结合谭延闿日记的记载，谭、程、李、白在1927年9月底会商频繁，29日谭"与颂云、德邻、健生谈公事，同西餐，四时始归"③。虽然谭日记表述得较为模糊，对"公事"没有详细记载，但结合程潜的回忆亦可略知一二，谭延闿曾设筵邀程、李、白议谈倒唐之策，席间"李曾赌咒发誓，倒唐之后，如果拥蒋，将为天地神明所不容"④。至此，谭延闿、程潜与新桂系正式达成了倒唐联盟。

此后，南京的中央特别委员会采取政治上和军事上双管齐下的应对方针。在政治上，在限制唐生智军事力量的同时，采取较为灵活的政策以尽可能地争取主动。10月2日，孙科、伍朝枢等中央特别委员会代表，到庐山与汪精卫会晤，宁方代表向汪提出三个条件：取消武汉政治分会；在汉军队继续进行北伐；恢复中央党部。而汪则提出了相应的条件：武汉政治分会暂不取消，但须与中央划分权限；依据原来所议迅速召开二届四中全会，恢复中央执行委员会的职权；特别委员会须由二届四中全会追认，并与中央常务委员会划分职权。宁方代

---

① 早在北伐前夕，唐生智便派代表赴广州谈判，欲响应北伐，而谭延闿和程潜曾从中阻挠，反对把湘政让于唐，致使谈判长时间陷入僵局。详见《李宗仁回忆录（上册）》，第498—499页；〔苏〕亚·伊切列潘诺夫《中国国民革命军的北伐：一个驻华军事顾问的札记》，第411页。北伐中，唐担心其在湘的势力受到削弱，便极力排斥谭延闿的第二军和程潜的第六军入湘作战，亦引起了谭、程二人的不满。1927年春，程潜准备回湘重建第六军，又遭到唐生智的阻扰，故唐与谭、程多因湘事结怨已深。详见莫济杰、〔美〕陈福霖主编《新桂系史》第1卷，广西人民出版社，1991，第196页。

② 莫济杰、〔美〕陈福霖主编《新桂系史》第1卷，第196页。

③ 《谭延闿日记》（手稿本），1927年9月29日。

④ 谢慕韩：《关于"东征""西征"和第六军被消灭的片段回忆》，《湖南文史资料选辑》第4辑，第33页。

表答应了汪所提出的要求，并决定与 1927 年 11 月 1 日在南京召开二届四中全会。在军事方面，为了限制唐生智的军事力量，宁方代表提出：以后唐部未奉军事委员会命令，不得扩军；汉阳兵工厂生产的军械须由军事委员会分配，各军不得擅自提取；立即改组安徽省党部与政府。① 因这些均是限制唐生智的要求，汪未敢允诺，双方便由庐山赴汉与唐生智进行谈判。对此，唐坚决表示反对，拒绝了宁方代表的条件。唐生智为了彰显其在皖的决心，派李宗仁的旧友叶琪赴南京，"声言渠绝不放弃安徽"，"南京政府如坚持收复安徽，唐总司令将不惜以武力周旋"②。由此可知，宁方在政治上做出了较大的让步，对汪精卫在政治上所提的要求几乎都令其满足，因此使其处于左右为难之境。南京已经同意召开二届四中全会，汪若参加则很可能成为中央特别委员会的政治点缀，难以占据领导地位；若不去，则又理屈。后汪精卫因张发奎回到了广州，更觉在武汉并非久计，于是亦南下广东。

在军事上，因唐生智拒绝了宁方所提出的条件，故南京方面积极准备讨伐唐生智。维时，阎锡山已经出兵占领了张家口、正定，冯玉祥亦出兵，谭延闿虽表示不可坐视，但更认为"欲先清内部，以固根本"③，故讨伐唐生智以安定国民政府内部便成为迫在眉睫的问题。1927 年 10 月 12 日谭延闿"偕程、李、白至军会看作战计划"，并表示"箭在弦上，不得不发也"④。同月 20 日，南京国民政府"专为上游军事"召开紧急会议，当时"讨唐声成片矣"⑤。此次会议由谭延闿任主席，谭先宣读了军事委员会主席团递交的讨伐唐生智报告书，继而，程潜、居正、李烈钧、钮永建、邹鲁等人纷纷发言，响应讨唐报告书。

程认为"唐生智的罪恶，不只报告书所列"，又详述了唐的不端之行：（一）唐"时时刻刻暗图捣乱，谋据地盘"，李宗仁到庐山会晤时，便决定"唐军列皖即以北伐，当时谭主席和兄弟都在场"，"不料南京政

① 莫济杰、〔美〕陈福霖主编《新桂系史》第 1 卷，第 197 页。
② 《李宗仁回忆录（上册）》，第 535 页。
③ 《谭延闿日记》（手稿本），1927 年 10 月 6 日。
④ 《谭延闿日记》（手稿本），1927 年 10 月 12 日。
⑤ 《谭延闿日记》（手稿本），1927 年 10 月 20 日。

府成立后，唐即以种种野心夺取皖政"，维时政府仍期待唐能自动北伐，"故对于解决安徽省政府问题尚未发表（意见）"，而"现已忍无可忍只有讨伐"。（二）因北伐大计，军事委员会再三对唐隐忍，而唐却"多方担忧，故意要挟"，表面赞同北伐，实则"要求给发饷械"。（三）"唐对于各友军，离间破坏，无所不至。"① 居正亦表示"对于军事委员会此次以敏捷的手段，对付唐生智极为赞佩"②。李烈钧在会上指出国民政府应"前方北伐，后方讨唐"，"为巩固革命基础，肃清后方，就不得不讨唐，讨唐与北伐，二事即一事"，"讨张（作霖）必先讨唐，讨唐即讨张"③。钮永建亦言："军事委员会提出讨伐唐生智，是非常重要的，且与北伐前途关系甚大，首都在宁，为长江上游，不肃清下游，断无安靖"，"像唐之狼子野心，事实共见，不能再忍，现军事委员会对讨唐计划已有布置成绪，不但巩固首都，对于统一全国亦立一基础"，并"极望政府依照军事委员会的请求，使军事委员会对于这回讨伐计划放心做"④。邹鲁虽没有直言唐生智之行为，但认为，"政治会议中央已经明令取消"，而武汉仍复设此乃不对，与广东不同，"广东是原有的，并先时请示中央商量"⑤。最终，南京国民政府各要员在谭延闿的领导及在新桂系的支持下，均对唐表示愤慨，一致主张讨伐。⑥ 同日，南京国民政府免除唐生智本兼各职，发布讨伐令，并由

---

① 《国民政府委员会第一次临时会议记录》（1927 年 10 月 20 日），《国民政府委员会临时会议速记录》，《国民政府》，台北"国史馆"藏，典藏号：001-046100-0032。

② 《国民政府委员会第一次临时会议记录》（1927 年 10 月 20 日），《国民政府委员会临时会议速记录》，《国民政府》，台北"国史馆"藏，典藏号：001-046100-0032。

③ 《国民政府委员会第一次临时会议记录》（1927 年 10 月 20 日），《国民政府委员会临时会议速记录》，《国民政府》，台北"国史馆"藏，典藏号：001-046100-0032。

④ 《国民政府委员会第一次临时会议记录》（1927 年 10 月 20 日），《国民政府委员会临时会议速记录》，《国民政府》，台北"国史馆"藏，典藏号：001-046100-0032。

⑤ 《国民政府委员会第一次临时会议记录》（1927 年 10 月 20 日），《国民政府委员会临时会议速记录》，《国民政府》，台北"国史馆"藏，典藏号：001-046100-0032。

⑥ 《李宗仁回忆录（上册）》，第 535 页。

军事委员会组织西征军，以湘桂军队为主力，进而西征讨伐唐生智。

针对南京国民政府的西征，唐生智亦积极组织军队应对，但唐部因扩张过快，多"乌合之众，临时拼凑，战斗实力不大"①，且唐部多湘籍将领，谭延闿与程潜对这些人均有一定的影响，其中张国威、何键和程潜为小同乡，关系尤为密切，因此"张、何之受程潜收买，这也是很自然的"②；后张国威被唐生智引入家中杀之，谭延闿闻此事，不禁言张为"莽夫不知趋避"③，可见张国威确为南京国民政府所用。此外，从经济因素分析，唐生智部控制的两湖、安徽等地的财政与南京国民政府亦有较大的差距。④ 略言之，在谭延闿与新桂系的合作下，以国民政府名义进行的讨唐行动进展得较为顺利，唐军节节败退。因此，在1927年11月2日，谭延闿便召集临时会议，讨论讨唐胜利后的党务之事。⑤ 11月9日，谭延闿得电知经"武穴、黄梅之战，获械甚多，军声已振"，唐部"不足平矣"。⑥ 同月12日，唐生智通电下野，后远赴日本。武汉政治分会按国民政府委员会第二次临时会议的决议予以撤销，并设立湘鄂临时政务委员会，由程潜担任主席。⑦

南京中央特别委员会虽然取得了讨伐唐生智的成功，解决了南京上游的军事威胁，但是由于其内在的种种政治矛盾，并未使特别委员会得到根本的巩固，汪精卫、蒋介石等反对特别委员会的政治势力依然存在。11月20日，南京召开全市国民党党员大会，会中因《拥护特别委员会》议案发生了激烈的争执，维时，中央党务学校学生在历数特别委员会有违法统的理由后，高喊"打倒特别委员会"的口号。

①　苏志荣等编《白崇禧回忆录》，解放军出版社，1987，第63页。
②　唐生智：《关于北伐前后几件事的回忆》，《湖南文史资料选辑》第3辑，第108页。
③　《谭延闿日记》（手稿本），1927年11月15日。
④　莫济杰、〔美〕陈福霖主编《新桂系史》第1卷，第201页。
⑤　《国民政府委员会第二次临时会议记录》（1927年11月2日），《国民政府委员会临时会议速记录》，《国民政府》，台北"国史馆"藏，典藏号：001-046100-0032。
⑥　《谭延闿日记》（手稿本），1927年11月9日。
⑦　《国民政府委员会第二次临时会议记录》（1927年11月2日），《国民政府委员会临时会议速记录》，《国民政府》，台北"国史馆"藏，典藏号：001-046100-0032。

次日，中央党务学校的学生又上街游行，并捣毁了南京市党部的牌匾。① 22 日，南京各界举行征讨唐生智的胜利大会，但是会场中却出现了很多反对特别委员会的标语。大会结束后，在中央党务学校学生的带领下出现了游行活动，游行队伍与军警发生了冲突，军警开枪并引发骚乱，致使游行的群众出现伤亡，造成了"一一·二二"惨案。② 惨案发生后，南京、上海各界一致声讨中央特别委员会，并将矛头直指西山会议派。因此事向谭延闿请愿者亦众多，24 日"沪宁党部来请愿者纷纷，以四代表入见，言南京开枪事，有义形于色者"③。蒋介石听闻"南京军队惨杀巡行民众，而以党务学校学生受死伤更多"时，亦"不胜愤激，要求政府委员负责查办"④。26 日，"马晓军、陶冶公、张静愚来，适各团体来请愿，偕出见之于礼堂，凡十六人。携血衣、白布，名捕谢（持）、覃（振）、邹（鲁）、居（正）为指使人，以高方、沈靖、居正、张贞为行动委员会人，而潘宜之为手书命令者，请求逮捕，组特别法庭"⑤。当时，中央党务学校的校长为蒋介石，总务主任是陈果夫，教务主任乃戴季陶，可以说整个中央党务学校为蒋介石及其支持者所控制。而党务学校的学生正是此次游行的重要参与者，故对于"一一·二二"惨案，谭延闿曾言，若是单纯的暴动，自是易办，但若为"党内之争，愈拿办纠纷愈多"⑥。可见，维时谭延闿已经认识到惨案发生背后的深层原因。

在蒋介石和汪精卫的反对下，中央特别委员会不断做出让步，并

---

① 郭绪印：《国民党派系斗争史》，上海人民出版社，1992，第 30 页。
② 张文：《南京"一一·二二惨案"亲历记》，《南京文史集萃》，江苏古籍出版社，1986，第 21—24 页。
③ 《谭延闿日记》（手稿本），1927 年 11 月 24 日。
④ 《蒋介石日记》（手稿版），1927 年 11 月 24 日。
⑤ 《谭延闿日记》（手稿本），1927 年 11 月 26 日。
⑥ 郭绪印：《国民党派系斗争史》，第 31 页。11 月 29 日，南京中央特别委员会举行了国民政府委员会第二十次会议，会中李烈钧先对 12 日发生的惨案进行了简单的说明，并自请处分；谭延闿作为会议主席表示，不必对李进行处分，并照准其所请对受伤或遇难者进行一定的抚恤。《国民政府委员会第二十次会议议事录》（1927 年 11 月 29 日），《国民政府委员会会议速记录（二）》，《国民政府》，台北"国史馆"藏，典藏号：001-046100-00012-001。

同意在上海举行二届四中全会的预备会议。1927 年 12 月 3 日，在上海法租界"开第四次中央全体会议之谈话会，执监委员到者三十三人，改为预备会"①，会上还对特别委员会的存废问题、南京"一一·二二"惨案问题进行了讨论。同月 28 日，中央特别委员会正式宣告结束，虽然其存在的时间较短，但在国民党各派系斗争的环境之下，其积极意义仍不能被忽视。

中央特别委员会统一了原来的武汉、南京及上海三个国民党党部分裂的局面，并重新改组了国民党中央党部与政府机关。其宣布取消中央政治会议及其地方分会，加强了南京政府对地方组织在形式上的管理。在改组南京中央政府时，特别委员会增设了内政、实业、农工三部及其他行政机构，使国民政府的行政框架逐步完善。在中央特别委员会成立后的第一次国民政府委员会议中，便通过了《国民政府组织法》《国民政府军事委员会组织法》，为合并改组各国民政府机构提供了法理上的依据。② 此外，在维护国民党统一方面，南京在军事上积极的西征，打败了借武力对抗南京国民政府的唐生智，避免了国民党及国民政府再次陷入分裂。由此可知，维时，中央特别委员会对宁、汉、沪三方，乃是力求做到全部合作以达统一，它在完成国民党形式上的统一以后，便开始追求政府亦同时统一，政治统一，军事更应统一。中央特别委员会的这些治理措施为后来的二次北伐奠定了基础。

在维护国民党内部统一的同时，中央特别委员会还积极准备北伐，借以响应冯玉祥与阎锡山对奉系的作战。1927 年 10 月 4 日，改组后的国民政府即宣布对奉系进行讨伐，为了配合阎锡山和冯玉祥的讨奉战争，自 10 月 7 日国民政府会议起，阎、冯二人的代表便列席参会，其中冯玉祥的代表为熊斌，阎锡山的代表为刘朴忱。

在谭延闿参会的国民政府委员会议中，谭多担任会议主席，其不在时则由蔡元培与李烈钧代为主席。在中央特别委员会掌控南京国民

① 《谭延闿日记》（手稿本），1927 年 12 月 3 日。
② 《国民政府委员会第一次会议》（1927 年 9 月 21 日），《国民政府委员会会议速记录（一）》，《国民政府》，台北"国史馆"藏，典藏号：001-046100-0011。

政府期间，冯玉祥的代表熊斌和阎锡山的代表刘朴忱出席会议的频率较高，这使南京国民政府在北伐中可以更好地与冯、阎进行磋商，在军事行动中相互配合。在实际的军事行动中，1927 年 11 月 16 日，何应钦率第一军攻克蚌埠，[①] 12 月 7 日北伐军向徐州发起总攻，并于同月 16 日占领徐州，之后又相继占领宿迁、赣榆等地。如此才保证了南京国民政府的北伐大业没有被破坏，并为后来的二次北伐奠定了基础。

表 4-2　冯玉祥和阎锡山代表列席国民政府委员会会议情况
（1927 年 10 月至 12 月）

会议时间	会议次数	代表列席	会议主席	参会委员
10 月 7 日	第七次	熊　斌 刘朴忱	谭延闿	李烈钧、蒋作宾、王宠惠、邹鲁、谢持、陈调元、王伯群、蔡元培、程潜、李宗仁、白崇禧、钮永建、宋渊源
10 月 21 日	第九次	熊　斌	谭延闿	李烈钧、蒋作宾、王宠惠、邹鲁、谢持、王伯群、蔡元培、孙科、居正、覃振、钮永建、柏文蔚、伍朝枢、宋渊源
10 月 25 日	第十次	熊　斌	谭延闿	李烈钧、孙科、蒋作宾、王宠惠、邹鲁、谢持、蔡元培、覃振、钮永建、宋渊源
10 月 28 日	第十一次	熊　斌	蔡元培	李烈钧、蒋作宾、王伯群、王宠惠、宋渊源、钮永建、覃振、孙科、谢持、邹鲁、何应钦
11 月 1 日	第十二次	熊　斌	谭延闿	何应钦、蒋作宾、邹鲁、王宠惠、蔡元培、孙科、王伯群、谢持、居正、覃振、钮永建、李烈钧、程潜、柏文蔚
11 月 4 日	第十三次	熊　斌 刘朴忱	谭延闿	孙科、谢持、居正、覃振、邹鲁、钮永建、李烈钧、伍朝枢、程潜、何应钦、宋渊源、蒋作宾、王宠惠、蔡元培
11 月 8 日	第十四次	熊　斌 刘朴忱	谭延闿	邹鲁、谢持、蒋作宾、王宠惠、孙科、伍朝枢、李烈钧、王伯群、蔡元培、宋渊源、覃振

① 《谭延闿日记》（手稿本），1927 年 11 月 16 日。

续表

会议时间	会议次数	代表列席	会议主席	参会委员
11月11日	第十五次	熊 斌 刘朴忱	谭延闿	蒋作宾、王伯群、蔡元培、宋渊源、孙科、覃振、王宠惠、伍朝枢、邹鲁、李烈钧、谢持
11月22日	第十八次	熊 斌	李烈钧	覃振、王伯群、孙科、谢持、宋渊源、伍朝枢、王宠惠、邹鲁
11月25日	第十九次	熊 斌	谭延闿	邹鲁、谢持、王伯群、钮永建、李烈钧、宋渊源
12月2日	第二十一次	熊 斌	李烈钧	王宠惠、孙科、王伯群、蒋作宾、伍朝枢、白崇禧
12月9日	第二十二次	熊 斌	李烈钧	蒋作宾、李烈钧、王伯群、王宠惠、钮永建
12月13日	第二十三次	刘朴忱	谭延闿	李烈钧、张之江、蒋作宾、蔡元培、王伯群、钮永建、孙科、王宠惠、伍朝枢、宋渊源
12月16日	第二十四次	熊 斌 刘朴忱	谭延闿	张之江、王宠惠、蒋作宾、王伯群、宋渊源、李烈钧、杨树庄、孙科、钮永建、蔡元培、伍朝枢、白崇禧
12年20日	第二十五次	熊 斌 刘朴忱	谭延闿	蒋作宾、王宠惠、伍朝枢、李烈钧、钮永建、宋渊源
12月22日	第二十六次	熊 斌 刘朴忱	谭延闿	李烈钧、蒋作宾、宋渊源、蔡元培、孙科、伍朝枢、王伯群、何应钦、钮永建
12月27日	第二十七次	刘朴忱	谭延闿	李烈钧、蒋作宾、伍朝枢、王宠惠、宋渊源、王伯群

资料来源：《国民政府委员会会议速记录（第一次至第十次）》，《国民政府委员会会议速记录（一）》，《国民政府》，台北"国史馆"藏，典藏号：001-046100-0011；《国民政府委员会会议速记录（第十一次至第二十次）》，《国民政府委员会会议速记录（二）》，《国民政府》，台北"国史馆"藏，典藏号：001-046100-00012-001；《国民政府委员会会议速记录（第二十一次至第三十次）》，《国民政府委员会会议速记录（三）》，《国民政府》，台北"国史馆"藏，典藏号：001-046100-00013-001。

第五章
从同僚到属僚：谭延闿与蒋介石关系演变

    谭延闿曾任湖南督军、湖南省长兼湘军总司令等职并被授上将军衔，后又"出将入相"，历任国民政府主席、行政院院长等职务。军人出身的蒋介石与谭延闿相比则为后起之秀。蒋在"中山舰事件"后，升任军事委员会主席、北伐军总司令等职，成为国民革命时期最耀眼的政治明星。从"中山舰事件"到中原大战，谭延闿与蒋介石两人的职务由"同僚"转变为"属僚"，两人的关系也经历了由疑忌到合作，再由合作至抗争，最终又由抗争到休戚相关的演变过程。其间，谭延闿对蒋介石走向权力中枢曾予以有力支持，也对蒋介石的独裁进行了抵制和抗争，但由于现实利益及共同政治理念的影响，两人最终又走向了合作。目前学界对谭延闿与蒋介石关系的研究已有较多论述。[①] 不过，由于资料限制，以往研究对谭延闿政治立场演化的心路历程，以及其与蒋介石关系复杂性的探讨尚显不足。本章主要利用未出版的《谭延闿日记》和《蒋介石日记》等第一手史料，以"中山舰事件"、整理党务案、宁汉分裂、中原大战等为切入点，力图对国民革命时期谭延闿与蒋介石之间关系的演变及其心路历程做一分析。

[①]   关于谭延闿与蒋介石关系的代表性论文有周小城、刘建强《论谭延闿与蒋介石的关系》，《湖南工程学院学报》2016 年第 1 期等。就谭延闿的政治立场而言，学者普遍认为谭延闿在广州国民政府时期属于"立场不坚定的国民党左派"，而在武汉国民政府时期则"经历了由附和革命到反对革命的转变"；就谭延闿与蒋介石的关系，有学者概括为合作、调停、顺从三个阶段。此外，还有些关于谭延闿的硕博论文，如贺永田《谭延闿三主湘政与清末民初政局》，湖南师范大学博士学位论文，2012 年；菅兵兵《论谭延闿督湘对长沙城市文化的影响》，湖南师范大学硕士学位论文，2015 年；等等。

第一节　走向合作：国民政府首次北伐前后的谭与蒋

孙中山逝世后，汪精卫在苏联顾问的支持下逐渐成为南方革命政权的首要人物。1925 年 7 月 1 日，广州国民政府成立，汪精卫任国民政府主席和军事委员会主席，谭延闿任国民政府委员和军事委员会委员，蒋介石为军事委员会委员兼党军司令官。① 同年 8 月 26 日，国民政府军事委员会决议编组国民革命军，共设五军，其中"党军改为第一军，统辖第一、二师，蒋中正为军长；建国湘军改编为国民革命军第二军，以谭延闿为军长"②。"廖案"后，谭延闿接替许崇智出任军事部长，成为广州国民政府内的军事实力派。

一　从"中山舰事件"到"整理党务案"

1926 年 1 月 22 日，汪精卫、蒋介石、谭延闿等 9 人当选为国民党第二届中央执行委员会常务委员。对此，苏联顾问在回忆录中说，"政府主席汪精卫、军事部长谭延闿和国民革命军的总监蒋介石——成了解决军队生活中一切实际问题的最高决策机关，而军事委员会只研究总方针"，在军事委员会"汪精卫负责一切政治问题，谭延闿负责军需，而蒋介石总揽了一切军事行动问题、组织问题以及军队的训练事务"③。此时，汪精卫、谭延闿与蒋介石各有分工，尚且相安无事。然而，"中山舰事件"彻底打破了这种格局。

1926 年 3 月 20 日，蒋介石下令广州戒严，逮捕李之龙，驱逐第一军党代表。并派人送信给谭延闿、朱培德等人，告以将采取行动，宣布戒严。谭延闿等人见信后深感震惊，因为蒋介石 3 月 19 日还与汪精

---

① 吕芳上主编《蒋中正先生年谱长编》第 1 册，第 371 页。
② 中国第二历史档案馆编《蒋介石年谱初稿》，第 410 页。
③ 〔苏〕亚·伊·切列潘诺夫：《中国国民革命军的北伐：一个驻华军事顾问的札记》，第 366 页。

卫、谭延闿等人会面，与谭相谈甚洽，并无任何征兆。① 谭延闿与朱培德随即将蒋信交给汪精卫。汪精卫见信后，极为愤怒，称："我是国府主席，又是军事委员会主席，介石这样举动，事前一点也不通知我，这不是造反吗？"② 经过讨论，决定由谭延闿和朱培德两人共同前往阻止蒋介石的鲁莽行动。临行之前，他们还派人通知第二军和第三军做好军事准备，"以备万一之变"③。

谭、朱见到蒋介石后，蒋向他们解释，其之所以要发动军事行动，是要限制共产党的活动。谭延闿质问蒋介石："总理逝世才一年，骨头还没有冷……国共合作是总理生前的主张，遗嘱也说要联俄、联共、扶助农工，你现在的行动，总理在天之灵能允许吗？"④ 然而，蒋介石不但没有接受谭延闿等人的劝告，反而对谭延闿颇为不满，他在日记中言："组安军长不以此举为然，书生态度，不知革命之举动也。"⑤由于未能说服蒋介石，谭延闿等人只得无功而返。谭延闿、朱培德、宋子文等人返回汪精卫家后，与陈公博、李济深、古应芬商讨对策，决定派陈璧君、谭延闿、朱培德三人再次与蒋介石会谈。对此，谭延闿在日记中说："璧君与朱及余再至造币厂与介石谈，湘芹亦在，辞多枝叶，卒无效果，仍返汪家。"之后，陈璧君、宋子文、谭延闿、李济深、邓演达等人列席而谈，仍无结果。当晚，谭延闿又到苏联军事顾问住处向季山嘉等人表示慰问与致歉。⑥

3月21日，谭延闿先后三次赴汪精卫处，与朱培德、邓演达、李济深等人寻求解决办法。下午，蒋介石去探视汪精卫，汪精卫对其极为不满。蒋介石在日记中说："访季新兄病。观其怒气勃然，感情冲动，不可一世甚矣。政治势力之恶劣，使人无道义之可言也。"⑦ 辞汪

① 《谭延闿日记》（手稿本），1926年3月19日。
② 陈公博：《苦笑录》，第37页。
③ 陈公博：《苦笑录》，第37页。
④ 谢华：《大革命的一点经历》，《谢华集》编辑委员会编《谢华集》，湖南人民出版社，1989，第302页。
⑤ 《蒋介石日记》（手稿本），1926年3月20日。
⑥ 《谭延闿日记》（手稿本），1926年3月20日。
⑦ 《蒋介石日记》（手稿本），1926年3月21日。

后，蒋介石遇见谭延闿，并再次向他解释其发动事变的缘由。谭延闿
对蒋介石的解释不完全相信，并认为蒋"仍逐客者说"①。然而，苏联
顾问和中共却对蒋介石采取了退让的政策。在事变当天，张太雷就对
谭延闿表示，此事应化小为无，中共决无抵抗之意。②苏联顾问团则
决定撤去季山嘉的军事顾问团团长职务，以满足蒋介石的要求。3 月
22 日，季山嘉拜访谭延闿，向他表示其将辞职。③同日下午，蒋介石
邀请谭延闿、朱培德、李济深等人谈话，详细解释了他发动"中山舰
事件"的原因经过，并最终获得谅解。对此，谭延闿在日记中说：
"介石电话来，吾遂起赴其约，谈甚久。于此事起源及经过言之甚详，
初疑介石不至于此，今乃释然。"④对于此次谈话，蒋介石在日记中却
说："下午与谭、朱、李各军长谈对俄顾问及共产党各问题，皆赞成余
意。事前皆反对我出此举动，而事后将余之言奉为金科玉律，人心之
变化，其如此之速也。"⑤可见，苏联顾问和中共的退让政策，影响了
谭延闿和朱培德等人的态度。对于这种转变，谭延闿在日记中称："横
眉怒目变为平心静气，前事已如梦矣。"⑥

　　谭延闿对蒋介石逐步消除疑虑的同时，对汪精卫的态度正悄然发
生变化。⑦3 月 21 日，谭延闿曾多次赴汪精卫处，分别与李济深、
朱培德、周恩来、伍朝枢、邓演达商讨应对之法。22 日，苏联顾
问团决定对蒋介石让步后，谭延闿虽然对蒋介石的疑虑有所转变，
但对汪精卫也未失去信心。然而，汪精卫的隐匿与出走却引起了谭延
闿的不满。23 日，汪精卫突然留书隐匿，不知去向。对此，谭延闿在
日记中言：

　　　　得精卫书，知已移居，今则正式请假矣。何香凝殊忧悬，与

①　《谭延闿日记》（手稿本），1926 年 3 月 21 日。
②　《谭延闿日记》（手稿本），1926 年 3 月 20 日。
③　《谭延闿日记》（手稿本），1926 年 3 月 22 日。
④　《谭延闿日记》（手稿本），1926 年 3 月 22 日。
⑤　《蒋介石日记》（手稿本），1926 年 3 月 22 日。
⑥　《谭延闿日记》（手稿本），1926 年 3 月 25 日。
⑦　中共中央文献编辑委员会：《关于一九二四至二六年党对国民党的关系》，《周恩来选集（上）》，人民出版社，1980，第 120 页。

谈久之。缪斌亦周旋，乃以正言告之。出，访益之，示以汪书……九时赴东山沙勒伟也夫（索洛维也夫——引者注）之约，谈顷之，渠亦以汪先生不宜避去为言也。①

在此重要关头，汪精卫负气隐匿，不仅不利于事件的解决，也令国民党群龙无首，内部陷入混乱不安。因此，谭延闿等人一致认为问题的解决"专在精卫之出否"②。3月26日上午，谭延闿、张静江等人向陈璧君打听汪精卫的确切去处，"（陈）则坚不说。询以理由，则曰君自知之……有顷，张静江来，异而登楼，垂涕而道，然璧君则曰迟矣，不可追矣。吾遂出，过宋子文，相与叹息"③。可见，谭延闿、张静江等人都不愿意汪精卫隐匿出走。

汪精卫出走后，蒋介石也不得不致函中央，"自请处分"，宣告"休养"，以"促精卫出来任事"④。3月26日下午，谭延闿、张静江、宋子文等人见信后，决定兵分两路，以阻止汪精卫和蒋介石引退出走。谭延闿偕朱培德等再去陈璧君处，而令宋子文、邓演达去黄埔以阻止蒋介石离去。谭"与璧君久谈，渠舌如波澜，语挟锋刀，殊不易挡。无结果而出"⑤。当晚，谭延闿等人得知蒋介石离去所乘为中山舰时，心中略安，因为"中山非可远航，近海亦无驻处"，所以判断蒋介石不会走远。此后，众人再次推举谭延闿去说服陈璧君。谭延闿为了找到负气出走的汪精卫，一日三次至陈璧君处，最后一次在深夜将熟睡的陈璧君"呼之起，与谈久之"⑥，然而，终是无功而返。至此，谭延闿"知精卫决不归矣"⑦。可见，汪精卫的隐匿以及陈璧君的态度令谭延闿极为不满。

汪精卫坚决隐匿出走，也令国民党内部不少人失望。据陈公博记

①　《谭延闿日记》（手稿本），1926年3月23日。
②　《谭延闿日记》（手稿本），1926年3月25日。
③　《谭延闿日记》（手稿本），1926年3月26日。
④　《谭延闿日记》（手稿本），1926年3月26日。
⑤　《谭延闿日记》（手稿本），1926年3月26日。
⑥　《谭延闿日记》（手稿本），1926年3月26日。
⑦　《谭延闿日记》（手稿本），1926年3月26日。

载，"汪先生是走了，但走往那里是没有人知道的，各人皆似失了一个重心，同时各人也感觉微微的失望"①。3 月 31 日，蒋介石在日记中说："季新兄行踪仍无下落，此种不负责任之所为，非当大事者之行也。无怪总理平生笑其为书生，为调和派也。"② 谭延闿等人对汪精卫失望的同时，转而开始对蒋介石抱有希望。4 月 1 日，当蒋介石乘中山舰返回黄埔后，谭延闿、朱培德、李济深、宋子文等人即前往慰问。③ 为了向谭延闿等人表明心志，蒋介石特意将孙中山先生的手札交给谭，请其为手札写跋。4 月 6 日，谭延闿在日记中言："为蒋介石跋孙先生手札，卷凡二十三通，有论胡展堂、汪精卫书皆精到之，两人皆非俄式革命家。其期许介石则甚。"④ 至此，谭延闿也认同汪精卫"非俄式革命家"。

　　其实，"中山舰事件"后，蒋介石在党、政方面均处于劣势，军事方面也不占优势。然而，由于苏联考察团和苏联顾问对蒋介石妥协退让，甚至试图利用蒋介石来对付国民党右派，因此使蒋在广州国民政府的地位迅速上升，并继承了汪精卫出走后遗留下的权力真空。而对汪精卫颇为失望的谭延闿也转向支持蒋介石。4 月 15 日，谭延闿、张静江、朱培德赴黄埔军校与蒋介石商谈政府改组问题，同意推荐蒋介石为军事委员会主席，谭延闿为国民党中央政治委员会主席。⑤ 4 月16 日，国民党中央政治委员会和军事委员会召开联席会议，会议一致决议谭延闿为政治委员会主席，蒋介石为军事委员会主席。至此，蒋介石接替汪精卫成为广州国民政府最高军事领导人，而代理国民政府主席谭延闿则接任了汪精卫的政治会议主席之职，因而谭、蒋成了汪精卫出走之后的最大受益者。

　　蒋介石掌握军权之后，又借口共产党与国民党右派矛盾激化，提出整理党务案，以限制共产党的发展。4 月 29 日，从苏联回国的胡汉

---

① 　陈公博：《苦笑录》，第 43 页。
② 　《蒋介石日记》（手稿本），1926 年 3 月 31 日。
③ 　《谭延闿日记》（手稿本），1926 年 4 月 1 日。
④ 　《谭延闿日记》（手稿本），1926 年 4 月 6 日。
⑤ 　《谭延闿日记》（手稿本），1926 年 4 月 15 日。

民与古应芬、孙科、伍朝枢等联络，反对苏联顾问及共产党。① 几乎同时，蒋介石也认为"共产派与右派之双方工人仇视，似有自相冲突之势"②。5 月 12 日，蒋介石首次向鲍罗廷等人提出"党务整理办法"③。5 月 14 日，在鲍罗廷家召开中央政治会议，蒋介石正式提出整顿党务案及联席会议办法。对此，谭延闿认为"介石欲解除自身困难而有此需要，老鲍亦见及此而推诚主张，然谅者必不多矣"④。然而，谭延闿本人却支持了蒋介石。5 月 15 日，国民党第二届中央执行委员会第二次全体会议在广州召开，蒋介石、谭延闿、孙科、宋子文、朱培德等人联名提出整理党务案、联席会议案和国共协定案。⑤ 5 月 17 日，蒋介石就"中山舰事件"向大会提出"自请处分"案，经讨论，处分案不能成立。谭延闿认为"蒋介石自请处分，语绝沉痛，吾亦引申之，愿听处分。一误于于树德之请宣布实情，再误于孙科之提出信任案，于是请罪变为褒功"⑥。对此，蒋介石也颇为自得，并言"中央全体会议通过整理党事案后，余即自请处分三月二十日案，全场决议以此案既不能完全发表，认余自认罪案不能成立，且通过以后，本党完全信托余为革命重心，完成总理未竟之志也"⑦。6 月 3 日，蒋介石、谭延闿、张静江、李济深等人召开军事委员会，讨论北伐军总司令人选。蒋介石率先提名谭延闿为总司令，谭延闿则提议蒋介石为总司令，并获得会议通过。⑧ 蒋介石在日记中记载，"下午会客，与张、谭二公谈总司令事，余惶愧力辞，推组安担任，而彼不允。各军长又推余不休，否则视为不负责任，进退两难矣"⑨。至此，广州国民政府的党政军形成了以蒋介石为核心，由张静江、谭延闿、蒋介石三人

① 吕芳上主编《蒋中正先生年谱长编》第 1 册，第 456 页。
② 《蒋介石日记》（手稿本），1926 年 5 月 1 日。
③ 《蒋介石日记》（手稿本），1926 年 5 月 12 日。
④ 《谭延闿日记》（手稿本），1926 年 5 月 14 日。
⑤ 荣孟源主编《中国国民党历次代表大会及中央全会资料》上册，第 242 页。
⑥ 《谭延闿日记》（手稿本），1926 年 5 月 17 日。
⑦ 《蒋介石日记》（手稿本），1926 年 5 月 17 日。
⑧ 《谭延闿日记》（手稿本），1926 年 6 月 3 日。
⑨ 《蒋介石日记》（手稿本），1926 年 6 月 3 日。

分工合作的局面。这种局面的形成，为北伐的顺利进行奠定了领导基础。

　　性格各异的谭延闿、蒋介石、汪精卫均追随孙中山多年，且都在广州革命政权内担任重要职务。孙中山去世后，鉴于汪在党内外的地位及其职务，谭延闿与汪的关系要远比与蒋密切。蒋介石发动"中山舰事件"之初，谭便立即找汪商量解决办法。此时，谭延闿对蒋介石颇为疑忌，但随着苏联顾问的妥协让步以及汪精卫的出走，谭延闿逐步消除了对蒋介石的疑忌并对汪的处事方式深感不满。由此，谭延闿逐渐转为支持蒋介石政治主张。从而在党政军方面形成了谭延闿、蒋介石、张静江三人合作的机制，共同协力筹划北伐。

二　从誓师北伐到迁都之争

　　"中山舰事件"后，蒋介石于 1926 年 4 月 3 日正式向国民党中央提出"整军、肃党，准期北伐"的建议，并决定国民政府三个月内实行北伐。① 7 月 9 日，蒋介石就任北伐军总司令，国民革命军正式誓师北伐，"吴敬恒先生代表党部，谭延闿先生代表政府致训词，授印旗"②。当晚，谭延闿又在蒋介石宴会上发表讲话，号召大家全力支持北伐。③ 7 月 25 日，广州国民政府在中央党部举行宴会，为蒋介石出师北伐饯行，谭延闿对蒋介石颇为赞誉，他认为蒋介石"诚恳、直亮，有担当大事气概，可以成功矣"④。

　　谭延闿除在心理上对蒋介石和北伐抱有信心外，他还在实际行动中积极协助蒋介石筹集北伐军费。关于北伐军费问题，蒋介石早在 4 月 3 日就提出"军费：全部动员至少 8 万人，假定每员补充费 30 元，则于此一个月内，必须筹足 250 万元，交军需部为准备与补充之费。出发时，应备足两个月军费；战时，每员以 30 元计算，如准备两

①　中国第二历史档案馆编《蒋介石年谱初稿》，第 555 页。
②　《蒋介石日记》（手稿本），1926 年 7 月 9 日。
③　周秋光主编《谭延闿集》第 1 册，第 110 页。
④　《谭延闿日记》（手稿本），1926 年 7 月 25 日。

个月，则须筹足 500 万元"①。然而，广州国民政府的财政收入根本不能满足这一要求。4 月 10 日，谭延闿等人召开国民政府预算委员会议，对军费进行核算。他指出"财部欲一切费皆在四百万中，而军事所需乃非五百万不能了，水涨船高，未如何矣"，最后"仍以再核了事"②。次日，谭延闿亲自找宋子文商量军费预算问题，"然子文殊不馁"③。4 月 16 日，国民党中央政治委员会和军事委员会联席会议指定宋子文负责筹办军饷。④ 之后，蒋介石因为北伐军费与财政部长宋子文之间矛盾重重。谭延闿则竭力调解蒋宋矛盾，以实际行动支持蒋介石北伐。

4 月 20 日，谭延闿与宋子文、伍朝枢等人再次召开预算委员会议，讨论如何筹集北伐军费，然而，"收支悬殊，亦实无可议，反复讨论，无结果而散"⑤。5 月 10 日，李宗仁同意派第七军出师援湘，但要求先拨给广西军费。⑥ 因此，北伐军费每月预算增加到 300 万元。为此，谭延闿再次"出访宋子文，商出征费月三百万"，仍"尚无结果"⑦。宋子文迟迟不能筹足北伐军费，令蒋介石至为不满。7 月 14 日，他在日记中说："受经济束缚，苦痛忧患无已。"⑧ 不久，蒋又为战费事觉得"子文吝刻，使人难堪"⑨。为了化解蒋介石与宋子文之间的分歧，谭延闿多次向宋疏通。8 月 12 日，他"出访子文，以蒋电示之，告以前方待款不可不速"⑩，14 日，谭又言："子文敢任事而尚气，进以忠恕之言，颇有感动。"⑪

随着北伐战事的扩大，所需军费日增，蒋介石不得不多次致电张

---

① 中国第二历史档案馆编《蒋介石年谱初稿》，第 558 页。
② 《谭延闿日记》（手稿本），1926 年 4 月 10 日。
③ 《谭延闿日记》（手稿本），1926 年 4 月 11 日。
④ 《蒋介石日记》（手稿本），1926 年 4 月 16 日。
⑤ 《谭延闿日记》（手稿本），1926 年 4 月 20 日。
⑥ 《蒋介石日记》（手稿本），1926 年 5 月 29 日。
⑦ 《谭延闿日记》（手稿本），1926 年 6 月 5 日。
⑧ 《蒋介石日记》（手稿本），1926 年 7 月 14 日。
⑨ 《蒋介石日记》（手稿本），1926 年 7 月 26 日。
⑩ 《谭延闿日记》（手稿本），1926 年 8 月 12 日。
⑪ 《谭延闿日记》（手稿本），1926 年 8 月 14 日。

静江、谭延闿二人，请求广州国民政府筹集。① 9 月 20 日，他致电张、谭二人言："此间财政困难已极，公债及大洋票，请速全数寄来。"② 次日，他进一步向张、谭二人解释军费紧张的情况，"北伐军费原定四个月为度，现在战事范围扩大，作战时期，不得不因而延长……前经额定之北伐费，在战事未结束前，仍拟由政府赓续依照规定额筹集，庶于战事前途不致受影响。除电宋部长外，用电台端，即请主持为祷"③。然而，对宋子文而言，要定期筹集如此庞大的军费实属不易，而蒋介石的拨款要求亦实在无法满足。9 月 30 日，蒋介石再次致电张静江和谭延闿："今日总部只存万元，而前方催发伙食如星火，窘迫至此，无以为计，中正惟有引咎自裁，以谢将士而已。"④ 面对蒋介石的要款电报，谭延闿都从大局出发，努力调解蒋宋矛盾，尽力帮助蒋介石筹集。

北伐军攻克汉口后，蒋介石对武汉的革命形势颇为担忧，尤其是对军事实力大增的唐生智颇有疑忌。9 月 8 日，蒋介石在日记中说："上午接孟潇总指挥函，其意不愿余在武昌甚明也"，"耻辱已极，如不发奋图雪，诚非人矣"⑤。为此，要求国民党中央党部和国民政府迁往武汉。蒋于 9 月 9 日致电张静江、谭延闿二人，要求广州国民政府常务委员来武汉主持政治，"武昌克后，中即须入赣督战，武汉为政治中心，务请政府常务委员，先来主持一切，应付大局。否则迁延日久，政治恐受影响，请勿失机。最好谭主席先来也"⑥。这是蒋介石首次向中央提出迁都武汉的要求。然而，对于蒋介石的迁都要求，国民党内部意见不一，其中代理国民政府主席谭延闿认为迁都武汉并非急务，对蒋介石的迁都要求不以为然。9 月 18 日，蒋介石再次致电张、谭二人言："中明日由长沙入赣督战……入赣期间，派孟潇代理之。惟中离

① 中国第二历史档案馆编《蒋介石年谱初稿》，第 688 页。
② 中国第二历史档案馆编《蒋介石年谱初稿》，第 694 页。
③ 中国第二历史档案馆编《蒋介石年谱初稿》，第 697 页。
④ 中国第二历史档案馆编《蒋介石年谱初稿》，第 709 页。
⑤ 《蒋介石日记》（手稿本），1926 年 9 月 8 日。
⑥ 中国第二历史档案馆编《蒋介石年谱初稿》，第 667 页。

鄂以后，武汉政治恐不易办，非由政府委员及中央委员先来数人，其权恐不能操之于中央，必中央来人另组政治委员会，以代临时政治会议为妥。"① 从中不难看出，蒋介石之所以急于要求迁都武汉，主要是担心革命领导权落入唐生智之手。

然而，面对蒋介石的催促，谭延闿认为"殊不以为急务也"②。10月15日，国民党召开联席会议，对蒋介石提出的迁都问题进行讨论。会中谭延闿认为现在的主要工作是巩固各省基础，此工作应先由广东省实施最为适宜。目前无急迁之必要，与其忙于迁移，不如先把各省的基础巩固起来。因而会议决议"国民政府仍暂设于广州"。③ 对于中央的决议，蒋介石颇为焦急。10月22日，他再次致电张、谭二人，主张国民政府或中央党部移鄂。蒋说："武昌既克，局势大变，本党应速谋发展。中意中央党部与政府机关仍留广州，而执行委员会移至武昌为便。否则政府留粤，而中央党部移鄂，亦可使党务发展也。"他还进一步强调："政治人才太缺乏，更不宜分散各处，广东偏于一隅，且地方界限甚深，如党部移鄂，其进行必较粤为利，如欲发展，非速移不可。至于国民政府仍设广州亦可也。"④

中共中央和鲍罗廷最初反对迁都武汉，但随着武汉革命形势的发展，至10月底开始转变态度，变为支持国民政府迁都武汉。11月1日，鲍罗廷首次向谭延闿表示，他赞同国民政府迁都武汉。鲍罗廷态度的转变令谭延闿颇为奇怪。对此，他在日记中说："孙哲生来议政府、党部移鄂事，鲍忽作壮语，可异也。"⑤ 11月9日，谭延闿、张静江、鲍罗廷等人在鲍罗廷家中开会，决议先派鲍罗廷、徐谦、宋子文、孙科、陈友仁、宋庆龄等人启程北上，经江西赴武汉，筹备迁都事宜。⑥

得知中央派人北上筹备迁都事宜后，蒋介石极为兴奋。他于11月

① 中国第二历史档案馆编《蒋介石年谱初稿》，第692页。
② 《谭延闿日记》（手稿本），1926年9月17日。
③ 《中央各省区联席会议之经过》，荣孟源主编《中国国民党历次代表大会及中央全会资料》上册，第277页。
④ 中国第二历史档案馆编《蒋介石年谱初稿》，第754页。
⑤ 《谭延闿日记》（手稿本），1926年11月1日。
⑥ 《谭延闿日记》（手稿本），1926年11月9日。

19 日致电张、谭二人，"闻徐、宋、孙、鲍诸同志来赣，甚喜"①。11月 21 日，谭延闿在日记中说："静江送介石电，促政府迁移，吾亦无所可否也。"② 可见，他虽然未公开反对迁都武汉，但他内心对蒋介石急于迁都之要求不以为然。

决定迁都后，国民党中央党部和国民政府决定分批北上，并自 12月 6 日停止在广州办公。为了处理过渡期间的各项事务，孙科、宋庆龄、陈友仁等中央执行委员及国民政府委员先期到达武汉，并于 12 月13 日在武昌召开谈话会，决议组织临时联席会议，在中央执行委员会政治会议未在鄂开会以前，执行最高职权。③ 同时，联席会议为了恢复党权，积极推动"迎汪复职"活动。蒋介石对武汉局势的发展感到极度不安与不满，并决心改变这一局面。张静江、谭延闿、顾孟余、何香凝等人于 12 月 6 日自广州出发，于 12 月 31 日抵达南昌。谭延闿等人原计划在南昌稍做停留后即赴武汉。然而，一向主张迁都武汉的蒋介石却要求中央党部和国民政府留在南昌。由此，引发了南昌与武汉之间的一场迁都之争。

张静江、谭延闿等人抵达南昌后，蒋介石亲自到赣江迎接。当晚蒋介石与张静江、谭延闿、顾孟余商谈党务，提出中央党部和国民政府暂留南昌的建议。蒋介石的提议令谭延闿颇为吃惊，但他并未立即表态。④ 1927 年 1 月 3 日，蒋介石、张静江、谭延闿、宋子文、陈公博、顾孟余等人在总司令部南昌行营召开国民党中央政治会议第六次临时会议，专门讨论中央党部和国民政府的迁留问题。蒋介石提出政治应与军事配合，中央党部、国民政府应与总司令部同留南昌。张静江、顾孟余率先表示赞同。宋子文、陈公博则强烈反对，认为政府应该迁往武汉。出于对蒋介石的迁就，谭延闿说："论道理是应该迁武汉，论局势是应该留南昌，我倒主张中央暂时留赣。"⑤ 最后勉强决议

①　吕芳上主编《蒋中正先生年谱长编》第 1 册，第 578 页。
②　《谭延闿日记》（手稿本），1926 年 11 月 21 日。
③　吕芳上主编《蒋中正先生年谱长编》第 1 册，第 598 页。
④　《谭延闿日记》（手稿本），1926 年 12 月 31 日。
⑤　陈公博：《苦笑录》，第 65 页。

中央党部和国民政府暂驻南昌，对此，谭在日记中记载："议党部政府设南昌事，子文抗事，公博巽语，静江、孟余持之甚坚，吾依违而已，余皆不发言，遂决暂缓迁移。"①

　　蒋介石、张静江利用中央政治会议阻止迁都遭到了武汉方面的强烈反对。徐谦、孙科等人致电南昌，要求迁都武汉。1927 年 1 月 4 日，主张迁都武汉的陈公博拜访谭延闿，试图说服他赞同迁都，因为国民政府代理主席谭延闿的态度至为重要。对此，谭延闿向陈公博解释说："我的困难，难道你不知道吗？""照理论说，国民政府当然要搬武汉"，"我若坚持主张国民政府搬武汉，介石不难要怀疑到我要和他分庭抗礼，对立起来"②。为了防止国民党内部的分裂，谭延闿先后与顾孟余、何香凝等人商谈，希望蒋介石亲赴武汉解释中央党部和国民政府暂留南昌的原因。③

　　1927 年 1 月 12 日，蒋介石偕彭泽民、顾孟余、何香凝等人抵达武汉，与鲍罗廷、徐谦等人会晤，要求在鄂中央委员和国民政府委员迁往南昌。然而，蒋的要求遭到鲍罗廷等人的严词拒绝，并在联席会议上通过决议，要求中央党部和国民政府立即迁鄂。至此，蒋介石与鲍罗廷关系破裂，并促使蒋介石决心驱鲍。他说："鲍罗廷等最近之行动，徒使国人丧失人格，倍增压迫，与其主义完全相反，国人有知，应驱而逐之。"④ 然而，蒋介石驱逐鲍罗廷的主张，遭到大部分人的反对。1 月 27 日，蒋在日记中说："孟余、香凝、择生与季陶来谈，余必欲去鲍罗廷顾问，使政府与党部能运用自由也，彼等恐牵动大局，不敢决断。"⑤ 1 月 29 日，蒋介石再次与戴季陶、张静江、谭延闿会商驱鲍之事。对此，蒋在日记中说："上午季陶、静江、组安三同志来谈，季怯而静硬、组默，皆有病也。"⑥ 由于戴季陶、谭延闿等人的反

　　① 《谭延闿日记》（手稿本），1927 年 1 月 3 日。
　　② 陈公博：《苦笑录》，第 70 页。
　　③ 《谭延闿日记》（手稿本），1927 年 1 月 8 日。
　　④ 《蒋介石日记》（手稿本），1927 年 1 月 19 日。
　　⑤ 《蒋介石日记》（手稿本），1927 年 1 月 27 日。
　　⑥ 《蒋介石日记》（手稿本），1927 年 1 月 29 日。

对，蒋介石不得不决定暂缓驱鲍。①

　　谭延闿在反对蒋介石驱逐鲍罗廷的同时，也开始劝说蒋介石同意国民政府迁鄂。2 月 6 日，谭延闿、宋子文与蒋介石讨论迁都问题。② 2 月 8 日，谭延闿再次向蒋介石、张静江进言，希望政府迁鄂。当日召开中央政治会议，决议中央党部和国民政府迁鄂。对此，谭延闿在日记中说："吾赴总部，入介石私室，静江在焉，同商移鄂事"，"开政治会议，公博、鼎臣、友于皆至，重要议案则决迁鄂"③。然而，决议通过后，蒋介石却迟迟不同意谭延闿等人北上。为此，谭延闿又不得不多次与蒋讨论赴汉之事。④ 2 月 28 日，谭延闿会同朱培德、陈公博、何香凝等人共劝蒋介石迁都武汉，并"与介石作深刻之谈话，始决赴鄂"⑤。3 月 3 日，谭延闿与蒋介石对赴鄂时间进行讨论，决于 3 月 6 日启程赴鄂。⑥ 至此，迁都之争才得以结束。在这场争论中，谭延闿的态度非常微妙，他内心不赞成蒋介石的主张，但最初却顺从了蒋介石的要求。之后，又与其他委员迫使蒋介石同意迁都武汉。

　　总体而言，从北伐至迁都武汉，谭延闿与蒋介石都进行了密切的配合。在北伐期间谭延闿不仅在舆论上支持蒋介石，在实际问题中亦积极协调蒋、宋矛盾，助蒋筹集军费。但同时应该认识到谭延闿与蒋介石在处理政务上的不同。在迁都等问题上，谭延闿虽然在政策上选择了暂时支持蒋介石，内心却对蒋坚持迁都南昌持有异议，因此极力说服蒋介石同意迁都武汉。由此可见，随着北伐的节节胜利，蒋介石渐趋独揽大权，国民党内的分歧与矛盾也日益加深。在党政军都有相当影响力的谭延闿也成为各方争取和拉拢的对象。其间，谭延闿与蒋介石既有合作也有分歧，且谭的态度对国民政府迁往武汉起了至关重要的作用。

---

①　《蒋介石日记》（手稿本），1927 年 1 月 31 日。
②　《蒋介石日记》（手稿本），1927 年 2 月 6 日。
③　《谭延闿日记》（手稿本），1927 年 2 月 8 日。
④　《谭延闿日记》（手稿本），1927 年 2 月 18 日、20 日、27 日。
⑤　《谭延闿日记》（手稿本），1927 年 2 月 28 日。
⑥　《谭延闿日记》（手稿本），1927 年 3 月 3 日。

三　从宁汉分裂到蒋的复出

1927 年 3 月 4 日，蒋介石在总司令部举行宴会为谭延闿等人饯行。张静江对谭延闿赴鄂甚为不满。据谭记载，"静江颇有牢骚，语含讽刺，一笑置之"①。3 月 6 日，谭延闿偕同李烈钧、何香凝、陈公博、陈果夫等四百余人由南昌赴武汉。蒋介石前来送行，谭延闿"告以决行，且约其继发，握手而出"②。然而，令谭延闿始料未及的是，蒋介石之后并未应约赴汉。随着汪精卫回国复职，以及蒋介石发动"四一二"政变，国民党陷入宁汉分裂之境，谭延闿与蒋介石也走向了对抗，并再次选择与汪精卫合作。

3 月 7 日，谭延闿等人抵达武汉，并于当日下午召开国民党中央执行委员会第三次会议。在会上，谭延闿出于大局考虑，向会议提出国民党二届三中全会正式会议推迟到 3 月 12 日召开，以便等蒋介石、朱培德来汉参加会议，但遭到徐谦等人的反对。③ 对此，谭延闿在日记中说："中央执监委员到者数 10 人，开一谈话会，对于 12 日开会争执甚苦，余起陈辩 6、7 次，有舌战群儒之风。协和愤而退席，公博一发言而止，遂休息。讨论疏通甚久，更开会，以 7 对 6 之投票决定今日仍谈话会，10 日开正式会，无可挽矣。"④ 3 月 10 日，国民党二届三中全会正式开幕，会议在恢复和提高党权、防止个人独裁和军事专政思想的指导下，将党的领导体制由主席制改为委员制，对党政领导机构进行了改选。蒋介石虽然还担任中央执行委员会常务委员、军事委员会主席团委员等职，但权力已大为削弱，谭延闿则基本保持了其原有的地位，而汪精卫的地位则迅速上升，再次成为国民政府的核心人物。

对此，蒋介石极为不满。他在日记中说："中央会议各种议案及被选之人大半非本党信徒，全为 CP 所操纵，党已非党矣，而妨碍军事，

---

① 《谭延闿日记》（手稿本），1927 年 3 月 5 日。
② 《谭延闿日记》（手稿本），1927 年 3 月 6 日。
③ 周秋光主编《谭延闿集》第 1 册，第 135 页。
④ 《谭延闿日记》（手稿本），1927 年 3 月 7 日。

削夺兵权，无所不用其及（极），必欲使本党有历史之党员一人不留，必欲使国民革命破坏无余，其用心之险，如此也。"① 3 月 26 日，蒋介石抵达上海，与吴稚晖、李石曾、蔡元培、张静江等人商讨党务。② 27 日下午，蒋介石等人决议召开中央监察委员会"弹劾共产党及跨党分子谋危本党"③。4 月 2 日，吴稚晖、蔡元培、张静江、李石曾等人召开国民党中央监察委员会第二届第三次全体会议，决议"清党"。蒋介石在日记中言："讨论共产党事，为本党计，非与之分裂不可也。晚开中央监察委员会，弹劾武汉党部与政府。"④

对蒋介石在上海的一系列举动，谭延闿极为关注。4 月 2 日，谭延闿致电蒋介石，劝其离沪赴宁，以免受人之惑。⑤ 4 月 9 日，蒋介石致电谭延闿等人，声称："本日中正已进驻南京，东南虽已底定，北伐尚未成功，各项进行事宜，亟待解决，务请诸同志于本月 14 日前驾莅南京，筹商一切。"⑥ 然而，4 月 10 日汪精卫抵达武汉后，谭延闿等人对于蒋介石的要求不予理会。次日，武汉方面召开中央政治委员会，"陈友仁报告南京交涉，孙哲生报告南京非法会议，皆所谓长庚传报魔头狠者也"⑦。可见当时武汉方面对蒋介石在南京的活动痛恨之深。4 月 15 日，武汉国民党中央常务委员会召开第七次会议，商讨如何处置蒋介石。一种主张免去职务，明令讨伐；另一种是只惩办个人，不必讨伐。最后决议对蒋介石开除党籍，免去本兼各职。对此，谭延闿记载"至中央党部开会，讨蒋问题大喧腾，吾无以名之，决议免职查办而散"⑧。然而，此时的蒋介石已决定在南京另立中央。4 月 16 日，蒋介石"议决成立政府与中央党部，定 18 日开始办公"⑨。会后，蒋介

---

① 《蒋介石日记》（手稿本），1927 年 3 月 14 日。
② 《蒋介石日记》（手稿本），1927 年 3 月 26 日。
③ 《蒋介石日记》（手稿本），1927 年 3 月 27 日。
④ 《蒋介石日记》（手稿本），1927 年 4 月 2 日。
⑤ 《谭延闿日记》（手稿本），1927 年 4 月 2 日。
⑥ 王正华编注《蒋中正总统档案·事略稿本》第 1 册，台北"国史馆"，2003，第 181 页。
⑦ 《谭延闿日记》（手稿本），1927 年 4 月 11 日。
⑧ 《谭延闿日记》（手稿本），1927 年 4 月 15 日。
⑨ 《蒋介石日记》（手稿本），1927 年 4 月 16 日。

石还致电谭延闿，"请与汪兆铭、程潜等人速来，否则益滋误会也"①。谭延闿对蒋介石的"清党"和另立中央至为不满。17 日谭延闿知"广州已捕党人，事已决裂也"②。军事方面谭"得岳胡子电，已至和州，将向安庆迎我军。又得护芳电，省军侵韶"，对此，谭不禁感叹道，"相煎何急也"③。21 日，汪精卫、谭延闿等 40 余人联名通电，指责蒋介石由反抗中央进而自立中央，号召所有同志，"去此总理之叛徒，中央之败类，民众之蟊贼"④。至此，双方已经完全走向对抗。

武汉国民政府虽然在政治上讨蒋，但仍不愿意以军事伐蒋，而是决议继续北伐，与冯玉祥和阎锡山会合。4 月 18 日，谭延闿在日记中言："商北伐事。反复研究，仍大举入豫。"⑤ 4 月 27 日，南京国民政府也电令蒋介石"于最短期内肃清叛徒，完成北伐"⑥，"以第一路全部对江北，以敬之统之；第二路由余自领，镇守江宁和采石一带；第三路对武汉，以李德邻统之"⑦。为了阻止武汉国民政府的北伐，蒋介石极力拉拢冯玉祥和阎锡山。对此，谭延闿言，"蒋介石乃电焕章，令不出兵，以期孟潇之败，可谓无心肝者矣"⑧。

除成功拉拢冯玉祥和阎锡山外，蒋介石还试图拉拢朱培德，并策动杨森进攻武汉。⑨ 5 月 8 日，杨森率川军突袭宜昌，与守军夏斗寅达成反共协议，共同进攻武汉。对此，蒋介石在日记中言，"得报夏斗寅师 18 日已到武长路之纸坊站，预定本日可达武昌，守城兵不愿应战，杨森部沿北岸，李部沿南岸，向武汉进攻，此举或使武汉共产党员消灭较快也"⑩。5 月 16 日，武汉国民政府得知夏斗寅叛乱后，决定武力讨伐。5 月 19 日，叶挺率革命军在纸坊击溃夏斗寅部，谭延闿闻讯不

① 王正华编注《蒋中正总统档案·事略稿本》第 1 册，第 216 页。
② 《谭延闿日记》（手稿本），1927 年 4 月 17 日。
③ 《谭延闿日记》（手稿本），1927 年 4 月 17 日。
④ 《中央委员联名讨蒋》，《汉口民国日报》1927 年 4 月 22 日，第 1 张。
⑤ 《谭延闿日记》（手稿本），1927 年 4 月 18 日。
⑥ 吕芳上主编《蒋中正先生年谱长编》第 2 册，台北"国史馆"，2014，第 65 页。
⑦ 《蒋介石日记》（手稿本），1927 年 4 月 27 日。
⑧ 《谭延闿日记》（手稿本），1927 年 6 月 9 日。
⑨ 《蒋介石日记》（手稿本），1927 年 5 月 15 日。
⑩ 《蒋介石日记》（手稿本），1927 年 5 月 20 日。

禁心情大悦，并言"闻叶挺已击破夏斗寅于土地塘，追击数十里。连日沉闷，今为开颜"①。平定夏斗寅后，武汉国民政府以程潜为总指挥，以第二军为主力，第六、第八军各一部组成西征军，正式讨伐杨森。6月9日，西征军击溃杨森的川军，6月24日收复宜昌。② 在平定夏斗寅和讨伐杨森的过程中，谭延闿的态度非常坚决，其第二军也起到了重要作用。③

　　宁汉分裂不仅使谭延闿与蒋介石在政治上走向了对立，而且在军事上也一度紧张。面对蒋介石在南京的拉拢，谭延闿一直不愿接受，并拒绝充当宁汉之间的调停人。④ 7月7日，谭延闿还在日记中嘲笑蒋介石模仿孙中山是东施效颦。⑤ 然而，随着汪精卫的"分共"，以及中共的南昌起义，谭延闿的政治立场也发生了转变。谭延闿得知叶挺、贺龙占据南昌时不禁感叹、惋惜，并言"拆台至此，欲不开杀戒得乎？"⑥ 同时，谭延闿对蒋介石的态度也有好转。8月13日，蒋介石通电下野，谭延闿在日记中言："得南京电，介石已下野，不知自动欤，抑被迫也。然就个人论，得此结束，尚可有复起之机，吾平日总信其有此一日也。"⑦ 8月16日，他在日记中再次写道："沪电云，介石通电下野，辞甚和平，果若此，必当再起矣。"⑧ 谭认为蒋介石此时下野乃是另有打算，是为了长远的未来而暂时忍让，故他在日记中写道："见介石下野电，颇能自占地步，读之爽然。"⑨ 从日记可以看出，直至蒋介石第一次下野，谭延闿与蒋介石虽然尚未恢复到原有的关系，但谭延闿对蒋介石已抱有一定的期望，这也为以后的合作埋下了伏笔。

---

① 《谭延闿日记》（手稿本），1927年5月19日。
② 《谭延闿日记》（手稿本），1927年6月13日、25日、26日。
③ 5月5日，谭延闿辞第二军军长，推荐鲁涤平继任。见《谭延闿日记》（手稿本），1927年5月5日。
④ 《谭延闿日记》（手稿本），1927年5月27日。
⑤ 《谭延闿日记》（手稿本），1927年7月7日。
⑥ 《谭延闿日记》（手稿本），1927年8月1日。
⑦ 《谭延闿日记》（手稿本），1927年8月13日。
⑧ 《谭延闿日记》（手稿本），1927年8月16日。
⑨ 《谭延闿日记》（手稿本），1927年8月20日。

在当时纷乱复杂的政治环境中，谭能够快速对蒋介石的下野做出判断，并为后来的历史所印证。谭延闿这种审时度势的能力令人佩服。此时，谭延闿对蒋介石复职也仅是猜测，但其后来所做的两件事却无意之中帮助了蒋介石的复出。

其一，谭延闿促成了蒋介石与宋美龄的婚姻，蒋宋联姻进一步壮大了蒋介石的势力，为蒋介石的复出提供了必要的支持。相对于谭延闿与蒋介石而言，谭延闿与宋子文的交情更深，谭延闿早在广东追随孙中山时，便多与宋家来往。1927年9月5日，谭延闿至宋家找宋子文商谈事务，结果子文不在，恰遇宋美龄托谭说服宋子文同意其与蒋介石的婚事。1926年，蒋介石与宋子文便因财政问题关系转恶，至1927年初，两人关系不仅没有好转，反而更加恶化。蒋日记中对宋子文的负面评价也越来越多，"子文且以财政无法相要挟，办事困苦莫甚于经济相逼也"①，"与子文商议军费甚为费时，苦痛异甚"②。后蒋宋几乎到了绝交的地步，1927年2月12日，蒋致电谭延闿转宋子文，称"如再不速解一百五十万元来此济急，视为以后断绝关系也"③。由此可见，蒋介石与宋子文矛盾之大，但此时谭延闿与宋子文关系甚佳，甚至在日记中也不免透出对宋的赞美之词，"至子文室中，谈甚久。此人丈夫也"④。故而宋美龄才会找谭帮忙到宋子文处说情，谭延闿虽觉得婚姻大事外人不便言之，但碍于与宋子文、蒋介石均有交情，遂答应了宋美龄。据谭延闿日记记载：

> 昨晚得电话约谈，谓是宋子文，乃至西摩路访之，则子文不在。方欲回车，忽传延入，至客座，则子文妹独在，云有事相商，则为介石结婚事，子文反对，欲吾斡旋。此等事非外人所能与，然吾与介石、子文皆相识者，乃许以设法疏通而出。⑤

---

① 《蒋介石日记》（手稿本），1927年1月4日。
② 《蒋介石日记》（手稿本），1927年2月8日。
③ 《蒋介石致宋子文电》（1927年2月12日），《蒋中正总统文物》，台北"国史馆"藏，典藏号：002-010100-00006-018-001。
④ 《谭延闿日记》（手稿本），1927年1月3日。
⑤ 《谭延闿日记》（手稿本），1927年9月5日。

9月8日，谭延闿、宋子文、汪精卫等在开谈话会后，谭、宋及汪三人同车去浴场，谭便借机找宋子文谈话，"具以其妹所托告之，不能回所执也"①。可知，这次谭没能说服宋子文同意蒋介石与宋美龄的婚事，但宋子文的态度应该缓和了很多，因为谭延闿很快又答应了蒋介石再次对宋子文进行劝说。据谭日记记载：

> 蒋介石专人蒋富寿来，以书简呈，乃讨宋问题也。偕李、白归寓，作书复蒋，告以前事不辞蹇修……晚，作书与子文、庸之，言蒋婚事，事不干己，而数数如此，他日恐将受埋怨矣。②

谭延闿在接到蒋的请求后，便立即表示愿做"蹇修"（即媒妁），这次他不仅写信给宋子文，还写信给宋子文的姐夫孔祥熙（字庸之），让孔一起说服宋家同意这桩婚姻。宋美龄与蒋介石都来请谭延闿帮忙劝说，可见谭与宋家的关系之深。正因如此，谭延闿不得不考虑宋美龄的婚后生活，若其对婚后稍有不满，谭延闿便会遭宋家人"埋怨"，这也是媒人的正常顾虑。

在谭延闿的多次劝说下，蒋宋的婚姻终于得到了宋家的认可。当然这其中还有很多因素，受蒋介石之托向宋家说媒的也不止谭延闿一人，王正廷、何香凝及冯玉祥的夫人李德全均受蒋之托做其媒人③。然而，在众多媒人中谭延闿却是唯一一位被蒋介石与宋美龄同时找去说情之人。在蒋宋结婚的当天谭延闿还担任了他们的证婚人。④

蒋宋婚姻的成功举行，无疑对蒋介石的政治生涯产生了重要影响。无论在婚前蒋介石的初衷是否有政治因素，婚后的蒋介石都成为已故国民党领袖孙中山的连襟，与掌握着巨大财力的宋、孔两家成为亲戚。这些都使蒋介石在国民党内与汪精卫、胡汉民争夺权力时占有利地位。此外，宋美龄在日后国际舞台上对蒋介石的外交及国际形象等方面都

①　《谭延闿日记》（手稿本），1927年9月8日。
②　《谭延闿日记》（手稿本），1927年9月26日。
③　《蒋介石日记》（手稿本），1927年9月24、27日。
④　《谭延闿日记》（手稿本），1927年12月1日。

有着深刻的影响，相关方面已有较多研究，本书不再详述。① 蒋宋婚姻的成功也在潜移默化中加深了作为媒人的谭延闿与蒋介石的关系。

其二，谭延闿联合桂系打击唐生智，并削弱了汪精卫的势力，这为蒋介石的复出创造了有利条件。1927 年 9 月，蒋介石下野后，武汉政府、南京政府及西山会议派的代表对国民政府进行了改组，并成立了"中央特别委员会"，桂系集团与西山会议派极力排挤汪精卫，使其未能进入"特委会"的领导核心，在各方势力的妥协下谭延闿被推举为国民政府主席。面对改组后的政府，汪精卫当然心怀不满，据谭延闿记载：

> 以昨夜彼等所商特别委员会办法相商，余为主席。议垂定矣，溥泉忽发异论，精卫愤而退席，于是劝者劝，赔不是者赔不是，遂中止而吃饭。饭后继续，敷衍了事，约以明日……出至庸之家，子文请客，精卫、哲生、公博、孟余、甘乃光、于右任、朱益之，商今日所议，颇有疑义，然无以解之。②

由此可见，面对"特委会"的选举结果，汪精卫即使"愤而退席"也不能改变最终的结果。无奈而又愤恨的汪精卫很快回到武汉与唐生智商谈，于 9 月 22 日成立武汉政治分会，由唐生智、陈公博、顾孟余等任常务委员，管辖两湖及江西。不久，唐生智就以护党名义通电否认南京中央政府，反对"特委会"。南京方面则派孙科与伍朝枢与之谈判，汪提出应迅速召开国民党二届四中全会等要求。南京"中央特别委员会"很快同意了汪精卫的要求。③ 然而，汪始终担心受桂

---

① 刘大禹：《宋美龄的政治参与对蒋介石个人集权的影响（1928—1937）——以夫人政治的视角分析》，《湖南科技大学学报》2009 年第 2 期；肖如平：《抗战时期英国邀访宋美龄再考察》，《近代史研究》2016 年第 3 期；肖如平：《宋美龄与战时儿童保育会》，《晋阳学刊》2009 年第 5 期；马芸芸：《寻求中印合作的努力——蒋介石、宋美龄访问印度述略》，《中华文化论坛》2015 年第 2 期；张龙春、耿耀敬：《刍议宋美龄抗战时期的政治及外交能力》，《兰台世界》2015 年第 4 期；等等。

② 《谭延闿日记》（手稿本），1927 年 9 月 11 日。

③ 《为请偕在浔各同志来宁开会致汪精卫电》，《广州民国日报》1927 年 10 月 21 日，第 2 版。

系控制的南京政府对己不利，于是在 10 月底仍未到宁开会，而是经上海辗转到了广州，以图在广东与南京相抗。同时，唐生智则不断向东进军。10 月 20 日，在谭延闿的支持下，桂系李宗仁、白崇禧等人开始武力讨伐唐生智，在桂系诸人、程潜及鲁涤平等的联合打击下，唐生智节节败退，最后通电下野，逃往国外。蒋介石在 1927 年下野的原因有很多，但武汉方面来自唐生智的军事威胁，却是目前学界与当时报刊公认的原因之一。①　反蒋主要军事将领唐生智的溃败，为蒋介石的复出扫除了又一个障碍。

　　在对唐进行战争期间，谭延闿并没有放弃对汪精卫等人的劝说，除了多次致电汪精卫外，还托赴粤的宋子文为其带去给汪精卫等人的信函，意图缓和谭与汪的关系，谭言：

> 精卫先生左右，奉别已久，虽通函电，未足尽所怀……以公义论，公在党国历史，有识所公认，其所主张，虽一时偶有异同，终必欣合无间。愿公恢宏大度，无所不包，勿以一时一事而疏远大之图。以私情论，自辱下交，未尝以弟为不肖，虽不敢托于知心，而决非势利结合之辈，知人论世，于燕间时亦尝有所陈。道路传言，颇有欲相疑间者，固不欲急于自明，然望公之平心静气以察之，是则区区之愚所能欲竭者。②

　　同时，谭延闿致书给追随汪精卫的陈公博与陈树人，言明同意他们提出的在开四中全会之前开一个预备会议，并称对唐生智的讨伐计划已久，非谭所能制止，且指出唐生智的思想对党国无益，才支持对其用兵。③

　　当然，谭延闿与唐生智的矛盾由来已久，谭在信中如此之说，无非是想拉拢与汪派等人的关系，并使其说服汪精卫参加即将举行的二

---

① 张学继：《1927 年蒋介石下野的原因》，《近代史研究》1991 年第 6 期；黄道炫：《关于蒋介石第一次下野的几个问题》，《近代史研究》1999 年第 4 期；陈红民、曹明臣：《传媒眼中的蒋介石第一次下野与复职——以〈大公报〉报道与评论为中心》，《社会科学战线》2013 年第 6 期；等等。
② 《谭延闿日记》（手稿本），1927 年 10 月 29 日。
③ 《谭延闿日记》（手稿本），1927 年 10 月 29 日。

届四中全会。除了致书陈公博等汪派人物外，谭延闿还注重从汪精卫的妻子陈璧君处打探汪精卫的态度。在谭请宋子文带信给汪的当天，谭见到了陈璧君，听其"述精卫近来心理甚详"①。1927 年 11 月 17 日，谭延闿由南京至上海，当日谭延闿又至陈璧君处，"（陈）语多针锋相对，知汪先生怒未息也"②。这些都说明谭延闿十分注重与汪精卫的关系，在对唐的战争中还不断地拉拢汪精卫。谭延闿这时力求建立统一的国民政府，所以希望汪精卫能至南京开会。但事有不测，17 日晚，蒋介石忽至谭延闿住处，并告诉谭"西报云广州发生战事"③，谭当时便猜测可能是与汪精卫有密切关系的张发奎与李济深发生了冲突。因为李济深与桂系有密切的联系，广州事变立即引起了桂系与汪派的冲突。这又为蒋介石的复出提供了有利条件。

汪精卫在被桂系及西山会议派等联合打击与排挤时，首先想到的便是请蒋介石复职，联蒋以抗桂系。而蒋介石也希望能联汪复出，11 月 16 日，从日本回国的蒋介石公开宣称，"汪精卫同志也时常来电，希望我立即回国"，"仍照十二年十四年在广东那样的通力合作"④。当时很多人对蒋汪合作抱有怀疑态度，面对这样的质疑，蒋介石则用长篇大论来宣称"汪蒋合作没有问题"⑤。广东事变发生后，外界多认为蒋汪合作将因这一事件而希望渺茫，《大公报》更有评论指出"汪蒋合作议已根本打消"⑥。然而，11 月 21 日，谭延闿却在上海参与了蒋汪合作的商谈，当日谭"出至孔庸之家，介石宴客，日本人佃信夫，中山先生旧人，由日本同志推来调和汪、蒋者"⑦。

由于蒋汪在私下的沟通及双方互相的需求，广州事变反而促进了蒋介石的复出。12 月 3 日，国民党二届四中全会预备会在上海召开。

---

① 《谭延闿日记》（手稿本），1927 年 10 月 30 日。
② 《谭延闿日记》（手稿本），1927 年 11 月 17 日。
③ 《谭延闿日记》（手稿本），1927 年 11 月 17 日。
④ 周美华编注《蒋中正总统档案·事略稿本》第 2 册，台北"国史馆"，2003，第 131—132 页。
⑤ 周美华编注《蒋中正总统档案·事略稿本》第 2 册，第 134 页。
⑥ 《粤变果生重大反响》，天津《大公报》1927 年 11 月 21 日，第 2 版。
⑦ 《谭延闿日记》（手稿本），1927 年 11 月 21 日。

可在会议之前就有人因广州事变而向谭延闿抱怨汪精卫之过，"潘宜之偕冯祝万、潘文治，文素松、姜玉笙、高承元言粤变始末甚悉。已集矢精卫矣，可叹"①。在预备会中汪精卫更是成了众人发泄的对象，为了联蒋以自保，汪精卫便提出请蒋继续任国民革命军总司令议案。而在此之前，阎锡山与冯玉祥也通电请蒋复职。② 原来反蒋的桂系在反复衡量之后，希望蒋介石在这次广州事变中偏向自己，便也同意蒋介石的复出。于是，汪的提案被迅速通过。1928 年 1 月 4 日谭延闿陪蒋介石由沪至宁，国民政府为蒋设宴，当晚蒋介石发表演说，谭"乃呼口号而散"③。1928 年 2 月，蒋介石当选为国民党中央政治会议主席兼军事委员会主席，同年 10 月蒋又任国民政府主席，而谭延闿则担任行政院院长。

蒋在 1927 年的四面楚歌中下野，1928 年又在各方的拥护中上台，权力不仅没有减小，反而比之前更大。此时，谭延闿在政治上逐渐向蒋介石靠拢，除了在对待"中央特别委员会"的存废等问题上二者意见稍有不同外，总体上两人的关系在不断加强。蒋介石下野时，谭便预言蒋会复职。在蒋介石的复职过程中，不管是有意还是无意为之，谭延闿总体上起了积极的作用，谭蒋的关系也向更密切的方向发展。

蒋介石与桂系的冲突由来已久，尤其是在北伐战争结束后，两者为争夺国民党最高统治权而致使矛盾不断激化。蒋介石在 1927 年的下野与桂系的逼迫有直接关系。广州事变后，蒋介石为复职与桂系达成协议，"以两广由李济深，两湖由李宗仁负责处理"④，此后桂系势力迅速扩张，与复出后蒋介石的矛盾逐渐激化。同时，谭延闿与桂系在湖南地区的矛盾也日渐增大。但与谭延闿不同，蒋介石在北伐中要借助桂系的军事力量，同时他为了让谭更向自己靠拢也想借桂系削弱谭在军队的影响。

---

① 《谭延闿日记》（手稿本），1927 年 11 月 28 日。
② 万仁元、方庆秋主编《中华民国史史料长编》第 25 册，南京大学出版社，1993，第 675 页。
③ 《谭延闿日记》（手稿本），1928 年 1 月 4 日。
④ 周美华编注《蒋中正总统档案·事略稿本》第 2 册，第 209 页。

　　刚复出的蒋介石为了拉拢各派，决定成立广州、武汉、开封、太原四个政治分会，分别由李济深、李宗仁、冯玉祥、阎锡山任分会主席。不久，蒋介石又把蒋、冯、阎、桂四系军队编为四个集团军。此分权行为竟出于一贯主张中央集权的蒋介石，不得不引起李宗仁的警惕，在任命其为武汉政治分会主席前，蒋介石还曾征询过李的意见，李表面上坚辞不就，并称"倘你认为政治分会必须设立，则不如请谭延闿担任主席，因为他是湖南人，德望素著，出任斯职，可谓人地两宜。蒋先生说，谭先生在中央另有借重"①。李宗仁在蒋面前有让谭延闿任武汉政治分会主席的提议并非敷衍之谈，这也是在试探蒋介石的态度，因为当时大众传媒也多猜测谭延闿是该职位的最佳人选，以近代中国影响较大的《申报》报道为例：

　　　　蒋总司令暨各委员以继续北伐在即，为统一军事便于指挥起见，拟以两湖各军改为国民革命军第四集团，众意以为担任第四集团之总司令者，须由与两湖各军素有感情而具有相当之声望者任之，闻已拟定谭延闿担任，并闻由谭氏兼任武汉政治分会主席，此事接洽已有一星期之久，只须得谭氏本人之同意，即可实现。②

　　面对李宗仁的提议及公众的舆论，蒋介石最终仍坚持让李宗仁而非谭延闿出任政治分会主席，可以从以下方面分析。

　　首先，可以拉拢桂系及李济深使其牵制北方的冯玉祥与阎锡山，这样蒋便可以安心出兵北伐奉系。当李宗仁向蒋推辞不必设政治分会时，蒋却言"他们（冯、阎）北方既有两个'总司令'，我们南方也应有两个'总司令'，方为公允"③。此话令李宗仁觉得"蒋身负全国军事的重任，而私心仍存南北畛域之见"，使其"不禁毛骨悚然"④。

　　其次，便是引起桂系与谭延闿之间的矛盾，从而达到让桂系与谭延闿相互制衡的目的。湖南是谭延闿的桑梓之地，虽然此时谭延闿已

---

① 《李宗仁回忆录（上册）》，第 567 页。
② 《本馆要电：第四集团军筹组中》，《申报》1928 年 2 月 27 日，第 4 版。
③ 《李宗仁回忆录（上册）》，第 567 页。
④ 《李宗仁回忆录（上册）》第 567 页。

离湘而在中央任职，但谭所依借的湘军仍是其重要的政治资本。在湘的鲁涤平、程潜等将领依旧与谭延闿保持着密切的联系。而李宗仁出任武汉政治分会主席势必要牢牢控制两湖地区，其与谭延闿的矛盾激化便在所难免。这样，不仅会削弱谭延闿的势力，更会迫使谭延闿向蒋介石靠拢。

最后，或许正如蒋对李宗仁所言，谭在中央有更重要的作用，故而谭延闿自己亦不愿到武汉任职，而蒋更无心强制谭到武汉就职。在《申报》发表谭可能赴武汉任职消息的当天，谭延闿接受了《申报》记者的采访，当记者问谭是否要到第四集团军任职时，谭直接予以否认。记者又问"闻谭主席又将任武汉政治分会主席，是否确实？（谭）答亦无此事"①。从另一方面看，在各派系中，谭延闿与蒋介石的关系较为紧密，且谭是蒋北伐期间留守南京的最佳人选，可以帮助他处理与各派间的关系。正是基于这样的考虑，蒋介石在北伐奉系时，便让谭延闿代理政治会议主席。随后他又在前线致电谭延闿，"关于外交、政治中一听诸公之意，不必面商，如有必要可以电商"②。

李宗仁深知就任武汉政治分会主席对己有利，他的推脱只是在观察蒋的用意，在四个分会中李济深虽非桂系之人，却与桂系有着千丝万缕的联系，双方一贯配合默契，这样在四个政治分会中桂系便可控制两个，还可增强对两湖的控制。所以当蒋在1928年4月出兵伐奉时，李宗仁便在5月到武汉任职。这也为桂系与谭延闿的矛盾埋下了伏笔。宁汉分裂时，谭延闿总体上是在联汪抗蒋，宁汉合流后由于个人利益与政治理念的不同，谭、汪之间的矛盾逐渐增大，但至二次北伐开始，谭始终没有放弃对汪的拉拢。与此同时，虽然在宁汉分裂时谭、蒋由于政治理念的不同一度走向了对抗，但谭、蒋的私人情谊并没有受到太大的损害，蒋下野后，谭更与之保持着较好的个人情谊，并为蒋的复出创造了良好的条件。这为两人在二次北伐中的继续合作奠定了基础。

① 《谭李两主席访问记》，《申报》1928年2月29日，第4版。
② 周美华编注《蒋中正总统档案·事略稿本》第3册，台北"国史馆"，2007，第209页。

第二节　共同应对：二次北伐中的"济南惨案"

　　关于二次北伐中的济南惨案，目前学术界已有众多学者进行研究，学者论述了济案的发生过程、中国伤亡情况、相关国际关系及后续解决情况。① 济案中蒋介石提出的"不抵抗"政策，亦是学者关注的重点，相关研究从不同视角对其进行了分析。② 然而以上考察多取军事方面，对军事以外的抗争涉及较少。关于济南惨案中民众的反日问题，裴京汉、周斌、齐春风、石嘉等学者，从蒋介石与反日运动、国民党中央的政策、反日会及南洋华侨等角度进行了探讨。③ 由于史料的关系，以上研究多以蒋介石为切入点，对于时任国民政府主席、代理中央政治会议主席的谭延闿的关注却不够。蒋介石的态度固然在济南惨案中至关重要，但以谭延闿为首的南京中枢对济南惨案的态度与作用亦不容忽视。

　　谭延闿在济南惨案中起到了怎样的作用，对蒋介石有何影响，其心路历程又如何，在解决济案时国民政府除了军事上的不抵抗还有无

---

① 　代表研究如：李祚明《济南惨案山东交涉员公署殉难人员考》，《历史档案》1982 年第 1 期；李家振、郭墨兰《济南惨案述论》，《近代史研究》1985 年第 5 期；李家振《济南惨案》，《发展论坛》1995 年第 2 期；罗志田《济南事件与中美关系的转折》，《历史研究》1996 年第 2 期；臧运祜《中日关于济案的交涉及其"解决"》，《历史研究》2004 年第 1 期；等等。

② 　代表研究如：鹿锡俊《济南惨案前后蒋介石的对日交涉》，《史学月刊》1988 年第 2 期；杨天石《济案交涉与蒋介石对日妥协的开端——读黄郛档之一》，《近代史研究》1993 年第 1 期；李云峰《蒋介石对日不抵抗政策探源》，《安徽史学》1999 年第 1 期；刘世龙《济南事件期间的蒋介石与对日"不抵抗主义"》，《史林》2010 年第 1 期；陈谦平《济南惨案与蒋介石绕道北伐之决策》，《南京大学学报》2011 年第 1 期；等等。其中刘世龙指出济南惨案中国民政府对日妥协并非蒋介石一人所决定，而陈谦平则肯定了蒋介石绕道北伐的策略。

③ 　代表研究如：〔韩〕裴京汉《国民革命时期的反帝问题——国民党中央与济案后反日运动关系辨》，《历史研究》2001 年第 4 期；周斌《1928 至 1929 年的反日会》，《近代史研究》2004 年第 2 期；齐春风《国民革命时期的反帝问题再探讨——国民党中央与济案后反日运动关系辨》，《历史研究》2007 年第 5 期；石嘉《济南惨案与南洋华侨的反日运动》，《江苏社会科学》2016 年第 5 期。

其他抗争，国民党内部又是否团结，这些问题都还有待深入。笔者有幸于 2016 年 11 月前往美国斯坦福大学胡佛档案馆，对《蒋介石日记》与《黄郛档案》中有关济南惨案的史料进行了抄录。2017 年 9 月笔者赴台湾又阅读了《谭延闿日记》及济南惨案中相关的往来电文等。本节通过对《谭延闿日记》及相关电文、会议记录等重要史料的梳理，从以谭延闿为首的南京中枢为视角切入，以期对谭延闿与济案中"不抵抗"政策的关系进行探讨。

一　国民党二届四中全会与谭的政治地位

济南惨案爆发前的国民党二届四中全会，是对南京国民政府权力中枢的一次重构。它在某种程度上影响了南京国民政府在济南惨案爆发后采取的内政外交政策。谭延闿在二届四中全会中不仅被选举为中央执行委员会常务委员、军事委员会委员，还被推举为国民政府主席，在过去参加武汉三中全会的政府高层领导中，仅谭延闿仍居最高地位。① 此外，大会还确定了二次北伐的方针。

1928 年 2 月，国民党二届四中全会召开，会中通过了《宁汉两方决议案》，取消与联俄容共政策有关的决议案，因反共关系开除党籍者一律无效，② 结束了"一大"以来国民党的路线之争。会中于右任提出《集中革命势力限期完成北伐案》，交国民政府责成军事委员会北伐全军总司令，统筹全局。为了更好完成北伐，会议又通过了《政治委员会改组案》、《国民政府改组案》暨《军事委员会组织大纲案》，这些议案对党政军领导结构均有所调整。③ 二届四中全会重新议定了国民政府组织法，此组织法主要特色是恢复设主席及常务委员，除行政部门外，增设最高法院、监察院、考试院等机关。④ 新制下设主席

---

① 《划一新时期之国民党（上）》，《国闻周报》第 5 卷第 5 期，1928 年，第 2 页。
② 《中国国民党历届历次中全会重要决议案汇编（一）》，秦孝仪主编《革命文献》第 79 辑，（台北）中国国民党党史会，1979，第 81 页。
③ 《中国国民党历届历次中全会重要决议案汇编（一）》，秦孝仪主编《革命文献》第 79 辑，第 82—83 页。
④ 《修正中华民国国民政府组织法》，《国民政府公报》第 32 期，1928 年，第 112 页。

及常务委员，内容上较近于 1925 年组织法，组织架构则近于 1927 年武汉所公布的组织法。自 1925 年 7 月至 1928 年 2 月，组织法虽经三次修订，但始终维持党治、委员制与一权主义的基本原则。①

　　二届四中全会选出国民政府委员 49 名，推定谭延闿、蔡元培、张人杰、李烈钧、于右任 5 人为常务委员，谭延闿为国民政府主席；军事委员会委员 73 人，推定于右任、李宗仁、何应钦、冯玉祥、蒋介石、阎锡山、谭延闿等 12 人为常务委员，蒋介石为军事委员会主席。② 政府委员与军事委员的商定，实由蒋介石主导。在协商政府、军委人选时，常因人员问题而争论不休。但当中央会议由蒋介石任主席时，"并不费事，一一如意"，所以谭延闿才感叹，"盖诸人亦皆外强中干者也"③。在外交事务中，谭延闿也占有重要的地位。外交委员会 1928 年 2 月初推举黄郛为外交部长，④ 原有委员多人因公出京，3 月重新指派蒋中正、谭延闿、黄郛、李石曾、吴稚晖、蔡元培、张静江、王正廷、孔祥熙为外交委员会委员，复加推宋子文、易培基二人，共筹外交应付方针。财政监理委员会掌握经费分配大权，政治会议推定蒋中正、谭延闿、黄郛、蔡元培、孔祥熙、何应钦、李宗仁、杨树庄、宋子文、薛笃弼、王伯群为财政监理委员会委员。⑤ 中央执行委员会推选丁惟汾、于右任、蒋中正、谭延闿、戴传贤五人为常务委员。⑥ 3 月 7 日第 131 次政治会议，推选蒋中正为中央政治会议主席。后旋因蒋中正督师北伐在即，又推谭延闿为代理中央政治会议主席。

　　在二届四中全会及其后的会议中，南京国民政府重新建立了领导中枢，结束了原来中央特别委员会领导的局面。在重建后的南京政府中，

---

①　钱端升、萨师炯等：《民国政制史》（上），上海书店，1989，第 168 页。
②　《第二届第四次中央全会》，荣孟源主编《中国国民党历次代表大会及中央全会资料》上册，第 527—528 页。
③　《谭延闿日记》（手稿本），1928 年 2 月 7 日。
④　《蒋中正电告黄郛外交委员会推其为外交部长并请来宁商决方针》（1928 年 2 月 3 日），《蒋中正总统文物》，台北"国史馆"藏，典藏号：002-010100-00010-052。
⑤　《国民政府委员会第五十四次会议速记录》（1828 年 4 月 13 日），《国民政府》，台北"国史馆"藏，典藏号：001-046100-0016，第 122 页。
⑥　刘维开：《中国国民党职名录》，（台北）中国国民党中央委员会党史委员会，1994，第 65—66 页。

谭延闿担任国民政府主席、代理中央政治会议主席、外交委员会委员、财政监理委员会委员、中央执行委员会常务委员及军事委员会委员等党政军要职。而蒋介石则复任国民革命军总司令、国民政府常务委员、军事委员会常务委员兼主席、中央执行委员会常务委员，并兼中央党部组织部长，实握党、军大权。但是在《国民革命军总司令部组织大纲》中规定"国民革命军总司令，对国民政府与中国国民党，在军事上须完全负责"①。同时该大纲还规定了军事委员会引进集体领导制，国民革命军总司令直属国民政府，各参谋长的人事权归国民政府。② 因此，时任国民政府主席和代理国民党中央政治会议主席的谭延闿，在法理上是蒋介石的上级，同时也是济南惨案发生时南京国民政府对外的最高领导。③ 这样便大体上维持了二次北伐前国民政府的"大团结"。

同时，二届四中全会也确立了国民党内政外交的新方针。在内政上以建设为新目标，将由"理论宣传与武力征服"转变为"政治与经济建设并行"。对外关系虽然仍旧强调"民族之平等"、"国家之独立"与"废除不平等条约的原则"，但对于打倒帝国主义的手段，则改以"实际的建设"作为"真正之手段"，而不采用借"强大之武力与世界帝国主义者相周旋"④ 的办法。总之，国民政府在对外关系上，仍然以废除不平等条约及谋求国家独立自主为目的，但在反帝的手段上，已由激进渐趋稳重。此后至全面抗战的爆发，国民政府的内外政策，大体上仍依循此次全会的决议。

二　济案的发生与谭延闿的应对

国民政府二次北伐中的山东与华北，正是日本极欲扩张势力的地

---

① 《国民革命军总司令部组织大纲》，魏宏运等编《中国现代史资料选编》，黑龙江人民出版社，1981，第 362 页。
② 〔日〕家近亮子：《蒋介石与南京国民政府》，王士花译，社会科学文献出版社，2005，第 88 页。
③ 王正华：《南京时期国民政府的中央政制（1927—1937）》，政治大学博士学位论文，1997 年，第 169 页。
④ 《中国国民党第二届中央执行委员会第四次全体会议宣言》，《中国国民党宣言集》，罗家伦主编《革命文献》第 69 辑，（台北）中国国民党党史会，1976，第 186—190 页。

区。日本为保持其在华特殊权益，不欲使北伐军北上。而国民政府为求实现国家统一，达成国民革命军北伐以来最后的目标，必须出兵山东等地。于是随着二次北伐的开展，山东与华北一带，遂成为中日冲突严重的地区。

1928 年 3 月底，北伐军与奉系在山东开战，日军为了维护其特殊权益，便以"护侨"为借口出兵山东。在日本出兵之前，4 月 19 日，张群便从大阪《每日新闻》驻沪特派员村田处获得了此消息，同时立即电告蒋中正与黄郛，日方"第六师团已奉命准备出动"①。次日，获知消息的谭延闿便约黄郛商议日军即将出兵山东的对策，并表示此事"是可虑也"②。同月 21 日，谭延闿又至中央党部，为日本出兵事开会，会中以谭延闿为首的国民政府高层，对日本的意图进行了猜测，并对日不干涉北伐抱有一线希望，会后南京政府拟向日本政府提出如下抗议：

> 1）侵害中国领土主权，违背条约，责有攸归。2）破坏中国统一，扰乱东亚和平。3）在鲁日侨既日方自行保护，万一激动公愤，其他日侨发生困难时，中政府是否已解除公法保护之义务。③

4 月 25 日，日军第六师团在青岛登陆，随后向济南行军，于 26 日晨进入济南，并开始警备济南商埠地。27 日，南京国民政府正式向日本提出严重抗议，但在抗议声中日军不仅没有撤兵，反而在济南聚集越来越多的兵力。4 月 30 日，北伐军攻克济南，5 月 1 日，北伐军开始陆续进入济南城。

5 月 3 日，济南惨案便在这样的背景下爆发了。次日，谭延闿接蒋介石电，告以济案情况。电报首先指出，日本来鲁军队无端挑衅，并炸毁北伐军的无线电台，接着蒋一面表示对此侵略决不屈服，并准

---

① 《张群电蒋中正日本第六师团已准备出动》（1928 年 4 月 19 日），《蒋中正总统文物》，台北"国史馆"藏，典藏号：002-020100-00020-001。

② 《谭延闿日记》（手稿本），1928 年 4 月 20 日。

③ 《黄郛电蒋中正日已令熊本之第六师对鲁出兵与谭延闿等商讨抗议》（1928 年 4 月 21 日），《蒋中正总统文物》，台北"国史馆"藏，典藏号：002-020100-00020-003。

备将其横暴宣布中外再图对付；另一面则询问谭延闿对此事"尊意如何？乞赐指示！"① 获悉电文后，谭延闿即与李烈钧相商，在事态不明的情况下，谭延闿"已深忧其非偶然"②。为了避免与日军的冲突扩大，谭延闿很快回电于蒋，并提出四点建议：1）日兵残杀意欲逼我于无可忍，资为口实，宜持镇静勿坠奸计；2）总司令部不宜与日军相处太近；3）济南似宜择老成持重之将领驻守，安慎应付；4）告民众暂持镇静。③ 可见，当时谭延闿的意见是保持镇静，避免与日军的冲突扩大，对日采取退让政策。同日，蒋介石、黄郛与冯玉祥会商于党家庄，并决定"各路军队绕道渡河，继续北伐"④，当天下午各路大军便出济南，分五路渡过黄河，仅留少数部队维持治安。

与之相反，日军却想将济案扩大，并持续向济南增兵。5 日下午，日本步兵第三十六旅团，由青岛抵达济南；同时，从关东军新派遣的混成第二十八旅团登陆青岛，以增援济南日军。获得增兵的济南日军，便在 7 日下午向国民政府提出了 5 项要求：1）严厉处分与骚扰及暴虐行为有关系的高级武官；2）在日军面前，解除曾经与日军抗争之军队的武装；3）严禁北伐军治下的一切排日宣传及其他活动；4）从济南及胶济铁路两边沿线隔离北伐军于二十华里以外之地；5）为监视上述各项之实施情况，须在十二小时以内，开放辛庄和张家庄的兵营，并限于十二小时以内回答。因此到翌（8）日凌晨 4 时是最后通牒的期限。⑤

同日，黄郛向谭延闿、吴稚晖等报告济案详情，谭听后不禁感叹

① 《蒋中正电谭延闿日军无端挑衅残杀官民拟将其横暴宣布中外再图对付》（1928年 5 月 4 日），《蒋中正总统文物》，台北"国史馆"藏，典藏号：002-020100-00020-018。

② 《谭延闿日记》（手稿本），1928 年 5 月 4 日。

③ 《谭延闿电蒋中正日并挑衅宜持镇静济南可择老成持重将领驻守》（1928 年 5 月 4 日），《蒋中正总统文物》，台北"国史馆"藏，典藏号：002-020100-00020-019。

④ 沈云龙：《黄膺白先生年谱长编》，（台北）联经出版公司，1976，第 338 页。

⑤ 〔日〕臼井胜美：《中日"济南事件"的回顾》，陈鹏仁译，《近代中国》（台北）第 64 期，1988 年，第 169 页。

此事"使人气塞"①。8日，黄郛致电蒋介石称，关于济案"国府曾议全体均主速解"②。同日，蒋派罗家伦与熊式辉赴济南进行交涉，日方在7日提出的条件蒋介石全面答应，但同时提出了附加条件：对于1)，日方也必须做同样的处罚；对于2)，解除武装，仅限于小范围内；对于5)，需要驻守若干部队于济南城内及其他要地，以保护铁路。③ 面对这样的回答，山东派遣第六师团长福田彦助极为不满，要求蒋介石无条件接受其所提要求，但罗、熊无此全权，会谈遂告结束。随后福田不等蒋介石第二次答复，便借口蒋未能全部接受他提出的通牒，以大炮猛轰济南城。④ 此时，蒋介石命令济南守军，尽卫戍的责任，不得向日军主动进攻，同时日军来攻时，必须死守，并予以重大的打击，不奉到退却的命令，不得撤出济南。⑤ 当谭延闿知道福田"不待答复而炮击"后，"乃招张、吴、何、蔡、李、于、黄来商"⑥，最后会议决定谭延闿、张静江与吴稚晖三人于9日赴徐州与蒋面商济案，而黄郛则赴上海与日领事协商。

总之，谭延闿在济南惨案爆发之初力主前方镇静，避免与日军冲突扩大，在军事上对日采取妥协退让策略。蒋介石虽然对日进行退让，但蒋是不坚定的妥协者，在面对日军的蛮横态度时，蒋在退却之余，仍会进行局部的抵抗。然而面对羸弱的国力，这种犹豫不决的有限抵抗，不仅没有使济南事件更好地解决，反而致使其不断扩大。

三　兖州会议与其后的不抵抗政策

从1928年5月8日始，济案不断扩大，日军不仅炮击济南城，还

---

① 《谭延闿日记》（手稿本），1928年5月7日。
② 《黄郛电蒋中正驻济日军已向我要求谢罪我不允济案国府曾议主速解》（1928年5月8日），《蒋中正总统文物》，台北"国史馆"藏，典藏号：002-020100-00020-028。
③ 蒋永敬编《济南五三惨案》，正中书局，1978，第155页。
④ 蒋永敬编《济南五三惨案》，第358页。
⑤ 《战地政务委员罗家伦报告在济南事变中之经过》，"中华民国外交问题研究会"编《国民政府北伐后中日外交关系》，（台北）"中华民国外交问题研究会"，1964，第222页。
⑥ 《谭延闿日记》（手稿本），1928年5月8日。

袭击了济南郊外北伐军总部行营所在地党家庄。面对如此情况，蒋介石因不能远离前线，不得不请谭延闿携张静江、吴稚晖至徐州会晤协商济案。① 5 月 9 日，蒋电告谭延闿，告知其又派何成濬前去与福田交涉并提出了新的五点答复：

> 1）第四十军长贺耀组因不听命令，未能避免冲突业经免职；
> 2）胶济铁道沿线及济南周围二十华里以内我方暂不驻兵，济南城内外概由武装警察维持秩序，其在城内现有驻兵撤退时得安全通过；3）在本军治下地方为保持中日两国睦宜起见，早有明令禁止反日宣传，且已切实取缔；4）辛庄、张庄之部队早已奉令开拔北伐，该两处营房暂不驻兵；5）本军前为贵军阻留之官兵及所缴之枪械，请即交还……倘福田仍进逼，则中正至无可再让。②

从上面的电文中可以看出，蒋介石几乎是无条件地答应了福田原来提出的 5 项条件。此时谭延闿尚在赴徐州的火车中，谭在复蒋电文中指出，北伐军的快速胜利自然招致日本的嫉妒，并再次盼蒋介石"与诸同志能大忍已成大事也"③。

1928 年 5 月 10 日凌晨 2 时，谭延闿等人到达徐州，此时蒋派时任训练部主任吴思豫迎接，并告知谭会晤地点移至兖州。④ 对此次谭蒋会晤，《申报》对其进行了关注，并有"闻谭北上，济案将有具体解决"⑤ 之语，可见社会对此次谭蒋会晤期待之高。蒋介石于 10 日清晨

---

① 《谭延闿日记》（手稿本），1928 年 5 月 8 日。此外还可参阅《中枢商榷对日方针》，《申报》1928 年 5 月 11 日，第 3 版。
② 《蒋中正电谭延闿黄郛据报福田态度强硬现再派何成濬交涉》（1928 年 5 月 9 日），《蒋中正总统文物》，台北"国史馆"藏，典藏号：002-020100-00020-030。
③ 《谭延闿等电蒋中正请详查日军此后行动撤退主力避免冲突盼能大忍以成事》（1928 年 5 月 9 日），《蒋中正总统文物》，台北"国史馆"藏，典藏号：002-090101-00009-191。
④ 《谭延闿日记》（手稿本），1928 年 5 月 9 日。（此日日记应是谭延闿在 5 月 10 日早上所写，故 10 日凌晨 2 时到达徐州之事记于 9 日日记中）
⑤ 《党国领袖在徐会议》，《申报》1928 年 5 月 11 日，第 4 版。

到达兖州，其下车的第一件事便是"探闻谭主席到否"①。谭延闿等人到达兖州时，蒋介石、王正廷及蒋作宾已在车站等候。谭延闿首先代表中央对在北伐前线的蒋介石予以慰劳，而后才正式召开会议。谭延闿为会议主席，会前对济南惨案中牺牲的蔡公时等遇难同胞默哀 3 分钟。随后，蒋介石报告了济案发生的经过及后来扩大的情形，谭延闿则报告了政府的对日方针及彻底完成统一的议案。会上张静江、吴稚晖及董作宾等人互有发言，最后会议决定"仍遵国府原定方针，不与日本作敌对行动，将来当诉诸国际，请主持公道"②。同日谭延闿在日记中言："前方决定办法与后方正同"③，可见谭延闿等人在从南京出发前，便已决定对日退让。5 月 11 日，蒋介石又将兖州会议决定告知冯玉祥，称"与谭吴诸公商决正合兄意对日（取）不抵抗主义，各部（以）积极北伐为原则"④。5 月 12 日，谭延闿返回南京，上午 9 时即在国府第一会议厅召开了中央党部与国民政府委员联席会议，会中谭延闿报告了兖州会议协商的结果。至此，南京国民政府对日的不抵抗政策正式形成，并使中央政府高层与北伐前线保持了一致立场。

自 5 月 3 日济案爆发，以谭延闿为首的南京国民政府始终坚持在军事上对日采取妥协退让政策，而蒋介石对日军则是"不坚定的退让者"。早在 4 月 30 日蒋介石便表示"日兵不涉我军行动最佳，万一有涉我军行动，引起我全国人民之愤恨，则我军亦不得不取相当之对付"⑤，此时，蒋表现出对日积极抗争的态度。然而在 5 月 2 日进入济南后，面对日军种种挑衅侮辱行为，蒋却认为对日"不屈何以能申，不予何以能取，慎之！"⑥ 可见蒋已改变原来的强硬态度，转而主张退

---

① 《蒋介石日记》（手稿本），1928 年 5 月 10 日。
② 《兖州会议纪略》，天津《大公报》1928 年 5 月 21 日，第 2 版。
③ 《谭延闿日记》（手稿本），1928 年 5 月 10 日。
④ 《蒋中正电冯玉祥与谭吴诸公商决对日取不抵抗主义以积极北伐为原则》（1928 年 5 月 11 日），《蒋中正总统文物》，台北"国史馆"藏，典藏号：002-020100-00020-039。
⑤ 中国社会科学院近代史研究所编《中华民国史资料丛稿·大事记》第 14 辑，中华书局，1985，第 119 页。
⑥ 《蒋介石日记》（手稿本），1928 年 5 月 2 日。

让。但这种退让不是一蹴而就的，在济案爆发之初，蒋介石及方振武在济南曾召开军事最高会议，而会议议事录在 5 月 12 日被日军在督办公署发现，其部分内容被日军刊登，而《晨报》也对之进行了转摘，其中蒋便有"日方如提出无理之条件，以妨害北伐进行，则不惜对日一战"之语。① 5 月 9 日蒋又在日记中言，"余乃决心如其扩充至卅里范围之外，余为人格与国家计，必出于死战之一途"②。此外，蒋曾多次向谭延闿为首的南京中枢表示自己忍无可忍，③ 而谭却一直劝他镇静，并请蒋以北伐为主，"大忍以成事"④。此时，蒋在对日问题上"经历了激烈的内心矛盾与冲突，他一边下令对日退让，一边也下令对日实行有限抵抗"⑤。

　　在蒋这种矛盾的心态下，济案不仅没有解决反而进一步激化，并有愈演愈烈之势，因此，才有了兖州会议的召开。虽然会中谭延闿与蒋介石达成了对日妥协退让的决策，但是面对日军的步步逼迫，蒋介石还是会在愤怒中犹豫不决，并请谭延闿为之定夺。就在谭延闿返回南京的当天，蒋介石便因派遣对日代表之事致电谭延闿，蒋言青岛日本领事福田真态度横暴，应如何对付还望谭"乞示"⑥，后又电谭延闿"言福田压迫承认条约事"，从这方面再次可以看出蒋介石的矛盾心态。相反谭延闿则"以为及今不决，后更扩大"，在与何应钦商酌后"乃归发电，颇有秦桧之和金之感"⑦。5 月 14 日，谭延闿又电蒋介石称，与张静江、蔡元培、何应钦及黄郛等商酌后"均主张不变更原定计划，仍采取退让坚忍的态度"⑧。可见，不仅是谭延闿，南京国民政

① 《蒋方在济会议纪录》，《晨报》1928 年 5 月 17 日，第 2 版。

② 《蒋介石日记》（手稿本），1928 年 5 月 9 日。

③ 类似的话语蒋介石在日记中也有记载，面对日军提出的条件，蒋便言"是可忍孰不可忍"，《蒋介石日记》（手稿本），1928 年 5 月 12 日。从其内心的矛盾与冲突，可知在处理济案时蒋是一个不坚定的妥协者。

④ 详情请参阅上文提到的 1928 年 5 月 4 日至 9 日，谭延闿与蒋介石的往来电文。

⑤ 刘世龙：《济南事件期间的蒋介石与对日"不抵抗主义"》，《史林》2010 年第 1 期。

⑥ 《蒋中正电谭延闿顷接福田电强暴异常应如何对付》（1928 年 5 月 12 日），《蒋中正总统文物》，台北"国史馆"藏，典藏号：002-020100-00020-042。

⑦ 《谭延闿日记》（手稿本），1928 年 5 月 12 日。

⑧ 《谭延闿函蒋中正与何应钦等会商均主不变更原定退让计划》（1928 年 5 月 14 日），《蒋中正总统文物》，台北"国史馆"藏，典藏号：002-020100-00020-054。

府的高层大多主张对日采取妥协退让的政策。

　　蒋介石在对日问题中的犹豫和徘徊，使谭延闿在一定程度上感到不满。5月22日，谭便言"得介石电，于前方协定颇致疑，于是缪矣"①。而罢免黄郛则更显得蒋在对日问题中的踌躇。黄郛时任国民政府外交部长，熟知日本事务，但蒋却认为"膺白外交自暴弱点，此乃中国人妄自菲薄之根性也"②，在济南事变发生后蒋又称"膺白外交办失败了，一般老先生均不满意"③ 等，将黄郛免职，而以熟悉英美事务的王正廷代之。面对这样的情况，谭延闿、李烈钧及蔡元培"皆义形于色，皆不满代者也"④。5月21日，张静江与谭延闿致电蒋介石言："同人讨论此时外交部长易人，似非其时，请俟北京下后再议为宜，英美远水不救近火。此时所急，仍在避免与日冲突。"⑤ 同月25日，谭延闿还致电挽留已经提出辞职的黄郛，黄却言："事理人情，余勇已两无可鼓；且去职既系应前线意旨之求，再来又何能收内外相维之效！"并要求"迅选贤能，立予接替"⑥。后谭延闿又与蒋"为外长事辩论甚苦"，然而"蒋亦坚执，不得要领而散"⑦。可见这些均是谭延闿对蒋在处理济案中的不满，谭主张快速解决对日问题，犹豫不决反而无益，故而谭才有"凡事当断不断，必受其乱，古人故不吾欺也！"⑧ 的感叹。总之谭延闿在对日问题上显得较为稳重与果断，从开始力主镇静，后又主张在军事上退让，究其原因可以从以下几方面分析。

　　首先，从中日两国实力及国民政府面临的主要任务看，谭延闿深

---

① 《谭延闿日记》（手稿本），1928年5月22日。

② 黄自进、潘光哲主编《蒋中正总统五记·困勉记》卷9，（台北）"国史馆"，2011，第142—143页。

③ 沈亦云：《亦云回忆》，（台北）传记文学出版社，1971，第87页。

④ 《谭延闿日记》（手稿本），1928年5月21日。

⑤ 《张人杰谭延闿电蒋中正请俟北京下后再易外交部长》（1928年5月21日），《蒋中正总统文物》，台北"国史馆"藏，典藏号：002-090200-00002-037。

⑥ 《黄郛致谭延闿电》（1928年5月25日），《黄郛档案》，斯坦福大学胡佛档案馆藏。

⑦ 《谭延闿日记》（手稿本），1928年6月4日。

⑧ 《谭延闿日记》（手稿本），1928年5月24日。

知中国国力羸弱尚不能与日开战，而应先进行北伐，待统一之后再一致对外。在济案刚发生时，陈果夫便对谭延闿言，党校学生请求政府与日宣战，谭延闿听后道："可谓初生之犊不畏虎矣！"① 其后，谭延闿还多次提到中日两国实力悬殊，在 5 月 20 日谭延闿听黄郛汇报在沪与日领事交涉后，不禁感叹"人方为刀俎，我为鱼肉，无可言者"②，可见，对于羸弱的国力谭内心也充满了无奈。当蒋在 5 月下旬又面临日人逼迫时，谭延闿便对蒋言"国势如此，惟有忍辱负重"③。正因知国力羸弱，不能和日交战，谭延闿才力主在军事上对日进行退让以完成北伐大业，减少国民政府的损失。

其次，从身份与性格方面讲，谭延闿作为国民政府主席坐镇南京，当济案发生时他可以与国民党众多元老面商，因为国民党元老中多老成持重之人，从而易形成比较稳健的外交政策，不会采取激进的措施。而且谭延闿身在中枢，已习惯来自前线的真假消息，因此不易被一些夸大了的日军情报左右，从而掀起对日强烈的民族仇恨。当谭延闿知晓董作宾所言万炮击济南乃无其事时，便言"传言多不足信"④。关于夸大的传言，蒋介石也深有体会，在兖州会议中蒋便将济案扩大的结果，归结于"皆被谎报与激烈者所扩大"，并感叹"即以重要如雨岩，近地只邻室，亦必有不确之报告。凡事非亲见，不足以证乱时之确报也。慎之"⑤。而谭延闿本人的性格较为圆融会通，非激进主义者，因此他更主张在济案问题上对日妥协退让。

最后，从济案发生的直接原因与日本的动机讲，中日官方对济南惨案发生的表述各不相同，且当时日本仅想因此要挟国民政府，以便获取更多的利益，而不愿真与中国开战。在日方的宣传中济案是由中方所引发，谭延闿虽否定日方的说法，但对于真正的原因，谭却表示，

---

① 《谭延闿日记》（手稿本），1928 年 5 月 5 日。
② 《谭延闿日记》（手稿本），1928 年 5 月 20 日。
③ 《谭延闿电蒋中正松井逼人太过国势如此惟有忍辱负重》（1928 年 5 月 25 日），《蒋中正总统文物》，台北"国史馆"藏，典藏号：002-020100-00020-081。
④ 《谭延闿日记》（手稿本），1928 年 5 月 10 日。
⑤ 《蒋介石日记》（手稿本），1928 年 5 月 10 日。

"我方无由查得"①，且日人还将所印照片给谭延闿，固谭不得不感慨"亦所谓公说公有理者"②。开始，日本对济南出兵的借口是"护侨"，后来其目的也由原来的"护侨"变成了"立威"③，欲扩大冲突，并在5月11日决定第三次出兵中国，④ 但这些均是日方想获取在华更多利益的一种手段，而非欲与中国开战。日本想以济案为借口，阻止南京国民政府北伐，从而保住其在东北的利益。对于这一点，谭延闿同样清楚，故才有"日本鬼殆有辕门射戟意矣"⑤ 之言。若中日开战，反不利于日本在华的利益，因为这样很可能会造成南北议和，共同抗日。控制北京政府的奉系，其民族感情不比北伐军弱，在济案发生的次日，北京政府便向日本提出了严重抗议。⑥ 济案后，北京便发出息兵通电，张学良、杨宇霆等奉系将领也公开表示，"人方利用外争，以息内斗，我乃增长内乱，以召外兵"，"我确有免胄寻盟之真意"⑦。有鉴于此，性格圆通的谭延闿认为只有对日隐忍退让，集中力量北伐，才是南京国民政府最好的选择。

综上所述，蒋介石虽然在济案中采取妥协退让的政策，但其内心是矛盾与冲突的，在退让中还有少许的抵抗，但这种犹豫不决反而进一步刺激了日军，致使济案不断扩大。随之，谭延闿等国民党元老不得不北上兖州，与蒋介石会商应对方针。兖州会议中，鉴于中日实力悬殊、济案不断扩大，且国民政府自身在情报工作中的失误等原因，谭延闿较为果断地力主对日进行军事上的退让，以求早日完成北伐。谭延闿的主张坚定了蒋的退让决心，这并不表示谭对

---

① 《南方各要人之济案谈》，天津《大公报》1928年5月21日，第2版。（关于中日官方对济南惨案的表述差异，可参阅陈谦平《济南惨案与蒋介石绕道北伐之决策》，《南京大学学报》，2011年第1期）

② 《谭延闿日记》（手稿本），1928年5月19日。（关于济案中日本人所用的宣传照片，当时亦有国人认为是日人借华人的尸体伪造的，详见《日人伪造惨死像片》，《申报》1928年5月11日，第4页）

③ 《日政府对济案的态度》，《晨报》1928年5月18日，第2版。

④ 《日三次出兵声明书》，《申报》1928年5月14日，第4页。

⑤ 《谭延闿日记》（手稿本），1928年5月21日。

⑥ 《北京外交部抗议》，天津《大公报》1928年5月6日，第2版。

⑦ 《奉系三大将领对时局新态度》，《晨报》1928年5月14日，第2版。

日行为的放纵，相反，谭积极寻找其他解决途径以便使济南惨案早日解决。

四　谭延闿对日"不抵抗"中的抗争

谭延闿的"不抵抗"政策主要是避免在军事上和日本发生冲突，这并非意味着谭延闿对日问题中的一味妥协退让。谭力求利用外交方式解决济案，以保证北伐的顺利进行。为此，在外交上，谭延闿积极抗争，争取让日本回归外交途径解决济南问题；在国际上，以谭延闿为首的国民政府扩大宣传，以寻求国际同情；在民众运动方面，谭延闿主张利用民众的反日情绪在济南问题上对日施压。

避免军事冲突、力促济案移归外交解决，是以谭延闿为首的国民政府一贯的主张及主要抗争目标。在济案发生的次日，黄郛在对日抗议的照会中，便要求日方停火撤军，并提议将"一切问题概由正当手续解决"①。日方则想以武力扩大济案，不直接与国民政府交涉，而是在军前由福田提出条件，故蒋介石要求谭延闿代表国民政府主动与日进行交涉。② 在南京政府的努力下，5 月 14 日，日本首相田中义一声称，"停止军事行动，余由外交解决"，因此谭延闿猜想军前的"福田或无继续举动"③。

然而，事实并非如此，5 月 18 日谭延闿又接蒋电，言："（日）步哨斥候出三十至五十里范围仍骚扰不止，且飞机来抛炸弹，可恨！"④可见，虽然日本政府表面上显得比较温和，一俟中国接受日本要求的条件，即移交外交解决，但其军队并未放弃军事行动。⑤ 面对如此情

---

① 《抗议日本出兵山东案》，《外交部公报》第 1 卷第 2 期，1928 年，第 174 页。

② 《蒋中正电询谭延闿可否代表政府与日交涉济事》（1928 年 5 月 12 日），《蒋中正总统文物》，台北"国史馆"藏，典藏号：002-090200-00001-126。

③ 《谭延闿电蒋中正殷汝耕电晤田中云阁议决停止军事行动余由外交解决》（1928 年 5 月 14 日），《蒋中正总统文物》，台北"国史馆"藏，典藏号：002-020100-00020-053。

④ 《蒋中正电谭延闿日军步哨斥候仍骚扰不止且飞机来投弹》（1928 年 5 月 18 日），《蒋中正总统文物》，台北"国史馆"藏，典藏号：002-020100-00020-062。

⑤ 陈固亭：《济南五三事变真相》，《日本论丛》，（台北）中华丛书编纂委员会，1971，第 883 页。

况，蒋介石便电谭延闿拟用中国国民党名义致书日本政党及头山满等人，表明北伐军"出兵北伐，乃是中国内政问题"，并详细说明济南惨案的情况，"以揭破日本二重外交"①。谭延闿等人经第 142 次常务会议决议，由中央党部国民政府常务委员用个人名义发出上述电文。

6 月 9 日，北伐军进入北京，除东三省外，国民政府在形式上完成了统一，新任的外交部长王正廷于是宣布不与日军交涉，以表示济案应归于外交途径解决。而此时日方的重心已移向东北，山东的地位相对下降。于是，也同意通过外交途径解决济南问题。此后，国民政府与日本在外交上就济案问题开始了漫长的谈判。

在国际上，谭延闿等人积极寻求英美的调解，并将济案上诉至国联，此外还注重对外宣传日军暴行，以期获得更多的国际支持。济案爆发次日，谭延闿便有"英、美出作调人"② 之言。而诉诸国联更是时人所力主的途径，5 月 10 日，谭延闿以中华民国国民政府主席的身份，代表国民政府致电日内瓦国际联盟秘书长德兰孟，请"国际联盟知照日本停止日军暴行，并撤回山东军队"③。同时谭延闿致电伍朝枢，使伍赴国际联盟"为一切必要之接洽"④。5 月 12 日，国联复电谭延闿，因国民政府非国联会员，仅言，"接读 5 月 10 日来电，已转告国际联盟会员及中国代表陈箓"⑤，然而国联却并未采取任何实质性的行动。同日，谭延闿又致电时任美国总统的柯立芝，并言国民政府"对于日方暴行，迄今极端容忍。往者山东问题之解决，实有赖于诸友

① 《蒋中正电谭延闿转中执会济案代表宜设法延宕及致书揭破日本二重外交》（1928 年 5 月 29 日），《蒋中正总统文物》，台北"国史馆"藏，典藏号：002-020100-00020-088。

② 《谭延闿日记》（手稿本），1928 年 5 月 4 日。

③ 《为五三惨案谭主席致国际联盟会电》（1928 年 5 月 10 日），《国民政府》，台北"国史馆"藏，典藏号：001-070553-0002。

④ 《为五三惨案谭主席致国际联盟会电》（1928 年 5 月 10 日），《国民政府》，台北"国史馆"藏，典藏号：001-070553-0002。

⑤ 《国际联盟秘书长复国民政府谭主席电》，"中华民国外交问题研究会"编《国民政府北伐后中日外交关系》，（台北）"中华民国外交问题研究会"，1964，第 241 页。（陈箓是当时北京政府所派遣驻国联代表）

邦之斡旋，而贵国之尽力尤多"①，故此次山东问题也希望美国能表明态度，尽早支持中国。然而，美国并不愿过早卷入争端，美国真正改变其立场是在日本提出"觉书"之后。"觉书"声称，"战事一旦及于满洲，日本将采取适当而有效措置"②。正当谭延闿备受其扰，"电话纷纭，皆觉书致之"③时，美国也认识到日本对中国东北的野心。于是，美国宣称东北地区主权属于中国，并以牒文的形式通知日本，在实际行动前，须先通知美国。④ 随后皇姑屯事件的发生更使美国相信"中国对日发动济案的指控"⑤。

在济案发生之初，由于北伐前线的电台被日军炸毁，致使谭延闿不能及时了解前线情况，谭曾言："济南电，云不通也。日领则云冲突已停"⑥。可见，日本人的通信要远比国民政府效率高。因此在对济案的国际宣传中，日本便抢占了先机，其利用遍布各地的通信机构做猛烈宣传，从而操纵国际舆论。⑦ 西方报纸也"因日人掩蔽虚实，不明真象（相）之故，对济南事件亦攻击我军残暴"，为此国民政府决定让蒋介石"饬参谋处每日将日兵暴行电示后方，以便随时公布"⑧。同时，为了争取各国际社会的同情，国民政府决定推王宠惠赴英，伍朝枢即刻往美，孙科则去德，并使胡汉民暂驻法国，分头运动，⑨ 并"在欧洲为相当之宣传活动"⑩。

---

① 《谭主席致美总统电文》（1928 年 5 月 12 日），《国民政府》，台北"国史馆"藏，典藏号：001-070553-0002。

② 外务省编『日本外交年表竝主要文書（1840—1945）（下）』、東京原書房、1965、116 頁。

③ 《谭延闿日记》（手稿本），1928 年 5 月 19 日。

④ *Paper Relation to Foreign Relation of the United States 1928*, Washington U. S. Government Printing Offce, 1943, V 2, p. 237.

⑤ Akira Iriye, *After Imperialism: The Search for a New Order in the Far East, 1921-1931* (Cambridge, Mass.: Harvard University Press, 1965), p. 237.

⑥ 《谭延闿日记》（手稿本），1928 年 5 月 6 日。

⑦ 《外报对于济南事件的言论》，《中央日报》1928 年 5 月 11 日，第 3 版。

⑧ 《何应钦电蒋中正》（1928 年 5 月 10 日），《蒋中正总统文物》，台北"国史馆"藏，典藏号：002-090200-00001-104。

⑨ 《南京致蒋总司令电》（1928 年 5 月 13 日），《蒋中正总统文物》，台北"国史馆"藏，典藏号：002-090200-00002-047。

⑩ 《胡汉民等电罗文幹》，《晨报》1928 年 5 月 15 日，第 2 版。

在民众运动方面，虽然国民党在二届四中全会中认为民众运动是共产党政争的工具，将民众运动视为颠覆其政权的手段，① 暂停了民众运动，但是当时大多国民党高层对"民众运动"四字几至愤争，然而谭延闿却认为"其实不必，相疑则相猜，无事自扰，无如何也"②。济案发生后，在外交受挫、国际舆论孤立的情形下，以民气为对日外交的后盾便进入谭延闿等人考虑的范畴。日军刚出兵山东时，便有社会团体致电谭延闿，借以表达其"闻讯愤慨"③ 之情。济案发生后各地民众纷纷表示，愿"作政府后盾"，并主张"对日经济绝交"④。谭延闿的同乡、学者周鲠生更是宣称"对待帝国主义的列强，除了民众的力量外，是别无其他的手段"⑤。当时的《革命评论》也指责国民政府"停止民众运动"违反孙中山"唤起民众"⑥ 的遗训。面对如此情况，谭等认为，若继续压制民众运动无疑会失去民心；若完全给予民众运动自由，则可能会为共产党所控制。因此，唯有国民政府主动领导民众运动，才能使民愤有所宣泄，且不用担心被共产党控制。

为了中日外交谈判的顺利进行，国民政府不便大张旗鼓地领导民众反日运动。发生民众运动或经济绝交时，政府可以推辞为"抵制货物出于民意，国家不能为其人民之行为负责"⑦。5 月 5 日下午，南京社会各界成立了首都反日大同盟，并宣布实行对日经济绝交。⑧ 虽然当时尚未恢复民众运动，但这种有组织、大规模的民众运动，显然是被政府默许的，甚至是受政府鼓励的。因为与会的很多人员参加了次日政府组织的政训部紧急会议。1928 年 5 月 6 日，军委会政训部在该

---

① 《中国国民党第二届中央执行委员会第四次全体会议宣言》，《中国国民党宣言集》，罗家伦主编《革命文献》第 69 辑，第 186—187 页。
② 《谭延闿日记》（手稿本），1928 年 2 月 3 日。
③ 《中华民国协会电谭延闿转蒋中正》（1928 年 4 月 21 日），《蒋中正总统文物》，台北"国史馆"藏，典藏号：002-090200-00001-047。
④ 《日军暴行激起全国国民公愤》，《中央日报》1928 年 5 月 6 日，第 3 版。
⑤ 周鲠生：《革命的外交》，上海太平洋书店，1928，第 81 页。
⑥ 施存统：《反日运动与民众组织》，《革命评论》第 3 期，1928 年，第 37 页。
⑦ 顾维钧：《参与国际联合会调查委员会中国代表处说帖》，（台北）文星书店，1962，第 186 页。
⑧ 《首都反日同盟成立》，《申报》1928 年 5 月 7 日，第 4 版。

部大礼堂为济案召集社会各界紧急会议，会上首先报告了谭（延闿）主席与中央宣传部叶（楚伧）部长谈话的内容，可见此次民众运动是谭延闿所接受，甚至支持的。而后政训部会议决定将济南日兵残杀中国官吏军民真相，通电全国民众。[①] 可见，政训部的目的是继续扩大民众运动，鼓动更多的民众参与。叶楚伧也表示，奖励国货生产和对日经济绝交是非常重要的对策，也是中央的立场。[②] 同时，于右任也公开表示，"本党决不离开民众，党务稍整理就绪后，即恢复大规模的民众运动"[③]。经济绝交运动在实际利益方面，比示威或宣传更为重要，因此作为一种战略，国民政府有意将反日运动引导到经济绝交方面。

在国民党方面，虽然二届四中全会后大体上维持了国民党的团结，暗流汹涌却一直没有停歇，这为济案的解决带来了一定的阻力，因此谭延闿要从大局出发，稳定国民党的团结。"近现代中国的外交政策始终与国内的权势斗争纠缠在一起，国民党的外交决策也经常都不是纯从外交利弊的技术层面考虑出发，而往往是受制于内争方面的因素。"[④] 当时，国民政府若想北伐便须避免与日军开战。然而，国民党有些高级将领却积极鼓动蒋介石对日采取强硬态度。在北伐军尚未进入济南前，日本第二遣外舰队以游历之名泊于青岛。为此，白崇禧便致电蒋介石言，日舰"到青游弋我领土内河，意图妨碍北伐"，并主张"应秉公理，不畏强权"[⑤] 对日采取强硬态度。这种主张除民族情感外，亦不排除借此来挑拨蒋与日本的关系。

当济案发生之初，谭延闿便深感国民党内部派系斗争之痛。5月6日，谭延闿"出至中央党部开会，讨论对日问题，党员请愿已暂露党争问题矣"，故谭有"去河北贼易，去朝廷朋党难，信哉"[⑥] 之叹。在

①　《政训部紧急会议》，《申报》1928年5月7日。第4版。

②　《叶楚伧报告中央对日应付方针》，《中央日报》1928年5月11日，第6版。

③　《激昂慷慨的国民反日运动》，《中央日报》1928年5月8日，第2版。

④　罗志田：《济南事件与中美关系的转折》，《历史研究》1996年第2期，第73页。

⑤　《白崇禧电蒋介石》（1928年，具体日期不详），《蒋中正总统文物》，台北"国史馆"藏，典藏号：002-090200-00002-171。

⑥　《谭延闿日记》（手稿本），1928年5月6日。

东方文化中，在外敌入侵时，不顾一切地奋勇抵抗，可歌可泣，而对外和谈则易招致非议。因此，从这方面讲，和谈相比于开战需要更大的勇气。谭延闿等力主避免与日冲突的人容易成为党内反对派攻击的对象。黄郛一直致力于济案归于外交解决，这就给人以攻击的口实。所以黄郛才向谭延闿抱怨：

> 事变形势异常严重，幸各方咸共了解，一致隐忍，且国难临头，故明知集怨一身而不辞。乃寒日《国民革命军日报》与真日《京报》论调，备致讥讪，横施责难。查该两报均系政府或总部关系创办，对外已困难万分，若内部再不我谅，将何以振作勇气？①

从中不仅可以看出国民党内部的矛盾，还可以显示出像谭延闿这样主张隐忍的政府高层，自身所承受的巨大压力。这种民族情感方面的压力，除了别人施加外，更有自我内心的冲突，所以谭延闿才会在对日谈判中，有"秦桧合金之感"②的自嘲。此时，为了维护党内的团结，蒋介石还特意致电谭延闿，并由谭转给在国外的胡汉民、汪精卫、李石曾、孙科及伍朝枢等，以求国民党各派系紧密团结"共同挽此危局"③。

总之，在国力赢弱时，谭延闿在军事上力争避免与日本发生冲突，并相对果断地主张对日妥协退让，以求早日完成北伐。然而，面对极力扩大冲突的日军、孤立无援的国际舆论，及国内主战的强烈呼声，谭延闿在济案中主张的避战求和亦非易事。为此，以谭延闿为首的国民政府，在外交上据理力争，最终使日本将济案归于外交解决；在国际上积极扩大宣传、寻求支援，从而改变了原来国民政府孤立无援的境地；在国内民众运动方面，暗中领导民众反日运动，借以向日本施

---

① 《黄郛致谭延闿电》（1928 年 5 月 16 日），《黄郛档案》，斯坦福大学胡佛档案馆藏。
② 《谭延闿日记》（手稿本），1928 年 5 月 12 日。
③ 《蒋中正电谭延闿胡汉民等济南事变后望能团结救国》（1928 年 5 月 12 日），《蒋中正总统文物》，台北"国史馆"藏，典藏号：002-090200-00001-131。

压，并使民怨有所宣泄。这便是国民政府在军事不抵抗外的抵抗策略。除此之外，谭延闿还要忍受国民党内不同派系的压力，以求维护表面上的团结，从而一致对外。

国民党二届四中全会后国民政府形成了新的领导中枢，谭延闿时任国民政府主席与代理中央政治会议主席等职，虽然此时国民党的实权掌握在蒋介石手中，但是从形式上讲，谭延闿则是党、政的首要领导。因此，济案发生后谭延闿的态度便显得尤为重要，当前线的蒋介石与南京中枢商议对日对奉决策时，多是和谭延闿直接相商，再"由谭延闿向南京中央进行讨论，征得同意"①。济案发生后，若与日开战无疑是以卵击石，然而对日采取军事上的不抵抗政策，希望以外交来解决济案也并非易事。除了日军的强硬态度、国际舆论的孤立及民众的压力外，还有来自国民党内部的互相倾轧。由此，南京国民政府可以说是战难和亦难。

面对如此情形，谭延闿在济案之初力持前方镇静，劝蒋介石避免与日军产生冲突，后主张在军事上对日进行不抵抗政策。而蒋介石不坚定的退让政策，则使极力扩大冲突的日军有了口实，随之济案矛盾不断激化。而兖州会议的召开，则使前线与中央保持一致的对日退让政策。其后，谭延闿又多次致电蒋介石，告知对日军要坚忍负重，并以北伐为第一要务。然而，这并不意味着以谭延闿为首的国民政府没有抗争。面对羸弱的国力，谭延闿等国民政府高层力求在外交上解决济案，并积极寻求国际支持，甚至领导民众运动以对日本施压。对国民党内部，谭延闿也力求维持团结。最终，济案归于外交解决，而北伐军也快速地占领了北京，不久东北易帜，国民政府完成了中国形式上的统一。

第三节　谭内蒋外：北伐之后谭与蒋的合作机制

新桂系势力的不断扩大，使谭延闿与蒋介石均感到了相应的威胁。

---

①　王正华：《南京时期国民政府的中央政制（1927—1937）》，（台湾）政治大学博士学位论文，1997 年，第 204 页。

随着新桂系在湘省囚禁程潜，驱逐鲁涤平，谭与蒋便形成了更为紧密的利益共同体，以反对新桂系。此后，在蒋桂战争和中原大战中，谭内蒋外的运行机制亦发挥得淋漓尽致。

一　从"倒程"到"驱鲁"

蒋介石率军北伐奉系时，桂系的势力也在随之向北扩大，一度达到黄河以北地区。湖南是两广通往中原的门户，为了使其南北控制区域相连，桂系就必须牢牢掌控湖南。而此时的湖南省主席程潜与谭延闿关系密切而不愿依附于桂系，因此湖南省内的税收仍归省库，这便为名义上统治两湖地区的李宗仁所不容。1928 年5 月 21 日，李宗仁突然将程潜囚禁，并以武汉政治分会的名义向南京致电，称：

> 程潜素行暴戾，好乱成性，西征以来日益恣睢，骄悍之情时形言论，迨主持湘政，匪特对于一切政务毫无进行，而财政紊乱，尤达极点，所有收入既不划归湘鄂财政整理委员会掌管，又不公布用途……同人等为党国前途计，两湖政治统一计，巩固北伐后方计，特于本日开特别会议，公开决议。依据政治分会暂行条例第二条第三项之规定，将该军长暂行监视，应请钧会即交政府明令免去本兼各职。①

李宗仁拘禁程潜，完全出乎谭延闿的意料，谭获悉此事后，不得不感叹"处世难于蜀道，人心险于孟门。吁，鸟兽不可同群者久矣"②。至此，谭延闿与桂系彻底决裂。5 月 23 日开政治会议讨论李拘程一事，在会议中除李烈钧外，多数人的意见与谭延闿相左，"为颂云事，协和侃侃不阿，狠够朋友，子民至与相抵，静江助之张目，信乎孤立无助之不可也"③。可见当时谭延闿的无奈之情。由于缺乏蒋介石等人的支持，程潜最终被免职，程所率的第六军也在随后一系列的斗

---

① 《李宗仁扣留程潜》，《申报》1928 年 5 月 23 日，第 4 版。
② 《谭延闿日记》（手稿本），1928 年 5 月 22 日。
③ 《谭延闿日记》（手稿本），1928 年 5 月 23 日。

争中被取消番号；桂系为了不激化与谭延闿的矛盾及照顾湖南的地方势力，便同意由湘人鲁涤平继任湖南省政府主席，并试图借机进一步拉拢鲁涤平。

1928年6月2日，在蒋介石北伐军的压力下，张作霖被迫退出北京。6月4日，张作霖被日军炸死，随后北伐军占领京津地区，南京政府宣布"统一告成"。在结束了北方战局之后，蒋介石与桂系的矛盾便再一次上升。8月8日，国民党召开了二届五中全会，蒋介石为加强集权，对"取销政治分会案殊着急"①。在这次会议中，谭延闿不仅倾向于取消政治分会，而且主张统一全国财政，② 这均与蒋的利益相一致。在谭原来所依恃的军事势力中，程潜的第六军被取消了番号，与谭关系密切的朱培德的第三军也因分共而被严重削弱。此时谭延闿所依靠的军事势力仅有鲁涤平的第二军，完全不能与蒋、桂任何一方抗衡，且第二军因收编了唐生智的部队致使湘军内部矛盾重重，特别是何键，与鲁涤平貌合神离、互不配合。取消政治分会，李宗仁便不能再以分会主席的名义命令鲁涤平，这便为湘军减轻了压力。但由于桂系、李济深等人的强烈反对，在这次会议中各地的政治分会并没有被取消，只通过了《军事整理案》及《政治分会存废案》。其中前者规定了"军政军令，必须绝对统一"及"裁兵"③。而后者则规定："（一）各地政治分会，限于本年年底，一律取消。（二）政治分会暂行条例第四条：'政治分会之决议案，交该特定地域内之最高级地方政府执行之'之下，增加但书如下：'但不得以分会名义对外发布命令，并不得以分会名义任免该特定地域内之人员。'"④ 这便对政治分会存在的时间及权力做出了限制。

因为各方势力互相角逐，会议中矛盾重重，正如谭所指出的只是

---

①　《谭延闿日记》（手稿本），1928年8月11日。

②　《中央党部代表谭延闿训词》，《全国财政会议日刊》1928年第2期，第3页。

③　中国第二历史档案馆编《中华民国史档案资料汇编·第五辑·第一编》军事（一），江苏古籍出版社，1994，第608页。

④　《第二届第五次中央全会》，荣孟源主编《中国国民党历次代表大会及中央全会资料（上册）》，第544页。

在大政方针中做了相关规定，"而不为详细之规定"①。蒋虽未能如愿取消政治分会，但通过了上述两个有利于己的法案，故蒋认为此次会议"虽未能完美，左右两派皆未能满足，然尽余之力，而会议得有结果，亦未始非党国之幸也"②。相反，谭延闿却认为"五中不中，如梦如幻，劳民伤财，受怨呕气，亦何取乎"③，由此可见谭对此次会议没有取消政治分会的失望之情。

1928年12月27日，张继等人提交的《各地政治分会展期裁撤案》被中央常务会议通过，该决议鉴于国民党三大的延期及国军编遣事宜的进行，"决定各该分会展至三月十五日以前裁撤，并申令各该分会须确守分会暂行条例之规定，不可逾越权限，以期行政系统日就整理"④。这项决议既满足了李宗仁等以种种理由缓期裁撤政治分会的要求，又规定了政治分会"不可逾越权限"。

利用中央的权威来进行军队编遣是蒋介石削弱桂系势力的重要手段。1929年1月，经过长期的准备，全国编遣会议正式在南京召开。谭延闿此时所依靠的军事力量较弱，故也积极支持蒋介石的军事编遣，在1928年11月他便告诉其亲信鲁涤平，称"改编事大定，事非坚忍不成也"⑤。此次编遣会议虽然矛盾重重，但在唇枪舌剑中通过了《国军编遣委员会进行程序大纲》，该大纲的第十四条规定"现有各部队不论原属何部，自归编遣委员会管辖后，应留驻现在防地，分任警备职务，静候检阅编遣，非奉编遣委员会之命令，不得移动"⑥，它的通过实际上是将各地方的军事权力收归到中央。谭延闿看到这项决议心情甚好，并在日记中感慨"以岁一万八千万为经常军费，千二百万为

---

① 《第二届第五次中央全会》，荣孟源主编《中国国民党历次代表大会及中央全会资料（上册）》，第547页。
② 周美华编注《蒋中正总统档案·事略稿本》第4册，台北"国史馆"，2006，第82页。
③ 《谭延闿日记》（手稿本），1928年8月14日。
④ 《中央常务会议》，《申报》1928年12月28日，第4版。
⑤ 《谭延闿日记》（手稿本），1928年11月16日。
⑥ 中国第二历史档案馆编《中华民国史档案资料汇编·第五辑·第一编》军事（一），第630页。

临时费，全国编六十五师，师制如民元，月不过十九万。果然办到，天下太平矣"①。

　　然而，谭的天下太平梦想很快就被桂系打破了。1929 年 2 月 19 日，武汉政治分会任命何键取代鲁涤平为湖南省主席一职。同时，桂系派杨腾辉、李明瑞两旅南下驱鲁，鲁涤平被迫从长沙出逃。2 月 21 日李宗仁致电蒋介石，历数鲁在湘罪状，称"滥用权威，把持中央税收，紊乱行政系统，致饷糈计划，无法统筹，似此拥兵恣肆，若不亟予惩处，大局前途，何堪设想"②。鲁涤平是谭延闿的亲信，谭深知鲁在湘不易，在此之前，谭便经常劝鲁沉着、忍让，但当谭"得京电，知武汉政分会发表免鲁"时，认为这"不能怪咏安之不沉着矣"③。驱鲁事件发生时蒋介石在浙江奉化老家，得知消息后蒋迅速返回南京，途经上海时，蒋还偕谭延闿去见李宗仁，会商鲁涤平被免一事，并使李答应与中央保持一致。④ 当晚蒋返宁并致电冯玉祥、阎锡山及李济深，敦促他们来南京商谈此事，在致冯的电中，蒋写道：

　　　　鲁涤平已退入江西。弟在沪晤德邻兄，允负责制止武汉行动。惟武汉对鲁虽以剿共不力，把持财政为辞。但是非自在人心，舆论均致责难，按照《政治分会条例》不容直接改组省政府，任免省府主席及委员，此事究应如何处置，务望迅赐指示。⑤

　　蒋致电冯、阎欲拉拢其共同反桂，蒋指出武汉分会这样做有违法理，并望冯、阎早日回电，以便蒋根据他们的态度筹谋接下来的计划。1929 年 2 月 26 日，鲁涤平到达南京并至谭延闿家中"谈出险事"，片

①　《谭延闿日记》（手稿本），1929 年 1 月 17 日。
②　中国第二历史档案馆编《中华民国史档案资料汇编·第五辑·第一编》军事（一），第 685 页。
③　《谭延闿日记》（手稿本），1929 年 2 月 22 日。
④　韩信夫、姜克夫主编《中华民国史　大事记》第 2 册，中国文史出版社，1997，第 957 页。
⑤　吴淑凤编注《蒋中正总统档案·事略稿本》第 5 册，台北"国史馆"，2006，第 141 页。

刻"适介石亦来，谈数语去"，可是不久"介石复来见鲁，谈顷之去"①。当日蒋介石两次去谭处，并与谭、鲁二人相谈，其谈论的内容虽未可知，但当晚蒋在尚未得到冯、阎等人的答复前，便密令刘峙、顾祝同等八位师长，以"长江上游形势严重"为由，命其"即日集结兵力，停止剿匪任务"，"自三月五日起，各部队须有令到，随时开始输送之准备"②。然而，在2月27日的政治会议中，蒋经过讨论又决定暂不用兵，在会中"讨论湘变问题，哲生颇持正，蔡则主查明，易吟村颇侃侃，展堂、庸之皆发言，余亦作尊攘派论，余无言者。介石主支蔡、李查办"③。可见，当时南京方面对是否出兵还没有一致的决定，虽然谭延闿等人积极主张伐桂，但在听取了党内其他人的意见后，还未做好战争准备的蒋介石，主张对此案先进行查办。当日，蒋为了拉拢何键，任其为代理湖南省政府主席，接着又致电白崇禧问"湘事应如何处置"，并以第三方的语气言"对谭院长不宜全失体面，不留余地"④。可见，蒋介石并非"湘变"直接的受害者，在他未做好战争准备之前，可以灵活地以超然的姿态来处理"湘变"。

"湘变"发生后，反应最激烈的无疑是谭延闿，他是自始至终的主战派。桂系驱逐鲁涤平时，李宗仁不在武汉，因此他解释驱鲁一事他事前并不知情，⑤ 而且李多次公开强调这件事属于"整理内部问题，绝不致牵动大局"⑥。谭延闿则不认同李的说法，3月6日谭对蔡元培说"李诚不知，则无与谈之价值，设知之，则视南京无足语者，其言又可信乎"，此时，蔡元培还在努力协调谭、蒋与桂系的矛盾，但谭延闿却一针见血地指出"事已至此，固非书生所能办矣"⑦。正如谭延闿所言，事情正迅速朝着战争的方向发展。3月13日，李济深不顾李宗

---

① 《谭延闿日记》（手稿本），1929年2月26日。
② 中国第二历史档案馆编《中华民国史档案资料汇编·第五辑·第一编》军事（一），第687—685页。
③ 《谭延闿日记》（手稿本），1929年2月27日。
④ 吴淑凤编注《蒋中正总统档案·事略稿本》第5册，第141页。
⑤ 《李宗仁回忆录（上册）》，第606页。
⑥ 《李宗仁昨日行动与谈话》，《申报》1929年3月5日，第13版。
⑦ 《谭延闿日记》（手稿本），1929年3月6日。

仁的劝说，与吴稚晖、李石曾、张静江及蔡元培一同到达南京，① 他们想与谭延闿会商如何处置"湘变"一事，却被谭延闿拒绝，谭之所以拒绝是因他要"至中央党部，与介石、汉民谈"，谈过之后，"乃入议场，议解散武汉政治分会及处分张知本、胡宗铎、张华辅事"②。3月21日，蒋介石宣布白崇禧辞职电，并下令免去黄绍竑、叶琪及夏威的职务，令黄、叶的军队解散，夏的军队返回广西，谭延闿知此乃"与虎谋皮办法，姑试之耳"，"看其服从否"③。若说此前蒋介石调兵是中央对桂系而做的战争防御，这些举措便是主动出击的信号。当然，蒋介石之所以选择在此时释放这样的信号，可以从以下几点分析。

首先，阎锡山、冯玉祥已向蒋表示不插手"湘变"一事，尤其是冯明确地表示"其服从中央之态度"④，这使蒋少去了后顾之忧。其次，蒋对桂系用兵有法理上的依据，不像桂系上次驱逐程潜，这次罢免鲁涤平违背了二届五中全会的《政治分会存废案》，之后"不到半月武汉竟调动军队，扰乱湖南、江西"⑤，这又违背了编遣会议中的《国军编遣委员会进行程序大纲》。这样，蒋便可将战争的责任推给桂系。最后，蒋介石已经做好了战争的准备，除了部署自己的部队，他还利用一切社会网络来减少未来战争对他的威胁。他在3月17日已致电张学良"请其负责监视在唐山之白部，不准其移动，如一移动准用武力解决"⑥，并利用吴稚晖等人与李济深的关系将李诱至南京，李济深素来与桂系联系密切，留其在南京，一旦开战可减轻来自广东方面的军事压力。果然，李济深收到了蒋要发动战争的信号后，便"上书求去，羁于总部，吴老来求，遂改汤山□之"⑦。

① 《李宗仁回忆录（上册）》，第608—610页。
② 《谭延闿日记》（手稿本），1929年3月13日。
③ 《谭延闿日记》（手稿本），1929年3月21日。
④ 吴淑凤编注《蒋中正总统档案·事略稿本》第5册，第169页。
⑤ 吴淑凤编注《蒋中正总统档案·事略稿本》第5册，第184页。
⑥ 吴淑凤编注《蒋中正总统档案·事略稿本》第5册，第198页。
⑦ 《谭延闿日记》（手稿本），1929年3月21日。有关吴稚晖与李济深被囚汤山的关系可参阅沈成飞《吴稚晖在李济深被囚汤山案中的角色》，《近代史研究》2015年第1期。

面对蒋介石这些决议，桂系自不能坐以待毙，3 月 25 日，朱培德、夏斗寅向南京报告"敌军逼近"，接到来电，谭延闿、蒋介石等"遂商决命令讨伐事"①。26 日，蒋介石历数桂系五大罪状："（一）投机取巧，扩张一系势力。（二）阴谋叛乱以消灭革命武力。（三）挑拨离间以分裂革命袍泽。（四）贪残掠夺以剥削人民利益。（五）违背中央以破坏中国统一。"② 次日蒋正式下令讨伐桂系，蒋桂战争正式爆发。

"驱鲁"不同于"倒程"，并没有令谭延闿感到意外，而是令其"深以为忧"③。此时，谭已敏锐地意识到"驱鲁"可能引起的严重后果，它已不再是武汉分会内部的事情，而会引起整个国民政府的分裂。在"倒程"时蒋介石并未支持谭延闿，因为"倒程"时蒋仍要利用桂系北伐奉系，而谭延闿所自持的湘军亦不能小觑，所以当时蒋采取"中立"的态度。"倒程"后，在军事上得不到保障的谭延闿更加向蒋介石靠拢，同时蒋也不能容忍桂系占据湖南，势力扩大而对己不利。此时，谭与蒋已经形成了休戚相关的利益共同体，所以"驱鲁"发生时，蒋的态度与"倒程"时迥异，这次他积极支持谭延闿，并最终导致蒋桂战争的爆发。正因打击桂系与蒋介石的切身利益相关，所以蒋才会在讨伐桂系时"声情慷慨，有劳死不还之语"④。总之，蒋桂战争的爆发是谭、蒋关系的另一个转折点，从此两人不仅变为休戚相关的利益共同体，在合作的方式上，谭、蒋也进入了一个新的阶段。

二　从蒋桂战争到中原大战

蒋桂战争爆发不久，蒋冯战争、中原大战便接踵而至。其间，蒋介石多在前线指挥作战，而时任国民政府行政院院长的谭延闿则留在南京城内负责政府的主要工作。此时，谭延闿作为蒋介石的下属，不仅密切关注蒋的军事情况，还利用自己在地缘等方面的优势，拉拢与湘籍有关的将领，以配合蒋介石的军事行动。除此之外，他还积极处

---

① 《谭延闿日记》（手稿本），1929 年 3 月 25 日。
② 吴淑凤编注《蒋中正总统档案·事略稿本》第 5 册，第 286 页。
③ 《谭延闿日记》（手稿本），1929 年 2 月 22 日。
④ 《谭延闿日记》（手稿本），1929 年 3 月 27 日。

理对日问题，及关注冯玉祥等势力的情况，以减轻蒋介石的军事压力。总体上而言，此时谭延闿与蒋介石为了赢得战争乃是内外配合、各有分工。此后，桂系、冯玉祥等接连被击败，而谭延闿与蒋介石的关系于公于私又都得到了深化。

蒋介石一边作战，一边分化瓦解对手的军队。谭利用自身的地缘优势，拉拢湖南人或与之有关的势力密切配合蒋的作战方针。他先缓和了与何键的关系，并力促何键坚定反桂之心。何键是桂系驱逐鲁涤平的帮手之一，当桂系任命其为湖南省政府主席时，他忌惮于蒋、谭的态度不敢贸然就职，至 1929 年 2 月 27 日蒋介石明令他为代理湖南省政府主席，方才进入长沙。3 月 26 日蒋桂战争即将爆发，蒋介石致电何键云：

> 湖南绝非中立所可维持，且兄与桂系之利害，完全相反。湖南无中央决无存在之理，亦即兄与桂系亦无两存之道。简言之，有桂系即不能有湖南，亦不能有兄。且不能有革命军队与中央也。今日战局之胜负亦复如此。如兄能毅然服从中央，反对桂系，则桂系即无归路，消灭不俟朝食，倘兄徘徊不定则桂系必退入湖南。此时，试问桂系能让兄在湖南共处，而兄亦岂忍与逆军同进退。湖南尚有独立余地乎。[1]

蒋介石的此份电文可以说是鞭辟入里，对何键有利诱更有威胁，有劝说更有警告。与此同时，谭延闿对何键的态度也在逐渐地转变，蒋桂战争爆发后，谭延闿在日记中有"何键致朱益之电，似觉悟矣，且看真假如何"[2] 之语，可见其对何键的印象逐渐改善。3 月 31 日，湖南地方名望彭国钧、张炯、李毓尧、王凤喈至谭延闿处"言湘党政事"，谭认为"亦太早计矣"[3]。4 月 3 日，何键派代表张慕先携函见蒋介石，请蒋"训示机宜，俾有遵循"[4]。鉴于何键的表现，谭也认同何

---

①　吴淑凤编注《蒋中正总统档案·事略稿本》第 5 册，第 267—269 页。
②　《谭延闿日记》（手稿本），1929 年 3 月 2 日。
③　《谭延闿日记》（手稿本），1929 年 3 月 31 日。
④　韩信夫、姜克夫主编《中华民国史　大事记》第 2 册，第 976 页。

键主湘，并在国民政府会议讨论湘省主席时，主动提议由何键担任，并获会议通过。① 为了能使何键在战争中全力反桂，谭还给何以勉励电，称其"具征统率之有方，益信主义之无敌。继续进取，扫荡逆氛，完成统一"②。这些均是为了增加何键反桂的决心。后来，当鲁涤平担任江西省政府主席时，为了弥补鲁、何两人的嫌隙，谭还特意写信给何键，言"咏安兄（鲁涤平别号）与兄各寄分疆之重，复结比邻之好；湘赣接壤，辅车相依；尚希共济艰难，以抒伟抱，为国为乡，实利赖之"③，但此时的何键与桂系仍有联系。为了使何键彻底反桂，谭还间接警告何键，称：政治上不能驾无底船，更不宜脚踏两只船，因为危险性很大，一旦遇到风险，即令要随风转舵，也很难化险为夷。……无论桂系或阎、冯，凡是穷兵黩武，没有不惨败的。最重要的是把立脚点站稳，再不能两边摇摆。④

从后来何键的行为看，谭延闿的此番警告发挥了一定作用。除了何键，谭延闿还对赴反桂前线的罗介夫等湖南人士提出"服从命令，勿执己见"⑤ 的告诫。

蒋在反桂之外，还不忘记进攻共产党，并让谭延闿力劝与谭素有往来的朱培德任湘赣粤闽四省"剿匪"总指挥。蒋介石电称"此时讨逆未完，革命未成，岂能使之独逸，请劝益之（朱培德）兄务须共同努力，贯彻始终，是为至要"⑥。此外，谭多次以行政院长的身份给龙云、王大真及陈济棠等人发去反桂的嘉奖电文。⑦ 以上表明谭延闿虽不直接指挥军队，但身为行政院长的他可以代表中央为前线的士兵鼓舞士气，凭借自己的地缘、人缘及职务等有利条件配合蒋介石的作战。

对桂战争初期，在外交方面最重要的事务便是接收胶济问题。

---

① 黎泽泰：《何键与谭延闿》，《湖南文史资料选辑》第 5 辑，湖南人民出版社，1981，第 194 页。
② 周秋光主编《谭延闿集》第 2 册，第 674 页。
③ 黎泽泰：《何键与谭延闿》，《湖南文史资料选辑》第 5 辑，第 194 页。
④ 黎泽泰：《何键与谭延闿》，《湖南文史资料选辑》第 5 辑，第 198 页。
⑤ 《谭延闿日记》（手稿本），1929 年 4 月 14 日。
⑥ 吴淑凤编注《蒋中正总统档案·事略稿本》第 5 册，第 365—366 页。
⑦ 周秋光主编《谭延闿集》第 2 册，第 673—675 页。

1928 年 5 月，日本为阻止二次北伐悍然出兵山东，制造了"济南惨案"。此后，中日两国就日本撤兵问题不断进行谈判，而蒋桂战争爆发时，正值商议日军撤出山东的末期。由于担心日军撤退后山东被冯玉祥等占领，蒋介石一直强调接收济南要听政府安排。为此，山东问题便成为谭延闿与时任外交部长王正廷办理外交事务的重点。1928 年 4 月 9 日，蒋介石电谭延闿言，"接收胶济须迟一个月方可实行，最早亦须迟之本月杪。其接收部队由政府明令指派，否则政府不能负责也"①。次日，蒋又托王正廷转告谭延闿强调："胶济接防事，极关重大，请详密准备，并须全盘筹划，切不可先接济南至张店一段。更须由中央明令发表方得接收，否则急急忙忙如恐不及，不惟日方所轻视，且必上其不测之当也。"② 由此可见，蒋虽在外，但对对日谈判可谓极其关心。紧接着，谭延闿日记多次提及处理对日问题：

> 至王儒堂寓，谈接收青岛问题。乃至党部，今日常会第一次也，展堂主席。散后，与何敬之、王儒堂谈青岛办法。出门，遇熊式辉。复登楼，见胡、戴、孙、陈、何，商反日会事乃归。
>
> 日海军次官内田信之一行来，酬应顷之，陈参事译。
>
> 王儒堂自沪电话，济南接收事，睡未几，又起听电话，仍前事。
>
> 曾伯兴、周况来，谈陈中孚接收青岛事。
>
> 古湘芹来商接收事。③

4 月 25 日，冯玉祥部山东省主席孙良诚因不满国民政府在济南的对日接收，特电呈蒋介石与谭延闿称病辞职。次日，孙率部奔赴开封，并在 27 日通电全国称："良诚近见驻鲁部队日渐增多，为接收填防已足分配，然大军云集，给养困难，不幸牵动外交，更将予人口实……更见内争之可耻，而处事不可不退让也。"④ 与此同时，蒋介石指示南

①　吴淑凤编注《蒋中正总统档案·事略稿本》第 5 册，第 356—357 页。
②　吴淑凤编注《蒋中正总统档案·事略稿本》第 5 册，第 361 页。
③　《谭延闿日记》（手稿本），1929 年 4 月 11 日、12 日、16 日、18 日、24 日。
④　韩信夫、姜克夫主编《中华民国史　大事记》第 2 册，第 988 页。

京试探性地分段接收山东,① 按照此指示国民政府正式发布接防令,命程心明、杨虎城、刘珍年等部对山东进行接收。虽然以谭延闿为首的国民政府按蒋的意图接收了胶济地区,但同时也增大了与冯玉祥的矛盾。

在对桂战争末期,蒋冯战争又成为谭延闿协助蒋介石处理的主要事件。由于桂系迅速溃败,蒋介石一改在蒋桂战争初期对冯玉祥拉拢的政策,态度变得逐渐强硬。这在接收山东问题上表现得尤为明显,而桂系的失败也令冯感到了危机,因此蒋冯之间的矛盾在蒋桂战争后期迅速上升。其间蒋曾多次电邀冯至南京,却均被冯拒绝,冯认为自己若去南京定为蒋所囚,成为又一个李济深,并称"李任潮因调停大局,为蒋监禁,此后孰敢入京。蒋之此举,无异自杀"②。5 月 13 日,蒋再次致电冯玉祥,以解释其囚禁李济深的原因,且声明绝对保证冯来南京的安全,同时指出有关冯的谣言,借以逼冯来宁,蒋电称:

> 今日造谣致疑于兄者不外三点:一、谓兄购买军机积储而谋割据西北,反抗中央。二、谓兄缩短防地围攻燕晋,而谋勾结苏俄另设政府。三、谓兄拒绝来京,联络桂系,而谋进攻武汉,别创新局。凡此种种智者固不置信,流言永无已时。此乃时局之病症,吾人对症发药,惟有望兄供职中央,而不逗留于西北一隅,则群谣尽息,人心亦定。③

1929 年 5 月 15 日,冯玉祥复蒋介石 13 日电详述不入南京之理由,并指责蒋介石排斥异己,穷兵黩武。同日冯部炸毁武胜关、漳河等铁路,撤向西北,蒋冯战争爆发。次日,蒋介石便赴谭延闿处商量冯军毁路移军之事。④ 5 月 17 日,冯玉祥、孙良诚、韩复榘等通电反蒋,同日蒋介石、谭延闿及胡汉民等人会商冯事。谭延闿在看过冯玉祥等人的通电后,怒道:"孙良诚辈推冯为护党救国军西北总司令。咬人矢

① 吴淑凤编注《蒋中正总统档案·事略稿本》第 5 册,第 361 页。
② 中国第二历史档案馆编《冯玉祥日记》第 2 册,江苏古籍出版社,1992,第 611 页。
③ 吴淑凤编注《蒋中正总统档案·事略稿本》第 5 册,第 522—523 页。
④ 《谭延闿日记》(手稿本),1929 年 5 月 16 日。

橛，不是好狗。"① 在对待冯玉祥的问题上，谭延闿态度很强硬，力主蒋介石出兵讨冯。5 月 20 日，谭延闿在国民党中常会第十三次会议中报告冯军毁路等情况，并决定召集全体执监会议，会商应对时局的方针。② 5 月 21 日，以谭延闿为首的国民政府五院院长发出对时局的通电，称"此次西北叛将之动乱，托词于山东接防。夫山东为中央所辖之省区，孙良诚为中央任命之守吏，不遵令接防之不足，复自由离职……而刘郁芬等又巧避叛变之名，集矢主席，通电张皇，等开狂吠"③，并表示"誓随蒋主席消除奸顽"④。随后，冯玉祥部的韩复榘、石友三受蒋介石的策动叛冯，并通电表示拥护中央。5 月 23 日，国民党中央第十四次常务会议决议"开冯党籍而部下不与"⑤。

在蒋冯之争爆发时，谭延闿坚定地支持蒋介石。除了个人利益及私人交谊外，谭延闿与冯玉祥的政治思想差异也是重要的原因之一。此时，谭延闿认为他和蒋介石组成的南京国民政府才是国民党的正统，而冯玉祥只是地方割据势力。相反，冯认为南京国民政府只是蒋介石用以排除异己的工具。基于这种强烈的政治价值观差异，谭才能坚定不移地支持蒋介石，并力主伐冯并有"冯已通电见呼为伪政府矣，不打何待！"⑥ 之呼，才会有"梦看见冯玉祥首级"⑦ 之语。即使对与谭有直接利益冲突的桂系，其都未有这样强烈表达个人感情之言。谭延闿力求早日建立强大的统一集权国家，为此他全力支持蒋介石，并积极对地方军阀进行抨击，在 1929 年 8 月 10 日的《告全体军人电》中，谭称：

> 不幸中央力谋和平统一之时，迭出扰乱和平、破坏统一之叛乱。自去年春桂系军阀叛变以后，继之以西北军之作乱，以唐逆

---

① 《谭延闿日记》（手稿本），1929 年 5 月 17 日。
② 韩信夫、姜克夫主编《中华民国史　大事记》第 2 册，第 999 页。
③ 韩信夫、姜克夫主编《中华民国史　大事记》第 2 册，第 1000 页。
④ 吴淑凤编注《蒋中正总统档案·事略稿本》第 5 册，第 567 页。
⑤ 《谭延闿日记》（手稿本），1929 年 5 月 23 日。
⑥ 《谭延闿日记》（手稿本），1929 年 5 月 22 日。
⑦ 《谭延闿日记》（手稿本），1929 年 6 月 5 日。

生智、张逆发奎先后之背叛。致使甫告完成之统一迭受破坏，甫行显示之和屡遭扰乱。几如一片嫩芽为狂风急雨所摧残，一线曙光为乌云黑雾所障蔽。此实国家之不幸，亦即国人所甚为痛心者也。①

可见，在政治上，谭积极反对地方割据，主张军队应服从中央。在谭延闿等人的配合下，蒋在对冯战争中节节胜利。在此背景下，阎锡山自知不能独存，于是迅速地与冯玉祥、桂系结成了反蒋同盟，1930 年 2 月 15 日，谭延闿与胡汉民致电阎锡山，指责其目无国纪，电称：

> 顷读致介公元电，洛诵之余，弥深感慨。介公受命于党，膺此艰巨，屡请息肩，迄未邀准。比以国内多故，遂亦尽瘁弗辞。盖国有纲维，党有纪律，个人进退绝无自由。而先生未得党国之许可，遽欲挟介公以俱去。硁硁之愚，窃谓未可……
>
> ……自桂系以至于唐生智等，其初中央何尝不本止乱苦心，持以宽大，及其止无可止，乃不得不戡，所必堪。若必曲护作乱，以咎戡乱之中央，则先生风陵渡之出师，郑州之命驾，又将何以自解？②

此时的谭延闿在政治上积极地拥护蒋介石，并将其看作平息国内战乱的重要人物。2 月 19 日，谭延闿又致电阎锡山，劝其"高拱中枢，弼成训政"③，此后谭延闿、胡汉民等又劝阎锡山取消"中华民国军"的名号，并让其撤走山东的晋军。④ 虽然最终未能使阎改变反蒋的态度，但至少表明了谭在政治方面对蒋介石的支持。不久，中原大战爆发，谭延闿更是尽心尽力地配合蒋介石在前线的战争。

在战争期间谭延闿对蒋多有赞许，曾在日记中记载："介石乘飞机往漯河，见王金铨辈，仍返归德，可谓勇矣。孤身入不可测之军中，

---

① 周秋光主编《谭延闿集》第 2 册，第 676 页。
② 周秋光主编《谭延闿集》第 2 册，第 681—682 页。
③ 周秋光主编《谭延闿集》第 2 册，第 682 页。
④ 周秋光主编《谭延闿集》第 2 册，第 683—687 页。

通过敌阵，不能不佩服也。"① 其间，谭延闿不仅积极协助蒋介石筹备军款，还帮助其参考军事。② 面对反蒋势力的进攻，谭也遵照蒋的指示做好了"持久之预备"③。甚至在谭去世前夕，他仍在关心张学良的出兵问题，据其日记记载：

> 铁城来电，奉已决出兵。
>
> 汉卿已决出兵。铁城电云十七动员，先集唐山，进天津。张致介石电亦云然，惟已保地方官非单纯也。
>
> 张学良通电，已出兵，亦动员，看明日至津否。④

在张学良的支持下，蒋介石最终获得了中原大战的胜利。从蒋桂战争到中原大战，蒋介石更多的是在南京以外的地区指挥军队，而谭延闿则留守后方。时任行政院院长的谭延闿，在军事上拉拢湘籍及与其有关的将领使之配合蒋介石的作战；在外交上积极实行蒋的外交理念，令接收山东一事按照蒋的意愿完成；在政治上坚定地支持以蒋介石为中心的南京政府，并为蒋创造了一个稳定的后方。而蒋介石对谭在南京的表现也深感满意，谭在上海养病时，蒋还特意让宋子文至沪催谭返京，⑤ 在蒋桂战争后期，蒋在离开南京时更是放心地将事务交给谭来处理，"介石来，以将北行，欲吾留镇，又要约星期一必归"⑥。由此可见，此时谭与蒋两人配合默契，谭延闿已成为蒋介石统治各派的得力助手。

1930 年 9 月 22 日，谭延闿在中原大战结束前夕因病去世。蒋闻谭延闿去世，"不胜人琴之痛，尤为党国之莫大损失，悲悼之怀，曷其有极"⑦，并下令全国下半旗 3 天，停止一切娱乐活动。此外，蒋介石还特意给

---

① 《谭延闿日记》（手稿本），1930 年 5 月 27 日。
② 《谭延闿日记》（手稿本），1930 年 6 月 12 日、16 日、17 日。
③ 《谭延闿日记》（手稿本），1930 年 7 月 22 日。
④ 《谭延闿日记》（手稿本），1930 年 9 月 17 日、18 日、19 日。
⑤ 《谭延闿日记》（手稿本），1929 年 5 月 3 日。
⑥ 《谭延闿日记》（手稿本），1929 年 6 月 21 日。
⑦ 周琇环编注《蒋中正总统档案·事略稿本》第 8 册，台北"国史馆"，2006，第 590 页。

谭延闿的家人发慰问电，称："惊悉尊公急病仙逝，痛悼易极。前方军事未终，不获回京送殓，尤以为憾。尊公之逝，为党国极大不幸。后死者惟有勉为继述，以慰其在天之灵。"① 关于谭延闿的一切治丧事务，蒋命胡汉民等筹办，并随时电告蒋介石。② 1930 年 10 月，蒋介石还亲自为谭延闿书写了祭文，文中有言：

> 呜呼！大乱渐平，而建设为当务之急，公竟释党国之责任而长逝耶！鞠躬尽瘁，死而后已！公之身虽没，公之功不朽也。昔在辛亥武汉起义，首先响应者，实惟湖南。而危难之中，出任艰巨，此公之功也。讨袁、护法诸役，信大义于天下，作西南之保障，此又公之功也。挈湘军以赴国家之难，而岭表驰驱，总理在时则竭智尽忠，含辛茹苦。逮乎总理逝世，以迄定都南京，五院成立，数年之间，患难频仍，所更非一，往往定大计，决大疑，俾我国家拯于危堕，卒致统一和平之盛，此尤公之功也。方期政治修明，生民乐利，或有时可以遂公东山之志，乃元恶大憝之肆行叛逆者，自去年以来，迭相倚伏，自不得不以国家之武力，扫除训政时期之障碍。艰难转战，动经岁时，赖公坐镇中枢，经纶密勿，而中外引以为重。初不意乡之所以忧劳成疾者，一发而终不可治也。然公究未尝以其身为己之身，故犹力疾在公，夙夜匪懈，更不意大军告捷，底定中原，而天不慭遗，哲人遽丧。③

蒋介石的祭文不仅对谭延闿在辛亥革命、讨袁护法等方面给予了肯定，对谭"坐镇中枢"的行为亦进行了较高的评价。1931 年 9 月 4 日，南京国民政府为谭延闿举行了国葬，蒋介石亲往执绋，并担任主祭，宣读祭文。蒋对谭延闿去世的悲痛，不仅缘于其与谭的个人情谊，更重要的是蒋从此少了一个在党内的重要支持者。

---

① 周琇环编注《蒋中正总统档案·事略稿本》第 8 册，第 591 页。
② 周琇环编注《蒋中正总统档案·事略稿本》第 8 册，第 591 页。
③ 《谭延闿国葬案（二）》（1930 年 10 月 18 日），《国民政府》，台北"国史馆"藏，典藏号：001-036320-0002。

谭延闿为旧式文人，他久历官场，处世圆滑，性情优柔，不轻易得罪他人，虽有实力，却无过分之野心，常抱有实用主义的心态。而军人出身的蒋介石，刚毅、固执、敏感，有政治野心与远大抱负。两人在1926—1930年的关系，可以蒋桂战争为分界点，之前谭蒋虽是同僚但有合作亦有冲突，而蒋桂战争爆发后，谭则积极支持蒋介石，唯蒋马首是瞻。此时，两人无论是在现实利益，还是在政治理念上，都趋于一致。

谭延闿在宁汉合流后被任命为国民政府主席与他协调各派系之间的政治权术密切相关。然而，谭最终选择与蒋形成密切的上下级关系可以从以下方面分析。首先，蒋介石所拥有党、政、军的综合优势是国民党内其他派系所不能相比的，汪精卫、胡汉民固然在党内拥有较高的地位，然而他们都缺少相应的军事实力；相反冯玉祥、李宗仁、阎锡山等在党内的地位又远逊于蒋介石。这便是谭选择依附于蒋的重要原因之一。当然，谭从蒋的"同僚"变为"属僚"的过程中，心理上有一个适应的过程，有次蒋的电文便使谭延闿觉得"其辞使人有加膝坠渊之感"，但同时谭更明白"然赵孟所贵，赵孟能贱，自古已然矣"[1] 的道理。其次，在政治理念方面谭延闿与蒋介石也较为接近，蒋坚定不移地在追求着权力，但"他的权力野心并非全由追求个人的满足促成的，他深以谋求中华民族的幸福为己任"[2]。谭延闿在政治上也谋求建立统一而强大的中央政府，这就促使他无形中向蒋介石靠近。而冯玉祥、阎锡山等则被谭延闿看作地方割据势力，在政治思想上便与其不同。最后，从交际情谊上讲，谭延闿与蒋介石的私人交往同样是促使谭倒向蒋的重要原因之一。不仅谭、蒋两人的私人关系密切，可以说谭、蒋两家的交往都较为密切。蒋介石婚前，谭延闿便与宋美龄、宋子文保持着深厚的私人情谊，谭延闿的女儿谭祥也与宋美龄有着较深的情谊，类似"蒋介石、宋三同来，登楼见之，呼祥出见"[3]，"祥为宋美龄

---

① 《谭延闿日记》（手稿本），1928年5月21日。
② 〔美〕费正清编《剑桥中华民国史（1912—1949）》，中国社会科学出版社，1994，第133页。
③ 《谭延闿日记》（手稿本），1929年5月13日。

留同出游"①的记载，在谭日记中有很多处。此外，谭延闿还"为介石写哭母文"②。当然，蒋对谭也极为关心，有次蒋"与谭行政院长延闿谈话，观其面黄舌涩"，蒋便甚为忧虑并祈祷"愿天佑长者长寿"③。

综上所述，从谭延闿与蒋介石的关系变化与权力转移中可以看出，谭延闿在政治方面是较为灵活且务实的，他对事从不偏执与盲目乐观，更不缺乏圆融折冲的智慧与坚韧不拔的意志，正是这些性格促使他与蒋介石的关系在历经多次转变后，最终形成一个紧密的利益共同体。正是得益于此，才使他由清末的传统文人变为国民党的元老。谭延闿由蒋介石的"同僚"变为其"属僚"的过程，从另一侧面说明了蒋介石用人的能力。对待朱培德、鲁涤平及何键这样的支持者或潜在的支持者，蒋介石非常善于利用过去的恩惠做交易，且承诺未来还有益处，并对他们晓以爱国和忠诚的大义，使他们更加坚定立场。尤其是在发动对其他派系的战争前，蒋更是将自己的支持者都动员起来，严阵以待。而对待像李宗仁及冯玉祥等这样的反对派，蒋介石也力图分化、离间，使之不能团结或保持暂时中立，从而各个击破。谭延闿成为蒋的"属僚"后，不仅帮助蒋介石拉拢更多的支持者，而且还在蒋面临地方派系反对时给予重要的支持，并配合蒋积极地对反对派进行分化瓦解。在蒋介石对地方派系的战争中，国民政府形成了"谭内蒋外"的运行机制，谭延闿不仅要配合蒋介石处理政务，还要调和蒋与各派系间的矛盾，尤其是蒋与胡汉民的矛盾，这便为蒋提供了一个稳固的后方。对此，胡汉民视谭延闿为"药中甘草"，并称"谭先生在我们的工作中，不仅如随便配合的甘草，而且是配合之后，能使我们的工作，发生伟大的效能"④。谭延闿早已明白国民党内的派系，犹如"党中有党"⑤，同时他也深知这种党内的斗争难以停止，才有"去河北贼

①　《谭延闿日记》（手稿本），1929 年 5 月 14 日。
②　《谭延闿日记》（手稿本），1929 年 5 月 22 日。
③　吴淑凤编注《蒋中正总统档案·事略稿本》第 5 册，第 524 页。
④　胡汉民：《悼谭组庵先生》，《胡汉民回忆录》，第 198 页。
⑤　《谭延闿日记》（手稿本），1927 年 9 月 30 日。

易，去朝廷朋党难"①　的感慨。在这种党内派别斗争成为政治活动主要手段的大背景下，谭延闿这种圆滑善变的行为及努力协调内部矛盾的做法，也是中国政治体制向现代政治体制转型中的无奈选择。值得一提的是，谭延闿去世后，胡汉民和蒋介石沿袭了"谭内蒋外"的合作机制，"中正出巡期间，京中职务不能如常执行，请任胡院长汉民代理国民政府主席"②。然而，因蒋、胡二人在政治理念和性格上都存在较大的差异，又缺少圆融的谭延闿从中调解，这一机制不仅未能持续太久，反以蒋介石武力扣押胡汉民告终，使国民党高层再次走向了分裂。后蒋汪亦有合作，但亦是转瞬即逝，并终以蒋介石的独裁而结束。

---

① 《谭延闿日记》（手稿本），1928 年 5 月 6 日。
② 周琇环编注《蒋中正总统档案·事略稿本》第 9 册，台北"国史馆"，2004，第 314 页。

第六章
人情与权力：谭延闿社交中的政治文化

谭延闿在政坛中的人际交往，除了政治利益的考量外，情感因素亦是其考虑的重要内容。目前学术界正在提倡"新革命史"，"所谓新革命史，是指回归历史学轨道，坚持朴素的实事求是精神，力图改进传统革命史观的简单思维模式，重视常识、常情、常理并尝试使用新的理念和方法"。"所谓实事求是的精神，就是回到历史现场，在当时的历史条件和语境下，考察人们是如何想、如何做的，不夸大也不缩小。"① 新革命史在研究对象上没有大的变化，只是更加重视新的视角与方法，注重从文化、精神、心态、日常生活等角度切入，"重视还原历史情境，追溯历史的发展演变过程，再现过程当中的动力结构关系"②。《谭延闿日记》记载了谭延闿大量的日常生活行为，这些与其在政坛上的社交亦有密切的联系。谭延闿受传统文人的影响，不仅喜爱作诗，还擅长书法，此外他一生嗜吃，他的这些爱好与才能不仅融入了日常生活，更是让饭局、诗文与书法成为他进行社交的媒介。

第一节　饕餮之欲：谭延闿交往中的饭局与时局

在日常生活中，人们对饭局早已司空见惯，在悠久的历史中，饭局天然地充当了中国人联络感情、进行交际的平台。对普通民众而言，

① 李金铮：《"新革命史"：由来、理念及实践》，《江海学刊》2018 年第 2 期。
② 李志毓：《情感史视野与二十世纪中国革命史研究》，《史学月刊》2018 年第 4 期。

饭局的意义重在社会性；而对官员及上层精英来讲，饭局则多具有鲜明的政治性。在史书中流传下来的饭局也多与政治相关，在变幻莫测、波诡云谲的政治斗争中，饭局已成为政治精英较为常用的布"局"手段之一。

谭延闿非常喜爱饮食，并对烹饪有独到的见解。谭曾有一位家厨名曹荩臣，他在烹饪之后，多会悉心听取谭延闿品尝后的意见，谭会对火候、刀法、味道等进行点评，并指出其中应改进的地方。谭延闿对曹厨的要求较为严格，其曾评价曹厨"味胜于技，汤胜于面，则大官庖固如此"①。谭延闿的长子谭伯羽在《吾家谭厨》一文中便言："大宴时或有时新菜上桌，曹四（曹荩臣——引者注）必帷后窃听先公之批评，以其准则。"② 在这样的互动之下，谭氏的家宴便有了巧妙的做法、有趣的说法及绝佳的口感，而这种经典的家宴流传到后来便自成一派，这便是谭延闿与家厨共同创立并流传后世的组庵湘菜。

在谭延闿去世后，家厨曹荩臣还为谭送了一副挽联："静庭退食忆当年，公子来时，我亦同尝甘苦味；治国烹鲜非两事，先生去矣，谁识调和鼎鼐心。"③ 这副挽联可谓一语双关，一方面指方法上谭延闿的治国与烹鲜并不冲突，在《道德经》中便有"治大国，若烹小鲜"④之语，并为后人所熟知；另一方面则指谭延闿通过家宴等饮食活动来与政治人物进行社交，从而在饭局中商议国事等行为。日记是记录人在一天中的活动或所感、所想的载体，谭延闿在日记中不仅记载了其参与的政治事件，还大量记录了他的日常饮食及与其同餐的对象，甚至有时将餐中的菜名及费用也记于日记之中。毛泽东在《湖南农民运动考察报告》中曾言："革命不是请客吃饭"⑤，然而对于同为湖南人的谭延闿来说，其政治活动中却少不了请客吃饭。通过对

---

① 《谭延闿日记》（手稿本），1925 年 8 月 9 日。
② 谭伯羽：《吾家谭厨》，（台湾）《湖南文献》1992 年第 1 期。
③ 周叶中、江国华主编《维新——中国近代人物宪制思想评论》，中国政法大学出版社，2015，第 388 页。
④ 老子：《道德经》，安徽人民出版社，1990，第 165 页。
⑤ 毛泽东：《湖南农民运动考察报告》，人民出版社，1952，第 7 页。

谭日记中饭局的梳理，可以窥探出日常生活中谭延闿的社交方法及其影响。

一　建国军北伐：战局中的饭局

1924 年 10 月，谭延闿受孙中山之任命，为建国军北伐总司令并率兵北伐，在征战期间谭延闿记录了大量与之同餐之人，而很多有关军事等方面的决议也是在用餐的前后进行的，通过分析谭延闿与不同人物的用餐及其感受，可以窥探出建国军北伐期间的饭局对政局的影响和谭延闿在战争期间的主要社交关系。

在建国军北伐期间，谭延闿的饭局主要包括三类人。其一是跟随谭延闿较久的湘军将领如宋鹤庚、鲁涤平、陈护芳、程潜等。在与湘军将领的饭局中，谭延闿多以"客"的身份赴宴，少以主人的身份宴请湘军将领。如 1924 年 10 月 19 日，谭延闿便与湘军将领戴岳等人"同至护芳处。设酒及食，颇为厌饫，知大本营肴馔之恶矣"[1]。从谭延闿的评价中可知，谭对陈护芳此次的宴席甚为满意。10 月 20 日、21 日、23 日、24 日、26 日、28 日等，谭延闿多次赴宋鹤庚处，商谈事务，虽然谭日记对具体何事并未言明，但在北伐之际如此频繁的相谈，必会涉及与北伐相关的战事。值得注意的是，谭延闿以上数日均是在宋处用餐，[2] 并且记录得甚为详细。26 日的饭局中，除了谭、宋两人外，还有陈护芳等将领在，当日谭言："谈顷之，饮汾酒。吾以尹厨菜、面来佐餐，皆大欢喜，甚馋可想。"[3] 25 日，谭延闿未去宋鹤庚处，而是在程潜处"饮茅台酒，尽四杯，谈至深切"[4]。其二是与谭延闿共同北伐的其他官员和友军将领，如大本营参谋长的方声涛（字韵松）、建国军北伐总司令部参谋长何成浚（字雪竹）、建国滇军将领朱培德（字益之）等。如在 1924 年 10 月 7 日，谭延闿与

---

① 《谭延闿日记》（手稿本），1924 年 10 月 19 日。
② 《谭延闿日记》（手稿本），1924 年 10 月 20 日、21 日、23 日、24 日、26 日、28 日。
③ 《谭延闿日记》（手稿本），1924 年 10 月 26 日。
④ 《谭延闿日记》（手稿本），1924 年 10 月 25 日。

方声涛饮咖啡与茶，并谈有关北伐计划甚悉。[①] 13 日，方声涛又至谭延闿处商议事情，谭遂偕其至大同酒馆。[②] 16 日，谭延闿与方声涛同"至益之舟中，留饭，饮茅台酒，尽一大杯，黄子石同座"[③]。21 日，谭又与何成浚等人同饭，并饮汾酒。[④] 12 月 14 日，谭延闿又设馔请客，以方声涛、陈民钟、谢心准为陪，待至客去，谭又与方声涛等人计划种种事。[⑤] 其三是谭延闿北伐途中的地方官员，如广东、江西的地方知事等，如 11 月 22 日，湘军将领宋鹤庚用广东曲江知事赵从典所送的菜宴请谭延闿等人。12 月 7 日，谭延闿又邀请赵知事赴宴。12 月 27 日、28 日，大余尹知事又宴请谭延闿及其随从将领。[⑥] 30 日，江西知事李之煊为谭延闿置办宴席，时谭对菜品味道评价道："赣州菜有名，大类长沙，有数种萧厨之流亚，翅不及耳。"[⑦] 1925 年 1 月 6 日，新城尹县长治具款客，谭延闿与方声涛、朱培德、鲁涤平同食，散后，计议防守事，与咏安深谈。[⑧]

对建国军北伐中的诸将领而言，饭局是一个非正式商讨军事的场所，是激励士气的重要方法，还是促进将领之间情感交流、娱乐闲聊的短暂空间。

饭局不像军事会议那样正式、严肃，作战时森严的等级差异在饭局中可以得到稍许的缓解。有些将领可以趁着饭局，借着酒意，展现在正式军事会议上无法言及的想法，这样饭局中便可能会产生冲突，但同时饭局有军事上的非正式性，还可以成为调解北伐军将领内部矛盾的一个手段。11 月 5 日，谭延闿到达韶州，宋鹤庚、鲁涤平、谭道源、粟海槎、成光耀等将领军来迎接，并设宴为谭延闿洗尘，谭延闿在喝了些酒后，便说了些正式场合中不应言及之语，饭后谭自警："饮

① 《谭延闿日记》（手稿本），1924 年 10 月 7 日。
② 《谭延闿日记》（手稿本），1924 年 10 月 13 日。
③ 《谭延闿日记》（手稿本），1924 年 10 月 16 日。
④ 《谭延闿日记》（手稿本），1924 年 10 月 21 日。
⑤ 《谭延闿日记》（手稿本），1924 年 12 月 14 日。
⑥ 《谭延闿日记》（手稿本），1924 年 11 月 22 日，12 月 7 日、27 日、28 日。
⑦ 《谭延闿日记》（手稿本），1924 年 12 月 30 日。
⑧ 《谭延闿日记》（手稿本），1925 年 1 月 6 日。

蛇胆酒，今日颇有酒语，非所宜，后当戒。"① 可见，谭延闿意识到酒后言语有失，并欲改之，然而湘军将领亦会有意无意地趁着酒意来宣泄情绪。6 日，午饭后，谭延闿召集湘军各主要将领开会，会中还包括各军师旅长、参谋长，其中对北伐主改道者多，谭则待朱培德来决之；会后，谭又召集各将领共进晚餐，饭后，鲁涤平并未离去，留谈至十时方去。② 鲁涤平之所以在饭后单独与谭相处，乃是因其在改道问题上与宋鹤庚等湘军将领意见相左，这种矛盾终在 8 日的湘军饭局中进一步公开化。据当日谭延闿记载：

> 午，步阜南处，烈武、毓昆、逸如、石侯咸在，言改道事。同饭，饮数杯。起至艇中，见易、成二旅长。过旁艇，即鲁咏安居，熙农、仲平先在。得电，吴已去津，北京路通矣。王治平来谈。余至颂云船小坐，二吴、陈树人先在，谈顷，归部。咏安来。饭后，熙农至，正谈笑间，阜南乘醉入，大与咏安闹意见，积隙已深，倚醉发挥，不必尽为改道异同。然而将帅不和，师行可虑，为之忧愤。吴、石劝宋去，鲁留深谈，究有涵养，能忍让，将来胜利必此人矣。③

8 日饭局中，宋鹤庚借酒意与鲁涤平发生言语冲突，这令谭延闿也颇为忧虑，北伐之际，湘军将领之间的和否对战争的成败有着至关重要的影响，为了弥补宋、鲁两人的间隙，谭延闿于 10 日设宴，邀请鲁涤平、宋鹤庚、谭道源等人小酌，"意在宋、鲁相见也"④，以缓和两人间的矛盾。

饭局中用上等的酒菜来招待宾客，在一定程度上可以体现出置办酒席者对客人的重视，不仅谭延闿会用较好的菜肴及美酒来犒劳将领，湘军将领也会利用改善伙食来激励士气。1924 年 11 月 14 日，谭延闿设筵，为下属洗尘，并邀请冯参议、宋鹤庚、朱培德、吴剑学、谭道

---

① 《谭延闿日记》（手稿本），1924 年 11 月 5 日。
② 《谭延闿日记》（手稿本），1924 年 11 月 6 日。
③ 《谭延闿日记》（手稿本），1924 年 11 月 8 日。
④ 《谭延闿日记》（手稿本），1924 年 11 月 10 日。

源、戴岳等人同席，吃韶关馆子菜。① 谭为部下摆宴洗尘，在一定程度上能促进将帅之间的关系融洽，起到激励士气的作用。12 月 3 日，为了能让下属品尝到较好的菜肴，谭延闿还将家厨曹荩臣借与湘军将领谢国光使用，当日的宴会谭延闿亦有参加，对曹厨的表现总体评价尚好，谭言："曹厨今日殊卖力气，翅固甚丰，以整个鳆鱼登盘，而入口如老豆腐，尤见精能，非粤庖所有矣。"② 将自己的私厨借予下属使用，这种体贴的行为无疑会对将领的士气有一定的激励作用。1925 年 1 月 8 日，在兵败南退之时，谭延闿将珍藏良久，未舍得饮用的拿破仑酒分给将领们享用，且"尽一瓶而止"③。在谭延闿用菜肴招待将领的同时，湘军将领亦会仿之对待士兵，宋鹤庚便曾"杀牛饷士"④，以激励士气。

　　在饭局中，除了谈论军事及政治问题，还会进行一些娱乐闲聊，这种闲聊看似漫无目的、随意而为，但在激烈的战时，闲聊不仅可以缓和紧张的气氛，还可以促进谭延闿与各将领间的感情。1924 年 10 月 13 日，湘军中有一韦旅长请客，谭延闿与赵济民、方韵松、朱益之、那博夫、黄子实等人同座，"谈走马甚畅。赵云朱益之昨骑指挥之马，已廿余岁，尚悍劣，前数年无人能近也，又云良马常至三十余岁云。方韵松云焦子敬有马行八百里，号黑虎，人闻蹄声如击鼓，即知马至，今在陕西"⑤。10 月 24 日，谭延闿便在饭局中与北伐将领"谈花会事甚详，其事如猜灯谜，所覆为 36 人名，名下又有小注号 36，实百余条，不易猜得，然廖素孚昨以 10 元中 300 元，陈护芳以 1 元中 30 元，亦意外也。开字花公司者，闻赚钱 30 余万，然近月则大蚀本，其买者自一铜元至数百元皆可得者 30 倍之利，故人争趋之"⑥。若湘军将领中有人因博彩赢钱，还会以此为由设宴请诸将领一聚，11 月 18 日，一

①　《谭延闿日记》（手稿本），1924 年 11 月 14 日。
②　《谭延闿日记》（手稿本），1924 年 12 月 3 日。
③　《谭延闿日记》（手稿本），1925 年 1 月 8 日。
④　《谭延闿日记》（手稿本），1924 年 11 月 25 日。
⑤　《谭延闿日记》（手稿本），1924 年 10 月 13 日。
⑥　《谭延闿日记》（手稿本），1924 年 10 月 24 日。

位吴姓将领请客便是如此，谭言："此间花会大盛，诸人乐此不疲，吴八以1元中30元，毓昆则3倍之，故请客，宋、鲁军长、张、谭、戴师长、汤思民、路丹父、张毓昆、张献书。尹厨菜，亦可吃，嫌尽红汤耳。"① 除了现实中的人和事外，在酒桌之上他们还会谈论一些听到的奇谈怪论，如11月22日，在饭局中谭记载如下：

> 益之言广西长安与贵州接壤处有狪民，死后葬数日，能自归家，不言不笑，家人群起骂，逐之乃去，不复来。视其棺，则已空。或云弗逐之当为祟，或云久萦当得活，皆无征，人呼之为鸭子谐声。韵松亦云，福建有侨于南洋者，携资归家，半岁死。已葬矣，其人复自南洋归，携资，与前人同，云未尝归家。人皆以为幻，开棺，视前人，乃无骨。人云此二年前事，其地殆同安云。②

这些在酒桌上的随意交谈，还原了谭延闿在战争之时的部分日常生活。在内容上虽不涉及国家大局，但从个人角度而言，此亦人际交往的常态。只是这种常态放在北伐战争的背景之下便显得别有韵味。相比而言，谭延闿与地方知事之间的饭局便缺少此种惬意的漫谈。

由于战争的影响，谭延闿与地方行政官员虽表面上为上下级关系，但其内在的张力亦较为明显。在北伐中，军队会对地方征收钱粮等，且地方的治安好坏亦需要北伐军将领对士兵的约束，因此地方知事等人对谭延闿均较为恭敬。对谭延闿而言，向地方征收钱粮是无奈之举，而地方在战乱中也难以如数交出钱粮。为此，很多地方知事请求减免，1924年10月27日，曲江知事赵从典同商会诸人共同拜访谭延闿，"求减钱停米"③。11月17日，又有地方知事偕绅商诸人求见谭，"无非求减米、诉苦而已，慰遣之出"④。有些知事因为担心战

---

① 《谭延闿日记》（手稿本），1924年11月18日。
② 《谭延闿日记》（手稿本），1924年11月22日。
③ 《谭延闿日记》（手稿本），1924年10月27日。
④ 《谭延闿日记》（手稿本），1924年11月17日。

乱、征收钱粮困难等问题便弃职逃遁，粤北始兴县知事便是如此，[①]也正是在始兴，有百姓向谭延闿"历述兵匪之苦"[②]。12 月 29 日，谭延闿行至南唐，有董知事来迎，谭对董知事的种种情况亦深表同情，并言"老实书生，何能当此烦苦，宜其叫苦不迭"[③]。1925 年 1 月 8 日，谭延闿北伐失败兵退南雄，当日南雄卢县长率众人前去拜访，次日朱培德部便与湘军发生冲突，致使人心不稳，为此卢县长特意又拜访谭延闿，并在晚间设酒席款待军中各将领。11 日，卢县长为军队给养事又找谭延闿相商。[④] 在与地方官员的交往中，谭延闿固然不如与湘军将领那样随和，但两者在地方事务中仍互有借重，谭要了解地方情况及征收钱粮皆需通过地方知事，而地方知事欲减少钱粮的征收及兵祸亦须依靠谭的协助。在这样的背景下，谭延闿与知事的宴席在合作的同时又存在着一定的张力。

二　广州国民政府：时局中的饭局

1925 年 7 月广州国民政府建立后，谭延闿的工作重心也从原来的军事渐向政务转变。在此过程中，政务的处理及同僚之间的交往多要通过饭局来完成，因此饭局作为谭延闿交际的一种重要方法便显得较为重要。

7 月 5 日，广州国民政府将领李福林邀请谭延闿吃荔枝，谭"以开会耽阁，至是已夜，不可往矣，乃与哲生、铁城诸人饭。饭后，食荔枝，桂味诚为高选，昔人谓东坡不知闽荔之佳，汪精卫云朱竹垞初至粤食荔枝，乃大荷包又曰大红袍，叹曰不及闽远矣。及食黑叶，乃云不过与闽等，最后食桂味，乃叹曰非闽所及矣。其言不知出何书，然可知闽不及粤，无或疑焉"[⑤]。在荔枝成熟时，众多官员在一起共同食之俨然成了一种社交方式。从谭延闿对粤地荔枝的评价中可以看出

---

① 《谭延闿日记》（手稿本），1924 年 12 月 23 日。
② 《谭延闿日记》（手稿本），1924 年 12 月 23 日。
③ 《谭延闿日记》（手稿本），1924 年 12 月 29 日。
④ 《谭延闿日记》（手稿本），1925 年 1 月 8 日、9 日、11 日。
⑤ 《谭延闿日记》（手稿本），1925 年 7 月 5 日。

其对此水果的喜爱。当日，谭还以荔枝为题赋诗一首赠伍朝枢，其言：
"万树荫浓果熟时，水村风味耐人思。释兵何必烦杯酒，正拟将官换荔
枝。"① 谭将宋朝杯酒释兵权的故事，换成了可因荔枝去官的说法，此
处不知是谭有意为之抑或无心之作，广州国民政府此时刚刚成立，胡
汉民由原来掌管大权的代理大元帅变为了外交部长，这亦是一种"释
兵权"的行为，谭诗在此背景之下不免使人联想到其有暗讽之意。

　　在两广统一的谈判中，饭局作为一种社交的方法，也发挥了重要
的作用。7 月 16 日，广西代表粟松村到达广州欲商谈两广之事，国民
政府为其设宴招待，谭延闿、熊锦帆、陈瑞林、孙科、李济深、古应
芬、程潜等人皆至，在宴席上程潜曾借机以款绌向谭"极作苦语久
之"②，谭因身体原因在席中并未饮酒，"但食荔枝耳。或云荔枝食多
有病，或云多食咸物即不妨，或云以荔枝蘸盐食之为佳，皆大笑"③。
虽然谭并未记录当时具体的谈判内容，但从饭局的气氛上看，呈现的
是一片欢融。后因廖案发生，两广统一便暂停商议，至 1926 年 1 月下
旬，谭延闿与汪精卫到访广西梧州，正式拉开了两广统一的帷幕。26
日上午，谭、汪两人与李宗仁、黄绍竑等人在一幢西洋建筑的司令部
中"作一度谈论，乃同食西餐"④。晚上，李宗仁、黄绍竑、白崇禧等
人又设盛宴招待谭、汪二人，据谭言：

　　　　晚设盛馔，盖昔时八大八小之局，菜颇丰腴，有果子狸⑤，
　　肥甘类山羊之腴。白剑生云狸有二种，一食果者，极甘美，一食
　　鼠者，则腥。因云杀狸不用刀，惧血流则无味，盖以酒灌之，二
　　杯即死，故膻气净而肉甘云。精卫因言小时侍父赴一道台招，席
　　间每人前置红纸套一，主人启而出之，则蜈蚣也。尚蠕蠕动，去
　　其头，吸之，飒飒有声，云极清甜，盖以蜜养蜈蚣，俟其身变白，

① 《谭延闿日记》（手稿本），1925 年 7 月 5 日。
② 《谭延闿日记》（手稿本），1925 年 7 月 16 日。
③ 《谭延闿日记》（手稿本），1925 年 7 月 16 日。
④ 《谭延闿日记》（手稿本），1926 年 1 月 26 日。
⑤ 即花面狸，灵猫科花面狸属动物，现为国家二级保护动物，禁止滥捕与食
　　用。——编注

腹中秽排泻尽，乃取用之，已不能动矣。然今粤人殊不闻有食者，何也？曾仲鸣言其家人有病疥者，取小虾蟆置口中，剪其一足，虾蟆跳而入喉，亟吞之入胃，从外扪之，尚跃跃动云。黄季宽因言，有治胃者，取泥鳅置口中，力吞之至胃，跳动久之乃已，皆可谓新食谱也。然后二者以喉为孔道，不得云食矣。[①]

虽然谭延闿并未记载晚宴中谈及政事，但在宴会结束后，谭对黄、白、李三人均有赞誉，谭言："吾往在粤见黄，即惊为异人，今则颔下有须，顾盼奕奕，将来必有表见于世者。白剑生沈着明白，似蒋介石，信桂之有人，乃叹一省之兴不易易。李德邻殊长者，待客终日无倦容，未可轻也。"[②] 27 日清晨，李、黄、白便来与谭延闿，"同食早茶后遂开会"，"所议皆开诚布公，结果圆满。散后同食饭，林四先生所谓鱼翅大便饭者也，偕来人共两桌"[③]。晚饭中有黄麇、果子狸、山碎狗鱼，每色皆两作，谭言："黄麇盖即鹿，果子狸诚肥美，今始知往时之误也。"[④] 28 日，谭延闿的事务与前日并未有太大的变化，其具体行程如下：

> 七时卅分起，李、黄来，遂同食茶点。夏威、煦苍、叶琪、群彻来见，吾与精卫各以对人演说法对之，点头而散。饭后，同步出，至东门外师范学堂宣传□养成所开会，汪及余、甘皆演说，散后撮影前庭之操场，乃至教职员皆撮影，可笑也。复入为市党部开会，党员寥寥，以学生充之。余为人作书，凡数起，演说如前。及散，（所长杨文炤）步入同园，非戊午时所见矣。周览一巡，宴于楼上，凡九桌，饮极多。汪演说，余亦起为滑稽之词。黄季宽大醉，同返，作醉语去。[⑤]

从 26 日谭延闿到达梧州，至 29 日离开返粤，连日来李、黄、白

①　《谭延闿日记》（手稿本），1926 年 1 月 26 日。
②　《谭延闿日记》（手稿本），1926 年 1 月 26 日。
③　《谭延闿日记》（手稿本），1926 年 1 月 27 日。
④　《谭延闿日记》（手稿本），1926 年 1 月 27 日。
⑤　《谭延闿日记》（手稿本），1926 年 1 月 28 日。

三人均是早起赴谭处与其共用早餐，且晚餐毕后方才分别散场。仅从此角度，便可看出桂方在此次两广统一谈判中的积极态度。因为谭对桂方宴席的喜爱，在离别时特还带走了些黄麂、果子狸返回广州。31 日，谭延闿等人还邀请政府同人共吃黄麂与果子狸，"凡两席，宋子文外，余人毕集。然黄麂既非佳制，果子狸等于吃蛇，不能不归咎庖人也"①。

在谭等到达广州后，桂方随即派白崇禧为全权代表赴粤进行磋商。2 月 3 日，汪精卫邀请白崇禧、叶琪、夏威和政府委员、军界诸人同集"国民餐店"用西餐，在宴席中"精卫、白崇禧、叶琪皆有演说"②。5 日，谭延闿又邀请白崇禧、夏威、王应榆、刘斐、叶琪、邹翼经、陈雄等人用餐，并以湘军将领"咏安、宏群、护芳、富春陪客"③。3 月 13 日，黄绍竑到达广州并给谭延闿带了广西的土特产作为礼物。④ 15 日，在广州国民政府政治委员会中，通过了两广合并方案。会议结束后，为了庆祝两广统一，国民政府各机关公宴黄绍竑及其同来诸人，谭言："国民餐店承办，亦有鸽，虽肥而味不佳。精卫演说，季宽继之，余及应潮又继之。"⑤ 公宴不仅利于官员私人感情的交流，而且政府官员的公开演说也可向社会传达政府在某些事务中的立场。具体到个人，在公宴中演讲也是一种权力与地位的张显。

此外，在《谭延闿日记》中还多次言及其与鲍罗廷共餐及谈论相关时局的情况。1926 年 4 月 29 日，宋子文设宴，谭延闿、鲍罗廷夫妇均被邀请，"菜殊精，非市中所有，谈北方事及经过久之"⑥。当时鲍罗廷从北京返回广州不久，因此对北方的局势较为了解，故而才会与谭等谈论良久。5 月 9 日，谭言："老鲍约作政谈，未竟而食具，乃还寺就食。长桌中餐肴皆两碗，南园菜，子文作东也。食罢，复至大树

---

① 《谭延闿日记》（手稿本），1926 年 1 月 31 日。
② 《谭延闿日记》（手稿本），1926 年 2 月 3 日。
③ 《谭延闿日记》（手稿本），1926 年 2 月 5 日。
④ 《黄绍竑前日抵粤详情》，《广州民国日报》1926 年 3 月 15 日，第 3 版。
⑤ 《谭延闿日记》（手稿本），1926 年 3 月 15 日。
⑥ 《谭延闿日记》（手稿本），1926 年 4 月 29 日。

下席地枕藉卧，忽复继续作政谈，甘乃光已去矣。谈甚畅而无要领，老鲍则较深切。"[1] 此后，谭又多次与鲍罗廷共餐，并言及政事，当时鲍罗廷在国民政府中的地位较高，其见解对谭亦有影响，而对于零碎的共餐史料，本节亦不再赘述。

　　本节的史料梳理，旨在言明在谭延闿处理军事与政事时，饭局是其与人交往的重要手段之一。他擅长评论菜肴，且对其有极高的兴趣，因此更能将饭局、时局及政局巧妙地融合为一体。在政局中，饭局固然不能起到决定性的因素，但其作为人际交往的一种方法，可以提供解决政局问题的途径，起到一定的缓冲作用，进而影响时局。谭的军事谋划、公开演讲、政务处理等事务和大量的人际交往，多是将饭局作为一种手段穿插其中，这不仅符合中国的传统，更符合谭延闿的个人喜好。谭延闿的饭局，为其谋取利益提供了特殊场所，折射出国民党政治文化的具体实践形态。谭延闿在饭局中所表现出的人际交往，仍带有传统社会关系的文化特质。这在一定程度上表明国民党离现代政党仍有较大差距。[2]

第二节　诗文之雅：谭延闿社交情感的文学表达

一　谭延闿诗文中的家庭生活

　　谭延闿不仅在政治上左右逢源，而且作为拥有功名的传统文人在诗文上也有一定的成就。谭的诗文以写实为主，多描绘身边之人或事，在诗中不免蕴含了其情感。关于谭的家庭生活，诗文中亦有一定的体现，通过分析这些诗文，可以发现家庭对谭成长的影响。

　　谭延闿 7 岁时，其父谭钟麟任陕甘总督，并聘请经学名儒张宝斋为谭延闿的启蒙老师，教授儒学经典，日后谭在诗中言"霜鬓庞眉一

---

① 《谭延闿日记》（手稿本），1926 年 5 月 9 日。

② 国民党上层的饭局社交在全面抗战时期依旧盛行。参阅李有福《食为媒：全面抗战时期陈克文的饭局》，《抗日战争研究》2023 年第 1 期。

尺须，万言撑腹注虫鱼。熏笼围坐听闲话，更乞先生为甚酥"①。从这可以看出两鬓已白的张宝斋是一位非常善于讲故事的饱学之士。当时，同拜张先生为师的还有谭延闿的姐姐福梅和弟弟祖庚，"兄弟跟跄放学时，迎门阿姊指加颐。书声噪比晚鸦急，惟有慈亲堕泪知"②便是对谭延闿儿时学习与嬉戏的描绘。因为谭延闿父亲官职的改变，其老师亦有所变动，1892年，谭延闿由武陵陈春坞教授，"篝灯写记记我师，绝似长安夜学时。惭愧雕虫亦无技，卅年赢得鬓成丝"③。传统的私塾教育，不仅为谭延闿打下了良好的国学基础，而且培养了其对赋诗作文的兴趣。

　　谭延闿的诗集中有一部《慈卫室诗草》，"慈卫"是谭延闿为纪念其生母所起，其寓意是孝子情深。关于李夫人的诗，谭曾作："相逢姊弟叹无家，雪涕亲斟饭后茶。说与痴儿知外氏，长辛店北路三叉。"④北京长辛店乃是李夫人的祖籍之处，其胞弟李安清生活贫寒，李夫人便从长辛店将之接到长沙，并为其"取妇置田宅"⑤。这件事是在谭延闿之父谭钟麟去世之后为之，谭钟麟在世时，李夫人在家庭的地位并不高。谭父共有三位夫人，原配为陈夫人，其下还有颜夫人与李夫人，谭延闿的母亲李夫人因是侧室，在家中的地位并不高。在用餐时，李夫人没有与其夫同桌而食的权利，这种情况直到谭延闿中了会元，母因子贵，李夫人的地位方才有了改变。谭延闿曾言："父性严毅，意有不可，则盛怒呵叱，家人常懔懔。母承事三十年，小心谨慎，至于老不懈。"⑥谭母不仅自己小心谨慎，且常常教导谭延闿"作事简洁，要分好歹，过细思忖"⑦，在李夫人去世后谭仍将这几句话作为遗训，记录于日记之中，以此警诫自己。谭延闿在追忆其母亲的《太夫人行

①　许顺富：《谭延闿年谱》，熊治祁编《湖南人物年谱》（六），湖南人民出版社2013，第351页。

②　许顺富：《谭延闿年谱》，熊治祁编《湖南人物年谱》（六），第351页。

③　许顺富：《谭延闿年谱》，熊治祁编《湖南人物年谱》（六），第353页。

④　许顺富：《谭延闿年谱》，熊治祁编《湖南人物年谱》（六），第353页。

⑤　《太夫人行述》，刘建强编《谭延闿文集·论稿（上）》，第187页。

⑥　《太夫人行述》，刘建强编《谭延闿文集·论稿（上）》，第187页。

⑦　《谭延闿日记》（手稿本），1918年1月1日。

述》一文中直书了李夫人对其的寄托：

> 读书所以学为人也，徒猎取富贵何益？吾望汝曹为好人，不忘汝曹得好官也。吾侍汝父行天下，久知居官之难。在下位率不得行其志，位尊矣又难于得人。吾亲见汝父早做夜思，不敢一息自逸，犹叹事不尽举，举不尽当，况下此者乎？汝曹智不逮父远甚，而辄临民，是吾忧也。①

以上之言，虽出自李夫人，然由谭延闿书，可见上面的寄托之言，谭延闿铭记于心，他从父亲的仕途中明白为官之难，做事不能尽举，而当好官又不如做好人。纵观谭延闿的仕途，确如其所言，对做官并无过分之野心，但求成为"好人"，不求位居"好官"。母亲在家中的谨慎与劝告，使谭延闿从小便做事稳重，多年之后谭仍言："每念先公震怒时情况，不觉毛发悚然也。"② 可见谭钟麟的威严对谭延闿影响至深，延闿步入政坛后小心谨慎的性格，在其家庭之中便已经养成。

1916 年 8 月，谭延闿正式第二次督湘，然而 11 月 10 日谭延闿忽得沪电言其母病危，当日便赶赴上海，12 日到达上海家中，"始知不孝在湘起程之时，即吾母弃养之时，千里奔驰，不及一见，此恸何极"③。此时湖南政局尚不稳定，谭若在家丁忧很可能使湘督一职得而复失，面对权力与亲情，谭毅然选择了为母守制，并致电黎元洪、段祺瑞表示："方以维持礼教为治，湘省又非金革毋避之时，夺情任事，不敢问命，以上负名教，下负亡亲。务乞矜许俾终丧制，泣血上陈，不胜哀恸，迫切之至。"④ 段祺瑞却有趁此时机将谭拉下湘督之意，无奈黎元洪与湘省政界的反对，才未能得逞。在谭母举办丧事之时，为表示对谭延闿的支持，黎元洪还特派上海"沪海道尹徐元浩来，代大总统行祭奠"⑤。此外，湘人熊希龄、赵恒惕等诸人亦纷纷致电表示哀悼。

---

① 《太夫人行述》，刘建强编《谭延闿文集·论稿（上）》，第 188 页。
② 《谭延闿日记》（手稿本），1918 年 6 月 23 日。
③ 《谭延闿日记》（手稿本），1916 年 11 月 12 日。
④ 《公电：谭督军请守制电》，《申报》1916 年 11 月 15 日，第 3 版。
⑤ 《谭延闿日记》（手稿本），1916 年 11 月 16 日。

在家庭生活中，除了李夫人，另一位影响谭延闿的女性便是其妻方容卿。谭在《丙辰题最初课本书眉》中详细地记载了其首次见其妻的场景。

> 戊子（1889——引者注）四月十二三日，闻先公言十七请客，余急问：我放学否？先公斥曰："请女客，汝姊当与，汝男子，何得与！"于是四弟大哭先抱去。至十七日，先姊衣新衣，跳跟二堂前迎客。余兄弟亦噪而出，适见两女儿下轿，则内人与其姊也。同随入观，为仆妪所笑而出。是时尚未缔姻也。①

1896年，方容卿之父方右铭任江西布政使，于是谭延闿便"就婚南昌"②。1927年，谭延闿又至南昌，并从旧藩署前经过，此正是其结婚之处，然而世事无常，其妻已逝去数年，故地重游不免勾起了谭的伤心之处，为此谭有诗云："三十二年栖泊地，又携残梦一来过；长廊舆跷情如昨，断壁残碑字已讹。旧事逢人惟独语，深杯未醉且微酡；朱颜几日惊头白，壮已蹉跎奈老何。"③ 方氏于1918年上半年在上海病逝，然而至年末谭才知晓此事，谭言："得大武、大生书，始知内人凶耗，悲怆难堪。内人逝于五月十六日巳时，家人匿不告我，我已数月来时时作噩梦（五月三日梦尤怪），久恶其不祥，孰知正应在此。二十余年夫妇，无一语相迕，一事有失，孰意至此而止耶。去沪时诀别，方自谓赴敌决死，不知我尚存，而内人死也。悲悼既深，转不能哭。自念本决心为国一切不顾，不须更为此自伤，与其听人譬慰，何如我先作达然，书此泪盈睫矣。独坐怅惘。"④ 当月谭延闿赋诗数首，以悼念亡妻，排解心中的苦闷与忧愁。

---

① 谭伯羽：《茶陵谭公年谱》，沈云龙主编《近代中国史料丛刊》第68辑，第10—11页。

② 谭伯羽：《茶陵谭公年谱》，沈云龙主编《近代中国史料丛刊》第68辑，第19页。

③ 谭伯羽：《茶陵谭公年谱》，沈云龙主编《近代中国史料丛刊》第68辑，第19页。

④ 《谭延闿日记》（手稿本），1918年12月1日。

挽亡妻

决绝在别离时，一恸自伤犹独活。贤孝本平生志，九原为我慰双亲。

不　寐

独眠情绪耐思量，不寐遍能觉漏长。烛烬似怜人寂寞，魂归应有梦荒唐。

玉箫再世知无望，锦瑟当时只自伤。苦忆平生成底事，满窗寒雨送淋浪。

愁　心

愁心如覆复如烟，百转千回绕梦边。乍醒尚能闻笑语，残灯长是照凄涟。

也知茵溷难同命，未信兰膏本自煎。家国年来无限恨，不因追忆始潸然。

夜　坐

了了残更入听余，泠泠寒雨到窗虚。静中偶悟灯明灭，幻里宁知境有无。

方死方生惟自觉，观空观我定何如。此心不足无归处，可奈根尘未划除。

十二月廿四夜作

犹是平生意，依然入梦来。有情知不泯，无语更堪哀。

断折金钗股，凄迷玉镜台。怜君何处去，欲去转徘徊。[1]

此时谭延闿正在积极地为第三次督湘而四处奔波，其夫人的逝世更使他感到"家国年来无限恨"，从这些诗句中不难看出谭延闿夫妇伉俪情深，谭曾言："其为人和婉，无疾言遽色，最为姑李夫人钟爱。处事明敏，自持谦退，嫁延闿二十四年，无一言之迕，一事有失。延闿尝自谓，家庭中兄弟妻子雍和之福所享已多，今不可更得矣。"[2] 此后，谭延闿终生未再续弦，孙中山曾有意将宋美龄嫁于谭，却被谭以

---

① 《谭延闿日记》（手稿本），1918 年 12 月 31 日（附录）。
② 《谭延闿日记》（手稿本），1918 年 12 月 31 日（附录）。

亡妻之托而拒绝了。①

二　谭延闿诗歌酬唱中的社会交往

因受传统士大夫的影响，谭延闿的诗极力模古，蕴义深微，抒情绵远，而少写现代诗。谭延闿的诗作《谭祖安先生的手写诗册》于1979 年出版，共包含谭诗 645 首，其中《慈卫室诗草》有 133 首，主要写作的时间段是 1903 年至 1922 年；《粤行集》收 154 首，主要写于1923 年至 1924 年；《切斋诗稿》录 164 首，主要写于 1925 年至 1926年；《非翁诗稿》集有 194 首，主要写于 1927 年至 1930 年。② 谭的这些诗作多属于旧体诗，且格律较为严谨。在这种仿古作诗的氛围之下，谭延闿与胡汉民、简叔乾等人的酬唱之作甚多，此外，谭还有很多诗歌是为朋友送别、祝寿等情况而作，显然诗歌亦是谭延闿进行人际交往的一种重要方式。

1. 谭、胡的"师期酬唱"

谭、胡二人皆善作诗，且胡汉民在诗歌方面亦极力仿古，并留有《不匮室诗钞》等著作。在日常生活中，谭、胡两人经常以和诗往来，又因胡汉民喜欢以"师、期"为韵和诗，故而谭、胡两人的和诗又被称为"师期酬唱"。这些诗歌酬唱的主题多样，但均能起到加深两人感情的作用。胡汉民的《和组安苦雨》写道："霖雨无因作帝师，惟堪击坏效歌诗。出门辄遇青天破，隐几翻成白日痴。狼藉怜渠芳草地，横狂误我好花时。去年忧旱今忧潦，何止枝空失蝶期。"③ 表达了两人对天降甘霖的渴望，及对久旱不雨的担忧。胡汉民答谭延闿的诗中还有对童年的回忆，如"只忆童年出就师，凫兴无恙爱葩诗；常如驿路登程早，却笑辽西入梦痴。残月晓风相属处，鸡晨鸦旦已多时，蒲团

---

① 方鼎英：《谭延闿的湘军及其与孙中山的关系》，《广东文史资料精编（上）》第 1 卷，第 469—470 页。

② 详见谭延闿《谭祖安先生的手写诗册》，中国国民党中央委员会党史委员会，1979，此书中收录并非谭延闿诗作的全部，但由此亦可看出谭延闿写作诗歌之多。

③ 中华民国史料研究中心编《胡汉民先生遗稿》，台湾中华书局，1978，第 471 页。

睡味新能识，仍怕宵深有会期"①。当然，谭、胡二人作为政治人物，对功名的追求在两人诗歌中亦有较为明显的表现，如胡汉民下两首和谭延闿的诗：

和组安

　　倚剑崆峒复出师，东山零雨可无诗。喜闻国士功称最，尤祝苍生福尽痴。

　　谈艺渐除门户见，耽书还忆少年时。数珍自是贫家事，惭负生平有厚期。

和组安

　　猎底刚逢奏凯师，书生缚绔且谈诗。何曾文字如君健，恨不年时卖我痴。

　　勒石燕然当有日，买田阳羡或非时。庞将想见韩门笑，汗走居然可豫期。②

　　在第一首诗中"倚剑崆峒"与"国士"等词，象征着政治人物的文治武功，而这些均是为了胡诗中所言"苍生"。在第二首诗中，胡汉民更是连用"勒石燕然"与"买田阳羡"两个典故，前者是指东汉大将窦宪率领汉军大破匈奴之后，封燕然山，勒石记功之事；后者则出自宋朝苏轼之言，意为辞官归隐。胡明确指出前者"当有日"而后者"或非时"，这表明其在政治上仍欲有所建树而不甘归于引退。

　　此外，在 1924 年谭延闿还以七夕诗展示给胡汉民，胡乃收集了《曹全碑》中的 20 个字，编为一首诗见答谭，胡诗言："人间有离别，万岁为夫妇。风雨幸无忧，斯心不相负。"③谭阅读后不禁感叹："岂以吾诗为有寄托耶！"④由此可见谭延闿与胡汉民两人之间的诗歌酬唱的内容丰富、题材多样。

　　1928 年 10 月，国民政府实行五院制，谭延闿任行政院院长，胡汉

---

① 中华民国史料研究中心编《胡汉民先生遗稿》，第 473 页。
② 胡耐安：《胡汉民与谭延闿》，朱传誉：《谭延闿传记资料》（一），第 151 页。
③ 《谭延闿日记》（手稿本），1924 年 5 月 31 日。
④ 《谭延闿日记》（手稿本），1924 年 5 月 31 日。

民任立法院院长，由此至 1930 年 9 月谭延闿逝世是谭、胡二人"师期酬唱"最密集的时间段。其间，谭、胡二人虽然政务极其繁忙，但二人将诗歌唱和作为重要的交往和休闲途径，不减反增。1929 年 3 月蒋桂战争爆发前夕，谭延闿日记中还有关于胡汉民作诗的记载，谭言："胡展堂诗学剑南者也，屡为人书此诗，殆其得意作乎。"① 并将胡诗"最忆莆山旧日诗，岁寒珍重是天涯。十年南国心如水，匹马西风鬓未丝。为客莫如无雁处，渡江须及有鱼时。潇湘九畹今犹在，纫取芬芳且勿辞"② 录入其日记内。

至 1930 年，谭与胡的"师期酬唱"更为频繁，1 月 1 日为公历新年，胡汉民便有诗予谭延闿，谭"亟和之，所谓开笔诗也"③。谭诗言："平生风义友兼师，喜入新年第一诗；不道杜陵矜瘦硬，故应王约诮肥痴。奴书自悔非崇古，老学深惭已后时。笔健输君缘寿骨，行能多恐负相期。"④ 谭诗中的"平生风义"出自唐李商隐《哭刘蕡》的典故，谭以此表达其与胡汉民如李商隐与刘蕡一般同为亦师亦友的关系。1 月 2 日，谭又收到胡作的诗，谭"作三诗和之，趁韵之作，不求工也"⑤。而胡汉民看到谭的三诗后遂又急和之，谭"即写二诗答，尚有二腹稿，留作预备兵也"⑥。1 月 3 日，双方互相和诗更多，谭"与展堂倡和诗，十首止"⑦。连续三日，谭、胡二人往来和诗，且从每日和诗的数量来看其兴致有越来越高之势。1 月 13 日（农历的腊月十四）是谭延闿的生日，胡汉民特作诗为其庆祝，胡言：

> 文采风流是我师，翁钱应悔未能诗；似从长庆参坡老，竟以平原傲米痴。

---

① 《谭延闿日记》（手稿本），1929 年 3 月 18 日。
② 《谭延闿日记》（手稿本），1929 年 3 月 18 日。
③ 《谭延闿日记》（手稿本），1930 年 1 月 1 日。
④ 黎泽济：《文史消闲录三篇》，百花洲文艺出版社，2008，第 445 页。
⑤ 《谭延闿日记》（手稿本），1930 年 1 月 2 日。
⑥ 《谭延闿日记》（手稿本），1930 年 1 月 2 日。
⑦ 《谭延闿日记》（手稿本），1930 年 1 月 3 日。

虎卧龙跳非易事，春松秋菊可同时；苍生不病君无病，为祝南山无尽期。[1]

胡诗中的"翁钱"乃是指翁同龢与钱沣，此二人是清朝著名的政治家与书法家，不仅位居高位且擅长书法，然而在胡汉民看来，谭延闿不仅有两人的优点，还具有超越两人的赋诗之能。"长庆"代指唐朝诗人白居易，"坡老"则是指宋朝的苏东坡，胡汉民以此代指谭延闿文采之好。"平原"指做过平原太守的唐朝书法家颜真卿，而"米痴"则是指北宋书法家米芾，谭延闿在书法上擅长楷书，且对"颜体"苦有练习，因此胡汉民方有"竟以平原傲米痴"之语。在此姑且不论胡的评价是否恰当，但从如此之高的评价中亦可看出胡对谭的敬佩之情。

谭延闿与胡汉民之间的酬唱之作数量较多，为此谭还特意抽出时间将之抄录与整理。[2] 陈融（1876—1956），字协之，号颐庵，广东番禺（今广州）人，1905 年加入同盟会，曾任广东审判厅厅长、高等法院院长、广州国民政府秘书长等职，他对诗歌亦深感兴趣，并留有《读岭南人诗绝句》《颙园诗话》《读岭南人诗绝句及拾遗》等著作。1930 年 4 月，陈有感于谭延闿与胡汉民的诗歌酬唱往来，便将两人的唱和之作编成书，并请谭、胡二人各题诗一首于册内。[3] 此后，谭与胡仍旧不断和诗，有时谭为和胡诗而至深夜，后竟不浴而眠；有时谭则早起作诗答展堂。[4] 谭、胡二人对师期酬唱的交往方式，均有较高的兴致，可惜此事却随着 1930 年 9 月谭的逝世而中断。

1928 年 10 至 1930 年 9 月，为谭延闿和胡汉民作诗酬唱最密集的时期，而在政治上，同一时期南京国民政府则经历了蒋桂战争、蒋冯战争及中原大战等事件。其间，蒋介石多在外主持军事，而南京中枢则由谭延闿、胡汉民等人坐镇，在处理政事时，蒋较为强势而胡又不如谭具有能容人的雅量与大度，故而在蒋、胡矛盾不断时靠

---

① 胡汉民：《不匮室诗钞》卷 2，《革命先烈先进诗文选集》，"中华民国各界纪念国父百年诞辰筹备委员会"，1965，第 1764 页。

② 《谭延闿日记》（手稿本），1930 年 1 月 22 日、2 月 18 日。

③ 《谭延闿日记》（手稿本），1930 年 4 月 6 日。

④ 《谭延闿日记》（手稿本），1930 年 5 月 1 日、3 日。

谭来调和、维持。1930 年 1 月 31 日，在日记中，谭便指出"展堂忽发牢骚，欲辞职，乱以他语而解"①。谭在调和蒋、胡之间的矛盾时，诗歌酬唱固然不能起到主要的作用，然而在日常生活的交流中却能无形地拉近谭与胡的情感，从而有助于谭发挥其在政事中的调解作用。1931 年 3 月，因约法之争而被蒋介石软禁在南京汤山的胡汉民仍作师期韵之诗，借怀念谭延闿来发泄内心的牢骚与不满，胡言："太傅冲和未易师，灌兰锄艾尚无诗。拟从吏部谎棋癖，肯学君虞有妒痴。风景不殊君逝后，江上无恙我忧时。去年今日经风雨，正是回章索和期。"② 后来南京的《新民报》《民生报》等报纸纷纷转载此诗，从而在国内外掀起了对蒋介石巨大的舆论压力。这从另一个侧面说明了谭在蒋、胡之间调和的重要性。

2. 谭与其他人的诗歌往来

除与胡汉民的师期酬唱外，谭延闿还与湘省士绅、军人及其他政要有一些诗歌酬唱。与上述谭胡两人的诗歌酬唱不同，谭胡的师期酬唱发生时，两人多在同一地点，而谭与其他人的诗歌酬唱多是以信函往来为主，谭在以信函与友人的交流中，往往将作诗之事放在信函之首，而后再叙述相关的政事及军事。

在湘省士绅方面，与谭诗歌酬唱较多的是简叔乾与罗惕园两人。简叔乾，湖南长沙人，善于赋诗，曾至谭延闿家中作私塾先生，教授谭延闿的儿女。此外，简叔乾的兄长也曾在谭延闿率领的军队中任职，故谭与其书信往来较多。1924 年 7 月，谭延闿在致简叔乾的信函中言："奖及拙作，惶悚之至，佳作乃足当。'丽则'两字，愧不能和也。……儿女辈得受教，极感!"③ 同年 10 月，谭延闿亲赴韶关督师北伐，在此背景下，11 月谭在致简的信函中，先言读其新诗的感想，而后方言时事道："胜负寻常事，即铲地以尽，亦不足忧。世间公论，固胜于一时凯歌也。令兄在此，殊无以慰其白首，又将相从奔

---

① 《谭延闿日记》（手稿本），1930 年 1 月 30 日。

② 《胡汉民诗重录》，《华字日报》1931 年 3 月 10 日，第 1 张第 1 页。

③ 《致简叔乾函》，周秋光主编《谭延闿集》第 2 册，第 782—783 页。

走，弥慊于心。然我辈本为一主义而出，非徇其私，知我者，必谅之也。"① 此处，谭向简所言的"为一主义"乃是指北伐所为的"三民主义"。1925 年 5 月，谭在致简的信函中又言：

> 木棉诗不易作，体物难工，摛词难当。弟前诗已废弃不存，乞公不以示人也。东江水涨河深，敌与我夹河而阵，又有去年夹湘水事势。故决弃河源，趋龙门上游，迂回虽远，较守株为胜。然费用支绌，仅得糊口，在前方者皆愁苦相间，极焦灼也。②

谭与简两人的信函多谈及作诗与时事，而在谈及时事前，多以诗文的内容为引。此种风格的信函，在谭延闿与罗惕园的交往中亦能发现。罗惕园，湖南常德市桃源人，不仅与宋教仁同乡，且保持着较好的个人情谊，曾"入咨议局秘书厅编辑议事录"③，因此罗与谭相熟识，在谭离开湖南后仍与其书信往来。1924 年 11 月，谭延闿在率兵北伐之际，仍向罗致函，探讨诗文与国事，谭言："欲知其为何诗，何由入彼手，非有所慊。东坡所谓'多难畏事'，爱我者为我藏之，如是而已。劳公自白，转不安矣。广州局势日固，然亦不免时有忧疑，兴邦之兆，殆亦在是。"④ 在诗文交流方面，谭还邀请罗惕园与其家人共同探讨诗文，1925 年 9 月，谭对罗言："奉书及《七夕篇》，宛转关生，不愧名笔。家弟亦寄所作至，可称二妙。……放笔遂嗟浅薄，并写呈教，请与舍弟共定之。"⑤ 1925 年 11 月初，广州国民政府将要肃清北江的熊克武部和雷州半岛的邓本殷部，在此之时，谭致罗的信函便言："承示新诗，无可献替，辄以己意圊识，亦未必当也，还请教之。……恃爱妄言，终不望传之好事，乞公鉴此诚也。广东肃清之期已近，定知闻而欣然。"⑥ 由此，亦可看出当时谭对广州革命前途的乐观之情。

---

① 《致简叔乾函》，周秋光主编《谭延闿集》第 2 册，第 783 页。
② 《致简叔乾函》，周秋光主编《谭延闿集》第 2 册，第 787 页。
③ 罗祚韩：《宋教仁与先父罗惕园》，马志亮主编《喋血共和：忆宋教仁》，岳麓书社，1997，第 208 页。
④ 《致罗惕园函》，周秋光主编《谭延闿集》第 2 册，第 783 页。
⑤ 《致罗惕园函》，周秋光主编《谭延闿集》第 2 册，第 791 页。
⑥ 《致罗惕园函》，周秋光主编《谭延闿集》第 2 册，第 794—795 页。

关于军事方面的诗文，谭延闿亦做了很多首，尤其是在其督师北伐期间，留下了大量的诗文表达其在战争中的感受。1924 年 11 月，北伐军占领赣州，谭延闿闻之不禁大喜，并有诗《闻下赣州作》，① 不久北伐军兵败南撤，当经过大庾岭时谭延闿悲从中来作《度大庾岭》，其言："自昔南迁路，北归能几人。我来苦行役，怀古一酸辛。路阔浑忘险，风和已似春。登山殊不觉，未惜往还频。"② 谭延闿在与军人交往过程中亦常涉及诗歌，滇军将领和庆善（字吉光，纳西族，云南丽江人）虽为军人但亦对作诗抱有兴趣，并多次向谭致函请教作诗之法。1925 年 6 月，谭对和庆善言："诗须以涵咏出之，选言雅，托兴深，自无浅俗之句到其笔端。"③ 11 月谭又致和庆善函言：

> 吉光先生左右：奉书，具见勤官忧事之心，为之欣慰。朱团长一切可商，匪仍须一剿也。承询作诗之法，前信已详。弟于此亦无深功，惟闻诸师友作诗，必先学五言。五言先学谢康乐，以上追阮、陆。七言歌行，必先读六朝，然后浸注初唐，而以学四李为主。四李者，李颀、李白、李贺、李商隐也，更以杜、韩极其变，元、白穷其趣，而能事毕矣。五律则摩诘、少陵为两派，可就所近学之。湘绮学王，白香学杜。七律则前所言，学义山以及老杜，无他法门也。五绝不易作，七绝则唐人无一不工。然工之至难，湘绮所谓"一字未安，全章皆钝"者也。弟所言，大率皆本湘绮先生。湘绮先生有《王志》一书，其中言诗文法门至备，长沙有刻本，可觅读。今人论诗，宗宋人，不甚以湘绮为然。其实，从此法门入手，决无轻浮浅俗之弊，犹学书先当作九宫楷书也。若学成以后，放笔为之，虽自成一家亦可，何必拘拘唐宋之见乎。④

在谭的指导下，和庆善亦学着作诗，并将所作寄予谭，1925 年 12 月，盘踞在雷州半岛的邓本殷部被全部消灭，谭延闿在复和庆善的信

---

① 《谭延闿日记》（手稿本），1924 年 12 月 10 日。
② 《谭延闿日记》（手稿本），1924 年 12 月 28 日。
③ 《致和庆善函》，周秋光主编《谭延闿集》第 2 册，第 788 页。
④ 《致和庆善函》，周秋光主编《谭延闿集》第 2 册，第 796 页。

函中言："我军已自南路凯旋，驻地亦略改变。始兴调七团来，朱邱云人明白，肯任事，必能相得也。尊诗失之太易，尚不如前作之工。案牍劳形，急于成句，故有此失，望于多读多看上用功。"① 此后，谭仍多次致函和庆善，指导其作诗之法。

滇军将领廖行超，字品卓，云南昆明人，对其谭延闿亦有诗和之，1925 年 5 月 23 日，廖行超之参谋长以廖书见示于谭，且有诗相赠，对此谭虽言："无旧句可写，苦忆乃得之，难于和廖诗也。十二时睡。"② 但在睡前谭仍作了首《和廖行超见赠原韵》以和廖诗"不见已云久，翛然诗思生。篇章劳慰藉，襟抱想精诚。世乱心逾治，才多语更清。阳春非可和，聊寄此时情"③。由此，可以看出谭为和廖诗用功之深。

在政界，除胡汉民外，汪精卫、杨庶堪等亦均与谭延闿有诗文往来。汪精卫善于且喜欢作诗，对此，谭延闿在日记中亦多有提及。1925 年 6 月 9 日，谭"与汪、胡谈诗顷之"④。当汪精卫有得意之作时，还会与谭分享，1925 年 10 月 8 日，谭言："精卫告我云有句甚得意，'桐阴自薄松阴密，尽作秋声入小楼'，亦自有致。"⑤ 谭延闿有所感悟时，亦会以诗的形式向汪精卫传递，《有感示精卫》："爆竹连宵花满城，路人相庆说承平。几多沥胆摧心事，博得衢歌巷舞声。早信江陵甘草荐，不妨索史笑牺牲。三年辛苦看今日，感往怀贤泪欲倾"⑥。这首诗作于 1926 年农历的大年初一，当时谭南下广州追随孙中山已整整三年，国民党"二大"也已经召开，谭与汪等同被选为中央执行委员会委员，两人关系尚好，故而谭将心中有感分享于汪。⑦杨庶堪，字沧白，晚号邠斋，四川巴县（今重庆巴南区）人，曾任四川省省长、广州大本营秘书长及广东省省长等职，并留有《杨庶堪诗

---

① 《致和庆善函》，周秋光主编《谭延闿集》第 2 册，第 798 页。
② 《谭延闿日记》（手稿本），1925 年 5 月 23 日。
③ 《谭延闿日记》（手稿本），1925 年 5 月 23 日。
④ 《谭延闿日记》（手稿本），1925 年 6 月 9 日。
⑤ 《谭延闿日记》（手稿本），1925 年 10 月 8 日。
⑥ 《谭延闿日记》（手稿本），1926 年 2 月 13 日。
⑦ 有些学者误认为此诗的写作时间为"中山舰事件"之后，表达了谭对汪的同情，实则不然。详见成晓军《谭延闿评传》，第 300 页；刘建强：《谭延闿大传》，第 267 页。

文集》、《沧白先生论诗绝句百首笺》及《沧白诗钞》等著作。1923年7月22日，谭连作了两首诗赠予杨：

和沧白见赠

一时才地更无兄，老我犹能作从兵。偕隐未成他日计，将离还惜此时情。

相思风雨应无歇，坐阅升沉意已平。感惠徇知为此别，肯令狐兔城中行。

结交诗赠别杨庶堪

弱龄涉世务，结交慕贤豪。常恐志量隘，不得参俊髦。

夫子龙鸾姿，声闻凤相高。经国历艰屯，求友思嘤乔。

投分尊俎间，追随幕府要。语合襟怀开，言清神理超。

会合固有时，离别岂云劳。敢念相见难，恐惧非所遭。

时危多慨慷，道在常消摇。启处诚不遑，感激从征轺。①

此外，谭延闿还与杨庶堪同以木棉花为题作诗，在杨辞职时，谭还作了四首题为《送杨沧白去官归省》的诗文。②

以上列举的诗文对谭而言不免是挂一漏万，但窥一斑而知全豹，可知诗文往来亦是谭延闿与人交往的重要方式之一。诗以言志表情，诗文酬唱会在潜移默化中拉近人的感情。1928年10月至1930年9月，是谭延闿与胡汉民师期酬唱的密集时期，同时在政治上也是谭协调胡汉民与蒋介石关系的重要阶段，正因为谭坐镇南京的极力协调，才为蒋营造了较好的出征环境。在与湘省士绅的交流中，谭往往以诗文为引，而后再谈时事，然而在与和庆善等军事将领的信函往来中，则先谈时事再言诗文。对不同人言及诗文的方法各异，也反映了谭在与人交往中诗文的不同作用。谭与汪精卫、杨庶堪等政治要人的诗文往来，不仅是共同爱好的一种表现，也是日常交往的一种方法。

---

① 《谭延闿日记》（手稿本），1923年7月22日。

② 《诗集》，周秋光主编《谭延闿集》第2册，第930—931页。

第三节　书法之好：谭延闿政治社交中流动的礼物

一　人际关系与仕途沉浮对谭的书法影响

谭延闿不仅在诗文创作方面颇有成就，在书法方面亦有较高的造诣。孙中山在南京紫金山墓中的碑文便由谭延闿所书，[①] 这不仅是因谭有着较高的政治地位，更是对其书法成就的认可。在民国政治家中，擅长楷书的谭延闿，与精于隶书的胡汉民、长于篆书的吴稚晖及善于草书的于右任一起被称为"民国四大书法家"，而谭之所以能在书法上有如此的成就，除其自身的努力外，与其家族中的人际关系和仕途的沉浮亦有一定的联系。

翁同龢（1830—1904），字叔平，江苏常熟人，他不仅是同治、光绪两位皇帝的老师，还是谭延闿之父谭钟麟的同僚兼好友。此外，翁同龢在书法上亦颇有建树，并为世人所称赞，《清史稿·翁同龢列传》中便写"其书法自成一家，尤为世所宗云"[②]。翁同龢与谭钟麟往来较多，其间不免有互通书信和互赠墨宝之事，光绪十七年（1891），在谭钟麟70岁寿辰时，翁同龢集颜真卿的《争座位稿》为一联，同时还书写了杜甫的诗句成一联，并将这些赠予谭钟麟，谭则令人将翁所书之联挂在寿堂上，以供人们欣赏。[③] 类似这样的行为，便使谭延闿有了直接观摩翁同龢书作的机会。对于向翁同龢的学习过程，谭延闿曾言，其父因觉得谭延闿作文习字尚好，便将其作展示给好友，而"翁文恭（翁同龢）、徐颂师皆尝来索看，吾亦常拜翁丈于厅事，实则剽窃而已，今少思之，愧极！"[④] 从谭对翁尊敬的语气，及"剽窃"之词中便

① 谭伯羽：《茶陵谭公年谱》，沈云龙主编《近代中国史料丛刊》第 68 辑，第 146 页。
② 赵尔巽：《清史稿·翁同龢列传》，中华书局，1998，第 12371 页。
③ 谭伯羽：《茶陵谭公年谱》，沈云龙主编《近代中国史料丛刊》第 68 辑，第 14 页。
④ 谭伯羽：《茶陵谭公年谱》，沈云龙主编《近代中国史料丛刊》第 68 辑，第 15 页。

可知翁同龢在作书方面对谭延闿的启蒙作用。对于谭延闿的才能，翁同龢亦十分欣赏，其曾言："访文卿，见其第三子，秀发，年十三，看书多，所作制义奇横可喜，殆非常之才也。"① 翁在当时已享有盛名，对年少的谭延闿有如此高的评价，殊为难得。

当然，翁同龢在谭延闿的心中亦有较高的地位，谭延闿在回忆翁同龢作书时曾言："翁常熟来，好乘马，一日骑遇，值先公出，乃入书室，据案作书，余从帘隙窥之，但见悬臂运笔之状，顷出门上马，去白须拂胸，萦策自如，归视案上，墨犹未干，当时间日既有书札，惜不知检拾，今存者，不逮十一矣。"② 此语既直接描绘了谭对不检拾翁字的惋惜之情，又体现出了谭对翁书作的敬佩之意。由于对翁的作书较为了解，所以对于民间流传的翁同龢作品，谭很快便能确定其真伪，1911 年 5 月 27 日，在北京的谭延闿与朋友一起"至琉璃厂阅书，见《推背图》、《烧饼歌》印本及石印东坡画竹直幅，尚佳，惟翁（同龢）、刘（墉）字无真者。前在汪四处见无数假翁字，惟'静观'二字横幅尚真"③。同年 6 月 13 日，谭言："王子和来，携翁扇面三十八叶，有优劣无真伪，为之狂喜，恨太贵。"④ 从"狂喜"二字中可以看出谭延闿当时的激动之情。17 日，谭又言："王子和送翁扇面三十八页来，有优劣无真赝，索二百六十金，又减至三百元，欲以二百金得之，不知能否。"⑤ 除扇面外，对翁同龢书法中的大幅作品，谭延闿亦极为欣赏，9 月 5 日，谭延闿与友人同游龙泉寺，"寺有潘（祖年）、翁（同龢）诸人书最多，翁大幅尤精。游览久之乃出"⑥。因为翁同龢的书法工于颜（真卿）体，且颜真卿的书法历来为书坛所推崇，故而谭延闿在作书时不仅学习翁同龢之妙，更是上溯至唐，取法于颜。

1913 年，谭延闿因参加"二次革命"而失去湘督之职，并于 1914 年 4 月移居山东青岛，在政坛失意时，谭延闿闲来无事便专研颜真卿

---

①   陈义杰点校《翁同龢日记》（第 5 册），中华书局，1989，第 2495 页。
②   《清代逸闻十六则》，刘建强编《谭延闿文集·论稿（上）》，第 465 页。
③   《谭延闿日记》（手稿本），1911 年 5 月 27 日。
④   《谭延闿日记》（手稿本），1911 年 6 月 13 日。
⑤   《谭延闿日记》（手稿本），1911 年 6 月 17 日。
⑥   《谭延闿日记》（手稿本），1911 年 9 月 5 日。

的书法，其中以临摹颜的《麻姑仙坛记》最为典型。受第一次世界大战的影响，日本对德宣战，并出兵中国山东，为避兵祸，1914 年 8 月，谭延闿及家人迁居上海赫德路 65 号，在不断的迁居中谭延闿仍将作书视为日课而保持，据《茶陵谭公年谱》记载："公作书为日课之一是岁始临《麻姑仙坛记》，凡 20 通。"① 从 1914 年谭延闿的日记中，亦能看到其日常临摹颜字的记载。1915 年，谭延闿在上海居住期间，还广与好友往来并探讨书艺，"在沪居过从最密者为山阴俞恪士、寿丞兄弟，李梅广、张子武诸公，文酒流连评书谈艺，不及政治，家居奉亲有兄弟友朋之乐，临碑有《李元靖碑》、《元次山碑》，鲁公有《自书告身》，仍以《麻姑仙坛记》最多，至第四十九通，又集石鼓散氏盘匡喆刻经跋，诸金石文为联语文，有平江李原玑墓志铭及重修族谱后记"②。谭此时因政治上的失意，反而有充裕的时间来广泛地研习颜真卿书，以求得其精妙。

　　此后，谭无论事务如何繁忙，或人生际遇如何，均未放弃作书。1918 年 12 月 13 日，谭延闿曾言："诸孤每星期往殡宫哭其母，闻之心碎，亟挥之去，不更问矣。……灯下为雨人写陈暄与从子书一通，又直条一纸，特以此遣悲怀也。"③ 1924 年 10 月 7 日，谭因军费事"为之不怡，归家，作书，至十二时半乃睡"④。即便在病中，谭亦未曾停止作书，1924 年 12 月 10 日，谭"为人作屏联书，吾向来作屏联皆立而书，今以臀创故，乃坐为之，殊为怯弱，试复立书，则运动较灵"⑤。1929 年 4 月，谭延闿因病赴上海宏恩疗养院进行休养，在病中仍临《麻姑仙坛记》203 通，以赠徐兼民。随着谭延闿 1930 年逝世，赠徐的作品也成了谭延闿临摹《麻姑仙坛记》的最后绝笔。⑥ 在此期

① 谭伯羽：《茶陵谭公年谱》，沈云龙主编《近代中国史料丛刊》第 68 辑，第 81 页。

② 谭伯羽：《茶陵谭公年谱》，沈云龙主编《近代中国史料丛刊》第 68 辑，第 83 页。

③ 《谭延闿日记》（手稿本），1925 年 12 月 3 日。

④ 《谭延闿日记》（手稿本），1924 年 10 月 7 日。

⑤ 《谭延闿日记》（手稿本），1924 年 12 月 10 日。

⑥ 谭伯羽：《茶陵谭公年谱》，沈云龙主编《近代中国史料丛刊》第 68 辑，第 145—146 页。

间，练习书法已经成了谭延闿的"遣悲"方式，或有病在身时的休养。

谭延闿能在书法中有较高的成就，与其人际交往和政治上的沉浮有一定的关系。翁同龢对谭延闿步入书坛的启蒙作用至关重要，尽管随着谭延闿见闻的增多，"乃知常熟（翁同龢）实未到古人。往时闻曹东寅言翁六先生字未写成之说而非之，今不能谓毫无所见也"①。但翁对谭的影响仍不可忽视。在谭延闿习字的后期，"欲离钱（沣）翁（同龢）旧习，以上希苏（轼）米（芾），然不能也"②。可知翁对其影响之深。另外，谭在政治上一时的失意，也为其研习书法提供了更充裕的时间和精力，从而令谭的书法有所精进。当谭再次步入政坛时，因其书法的成就较高，求字的人便日渐增多，这样有助于其维护人际关系，巩固在政坛中的地位。

二 书法与谭在政坛中的人际交往

谭延闿因其书法精妙且位居高位，故而其在世时书法作品便已在市面上流通，公共场所亦多能见到谭所题之字，而向谭求字的人更是络绎不绝。1926 年 1 月 24 日，在广州的谭延闿偕友人一起赴历史悠久的六榕寺游玩，众人皆见谭"所书六祖堂赫然高悬"，由于有友人在场，谭却"望之颜汗"③。谭的"汗颜"之情可以理解为爱惜羽毛的表现，对此，陈伯弢曾笑谭延闿"惜墨如金，不轻下笔"④。谭延闿将其书法作品视为一种"人情"，面对众多的求字者，其会差序地对待，并决定让谁以此"欠人情"及还谁"人情"。在人际关系中，谭延闿的书法作品成了流动的礼物，这种特殊的礼物可以光明正大地求，亦可大大方方地送，此种特性使赠送书法作品成为谭在政坛社交中的重要手段之一。

谭延闿身边的同僚之人是谭赠送书法作品最多的群体之一。1925 年

---

①　《谭延闿日记》（手稿本），1925 年 9 月 27 日。
②　《谭延闿日记》（手稿本），1927 年 9 月 29 日。
③　《谭延闿日记》（手稿本），1926 年 1 月 24 日。
④　《谭延闿日记》（手稿本），1924 年 12 月 8 日。

9 月 3 日，受何应钦之请，谭在何所藏的清宫纸上题字，[1] 而谭所题字的方法与内容也颇值得玩味。他并未在纸的正中题字，而是在每张纸的左上方题短句："（其一）昔董思白得澄心堂纸，题云：'待后者能书者书之'，吾亦云然，敬之先生以为如何？（其二）清宫笺纸，此时尚易得，然非延闿笔墨所敢污。（其三）此一幅好山水也，何忍以笔墨污之。"[2] 从这些幽默与自谦的题字之中，亦可看出此时谭延闿与何应钦关系较为亲近。何应钦曾在住宅处辟一花圃，园门悬一匾额，大书"可园"二字，末附跋云："无可无不可，圣之时，有可有未可，圣之用，敬之先生以可名园，必兼斯二义者。"[3] 此书亦出自谭延闿之手。谭与傅秉常亦有往来，受其所请，谭还曾为其题字，据《谭延闿日记》记载："（谭）为傅秉常题《太清楼帖》书，前所作诗不录自注，俟明眼人辨之耳。又取所记毕士安本《阁帖》，与臣王著模本异同处。跋傅藏《阁帖》，数月债务疑团一旦豁然，亦快事也。"[4] 在谭看来此次为傅题字，乃是还其人情债务。

　　1925 年至 1926 年，谭延闿亦有很多为蒋题的文字，而这段时间也正是孙中山去世后，蒋介石在国民党内地位急速上升的时期。1925 年 9 月 3 日，谭为蒋介石司令部书直额，"尚有佳字，遂自书司令部招牌十一字，看刻成如何"[5]。24 日，谭延闿为蒋介石"书其父肃菴先生墓铭，字大小如《张黑女》，作颜书，殊苦不称，初写时十余字指辄僵，须停笔以屈伸之，至后则毫不觉，且笔亦流畅，于吾书尚为合作也。凡九百五十七字，自九时半至一时十分，与写大卷迟速等矣"[6]。25 日，谭又为蒋介石书《乐亭记》，因政事繁多，各部门多向谭来问事，

---

① 《谭延闿日记》（手稿本），1925 年 9 月 3 日。
② 姚颖等：《京话·国民大会录》，沈云龙主编《近代中国史料丛刊》第 79 辑，（台北）文海出版社，1973，第 241 页。
③ 姚颖等：《京话·国民大会录》，沈云龙主编《近代中国史料丛刊》第 79 辑，第 241 页。
④ 《谭延闿日记》（手稿本），1926 年 3 月 3 日。
⑤ 《谭延闿日记》（手稿本），1925 年 9 月 3 日。
⑥ 《谭延闿日记》（手稿本），1925 年 9 月 24 日。

导致谭时分心，并在作书时出现多处错误。① 无论在手指不适之时，或是政务繁多时谭仍坚持完成为蒋所书之文。1926 年 2 月 2 日，受蒋介石所请，谭又书孙中山祭蒋母文，并在文后作《题蒋太夫人祭文后》，谭言：

> 蒋太夫人之丧，孙先生方督师桂林，为文祭之。去今五年，而孙先生又已期矣。日月不居，光景常在，此仁人孝子所为椎心泣血不能已者也。介石特捡此文，使余书之，其有意乎。古之君子事师如其事亲，今介石行成志立，足以继先生之志，慰贤母之心，其为事也有道矣。②

在谭为蒋母题写完上文后不久，蒋介石便制造了"中山舰事件"，逼走了汪精卫，令其在国民党中的地位得到了进一步的提升。在蒋宋结婚后，谭还以《景苏园帖》送蒋夫人，而宋美龄则"报牛乳之惠也"③。

在谭延闿的同僚中除了上述列举的政治人物外，陈立夫、李烈钧等人都曾向谭求字。其中，谭还为陈立夫书写了套练习楷体字的笔画图，1928 年 2 月 25 日，谭"为陈立夫作楷法笔画基本图说序，其书以每字起笔之一点一画为类，虽不稽于古，要亦《说文》建首之义。事属创作，不能不传会以张之，写二百余字付去"④。谭延闿为送李烈钧两横幅的题文，还精选了行有恒堂的砑花笺，并"定府纸也。以游后湖五首书与之"⑤。对题字所用的花笺、纸张及书写内容的挑选，如对礼物的包装及种类的选择，从此细节之处便可知晓，谭延闿对送李烈钧题字的重视，

谭延闿还会因同僚及下属等所请为一些公共场所题字。1925 年 5 月 16 日，岭南大学径以书求谭题字，鉴于岭南大学之名，谭则言：

---

① 《谭延闿日记》（手稿本），1925 年 9 月 25 日。
② 《谭延闿日记》（手稿本），1926 年 2 月 2 日。
③ 《谭延闿日记》（手稿本），1928 年 2 月 24 日。
④ 《谭延闿日记》（手稿本），1928 年 2 月 25 日。
⑤ 《谭延闿日记》（手稿本），1928 年 8 月 28 日。

"不可拒之"①。1926年2月1日，受陈璧君所请，谭延闿为广州执信学校游艺会书写屏联，"自九时至十一时，凡屏十二、联二十二、横幅大小十五、中堂七，亦不可谓少矣"②。2月15日，当执信学校的游艺会开始时，谭延闿还亲自到场游览了一周，且言："惟书画陈列处稍可耳，吾书陈彼者至多"③，由此观之，谭在游艺会上看到自己所书被陈列，那种喜悦与自豪便不言而喻了，这也是谭愿意为公共场所题字的原因之一。1926年2月17日，桂系将领刘斐（字为章）向谭延闿"求书桂林'中山公园'四大字"，谭亦为之，且"又为题亭楄曰'仰止亭'，联曰'小筑正宜邀月到，古人不见想山高'，尚切合也"④。1928年2月25日，为了纪念在北伐革命中牺牲的将士，李宗仁请谭延闿撰写公园烈士祠的楹联，谭在撰写完毕后言："切合革命军总指挥为阵亡将士建祠南京，尚不浮泛，然总觉辞不逮意也。"⑤ 这些公共场所，有的与教育有关，有的则带有一定的政治意义，再加上来请谭延闿题字者亦与之有一定的关系，因此对这些题字谭延闿多未拒绝。这样不仅有利于谭与来请题字之人关系的发展，也有利于为谭延闿在社会上树立一个良好的公众形象。

相较而言，对于湘人，谭在题字方面亦多有照顾，1924年10月15日，谭延闿在率兵在北伐之时，为湘军中人书联数副，屏二、立幅二，为此谭"手乃大麻木，几不胜笔，可惧也"⑥。而时任滇军的机关枪营长的王烈来，与杨希闵和范石生是同学，在这样的背景之下，王为请谭作书而费尽口舌，谭见王"求作书甚诚，许之而去"。⑦ 然而，对于毫不相识且无人介绍者，谭延闿则多果断拒绝之，曾有"梁栋者不介而入室，求致书，（谭）正色呵出之，

① 《谭延闿日记》（手稿本），1925年5月16日。
② 《谭延闿日记》（手稿本），1926年2月1日。
③ 《谭延闿日记》（手稿本），1926年2月15日。
④ 《谭延闿日记》（手稿本），1926年2月17日。
⑤ 《谭延闿日记》（手稿本），1928年2月25日。
⑥ 《谭延闿日记》（手稿本），1924年10月15日。
⑦ 《谭延闿日记》（手稿本），1924年12月26日。

亦太难为情者"①。正是在呵退梁氏的同一天，谭为其在湘的老师书"重游泮水楄及祠堂额与焉"，并应友人之请，书一匾额"为韶州悬挂用也"②。作为湘人的朱玖莹，曾任谭延闿的秘书，而谭亦曾在 1929年 2 月 6 日，为其"写册页十二纸"③。此外，在日常生活中，谭对朱玖莹的书法亦多有指导。在谭的影响下，朱玖莹不仅注重收集谭的书法作品，而且自己也开始研习颜体楷书，并在此方面取得了较高的成就。谭延闿的此种行为，无疑会让其与湘人的往来更加紧密与畅通。

谭延闿的书法作品不仅为国人所喜爱，还为在华的外国人所欣赏。1924 年 12 月，有日本人在华者，请谭延闿为其作书，谭应其所求"为书直幅二"④。在这样的背景下，每年向谭延闿求字的人更是不胜枚举，谭虽然会拒绝很多人，然而每当岁末将至时，谭延闿则会为了还清字债而奋笔疾书。1926 年 2 月 8 日，谭便言："为人书屏联甚多，欲于年内了清字债也。"⑤ 然而，到了农历的腊月二十九（1926 年 2 月11 日），谭仍然在"发愤为人书屏联，将于年前尽了年前字债，以两小时书对七十五付乃出"⑥。最终，在腊月三十日谭延闿方完成其既定的目标，当时谭言："为人作书至十二时，中间对客外，约二小时得直幅四十六、横幅八、屏十二对、五榜书二十字，于是今年字债毕偿，为之一快，盖有张文襄电扫案牍之风也。"⑦ 谭延闿之所以如此着急地还清这些字债，是因为这些字象征着"人情债"，是一份特殊的礼物，它可以光明正大地在官场中流通，并利于维系谭延闿在政坛中良好的人际关系。书法作为一种艺术形式，在谭延闿笔下，俨然也成了其进行政治社交的一种手段，故而其要努力地去偿还"字债"。

在中国文化中，由于受到儒家处世哲学的影响，强调人际关系的合

---

① 《谭延闿日记》（手稿本），1925 年 7 月 18 日。
② 《谭延闿日记》（手稿本），1925 年 7 月 18 日。
③ 《谭延闿日记》（手稿本），1929 年 2 月 6 日。
④ 《谭延闿日记》（手稿本），1924 年 12 月 8 日。
⑤ 《谭延闿日记》（手稿本），1926 年 2 月 8 日。
⑥ 《谭延闿日记》（手稿本），1926 年 2 月 11 日。
⑦ 《谭延闿日记》（手稿本），1926 年 2 月 12 日。

理安排一直被认为是中国文化最显著的特性。"关系"作为中国社会一个重要的文化特征，它在社交网络和政治权力之间的互动中具有非常重要的意义。中国人积极、巧妙和富有想象力地培育"关系"，是他们一以贯之的生活态度。正如费孝通在《乡土中国》中描述的那样：中国社会的结构好像是一块石头丢在水面上所产生的一圈圈推出去的波纹，每个人都是他的社会影响所推出去的圈子的中心，而跟圈子所推及的波纹发生联系。相互交织，构成一张庞大而复杂的以自我为中心向外延伸的亲疏不同的关系网络。① "社交权力再生产"主要是指作为政治要人的谭延闿本身便拥有一定公权力，在此基础上的人情往来，还会再产生一种社交网络中多被认同的"私"权力。这种"私"权力的来源可以是人际交往中的"人情"，亦可是俗语中的"面子"。在清末民初的历次权力更迭中，谭延闿能左右逢源长久立于权力中枢，其间固然有政治利益的因素，但利益背后的人情纠葛亦是重要原因之一。

---

① 费孝通：《乡土中国》，译林出版社，2020，第24—29页。

结　语

清末国家动荡之际，出生于官宦之家，且系少年登科的谭延闿，受胡元倓、龙绂瑞等湘省士绅影响，选择回湘创办新学，并积极参与保路运动，这为其步入政坛提供了最初的声望。清廷设谘议局意在安抚民心，减缓民众要求政治改革的压力，故而将谘议局定性为采取舆论之所。然而，在谭延闿带领下，湘省谘议局却发挥了监督之能，这最终促使谭与清政府走向对立。

同为湘人的黄兴，在辛亥之前便与谭延闿相识，黄激进的革命思想虽未得到谭的响应，却在谭心中埋下了革命的种子。武昌起义爆发后，谭延闿因反对皇族内阁无果，便倒向革命。其间，谭虽与焦达峰等人存在矛盾，但其与革命党人的关系却未曾破裂。为了推翻清朝专制，谭延闿任湘督后，不仅继续支援湖北革命，还利用个人关系及威望策动其他省份独立。

1923 年，谭延闿南下追随孙中山，在后者影响下，谭延闿的政治理念逐渐改变。谭政治视野关注的焦点亦从湘省一隅转向全国。此后，谭延闿不仅与胡汉民、汪精卫、蒋介石等国民党人的交往加深，与鲍罗廷、毛泽东、李富春和林伯渠等共产党人亦有往来。孙中山逝世后，胡汉民、汪精卫、新桂系相继与谭延闿合作掌控国民政府（或军政府），但仅谭延闿能左右逢源身处权力中枢。

谭延闿与蒋介石的关系，可以蒋桂战争为分界点，在此之前两人有合作亦有冲突；而蒋桂战争爆发后，无论在现实利益方面，还是在政治理念上，谭均与蒋渐趋于一致，故而甘愿服从于蒋。谭延闿由蒋介石的"同僚"转为"属僚"，并在南京国民政府成立初期形成了"谭内蒋外"的合作机制。谭去世后，胡汉民及汪精卫先后顶替了谭的角色，拟沿袭"谭内蒋外"的机制。然而，由于个人利益及政治理念的分歧，以及胡、汪在性格上缺少谭延闿圆融中庸的智慧，这种机制并未持续太久，而以蒋介石的独裁告终。

在具体政治实践中，谭延闿能从清末立宪派中脱颖而出，并成功地转型为民国元老，可以从以下因素进行分析。

首先，谭延闿与其他立宪派人士相比，更易接受新的政治理念，且能在变化的政局中抓住反对君主专制、追求民主共和的时代潮流。清末第三次速开国会请愿之后，立宪派便渐有激进与温和之分。谭延闿和张謇虽均是立宪派重要的代表人物，然而后者却满足于第三次请愿所取得的成果，不仅未参加反对成立皇族内阁的运动，而且武昌革命爆发时，还曾劝说江宁将军铁良和两江总督张人骏派兵围剿革命军。① 与张謇相反，革命爆发后，谭延闿则在长沙配合革命军进行起义，以响应湖北。谭延闿此举，使其任湘督之职时获得了黄兴等革命党人的认可和支持。谭督湘不利时，曾多次被北洋政府拉拢，却从未就职于北洋，其中政治观念的差异便是重要原因之一。反观立宪派中的张謇和蒲殿俊则均有在北洋政府任职的经历。在不同政局中，谭延闿的政治主张多有变化，但其主旨仍是反对专制、追求民主共和，这种紧跟时代潮流的思想，是其由传统士绅成功转变为民国元老的必要条件。

其次，在辛亥革命中亦有如谭延闿般响应革命的立宪派人士，但与之相比，谭延闿更加清楚军事力量的重要性，这是谭在不断变动政局中的主要倚仗。谭延闿曾听人言："两平等相遇，公法即权力，两不平等相遇，权力即公法。"② 此语对谭影响极深，谭言："吾每诵其言而悲之，公法之诚不可恃，恃公法乃适为强大者之借口也。"③ 谭延闿清晰地认识到，在没有强大军事力量的支持下，所谓的"公法"亦无从谈起。因此，谭延闿非常重视对军队的掌控。反观其他立宪派人士，

① 《张謇日记》，1911 年 10 月 14 日、15 日，李明勋、尤世玮主编《张謇全集》第 8 册，上海辞书出版社，2012，第 728 页。
② 《会试答卷》，刘建强编《谭延闿文集·论稿（上）》，第 6 页。
③ 《会试答卷》，刘建强编《谭延闿文集·论稿（上）》，第 6 页。

则多未获得军队支持。武昌起义爆发后，湖北谘议局议长汤化龙未任鄂督，只担任总参议长和民政总长。浙江立宪派领导人汤寿潜，虽在革命军中任都督职，但仍受诸多因素制约。武昌起义后，汤化龙和汤寿潜失去了军事力量的支持，很快便从原来的官职中跌落。原四川谘议局议长蒲殿俊，因在四川保路运动中表现突出，在辛亥革命中亦被推上都督之位。然而，蒲殿俊"缺乏政治家强硬的手腕和军事家叱咤风云的魄力"①，同样没有获得军队的支持，很快便失去了川督之职。谭延闿在辛亥革命初期，并未取得湘督之职，而是任湖南参议院议长、民政部长等职，相较其他省份立宪派的领导者，谭的起点并不高。然而，谭延闿抓住了军事这条主线，获得了军队的支持，不仅很快变成湘督，而且比其他立宪派人士任职的时间更长。后来，谭延闿更因在湘军中的地位，成为孙中山拉拢的对象。对此，毛泽东曾评价道："谭延闿是一个聪明的官僚，他在湖南几起几覆，从来不做寡头省长，要做督军兼省长。他后来做了广东和武汉的国民政府主席，还是兼了第二军军长。"② 军事力量的支撑，使谭延闿在辛亥之后，仍旧为各方势力所拉拢，从而不至于被排挤出中国政局。

再次，深受传统儒家教育的谭延闿，既懂得明哲保身的智慧，又有着传统士人为国为民的情怀，如此，谭延闿才能应时而变，顺时而出。在保路运动中，谭延闿虽积极主张地方筑路，但在方法上仍张弛有度。蒲殿俊虽然将四川的保路运动推向了高潮，但是其自身不仅被捕，而且还间接地引发了"成都血案"。这对全国革命运动的高涨固然有利，但对四川人民而言则不尽然。"二次革命"失败后，谭延闿曾言："湖南独立，水到渠成，延闿不任其咎；取消独立，瓜熟蒂落，延闿不居其功。"③ 这固然是谭自保之语，但与此同时谭还在为革命党人和湘人担心。当时，湘人熊希龄任北洋政府总理，谭曾致熊电劝其

① 何一立：《蒲殿俊与四川辛亥革命》，《四川师范大学学报》1992 年第 4 期，第 94—95 页。
② 毛泽东：《战争和战略问题》，中共中央文献研究室编《建党以来重要文献选编（1921—1949）》第 15 册，中央文献出版社，2011，第 741 页。
③ 谭仲池主编《长沙通史·近代卷》，第 813 页。

对革命党人从轻处置，"待之不宜过酷"①。面对"二次革命"的失败，谭亦知道不能独善其身，便主动向北洋政府提出辞呈，并表示"湘境初安，初心已慰，一己罪罚，本所不辞"②。这也反映出谭延闿对湘省人民有着极深的感情，第三次督湘失败的谭避居沪上，但其听闻长沙有变，仍甚感忧悬。正是这种对湘政的内在责任感，促使谭延闿在政治生涯坠入低谷时，又一次次地走出来，这种韧劲和对时局的准确判断为其他立宪士人所少见。

最后，谭延闿非常善于为人处世，在日常交往中亦有很多方法维护其人际关系，如饭局、诗文和书法等，这些交往在一定程度上利于谭延闿稳固其政治地位。谭延闿非常重视人际交往，早在1908年的日记中便记明每天交际的各种人物，谭日记在书写时，"诣人，用朱笔记于交际行之右方。客至，用墨笔记于交际栏之左方。寄书，用朱笔记于通信行之右方。书来，用墨笔记于通信栏之左方"③。谭嗜吃，对其而言，政治活动中请客吃饭必不可少。谭延闿与程潜矛盾的化解便是在饭局之上。谭在北伐期间也经常以饭局为依托，拉近其与部下的关系及调和将领之间的矛盾。谭延闿去世后，家厨曹荩臣送其挽联言："静庭退食忆当年，公子来时，我亦同尝甘苦味；治国烹鲜非两事，先生去矣，谁识调和鼎鼐心。"这副挽联一语双关，一方面指治国与烹鲜方法上相同，另一方面则指谭通过饭局来达到其政治目的。诗文交流也是谭延闿维护人际关系的重要方式之一。谭与胡汉民不仅有"师期酬唱"，与汪精卫、杨庶堪等人也常有诗文交流。此外，在人际关系中，书法作品常变为谭延闿人际交往中流动的礼物，这件特殊的礼物可以光明正大地求，亦可大大方方地送。谭延闿将其书法作品视为一种"人情"，面对众多的求字者，谭会差序对待，决定让谁以此"欠人情"及还谁的"人情债"。每当岁末将至时，谭延闿多会为还清字

---

① 《就湘中局势及解决办法致熊希龄电》，刘建强编著《谭延闿文集·论稿（上）》，第119页。
② 《为请辞湘督致熊希龄电》，刘建强编著《谭延闿文集·论稿（上）》，第132页。
③ 《谭延闿日记》（手稿本），1908年凡例。

债而奋笔疾书。政治人物的交往固然是政治利益起着主导作用，然而利益背后始终有人情的纠葛。谭延闿这些交往方式和重视交往的性格，虽然在与其交往中不能占据支配地位，但是亦不能否认其具有减缓矛盾的调和作用。因此，谭才有"药中甘草"之称，这也是他在政坛历经变动而未倒的重要原因之一。

在政治斗争中，有限的政治妥协是政治家通过理性思考，提出解决冲突的一项重要手段。从现代政治学视角分析，在冲突社会中达成共识的途径主要有两种：以暴力为后盾强制达成共识和通过冲突的主体相互妥协达成共识。无疑，前者会使冲突的主体付出更多的代价。因此，有限政治妥协作为政治斗争中的重要策略，在君主国家向民主国家的政治现代化进程中，发挥了重要作用。

谭延闿人际关系的核心在于"调和"，这种思想不仅在其日常生活中有所表现，在其政治实践中更有"调和"的印记。谭延闿虽反对君主专制，主张民主共和，但其行动多是以调和的方式来追求共和。在政治混乱、党派激斗的变局中，谭延闿的"调和"观是有限的政治妥协。它不仅对谭延闿个人的仕途，乃至对近代中国的政局都产生了一定的影响。

清末，谭延闿等人的立宪主张，是对专制与革命间的"调和"，这虽不如革命派那样激进，但谭要求速开国会、反对成立皇族内阁的行为，却刺激了革命的到来，甚至谭延闿本人在革命爆发时亦参与其中，直接推动革命发展。在革命之前，普通民众多持保守态度，对于激进革命者的宣传，会有一定的恐惧与怀疑，进而视其为不切实际的危险人物，较少接受革命思想。① 相对而言，立宪派的言论不仅可以合法地广泛传播，而且温和的措辞更易为民众所接受。谭延闿等人对专制制度的抨击，使清廷既不能严厉镇压，又不能彻底退让，故而在政策上处于被动局面。清廷以立宪之名行维护专制之实的举动，使谭延闿感到无比绝望，进而促使其由改良转向革命。长沙起义中，谭延闿

---

① Eric Hoffer, *The True Believer: Thoughts on the Nature of Mass Movements*, New York: Harper & Row, 1955, pp. 119-120.

在支持反清的同时，又提出"文明革命"的口号。这不仅减少了革命的阻力，而且有助于革命后湖南秩序的快速恢复。从结果来看，湖南虽不及武昌首举义旗，但较早实现安定，并分兵驰援湖北等省革命。因此，对于谭延闿在鼎革之际的"调和"作用，应该给予积极的正面评价。

民国初年，谭延闿主张"湘人治湘"和"联省自治"，并力争"调和"南北，这固然有谭维护自身在湘统治的目的，但同时也是其在南北对立中探寻民主政治的一种方式。因清帝退位，谭延闿担心继续革命会对中国社会及传统文化造成更严重的破坏，故谭延闿对武力革命采取谨慎态度。国民政府成立后，谭延闿重在"调和"不同人物或派别间的政治斗争，不可否认，他确实起到了缓和政治冲突的作用。因为在政局的变动中，谭延闿往往能做到有限度的政治妥协。这种妥协在政治上是一种优点，可以更容易地实现政治目标。[①] 在国民政府中，谭延闿既愿做政局中的配角，又能担当一定的责任。他做国民政府主席亦可，做行政院长亦可。谭延闿这种有限政治妥协的精神，不仅使其能独善其身，且能起到分化或缓和矛盾的重要作用。因此，胡汉民不仅称谭为"药中甘草"，还曾言："与谭先生相处十余年，从未见其疾言厉色，有时有人为什么问题，互相争持，谭先生一来，往往令人意消；遇到难以解决的事，一经谭先生区处，也就十分妥贴了。"[②] 张国焘亦曾言："谭延闿氏充当沟通各方意见的角色。他似不受国民政府日常事务的拘束，大部分时间都在与各政要人物周旋。他的这种活动确曾对时局产生了稳定作用。"[③] 政府中，首脑固然重要，但如谭延闿这般甘当配角，又能协调各方矛盾的人，亦同样重要。陈立夫曾言："一个政府，虽然希望人人都能干，可是，也希望有一个人具有调和的功能，谭先生的宽大胸襟，优雅的风度，正是调和的好人选。"[④] 谭延闿去世后，胡汉民和蒋介石的合作，并未成功延续"谭内

---

① 〔美〕阿林·弗莫雷斯科：《妥协：政治与哲学的历史》，启蒙编译所译，上海社会科学院出版社，2016，第 6 页。
② 胡汉民：《悼谭组庵先生》，《胡汉民回忆录》，第 198 页。
③ 张国焘：《我的回忆》第 2 册，第 107 页。
④ 《谭延闿先生百岁诞辰口述历史座谈会纪实》，（台北）《近代中国》1979 年第 9 期，近代中国杂志社，1979，第 170 页。

蒋外"的合作机制。其中便有胡不具备谭调和之能的缘故。黄季陆亦认为："如果谭延闿不在民国十九年逝世，第二年胡汉民对蒋主席之间的误会，就可能不会发生。"① 可见谭延闿在国民政府中发挥的调和作用，亦不应忽视。

　　近代政局中谭延闿政治实践的推进和人际关系的处理，都贯穿着有限政治妥协的精神。谭延闿在处理与民国政要人际关系时，表现出合作、服从和对抗三种主要方式。谭多采取合作或服从的方式来推进政治实践。仅当立宪无望、袁氏复辟等严重背离谭政治主张的情况出现时，其才会采取对抗的方式。谭延闿反对专制追求共和，是其最重要的政治主张，在政治实践中，谭不会固守具体政治诉求，而是表现出灵活多变的政治策略。他的行为看似毫无章法，实则内在的逻辑却是有限政治妥协精神，而这种精神又是中国政治现代化进程中不可缺少的一环。在对革命进行高度评价的同时，有限政治妥协的重要性亦不容忽视。

---

　　① 《谭延闿先生百岁诞辰口述历史座谈会纪实》，（台北）《近代中国》1979 年第 9 期，第 172 页。

参考文献

一　档案史料

《国民政府》，台北"国史馆"藏。

《蒋中正总统文物》，台北"国史馆"藏。

《汪兆铭史料》，台北"国史馆"藏。

《黄郛档案》，斯坦福大学胡佛档案馆藏。

二　时人日记和年谱

《谭延闿日记》（手稿本），台北"中央研究院"近代史研究所档案馆藏。

《蒋介石日记》（手稿本），斯坦福大学胡佛档案馆藏。

陈锡祺主编《孙中山年谱长编》，中华书局，1991。

陈义杰点校《翁同龢日记》，中华书局，1989。

黄自进、潘光哲主编《蒋中正总统五记——困勉记》，台北"国史馆"，2011。

蒋永效：《民国胡展堂先生汉民年谱》，（台北）台湾商务印书馆，1981 年。

林友华：《林森年谱》，中国文史出版社，2012。

吕芳上主编《蒋中正先生年谱长编》第 1 册，台北"国史馆"，2014。

沈云龙：《黄膺白先生年谱长编》，（台北）联经出版公司，1976。

谭伯羽：《茶陵谭公年谱》，沈云龙主编《近代中国史料丛刊》第 68 辑，（台北）文海出版社，1983。

王闿运：《湘绮楼日记》，岳麓书社，1997。

王先谦：《葵园自订年谱》，沈云龙主编《近代中国史料丛刊》第51辑，（台北）文海出版社，1973。

许顺富：《谭延闿年谱》，熊治祁编《湖南人物年谱（六）》，湖南人民出版社，2013。

张謇：《张謇日记》，李明勋、尤世玮主编《张謇全集》第8册，上海辞书出版社，2012。

中国第二历史档案馆编《冯玉祥日记》第2册，江苏古籍出版社，1992年。

中国第二历史档案馆编《蒋介石年谱初稿》，档案出版社，1992年。

三　文献汇编、地方志

戴逸主编，方学尧注译《清末立宪运动文选》，巴蜀书社，2011。

顾维钧：《参与国际联合会调查委员会中国代表处说帖》，（台北）文星书店，1962。

郭汉民、杨鹏程主编《湖南辛亥革命史料》（一），湖南人民出版社，2011。

胡汉民：《不匮室诗钞》卷2，《革命先烈先进诗文选集》，（台北）"中华民国各界纪念国父百年诞辰筹备委员会"，1965。

湖南省社会科学院编《黄兴集》，中华书局，1981。

湖南省地方志编纂委员会编《湖南省志》第1卷，湖南人民出版社，1959。

湖南省地方志编纂委员会编《湖南通鉴》（上），湖南人民出版社，2007。

黄季陆主编《革命文献》第52辑，（台北）中国国民党党史会，1970。

黄彦编《孙文选集》，广东人民出版社，2006。

李玉贞编译《鲍罗廷在中国的有关资料》，中国社会科学出版社，1983。

刘建强编著《谭延闿文集·论稿》，湘潭大学出版社，2014。

罗家伦主编《革命文献》第 69 辑，（台北）中国国民党党史会，1976。

马鸿谟编《民呼、民吁、民立报选辑》，河南人民出版社，1982。

邱涛点校《直省谘议局议员联合会报告书汇录》，北京师范大学出版社，2013。

秦孝仪主编《国父全集》第 2 册，（台北）近代中国出版社，1989。

饶怀民等编《长沙抢米风潮资料汇编》，岳麓书社，2001。

荣孟源主编《中国国民党历次代表大会及中央全会资料》，光明日报出版社，1985。

三民公司编《孙中山全集（补编）》，三民公司，1927。

桑兵主编《各方致孙中山函电汇编》，社会科学文献出版社，2012。

商务印书馆编译所编《大清光绪新法令》，商务印书馆，1909。

孙皓编《中华民族史料》，沈云龙主编《近代中国史料丛刊》第 2 辑，（台北）文海出版社，1973。

万仁元、方庆秋主编《中华民国史史料长编》第 25 册，南京大学出版社，1993。

王正华编注《蒋中正总统档案·事略稿本》第 1 册，（台北）"国史馆"，2003。

魏宏运等编《中国现代史资料选编》，黑龙江人民出版社，1981。

吴淑凤编注《蒋中正总统档案·事略稿本》第 5 册，（台北）"国史馆"，2006。

熊希龄：《熊希龄先生遗稿》第 2 册、第 3 册、第 4 册，上海书店出版社，1998。

徐辉琪编《李烈钧文集》，江西人民出版社，1988。

杨鹏程主编《湖南咨议局文献汇编》，湖南人民出版社，2010。

姚颖等：《京话·国民大会录》，沈云龙主编《近代中国史料丛刊》第 79 辑，（台北）文海出版社，1973。

苑书义等主编《张之洞全集》，河北人民出版社，1998。

赵尔巽：《清史稿》，中华书局，1998。

中共中央党史研究室编《共产国际、联共（布）与中国革命文献资料选辑（1926-1927）》上，北京图书馆出版社，1998。

中共中央党校党史教研室编《中共党史参考资料》第 3 册，人民出版社，1979。

中共中央文献编辑委员会编《周恩来选集》，人民出版社，1980。

中共中央文献研究室编《建党以来重要文献选编（1921—1949）》第 15 册，中央文献出版社，2011。

中国国民党中央执行委员会宣传部编《孙中山先生最近讲演集》，中国国民党中央执行委员会宣传部，1924。

中国第二历史档案馆编《孙中山镇压广东商团叛乱文电》，《历史档案》1982 年第 1 期。

中国第二历史档案馆编《中国国民党第一、二次全国代表大会会议史料》，江苏古籍出版社，1986。

中国历史第二档案馆编《中华民国史档案资料汇编》第 5 辑第 1 编，江苏古籍出版社，1994。

中国人民银行总行参事室编《中国清代外债史资料（1853—1911）》，中国金融出版社，1991。

中国社会科学院编《鲍罗廷在中国的有关资料》，中国社会科学出版社，1985。

中国社会科学院近代史研究所编《中华民国史资料丛稿·大事记》第 14 辑，中华书局，1985。

中国社科院近代史所主编《孙中山全集》第 2 卷、第 4 卷、第 5 卷、第 6 卷、第 10 卷、第 11 卷，中华书局，2006。

"中华民国外交问题研究会"编《国民政府北伐后中日外交关系》，（台北）"中华民国外交问题研究会"，1964。

"中华民国史料研究中心"编《胡汉民先生遗稿》，（台北）中华书局，1978。

周美华编注《蒋中正总统档案·事略稿本》第 2—4 册，（台北）"国史馆"，2003。

周秋光主编《谭延闿集》，湖南人民出版社，2013。

周喜兰主编《胡元倓集》，湖南师范大学出版社，2013。

周琇环编注《蒋中正总统档案·事略稿本》第 8 册，（台北）"国史馆"，2006。

『日本外交年表並主要文書：1840—1945』（東京：原書房、1965）

四　回忆性著作

陈公博：《苦笑录》，东方出版社，2004。

陈铭枢：《陈铭枢回忆录》，中国文史出版社，2012。

邓介松：《辛亥革命在湖南所见录》，文史资料研究委员会等编《辛亥革命回忆录》第 2 辑，文史资料出版社，1962。

方鼎英：《谭延闿的湘军及其与孙中山的关系》，《广东文史资料精编（上）》第 1 卷，中国文史出版社，2008。

方鼎英：《一九二三年谭赵战争与湘军入粤》，《湖南文史资料选辑》第 6 辑，湖南人民出版社，1982。

何香凝：《回忆孙中山和廖仲恺》，生活·读书·新知三联书店，1978。

胡汉民：《胡汉民回忆录》，东方出版社，2013。

黄一欧：《谭延闿被迫下台和李仲麟等被杀的回忆》，《湖南文史资料选辑》第 2 辑，湖南人民出版社，1963。

黄少谷：《谭组安先生的勋业与风范》，（台湾）《近代中国》1979 年第 9 期。

黄绍竑：《黄绍竑回忆录》，广西人民出版社，1991。

黄绍竑：《五十回忆》，岳麓书社，1999。

黄绍竑：《新桂系的崛起》，《文史资料选辑》第 52 辑，中华书局，1964。

黎泽泰：《何键与谭延闿》，《湖南文史资料选辑》第 5 辑，湖南人民出版社，1981。

李宗仁口述，唐德刚撰：《李宗仁回忆录》，广西师范大学出版社，2005。

沈亦云：《亦云回忆》，（台北）传记文学出版社，1971。

沈云龙、谢文孙：《傅秉常先生访问记录》，（台北）"中央研究院"近代史所,1993。

石陶钧:《六十年的我(节录)》,《湖南历史资料》编辑室编《湖南历史资料》第2辑,湖南人民出版社,1981。

苏志荣等编《白崇禧回忆录》,解放军出版社,1987。

唐生智:《关于北伐前后几件事的回忆》,《湖南文史资料选辑》第6辑,湖南人民出版社,1982。

田伏隆主编《忆黄兴》,岳麓书社,1997。

萧劲光:《萧劲光回忆录》,当代中国出版社,2013。

谢华:《大革命的一点经历》,《谢华集》编辑委员会编《谢华集》,湖南人民出版社,1989。

谢慕韩:《关于"东征""西征"和第六军被消灭的片段回忆》,《湖南文史资料选辑》第4辑,湖南人民出版社,1981。

张国焘:《我的回忆》,东方出版社,2004。

张继:《回忆录》,丘权政、杜春和选编《辛亥革命史料选辑(续编)》,湖南人民出版社,1983。

周震鳞:《谭延闿统治湖南始末》,《湖南文史资料选辑》第2辑,湖南人民出版社,1961。

〔苏〕亚·伊·切列潘诺夫:《中国国民革命军的北伐:一个驻华军事顾问的札记》,中国社会科学院近代史研究所翻译室译,中国社会科学出版社,1981。

五　报刊史料

《晨报》1928年5月

《大公报》(长沙)1920年8月至1923年9月

《大公报》(天津)1927年8月至1928年5月

《东方杂志》1923年第20卷

《广州民国日报》1923年11月至1927年10月

《国风报》1910年第1卷至1911年第2卷

《国民政府公报》1928年第32期

《国闻周报》1928年第5卷

《汉口民国日报》1927年4月至9月

《华字日报》1931年3月

《全国财政会议日刊》1928年第2期

《申报》1910年4月至1929年3月

《时报》1911年6月

《时事新报月刊》1911年第1期至第2期

《外交部公报》1928年第1卷

《学部官报》1908年第67期

《政治官报》1909年第677期、1911年第1322期

《中央日报》1928年5月

六 研究专著

蔡德金、王升：《汪精卫生平纪事》，中国文史出版社，1993。

曹亚伯：《武昌革命真史（上）》，上海书店出版社，1982。

陈红民：《函电里的人际关系与政治：读哈佛-燕京图书馆藏"胡汉民往来函电稿"》，生活·读书·新知三联书店，2003。

陈志让：《军绅政权——近代中国的军阀时期》，生活·读书·新知三联书店，1980。

陈柱：《中华民国史》，岳麓书社，2011。

成晓军：《谭延闿评传》，岳麓书社，1993。

郭辉：《民国前期国家仪式研究（1912—1931）》，社会科学文献出版社，2013。

郭汉民主编《湖南辛亥革命人物传略》，湖南人民出版社，2011。

郭绪印：《国民党的派系斗争史》，上海人民出版社，1992。

韩信夫、姜克夫主编《中华民国大事记》第2册，中国文史出版社，1997。

黄光国、胡先缙等：《人情与面子——中国人的权力游戏》，中国人民大学出版社，2010。

黄惠龙：《中山先生亲征录》，商务印书馆，1930。

黄修荣、黄黎：《国共关系纪实》，人民出版社，2014。

金以林：《国民党高层的派系政治——蒋介石"最高领袖"地位是如何确立的》，社会科学文献出版社，2009。

李剑农：《最近三十年中国政治史》，太平洋书局，1931。

李细珠：《张之洞与清末新政研究》，上海书店出版社，2003。

栗戡时：《湖南反正追记》，湖南人民出版社，1981。

黎泽济：《文史消闲录三编》，百花洲文艺出版社，2008。

刘建强：《谭延闿大传》，九州出版社，2011。

刘杰：《中国近代政治学的形成研究》，中国政法大学出版社，2016。

刘维开：《中国国民党职名录》，（台北）中国国民党中央委员会党史委员会出版，1994。

刘吉发：《政治实践论——基于马克思主义的广义视角》，人民出版社，2010。

龙太江：《论政治妥协——以价值为中心的分析》，华中科技大学出版社，2004。

卢立菊：《从晚清权贵到民国元首：谭延闿》，南京出版社，1985。

罗志田：《乱世潜流：民族主义与民国政治》，上海古籍出版社，2001。

马志亮主编《喋血共和：忆宋教仁》，岳麓书社，1997。

孟森，杜亚泉：《各省咨议局章程笺释》，商务印书馆，2015。

莫济杰、〔美〕陈福霖主编《新桂系史》，广西人民出版社，1991。

钱端升、萨师炯等：《民国政制史》，上海书店，1989。

钱义璋编《沙基痛史》，（台北）文海出版社，1987。

舒新城：《中国近代教育史资料》，人民教育出版社，1961。

谭人凤：《石叟牌词》，甘肃人民出版社，1983。

谭仲池主编《长沙通史·近代卷》，湖南教育出版社，2013。

汪朝光、刘维开主编《蒋介石的人际网络》，社会科学文献出版社，2011。

王奇生：《党员、党权与党争：1924—1949 年中国国民党的组织形态》，上海书店出版社，2003。

王奇生：《革命与反革命：社会文化视野下的民国政治》，社会科学文献出版社，2010。

王宗华主编《中国大革命史1924—1927》上册，人民出版社，1990。

吴铁峰：《清末大事编年（1894—1911）》，湖南大学出版社，1996。

伍新福主编《湖南通史·近代卷》，湖南人民出版社，2008。

香港华字日报社编《广东扣械潮》，（香港）香港华字日报社出版，1924。

萧致治：《黄兴评传》，南京大学出版社，2001。

谢本书、冯祖贻主编《西南军阀史》，贵州人民出版社，1994。

徐梁伯、蒋顺兴主编《江苏通史·晚清卷》，凤凰出版社，2012。

杨光斌：《政治变迁中的国家与制度》，中央编译出版社，2011。

杨美惠：《礼物、关系学与国家：中国人际关系与主体性建构》，江苏人民出版社，2009。

张光宇：《第一次国共合作时期的国民革命军》，武汉大学出版社，1989。

张皓：《派系斗争与国民党政府运转关系研究》，商务印书馆，2006。

张朋园：《立宪派与辛亥革命》，吉林出版集团有限责任公司，2007。

张玉法：《清季立宪团体》，北京大学出版社，2011。

周鲠生：《革命的外交》，太平洋书店，1928。

周晓虹：《现代社会心理学——多维视野中的社会行为研究》，上海人民出版社，1997。

周叶中、江国华主编《中国近代人物宪制思想评论》，中国政法大学出版社，2015。

朱传誉：《谭延闿传记资料》，（台北）天一出版社，1985。

邹鲁：《中国国民党史稿》，商务印书馆，1944。

〔美〕阿尔蒙德、鲍威尔：《比较政治学：体系、过程和政策》，曹沛霖等译，上海译文出版社，1987。

〔美〕丹尼尔·雅各布斯：《鲍罗廷——斯大林派到中国的人》，殷罡译，世界知识出版社，1989。

〔美〕费正清主编《剑桥中华民国史（1912—1949）》，杨品泉等译，中国社会科学出版社，1994。

〔美〕弗莫雷斯科：《妥协：政治与哲学的历史》，启蒙编译所译，上海社会科学院出版社，2016。

〔美〕汉娜·阿伦特：《论革命》，陈周旺译，译林出版社，2007。

〔美〕利昂·费斯汀格：《认知失调理论》，郑全全译，浙江教育出版社，1999。

〔美〕周锡瑞：《改良与革命：辛亥革命在两湖》，杨慎之译，江苏人民出版社，2007。

〔日〕家近亮子：《蒋介石与南京国民政府》，王士花译，社会科学文献出版社，2005。

〔苏〕卡尔图诺娃：《加伦在中国（1924—1927）》，中国社会科学院近代史研究所翻译室译，中国社会科学出版社，1983。

七　专题论文

（一）期刊论文

陈红民：《〈蒋介石日记〉中的"约法之争"》，《史学月刊》2015 年第 4 期。

陈红民、曹明臣：《传媒眼中的蒋介石第一次下野与复职——以〈大公报〉报道与评论为中心》，《社会科学战线》2013 年第 6 期。

陈红民、陈谦平：《中华民国史国际学术讨论会综述》，《历史研究》1995 年第 2 期。

陈谦平：《济南惨案与蒋介石绕道北伐之决策》，《南京大学学报》2011 年第 1 期。

陈蕴茜：《谒陵仪式与民国政治文化》，《开放时代》2008 年第 6 期。

程为坤：《民初湖南下层革命党人反对谭延闿政权的斗争》，《求索》1989 年第 5 期。

韩策：《科举改制与诏开进士馆的缘起》，《近代史研究》2015 年第 1 期。

何一立：《蒲殿俊和四川辛亥革命》，《四川师范大学学报》1992年第 2 期。

胡耐安：《胡汉民与谭延闿》，台湾《中外杂志》1970 年第 7 卷第5 期。

黄道炫：《关于蒋介石第一次下野的几个问题》，《近代史研究》1999 年第 4 期。

黄家猛：《蒋介石"驱逐鲍罗廷"事件研究》，《党史研究与教学》2011 年第 4 期。

江沛、迟晓静：《中国国民党"党国"体制述评》，《安徽史学》2006 年第 1 期。

金以林：《从汪、胡联手到蒋、汪合作——以 1931 年宁粤上海和谈为中心》，《近代史研究》2004 年第 1 期。

金以林：《地域观念与派系冲突——以二三十年代国民党粤籍领袖为中心的考察》，《历史研究》2005 年第 3 期。

金以林：《蒋介石的第二次下野与再起》，《历史研究》2006 年第2 期。

金以林：《汪精卫与国民党的派系纠葛——以宁粤对峙为中心的考察》，《中国社会科学》2008 年第 3 期。

李家振：《济南惨案》，《日本学刊》1988 年第 3 期。

李家振、郭墨兰：《济南惨案述论》，《近代史研究》1985 年第5 期。

李金铮：《"新革命史"：由来、理念及实践》，《江海学刊》2018年第 2 期。

李翔：《黄埔军校党军体制的创设：以孙中山、廖仲恺、蒋介石为中心》，《近代史研究》2016 年第 4 期。

李杨：《鲍罗廷与孙中山的北上》，《广东社会科学》2016 年第1 期。

李玉：《蒋介石与 1927 年"迁都"之争》，《南京社会科学》2010年第 10 期。

李云峰：《蒋介石对日不抵抗政策探源》，《安徽史学》1999 年第 1 期。

李志毓：《情感史视野与二十世纪中国革命史研究》，《史学月刊》2018 年第 4 期。

李祚明：《济南惨案山东交涉员公署殉难人员考》，《历史档案》1982 年第 1 期。

刘大禹：《宋美龄的政治参与对蒋介石个人集权的影响（1928—1937）——以夫人政治的视角分析》，《湖南科技大学学报》2009 年第 2 期。

刘建强：《谭延闿与湖南自治运动》，《湘潭大学学报》2009 年第 1 期。

刘建强、刘梦茹：《论"二次革命"中的谭延闿》，《湘潭大学学报》2011 年第 2 期。

刘世龙：《济南事件期间的蒋介石与对日"不抵抗主义"》，《史林》2010 年第 1 期。

刘文楠：《蒋介石和汪精卫在新生活运动发轫期的分歧》，《近代史研究》2011 年第 5 期。

刘泱泱：《论焦、陈被杀与谭延闿上台》，《求索》1987 年第 4 期。

鹿锡俊：《济南惨案前后蒋介石的对日交涉》，《史学月刊》1988 年第 2 期。

罗志田：《济南事件与中美关系转折》，《历史研究》1996 年第 2 期。

罗志田：《过渡时代的天下士：张謇与辛亥革命》，《社会科学战线》2017 年第 7 期。

莫永明：《孙中山、陈英士、蒋介石关系述论》，《史林》1988 年第 2 期。

齐春风：《国民革命时期的反帝问题再探讨》，《历史研究》2007 年第 5 期。

秦燕春：《"好人"还是"好官"——谭延闿诗歌世界中的温情与世情》，《书屋》2009 年第 10 期。

饶怀民、霍修勇：《辛亥革命时期湘籍志士的组织发动》，《史学月刊》2011 年第 9 期。

沈成飞：《吴稚晖在李济深被囚汤山案中的角色》，《近代史研究》2015 年第 1 期。

申晓云：《"济案"——"九一八"前日本挑战华会体系试探》，《江苏社会科学》2001 年第 6 期。

史全生：《国民党中央特别委员会述评》，《历史档案》2002 年第 3 期。

石嘉：《济南惨案与南洋华侨的反日运动》，《江苏社会科学》2016 年第 5 期。

石彦陶：《辛亥谭延闿"因利乘便"督湘初探》，《史学月刊》1993 年第 6 期。

孙泽学：《北伐战争中迁都之议研究的几个问题》，《史学月刊》2008 年第 8 期。

谭伯羽：《吾家谭厨》，（台湾）《湖南文献》1992 年第 1 期。

王关兴：《蒋介石、汪精卫五次离合的缘由和性质》，《上海师范大学学报》1989 年第 1 期。

王奇生：《中政会与国民党最高权力的轮替（1924—1927）》，《历史研究》2008 年第 6 期。

王彦章：《清代尊老优老礼制述论》，《历史档案》2006 年第 4 期。

吴景平：《国民革命时期宋子文与孙中山、蒋介石关系之比较研究》，《近代史研究》2015 年第 5 期。

吴坤胜：《广州商团叛乱与孙中山的斗争》，《华南师范大学学报》1983 年第 3 期。

吴珍美：《析 1927 年前后鲍罗廷与蒋介石的权力争斗》，《史林》2006 年第 1 期。

肖如平：《信任的流失：一二八事变前后的陈铭枢与蒋介石》，《民国档案》2012 年第 2 期。

肖如平：《蒋介石对黄埔嫡系陈诚的培植》，《近代史研究》2013 年第 2 期。

许顺富：《论广州国民政府时期的谭延闿》，《求索》1994 年第 5 期。

许顺富：《论武汉国民政府时期的谭延闿》，《史学月刊》1996 年第 4 期。

杨奎松：《关于民国人物研究的几个问题——以蒋介石生平思想研究状况为例》，《南京大学学报》2016 年第 3 期。

杨鹏程：《试析辛亥革命时期的谭延闿政权》，《近代史研究》1985 年第 2 期。

杨天石：《"中山舰事件"之谜》，《历史研究》1988 年第 2 期。

杨天石：《"中山舰事件"之后》，《历史研究》1992 年第 5 期。

杨天石：《济案交涉与蒋介石对日妥协的开端》，《近代史研究》1993 年第 1 期。

银品：《合作的尺度：蒋介石与鲍罗廷关系新探（1924—1927）》，《党史研究与教学》2016 年第 1 期。

臧运祜：《中日关于济案的交涉及其"解决"》，《历史研究》2004 年第 1 期。

曾成贵：《孙中山与鲍罗廷的关系及其对国民革命的影响》，《湖北大学学报》2002 年第 4 期。

张皓：《从汤寿潜到朱瑞：浙江辛亥革命的领导权问题与都督位置之争》，《史学月刊》2011 年第 9 期。

张生、陈志刚：《一九二三年关余危机与广州大本营外交之嬗变》，《历史研究》2010 年第 6 期。

张学继：《1927 年蒋介石下野的原因》，《近代史研究》1991 年第 6 期。

赵晓红：《从反帝到反清：由浙路运动看辛亥革命之社会基础》，《浙江社会科学》2011 年第 11 期。

郑会欣：《宋子文的人际关系与战时重庆官场异动》，《史林》2009 年第 6 期。

周斌：《1928 至 1929 年的反日会》，《近代史研究》2004 年第 2 期。

周世辅：《我所崇敬的谭组安先生》，台湾《近代中国》1979 年第 9 期。

周小城、刘建强：《论谭延闿与蒋介石的关系》，《湖南工程学院学报》，2016 年第 1 期。

左双文、贾玮：《宋子文与国民党人大革命时期的联俄政策》，《史学月刊》2016 年第 5 期。

〔韩〕裴京汉：《国民革命时期的反帝问题》，《历史研究》2001 年第 4 期。

〔美〕麦科德：《谭延闿湖南裁军新说》，周秋光译，《湖南师范大学社会科学学报》1995 年第 3 期。

〔日〕臼井胜美：《中日"济南事件"的回顾》，陈鹏仁译，台湾《近代中国》1988 年第 64 期。

（二）学位论文

贺永田：《谭延闿三主湘政与清末民初政局》，湖南师范大学博士学位论文，2012 年。

菅兵兵：《论谭延闿督湘对长沙城市文化的影响》，湖南师范大学硕士学位论文，2015 年。

王正华：《南京时期国民政府的中央政制（1927—1937）》，政治大学博士学位论文，1997 年。

王丛丛：《蒋介石与国民党关系研究（1924—19449）：以党建为视角》，浙江大学博士学位论文，2014 年。

吴爽：《饮食社交中的人情关系和权力交换——以中国式"饭局"为例》，吉林大学硕士学位论文，2011 年。

肖建东：《汤化龙宪政思想及其实践研究》，华中师范大学博士学位论文，2018 年。

八　英文文献

Akira Iriye, *After Imperialism: The Search for a New Order in the For East, 1921-1931*, Cambridge, Mass. : Harvard University Press, 1965.

Andrew J. Nathan, *Peking Politics, 1918 – 1923: Factionalism and the Failure of Constitution*, Berkeley: University of California Press, 1976.

Arthur N. Young, *China's Nation-Building Effort, 1927 – 1937, the Financial and Economic Record*, Stanford: Hoover Institution Press, 1971.

Cambr John K. Fairbank, *Cambridge History of China Vol. 12、13: Republican China 1912 – 1949*, New York: Cambridge University Press, 1983.

Crane Briton, *The Anatomy of Revolution*, New York: Vintage Books, 1965.

Eric Hoffer, *The True Believer: Thoughts on the Nature of Mass Movements*, New York: Harper & Row, 1955.

Paper Relation to Foreign Relation of the United States 1928, Washington U. S. Government Printing Offce, 1943, V2.

Tien Hung−mao, *Government and Politics in Kuomintang China 1927 – 1937*, California: Stanford University Press, 1972.

附　录

附录 1　《谭延闿日记》（手稿本）样照（1922 年 10 月 28 日）

附录2　1923年的《谭延闿日记》封面

附录3　文中主要人物的字或别称（按人物姓名拼音排序）

白崇禧：健生	岑春煊：尧阶①	程　潜：颂云
陈炳焕：树藩	陈炯明：竞存	戴　岳：希鹏
段祺瑞：芝泉②	范石生：小泉	方声涛：韵松
冯国璋：华甫	冯玉祥：焕章	古应芬：湘芹
何成浚：雪竹	何　键：芸樵	何应钦：敬之
胡汉民：展堂	胡元倓：子靖	黄　郛：膺白
黄绍竑：季宽	黄　兴：克强	蒋百里：方震
蒋中正：介石	蒋作宾：雨岩	居　正：觉生
孔祥熙：庸之	李福林：登同	李济深：任潮
李烈钧：协和	李宗仁：德邻	黎元洪：宋卿③
廖湘芸：连三	廖行超：品卓	梁鸿楷：景云
刘震寰：显臣	龙　璋：砚仙	鲁涤平：咏安
钮永建：惕生	鹿钟麟：瑞伯	陆荣廷：干卿
沈赞清：演公	宋鹤庚：阜南	宋教仁：钝初
谭道源：逸如	谭人凤：石屏	谭延闿：组安④
谭钟麟：文卿	汤化龙：济武	唐绍仪：少川
唐生智：孟潇	汪精卫：季新	王宠惠：亮畴
王先谦：益吾	王正廷：儒堂	伍朝枢：梯云
吴佩孚：子玉	谢　持：慧生	熊希龄：秉三
许崇智：汝为	薛　岳：伯陵	阎锡山：百川
杨希闵：绍基	袁世凯：慰亭	岳　森：宏群
张　继：溥泉	张　謇：季直	张人杰：静江
张　群：岳军	张学良：汉卿	张之洞：孝达⑤
赵恒惕：夷午	邹　鲁：海滨	朱培德：益之

---

① 岑春煊又字瑞陶。
② 段祺瑞在文中又以"合肥"代之。
③ 黎元洪在文中又以"黄陂"代之。
④ 谭延闿的字也作组庵、祖安。
⑤ 张之洞在文中又以"南皮"代之。

后　记

　　本书是在我博士学位论文的基础上修改而成。它的出版标志着我博士学位论文的相关研究将暂告一段落。2012 年，我追随徐师茂明进入近代社会文化史的研究领域。在徐师的教导下，我初窥治史之路径。2015 年，有幸接受肖师如平的指导，开始转向中国近代政治人物史的研究。因为学术旨趣的惯性，我一直想将社会史的治学方法应用于政治人物的研究之中。起初，总有"画虎不成反类犬"之感，肖师却总给我支持与包容。在探讨之后，肖师鼓励我从人际关系切入对谭延闿的研究。当时，《谭延闿日记》尚未公开出版，很多史料还要四处寻找。由于陈红民老师的帮助，我于 2016 年赴斯坦福大学胡佛研究所档案馆查阅史料。2017 年，我又因两岸交换项目赴台湾政治大学，在台北不仅收集到完整的《谭延闿日记》，更认识了很多良师益友。在2018 年底，我完成了博士论文的初稿。博论从最初的构思到最后的定稿，肖师都给予无比宝贵的建议和指导。在临近答辩时，肖师建议我去掉本书的第六章，因为前五章均按照历时性逻辑来叙述，第六章与前五章并置略显格格不入。然而，我想让读者更多地了解谭延闿的社交方式，让更多的读者关注日常生活对政治人物的影响。尽管这部分内容在史料运用方面有些琐碎，在分析上可能还有待深入，我依然决定将其纳入书中。博士学位论文的完成要感谢众多师友，博论"致谢"部分已言，便不再赘述。

　　2019 年，通过博士学位论文答辩的我入职重庆大学马克思主义学院。入职后，我对谭延闿的研究并未中断，且获得了一定的项目支持。本书的出版便是重庆大学中央高校基本科研业务费项目"社会史视域下清末民初谭延闿的人际关系与权力的再生产"（项目编号：

2020CDJSK49YJ10）的阶段性成果之一。此外，本书还受到重庆大学马克思主义学院和重庆大学中央高校基本科研业务费项目"21世纪国际共产主义史学新发展研究"（项目编号：2022CDJSKZX12）的资助支持。特此感谢！

感谢社会科学文献出版社的责任编辑石岩老师为本书付出的心血！石老师以严谨的态度和专业的眼光，帮助我精心打磨本书。她不仅耐心地纠正了我在学术表达上的不足，还帮助我优化了本书的外在格式，使拙著更加完善、更具可读性。

最后，因个人学力有限，本书难免存在一些不足与问题，敬请大家批评指正。

周志永

2024年6月于重庆大学

图书在版编目（CIP）数据

近代政治转型中谭延闿的人际关系研究／周志永著
.--北京：社会科学文献出版社，2024.7
ISBN 978-7-5228-3749-9

Ⅰ.①近… Ⅱ.①周… Ⅲ.①谭延闿（1880-1930）
-人物研究 Ⅳ.①K827＝6

中国国家版本馆 CIP 数据核字（2024）第 112041 号

近代政治转型中谭延闿的人际关系研究

著　　者／周志永

出 版 人／冀祥德
责任编辑／石　岩
责任印制／王京美

出　　版／社会科学文献出版社·历史学分社（010）59367256
　　　　　地址：北京市北三环中路甲 29 号院华龙大厦　邮编：100029
　　　　　网址：www. ssap. com. cn
发　　行／社会科学文献出版社（010）59367028
印　　装／三河市龙林印务有限公司

规　　格／开　本：787mm×1092mm　1/16
　　　　　印　张：24　字　数：358 千字
版　　次／2024 年 7 月第 1 版　2024 年 7 月第 1 次印刷
书　　号／ISBN 978-7-5228-3749-9
定　　价／138. 00 元

读者服务电话：4008918866